Thomas Lewy

Zwischen allen Bühnen
Die Jeckes und das hebräische Theater 1933–1948

Jüdische Kulturgeschichte in der Moderne
hrsg. von Joachim Schlör
Band 10

Thomas Lewy, 1935 in Berlin geboren, lehrte als Professor an der Universität Tel Aviv und war dort Direktor des Instituts für Theaterwissenschaften. Zudem arbeitete er als Regisseur und Dramaturg und übersetzte und inszenierte zahlreiche deutschsprachige Dramen am hebräischen Theater. Er leitete das Theater Beit Lessin in Tel Aviv und das Theaterfestival in Akko. Seit seiner Emeritierung forscht er intensiv zur Geschichte deutschsprachiger Einwanderer im hebräischen Theater in Israel und dem britischen Mandatsgebiet Palästina.

Thomas Lewy

Zwischen allen Bühnen

Die Jeckes und das hebräische Theater 1933–1948

Aus dem Hebräischen von
Sebastian Schirrmeister

Neofelis Verlag

Bibliografische Information der Deutschen Nationalbibliothek
Die Deutsche Nationalbibliothek verzeichnet diese Publikation in der Deutschen Nationalbibliografie; detaillierte bibliografische Daten sind im Internet über http://dnb.d-nb.de abrufbar.

www.neofelis-verlag.de

Umschlaggestaltung: Marija Skara
Redaktion & Lektorat des hebräischen Originals: Janna Kor
Übersetzungslektorat & Satz: Neofelis Verlag (mn)
Druck: PRESSEL Digitaler Produktionsdruck, Remshalden
Gedruckt auf FSC-zertifiziertem Papier.
ISBN (Print): 978-3-95808-019-5
ISBN (PDF): 978-3-943414-90-5

Inhalt

Abb. 1: *Der brave Soldat Schwejk*, Bühnenbildskizze von Michael Gottlieb, 1935.

Zwischen Thomas und Tom
Persönliche Vorbemerkung

Von vornherein will ich bekennen, dass ich Jecke bin, geboren in Berlin im Jahr 1935. Nach Tel Aviv kamen wir 1938. Zu Hause sprachen wir Deutsch und auch im Kindergarten in der „Ben-Yehuda Straße". Großeltern hatte ich keine, sie wurden alle Opfer der Shoah. Jeden Schabbat besuchten wir den Großvater eines Jungen in meinem Alter. Er war der Sohn von Bekannten meiner Eltern, die zufällig genau gegenüber von unserem Kindergarten wohnten. Er las uns – im Alter von vier Jahren – aus den Werken Friedrich Schillers vor und erzählte die Handlungen von Richard Wagners Opern nach. In der ersten Klasse hatte ich es nicht leicht mit meinem deutschen Namen Thomas und mit meinen Eltern, die stets Deutsch sprachen. Das ging so weit, dass es zwischen mir und meinen Eltern einen ungeschriebenen Pakt gab: Auf der Straße und im Autobus gingen oder saßen wir getrennt ...
In den ersten Jahren der Grundschule gelang es mir dank eines Lehrers, der eigentlich Schauspieler werden wollte und es nur bis zum Schüler im Studio des hebräischen Theaters TAI (Te'atron Eretz-Isra'eli) gebracht hatte, meiner jeckischen Persönlichkeit etwas zu entfliehen. Jeden Freitag organisierte er eine kleine Aufführung in der Klasse und gab mir stets die Hauptrolle. Für einen Moment war ich nicht mehr Thomas, der Jecke, sondern der Star der Vorstellung. Im Laufe der Jahre wurde die Unterscheidung, um nicht zu sagen die Kluft zwischen meinem deutschsprachigen, jeckischen Zuhause und der hebräischen, eretz-israelischen Außenwelt immer größer. Den letzten Schritt unternahm ich im Gymnasium und änderte meinen Namen. Aus Thomas wurde Tom. Allerdings nicht der amerikanische Tom, sondern ein hebräischer Tom, der sich vom Wort Tmimut (Unschuld) ableitet. Und so vergingen an die sechzig Jahre, in denen alle meine Arbeiten als Künstler im Theater und als Wissenschaftler an der Universität meinen hebräischen Namen trugen: Tom Lewy.

Nach meiner Pensionierung kehrte ich langsam und allmählich zu meinen jeckischen Wurzeln zurück. Im Jahr 2004 wurde ich von den Organisatoren der internationalen Konferenz „Die Jeckes“, die in Jerusalem stattfand, eingeladen, eine Sektion über den Beitrag der Jeckes zum Theater in Palästina zusammenzustellen. Ich bereitete das Panel vor, lud vier Vortragende ein und referierte selbst über Exilanten, Flüchtlinge, Migranten und Einwanderer im palästinensischen Theater.[1] Gemeinsam mit einer Gruppe aus der Schauspielschule Bet-Zvi inszenierte ich zudem das Jeckes-Kabarett *Anu Banu Artsa…* (Wir kamen ins Land…). Später wurde ich darum gebeten, den Beitrag der Jeckes zum Theater in Palästina für eine Präsentation im German-Speaking Jewry Heritage Museum in Tefen zu dokumentieren. 2010 begann ich dann, in regelmäßigen Abständen Artikel zum Thema „Die Jeckes und das hebräische Theater“ im *Yakinton* zu veröffentlichen, der Zeitschrift der Vereinigung der Israelis mitteleuropäischer Herkunft. Mehr als 30 Artikel erschienen bislang auf Hebräisch und Deutsch unter dem Namen Tom Lewy.

Auf diese Weise entdeckte ich nach und nach, was meine Eltern in Deutschland erlitten und worüber sie mit uns Kindern nie gesprochen hatten, und auch, welche Schwierigkeiten ihnen das Ankommen in der neuen Heimat bereitet hatte – ohne dass sie sich je darüber beklagt hätten. Erst jetzt begriff ich, dass der Schmerz und die Scham, die ich als Kind empfunden hatte, nichts weiter waren als das zurückgeworfene Echo der Kämpfe, die meine Eltern und alle übrigen Jeckes ausfechten mussten. Es waren private Kämpfe und Kämpfe um Wertvorstellungen, die in Palästina zwischen den Neueinwanderern aus Mitteleuropa und den Alteingesessenen des hebräischen Yishuv ausgetragen wurden.

Auf dieses Buch *Zwischen allen Bühnen* setze ich voller Stolz meinen Namen Thomas Lewy. Es ist in Liebe und Anerkennung dem Gedenken meiner Eltern gewidmet, der Malerin Mina Lewy und dem Musiker und Philosophen Dr. Rudolf Lewy, zwei Jeckes, die sich recht erfolgreich bemüht haben, Kulturen und Heimatländer in Einklang zu bringen – ein Unterfangen, das mir selbst erst in diesen Tagen gelungen ist.

Danksagung

Für die Rückkehr in die eigene Kindheit und zu meinem ursprünglichen Namen möchte ich zuallererst der Berliner Kinder- und Jugendpsychotherapeutin Claudia von der Haar danken. Als Bewohnerin des Stadtteils Eichkamp ist

1 Vgl. Tom Lewy: Exilanten, Flüchtlinge, Migranten und Einwanderer: Jeckes im palästinensischen Theater. In: Moshe Zimmermann / Yotam Hotam (Hrsg.): *Zweimal Heimat. Die Jeckes zwischen Mitteleuropa und Nahost*. Frankfurt am Main: Beerenverlag 2005, S. 153–163.

sie vor Ort in der Initiative Stolpersteine aktiv. Auch vor meinem Geburtshaus erinnern solche Steine an meine Großmutter, meinen Großvater und meine Tante, die Opfer des NS-Regimes wurden. Claudia von der Haar initiierte vor einigen Jahren meinen Besuch in Berlin und brachte mich mit zahlreichen Anwohnern in Eichkamp zusammen, zu denen ich – hätte mich die Geschichte nicht darum betrogen – sicherlich heute noch gehören würde.

Als Wissenschaftler möchte ich Matthias Naumann danken, einem der beiden Gründer des Neofelis Verlags, der durch sein Verständnis und seine genauen Kenntnisse der Beziehungen zwischen deutscher und hebräischer Kultur viel zu dieser Studie beigetragen hat. Persönlich danken möchte ich zudem Sebastian Schirrmeister von der Universität Hamburg, der mir großzügig die Dokumente und Materialien seiner Forschung zu Friedrich Lobes Schaffen am Ohel-Theater zur Verfügung gestellt hat. Ganz besonders danke ich ihm für seine Arbeit als Übersetzer und seine erhellenden Kommentare und Ergänzungen, die das Buch um vieles vervollständigt haben. Mein tiefempfundener Dank gilt Janna Kor, die als wissenschaftliche Lektorin der hebräischen Fassung erbarmungslos zu kritisieren und zugleich aus ganzem Herzen zu ermutigen wusste. Danken möchte ich zudem allen Leitern und Mitarbeitern in den für die Recherche konsultierten Archiven und Bibliotheken (siehe Liste auf S. 340). Ohne ihre Offenheit, Bereitschaft und Anstrengung wäre diese Studie nicht möglich gewesen.

Nicht zuletzt danke ich meinem Lebensgefährten Shai Marcus, der mir nicht nur dabei half, Dokumente und Manuskripte ausfindig zu machen, sondern mir auch in Momenten der Krise auf dem langen Weg von der Idee zum fertigen Manuskript Mut und Zuversicht zusprach.

Thomas Lewy, Tel Aviv im Februar 2016

Berliner Zionistische Vereinigung

Sonntag, den 10. November, abends 8 Uhr

Logenhaus Kleiststraße 10 (großer Saal)

Rezitationsabend:

Bibel in Urtext und Übertragung

Heute

Irene Triesch

Manfred Geis

Heute

Karten à M. 2.— bis M. 4.— an der Abendkasse

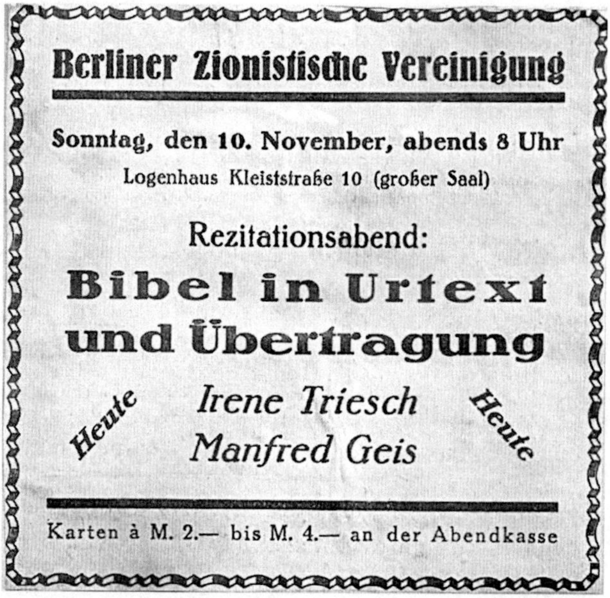

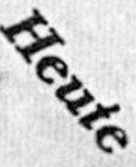

Abb. 2: Inserat „Rezitationsabend: Bibel in Urtext und Übertragung". In: *Berliner Jüdische Zeitung*, Nr. 9, 10.11.1929.

Vorwort

„Jeckes" – so nannte man die Juden, die in den 1930er Jahren aus den Ländern des deutschsprachigen Kulturkreises (Deutschland, Österreich, Tschechien) nach Palästina kamen. Von Anfang an hatte der Ausdruck eine negative Konnotation. Es ist sehr wahrscheinlich, dass es die Jeckes selbst waren, die ihren anrüchigen Spitznamen mitbrachten. Der deutsche „Geck" bzw. „Jeck" war nicht länger ein ausgelassener Karnevalsteilnehmer, sondern wurde in Palästina zu einer eigenen Bezeichnung mit verschiedenen Interpretationen, die allesamt die Unfähigkeit des neu eingewanderten Juden aus Deutschland benannten, sich den Gegebenheiten des Landes anzupassen. Eine dieser Interpretationen besagt, das Wort leite sich von „Jacke" ab, vom Jackett, das die Auswanderer aus Deutschland und Österreich auch in der Hitze des Nahen Ostens nicht ablegen wollten. Eine andere Erklärung deutet das Wort als Akronym der hebräischen Worte „Yehudi Keshe Havana" (begriffsstutziger Jude) und verweist auf die klischeehaften Schwierigkeiten der Neueinwanderer beim Erlernen der hebräischen Sprache.

In der Forschung zur Gemeinschaft und Kultur der Jeckes ebenso wie in der Forschung zur Geschichte des hebräischen Theaters ist seit Jahren die Ansicht verwurzelt, dass die jeckischen Theaterkünstler keinen Platz auf den Bühnen des eretz-israelischen Theaters hatten. In der Tat gelang es ihnen nur in seltenen Ausnahmen, einen Fuß auf die Bühnen der Repertoire- und Privattheater zu setzen, die von den alteingesessenen Bewohnern des Yishuv betrieben wurden, allerdings suchten viele von ihnen nach alternativen Wirkungsfeldern jenseits der großen Bühnen, wobei sie stets doppelt um Anerkennung kämpfen mussten – für sich selbst und für die Theatertradition, die sie mitgebracht hatten.

In den meisten Veröffentlichungen zum hebräischen Theater und in den Erinnerungen beteiligter Künstlerinnen und Künstler wird die Geschichte des hebräischen Theaters zur Zeit des britischen Mandats in Palästina (vom Einmarsch der englischen Truppen im Sommer 1917 bis zur Verkündung des Staates Israel am 14. Mai 1948) fast ausschließlich aus der Perspektive der Bewohner des Yishuv geschildert, der in gesellschaftlicher wie kultureller Hinsicht unter der Hegemonie osteuropäischer Einwanderer stand. So entstand der falsche Eindruck, das gesamte hebräische Theater in Palästina wäre in jener Zeit der reinen Moskauer Tradition des späteren Nationaltheaters Habima gefolgt und erst die Gründung des Kameri-Theaters 1944 sei das Ergebnis eines Aufstands der „Sabres", der im Land Geborenen, gegen die Habima gewesen, die ihre künstlerischen Pforten verschlossen hielt.

Bis heute ist das einzige Buch zur Geschichte des hebräischen Theaters in Palästina vom Ende des 19. bis in die Mitte des 20. Jahrhunderts Mendel Kohanskys *The Hebrew Theatre* von 1969. In seiner gesamten Darstellung des Zeitraums erwähnt der Autor einen einzigen Jecken mit Namen: den Regisseur Friedrich Lobe. Dieser war auf dem Höhepunkt seiner Karriere aus Deutschland eingewandert, hatte von 1933 bis 1950 am Ohel-Theater 21 Stücke inszeniert, außerdem Opern- und Operetten-Aufführungen; er hatte eine Reihe eigener Stücke geschrieben, die am Ohel und am satirischen Theater Ha-Matate aufgeführt wurden, sowie weitere Stücke, die auf Amateurbühnen gezeigt wurden; darüber hinaus veröffentlichte er zahlreiche Artikel zu Theaterfragen in der eretz-israelischen Presse. Trotzdem erfährt er bei Kohansky gerade einmal eine namentliche Erwähnung mit dem Hinweis, dass er am Ohel Regie geführt habe.[1] In der hebräischen Fassung von Kohanskys Buch werden die fehlenden Informationen noch um einen erniedrigenden Satz ergänzt:

> Lobe, ein mittelmäßiger Regisseur, der seine Theaterausbildung in Deutschland erhalten hatte, forderte seinen Platz auch aufgrund seiner Ähnlichkeit mit dem deutschen Dichter Goethe ein, was ihm, wie er sich bitter zu beklagen pflegte, in Eretz Israel nicht half, wo nur vereinzelte Menschen das Bildnis Goethes kannten.[2]

Meine Darstellung, die den Kampf um Anerkennung und um einen Platz auf der Bühne nachvollzieht, den ca. 60 jeckische Theaterkünstlerinnen und -künstler in den 1930er und 1940er Jahren in Palästina geführt haben, stützt sich fast vollständig auf Primärquellen: Tagebücher, Briefe, Autobiografien, hebräische und fremdsprachige Zeitungsausschnitte, darunter Meldungen,

1 Mendel Kohansky: *The Hebrew Theatre: Its First Fifty Years.* Jerusalem: Israel Universities Press 1969, S. 138.

2 Mendel Kohansky: התיאטרון העברי [Das hebräische Theater]. Jerusalem: Weidenfeld & Nicolson 1974, S. 127. Inzwischen existiert eine ausführliche Untersuchung zu Friedrich Lobes Wirken am hebräischen Theater, vgl. Sebastian Schirrmeister: *Das Gastspiel. Friedrich Lobe und das hebräische Theater 1933–1950.* Berlin: Neofelis 2012.

Abb. 3
Manfred Geis.
Foto: Elli Cahn.

Artikel, Kritiken, Leserbriefe und Anzeigen; Sitzungsprotokolle der Theater, Dramentexte. Die Zitate aus englischen und hebräischen Quellen erscheinen hier in deutscher Übersetzung.

Zu den Schwierigkeiten, auf die ich bereits zu Beginn meiner Recherche stieß, gehört die Tatsache, dass die große Mehrheit der Theaterkritiker im hebräischen Yishuv der 1930er und 1940er Jahre selbst Einwanderer aus Osteuropa waren, von denen es heißt, ihre kulturelle Herkunft habe ihr Urteil über die Aktivitäten der jeckischen Theaterkünstlerinnen und -künstler beeinflusst und verzerrt. Im Gegenzug heißt es von den Jeckes, ihr Urteil über das etablierte hebräische Theater im Yishuv sei ebenso verzerrt gewesen, was an ihrer abweichenden kulturellen Herkunft sowie an ihren schlechten Hebräischkenntnissen und an ihrer Entfernung von den Werten des Judentums und des Zionismus gelegen habe.

Und doch gab es in jenen Jahren in Palästina einen Jecke-Theaterkritiker. Manfred Geis, 1906 in Berlin geboren, war der Sohn einer orthodoxen Familie, die seit Generationen dort lebte. Bereits als Jugendlicher beherrschte er die hebräische Sprache. Zugleich erwachte in ihm bereits in jungen Jahren die Liebe zum Theater, sodass er parallel zum Studium am Rabbinerseminar von Esriel

Hildesheimer Privatstunden bei dem Schauspieler Raoul Lange nahm, der bei Max Reinhardt spielte. Den Widerspruch zwischen dem Lebensweg eines orthodoxen Juden und dem eines deutschen Schauspielers löste Geis, indem er auf die Schauspielkarriere verzichtete, die einen regelmäßigen Bruch der Schabbatruhe erfordert hätte, und sich stattdessen auf künstlerische Lesungen, hauptsächlich jüdischer Stoffe und auf das Schreiben von Theaterkritiken verlegte.

Am 1. April 1933 verließ er mit seinen Eltern Berlin für einen kurzen Besuch seiner Schwester in Palästina. Angesichts der Ereignisse in Deutschland beschloss die Familie jedoch, nicht zurückzukehren. Geis, dessen Artikel bereits zuvor in der zionistischen *Jüdischen Rundschau* gedruckt worden waren, begann noch im selben Jahr, dort regelmäßig Beiträge über das künstlerische Leben in Palästina im Allgemeinen und über das Theater im Besonderen zu veröffentlichen. Diese Beiträge ermöglichen einen Blick auf das hebräische Theater aus der Perspektive des deutschen Theaters zu Beginn des 20. Jahrhunderts, ergänzt um die persönliche Eingebundenheit in die nationaljüdische Tradition, zionistisches Bewusstsein und die Fähigkeit, die genaue Verwendung der hebräischen Sprache zu beurteilen.

Verfolgt man die Aktivitäten der jeckischen Theaterkünstlerinnen und -künstler in den 1930er und 1940er Jahren einerseits anhand der Artikel von Geis und andererseits anhand der Rezensionen in der hebräischen Presse, so erweisen sich die Jeckes, jene „begriffsstutzigen Juden" in den Augen der Alteingesessenen, als wahre Helden der Kultur. Sie wagten es, in den Kampf zu ziehen – manchmal heroisch, manchmal tragisch und manchmal grotesk – gegen die Theatertradition der Juden aus Osteuropa, die zu dieser Zeit in Palästina vorherrschend war. Obwohl sie von der Mehrheit des Theater-Establishments boykottiert wurden, gelang es ihnen, dem Theaterleben des Yishuv ihren Stempel aufzudrücken und in manchen Bereichen sogar Pionierarbeit zu leisten.

JÜDISCHER KULTURBUND, BERLIN E.V.

~~KULTURBUND DEUTSCHER JUDEN~~

Künstlerische Leitung: Dr. Kurt Singer, Intendant / Verwaltung: Direktor Hans Zander, Dr. Werner Levie

Berliner Theater
BERLIN SW 68
Charlottenstrasse 90/92
A 7, Dönhoff 7735
Postscheck: Berlin 165777

Abb. 4: Der korrigierte Briefkopf des Jüdischen Kulturbunds, 1935.

Einleitung

Um die Gründe für den Kampf zu verstehen, den die jeckischen Theaterschaffenden in Palästina in den Jahren 1933 bis 1948 zu führen gezwungen waren, um ihren Platz auf der hebräischen Bühne zu erlangen, muss man sich den Unterschied, um nicht zu sagen die Konkurrenz zwischen dem osteuropäischen und dem westeuropäischen Judentum ebenso bewusst machen wie den Unterschied in der Entwicklung des modernen Theaters in seinen beiden europäischen Zentren Moskau und Berlin.

Bei Ausbruch des Ersten Weltkriegs lebten im Russischen Reich ca. 5,6 Millionen Juden (davon 2 Millionen in Polen).[1] Zur selben Zeit lebten in Deutschland ungefähr ein halbe Million Juden, von denen ca. 90.000 nicht in Deutschland geboren, sondern aus dem Osten zugewandert waren. Zu letzteren kamen während des Krieges weitere 70.000 Flüchtlinge und Arbeitssuchende. Die große Mehrheit der Juden in Deutschland sah sich als untrennbarer Teil der deutschen Nation, während sich die Juden Osteuropas als Teil der jüdischen Nation sahen. Diese Tatsache zeigte sich gesellschaftlich in einer Konzentration auf den Glauben, die Rituale, die jüdische Geschichte und in der Absonderung im Rahmen der jüdischen Gemeinden – zunächst in den Dörfern und Kleinstädten und später auch in den Großstädten. Hierfür gab es zwei Gründe. Einerseits wollte man aus freien Stücken die jüdische Identität bewahren, andererseits übte die nichtjüdische Gesellschaft durch Vorurteile und antisemitische Gesetze Druck aus und gewährte den Juden weder Rechte noch einen Platz im gesellschaftlichen Gefüge. Schon in der zweiten Hälfte des 19. Jahrhunderts gab es unter den osteuropäischen Juden Zionisten, deren individuelles und kollektives Verlangen darauf ausgerichtet war, ihr Geburtsland zu verlassen und in ihr historisches

1 *The New Standard Jewish Encyclopedia*, hrsg. v. Cecil Roth / Geoffrey Wigoder. Jerusalem: Massada 1975, S. 1653.

Heimatland, nach Eretz Israel, zurückzukehren. Erst am 2. April 1917 setzte die Übergangsregierung in Russland die antijüdischen Gesetze außer Kraft und die jüdische Bevölkerung erlangte, zumindest offiziell, volle Gleichberechtigung. Es wundert also nicht, dass Juden bis zur Revolution 1917 nahezu keinen Anteil am russischen Kulturschaffen hatten.

Die Juden in Deutschland dagegen erlangten bereits in der zweiten Hälfte des 19. Jahrhunderts ihre Gleichberechtigung. Sie hatten daher seitdem keinen Grund, sich kulturelle Ghettos zu errichten. Im Gegenteil, Juden übernahmen in der deutschen Gesellschaft zentrale Aufgaben und spielten eine wichtige Rolle in den verschiedenen Bereichen der kulturellen Produktion.[2]

Noch im 19. Jahrhundert sahen die deutschen Juden in den ‚Ostjuden' entweder bettelarme Bewohner des Shtetls oder der Armenviertel in den Großstädten, ohne Bildung, ohne Manieren und mit einer traditionellen Kleidung, die merkwürdig bis abstoßend erschien. Dazu gesellten sich zu Beginn des 20. Jahrhunderts junge Revolutionäre, in denen die bürgerlichen und kleinbürgerlichen Westjuden Elemente sahen, die antisemitische Reaktionen provozieren könnten. Noch schärfere Kritik aber erfuhr ein Teil jener 70.000 jüdischen Migranten, die um 1920 aus dem Osten in die Weimarer Republik kamen. Die meisten gelangten nach Berlin und siedelten in bestimmten Vierteln, die daraufhin eine ‚ostjüdische' Färbung bekamen, am bekanntesten sicher die Grenadierstraße im ‚Scheunenviertel'. Viele der Migranten nutzten die Wirtschaftskrise und die Inflation, um Geschäfte zu machen. Ihr Verhalten, ihre Kleidung und insbesondere ihre Geschäfte erschienen vielen deutschen Juden als Katalysator für erneute Ausbrüche von Antisemitismus gegen alle Juden in Deutschland. Die verschiedenen Reaktionen der ‚Westjuden' bewegten sich zwischen sachlicher Kritik und übler Verleumdung, wie sie etwa der Verband nationaldeutscher Juden, der 1921 von Max Naumann gegründet wurde,[3] formulierte:

> Überall blicken wir in ihre seltsamen Augen, in denen flackernde List auf dickflüssiger Schwermut schwimmt wie ein ‚Jahrzeit'-Licht auf dem Öl. Überall hören wir die gurgelnden, kreischenden Laute ihrer aufgeregten Gespräche. In allen Bahnwagen hocken sie und malen Ziffern in fettige Taschenbücher. In allen Cafés bilden sie gestikulierende Gruppen, laufen sie schreibend und tuschelnd von Tisch zu Tisch und zur Tür hinaus zum nächsten Notar, um rasch ein Haus zu kaufen oder ein gestern gekauftes ‚weiterzugeben'.[4]

2 Siehe Paul Mendes-Flohr: Juden innerhalb der deutschen Kultur. In: Ders. / Avraham Barkai: *Deutsch-jüdische Geschichte in der Neuzeit*, Bd. 4: Aufbruch und Zerstörung: 1918–1945. München: Beck 1997, S. 167–190.

3 Steven E. Aschheim: *Brothers and Strangers. The East European Jew in German and German Jewish Consciousness, 1800–1923.* Madison: University of Wisconsin Press 1982, S. 220.

4 J. Hobrecht: Die Ostjudengefahr. In: *Kölnische Zeitung*, 18.12.1922, zit. n. F.L.: Angstpsychose. In: *Jüdische Rundschau*, 22.12.1922, S. 661.

Selbst wenn man derart radikale Ansichten unter den deutschen Juden beiseitelässt, so standen doch auch viele der ‚Guten' unter ihnen den Juden aus Osteuropa ablehnend gegenüber. Der deutsch-jüdische Schriftsteller Jakob Wassermann bezeugt diese Haltung in seinem Buch *Mein Weg als Deutscher und Jude*:

> Sah ich einen polnischen oder galizischen Juden, sprach ich mit ihm, bemühte mich, in sein Inneres zu dringen, seine Art zu denken und zu leben zu ergründen, so konnte er mich wohl rühren oder verwundern oder zum Mitleid, zur Trauer stimmen, aber eine Regung von Brüderlichkeit, ja nur von Verwandtschaft verspürte ich durchaus nicht. Er war mir vollkommen fremd, in den Äußerungen, in jedem Hauch fremd, und wenn sich keine menschlich-individuelle Sympathie ergab, sogar abstoßend.[5]

Im Gegensatz zu dieser kritischen, um nicht zu sagen negativen Einstellung der meisten Juden in Deutschland gegenüber den Juden aus Osteuropa, die als Flüchtlinge und Wirtschaftsmigranten gekommen waren, gab es auch eine positive, bisweilen sogar schwärmerische Haltung zu denjenigen jüdischen Intellektuellen, die in den 1920er Jahren aus Osteuropa nach Berlin gekommen waren und dort Zentren der Wissenschaft und des künstlerischen Schaffens in Hebräisch und Jiddisch errichteten, Zeitungs- und Buchverlage ebenso wie Lehranstalten für diese beiden Sprachen gründeten.[6]

Im Bereich des Theaters, das den Gegenstand dieser Studie bildet, verstärkten die Vertreter dieser Gruppe den tiefen Eindruck, den das Habima-Theater bei seinem Besuch in Berlin 1926 auf die deutschen Juden machte – als Verkörperung der Wiederbelebung einer authentischen hebräischen Kultur. Ein weiterer Grund für die Begeisterung waren die für den deutschen Zuschauer fremden theatralischen Mittel, die die Habima-Schauspieler einsetzten, die jedoch der dramatischen, emotionalen Darstellung des mythologischen Geschehens angemessen erschienen. So betrachteten viele Juden in Deutschland, insbesondere die assimilierten, liberalen Theaterschaffenden unter ihnen, die Aufführungen der Habima als überlegene Kunstform, obwohl sie selbst kein Wort Hebräisch verstanden.

Das Berlin der Weimarer Republik bildete das Zentrum des modernen Theaters in Westeuropa, während Moskau diese Rolle im Osten übernahm. In Deutschland entstand das moderne Theater in der zweiten Hälfte des 19. Jahrhunderts mit der Etablierung des Regisseurs als eigenständigem Beruf am Theater. Die Notwendigkeit eines Regisseurs – eine Rolle und Aufgabe, die es

5 Jakob Wassermann: *Mein Weg als Deutscher und Jude*. Berlin: Fischer 1921, S. 107–108.

6 Vgl. Michael Brenner: *The Renaissance of Jewish Culture in Weimar Germany*. New Haven: Yale UP 1996.

zuvor am Theater nicht gegeben hatte – erwuchs aus einer veränderten Auffassung vom Wesen der Theaterkunst. Im 18. und in der ersten Hälfte des 19. Jahrhunderts stand der Hauptdarsteller im Mittelpunkt jeder Aufführung und bot sein schauspielerisches Können dar. In den meisten Fällen leitete er als „actor-manager" zugleich die Theatertruppe. Es war Aufgabe der verschiedenen Elemente der Aufführung wie Dramentext, Bühnenbild, Kostüme, Musik, Tanz usw., dem Schauspieler als Hilfsmittel bei der Darbietung seiner Kunst zu dienen. Jedes einzelne dieser Elemente folgte seinen eigenen Regeln, dem jeweiligen Geschmack der Zeit und den technischen Möglichkeiten. So bestand jede Aufführung tatsächlich aus einer eklektischen Mischung verschiedener Künste (Dramatik, Schauspiel, Dekoration, Tanz, Musik etc.), die unabhängig voneinander nach eigenen Vorgaben agierten.

Die veränderte Auffassung des Theaterschaffens verlegte den Schwerpunkt von der Schauspielkunst auf die Kunst des Theaters. Von nun an bestand eine Aufführung am Theater aus einer Gesamtaussage, die aus dem Dramentext erwuchs, der eine einmalige Auslegung erfuhr – und zwar in der Verantwortung des Regisseurs. Gedanken in diese Richtung kursierten unter Theaterschaffenden in Deutschland bereits in der ersten Hälfte des 19. Jahrhunderts und manifestierten sich schließlich im Begriff des „Gesamtkunstwerks", den Richard Wagner 1849 in seinem Aufsatz „Die Kunst und die Revolution" prägte.

Die Hoftheatergruppe unter Herzog Georg II. in Meiningen setzte diese neue Auffassung in den Jahren 1874 bis 1890 in die Tat um und definierte zum ersten Mal Rolle und Aufgabe des Regisseurs am Theater. Mit der Hilfe von Ludwig Chronegk, der damit als erster Regisseur im heutigen Sinne gelten kann, wurde das Theater des Herzogs zur ersten Bühne, auf der jede Aufführung eine besondere Einheit der beteiligten künstlerischen Elemente bildete. Die Herstellung eines überzeugenden Bühnenbildes bedurfte historischer Genauigkeit bei der Dekoration und den Requisiten, so nahm man zum Beispiel nicht einfach die Dekoration von irgendeinem „Schloss", die für alle Schlösser in allen Stücken Verwendung fand, sondern schuf ein bestimmtes Schloss mit allen Details nur für eine bestimmte Aufführung. Angesichts der spezifischen Detailliertheit der Umgebung, in der sich die Figuren bewegten, wurde auch ein spezifisches und genaues Verhalten des Schauspielers erforderlich, das der Figur, die er darstellte, angemessen war. Dies galt für die kleinste Nebenrolle ebenso wie für die Hauptrolle. Also keine Chargen, nicht noch ein „Liebhaber" oder eine „Hure", sondern eine spezifische Figur mit eigenem Charakter, entwickelt aus den Vorstellungen von Dramatiker und Regisseur. Das Spezifische und die historische Genauigkeit wirkten sich auch auf die Kostüme aus, die zugleich zur Figur und zur Umgebung gehörten, in der alle anderen Figuren des Stückes agierten. Um ein solches Ergebnis zu erzielen, bedurfte es langwieriger Proben – im Gegensatz zur bisherigen Praxis, nicht länger als vier Tage für eine Aufführung zu proben, um die Bewegungen auf der Bühne zumindest soweit zu koordinieren, dass physische Zusammenstöße zwischen den nach je eigener Gewohnheit sich bewegenden Darstellern vermieden wurden.[7] Von nun an dauerten die Proben bedeutend länger, damit alle Beteiligten und insbesondere die Schauspieler die Anweisungen des Regisseurs verinnerlichten, der das Gesamtbild schuf und Dinge verlangen konnte, die dem einzelnen Schauspieler nicht bewusst waren oder die ihm sogar widerstrebten, die er aber auch gegen seinen Willen ausführen musste.

Als das Meininger Hoftheater im Jahr 1890 nach Moskau kam, saß im Publikum auch der Schauspieler und Regisseur Konstantin Stanislawski, der wenige Jahre später (1897) gemeinsam mit Vladimir Nemirovich-Danchenko das Moskauer Künstlertheater gründen würde. Er beschloss, das Theaterverständnis und die Methoden des Herzogs und seines Regisseurs zu übernehmen. Und so waren die ersten Jahre von Stanislawskis Arbeit mit dem Moskauer Künstlertheater von dieser neuen Art des Theaters geprägt. Noch bevor sich Stanislawski, der seine Karriere als Schauspieler begonnen hatte und auch weiterhin auf der Bühne stand, als er schon Regie führte, mit der Frage nach der Einheitlichkeit der Aufführung auseinandersetzte, war er in seiner Arbeit als Schauspieler auf Schwierigkeiten gestoßen. Die Suche nach einer Lösung für seine beruflichen Probleme brachte ihn dazu, eine neue Methode des Schauspielens zu entwickeln.

Da die Stanislawski-Methode heutzutage jedem Theaterinteressierten bekannt ist und in verschiedenen Abwandlungen in vielen Ländern praktiziert wird, soll hier lediglich ein kurzer Überblick ihrer wesentlichen Aspekte erfolgen.[8] Das Ziel der Methode ist es, dem Schauspieler dabei zu helfen, zu jedem gewünschten Zeitpunkt überzeugend auf der Bühne zu agieren. Sie basiert auf einer Reihe von Hilfestellungen, die es dem Schauspieler ermöglichen, den Vorrat seiner individuellen Erfahrungen zu nutzen, um auf der Bühne eine realistische und glaubwürdige Figur zu erschaffen. Die Methode wurde zur Grundlage der schauspielerischen Tätigkeit am modernen Theater und kam nicht nur bei naturalistischen und realistischen, sondern ebenso bei fantastischen und stilisierten

7 Hans Daiber / Friedrich Michael: *Geschichte des deutschen Theaters*. Frankfurt am Main: Suhrkamp 1989, S. 98.

8 Vgl. ausführlich dazu Konstantin Stanislawski: *Die Arbeit des Schauspielers an sich selbst*, Bd. 1: Die Arbeit des Schauspielers an sich selbst im schöpferischen Prozess des Erlebens / Bd. 2: Die Arbeit des Schauspielers an sich selbst im schöpferischen Prozess des Verkörperns. Berlin: Henschel 1961/1963; ders.: *Die Arbeit des Schauspielers an der Rolle*. Berlin: Henschel 1955.

Produktionen zur Anwendung. Der Schauspieler verfolgt die Absicht, das Publikum in einen Zustand der Empathie mit der Figur, ihren Leiden und ihrem Schicksal zu versetzen, und verzichtet daher auf die Zurschaustellung von künstlerischen Techniken und manierierter Schauspielerei, die die Illusion zerstören würden, man sei unmittelbarer Beobachter der Figur. Wie Yevgeni Vachtangov berichtet,

> forderte Stanislawski, dass der Zuschauer die Tatsache vergisst, dass er im Theater ist, und in der Atmosphäre aufgeht, in der die Protagonisten eines Dramas existieren. Stanislawski war zufrieden, wenn der Zuschauer zu den *Drei Schwestern* kam, als sei er bei Familie Prozorov zu Gast. Dies war in seinen Augen die höchste theatralische Errungenschaft und er wollte alle triviale Theatralität von der Bühne verbannen.[9]

Die Arbeit nach der Stanislawski-Methode veränderte die Hierarchie im Ensemble. An die Stelle des absolut herrschenden Regisseurs, der seinen Schauspielern ihre Handlungen vorschrieb, trat ein begleitender, anleitender Regisseur, dessen Aufgabe es war, den Schauspieler dabei zu unterstützen, seine eigenen Erfahrungen und Gefühle in die Aufführung einzubringen – ein gleichwertiger, zuweilen sogar höherwertiger Beitrag als der des Regisseurs. Auf diese Weise galten die Anteile aller Schauspieler einer Aufführung, egal ob in Haupt- oder Nebenrollen, als gleichermaßen wertvoll und wichtig. Eine solche Gleichberechtigung aller Mitglieder eines bestimmten Ensembles half dabei, dieses als Kollektiv zu organisieren.

Der Ausgangspunkt für die Entwicklung der schauspielerischen Arbeit in Deutschland war dem in Russland durchaus ähnlich. Im Jahr 1894 übernahm Otto Brahm die Leitung des Deutschen Theaters in Berlin. Der Schlüssel zu seiner Arbeit mit den Schauspielern bestand in einem realistischen Spiel, sowohl bei modernen Dramen als auch bei Klassikern, um die Bühne von der traditionell künstlichen deutschen Spielweise zu befreien und so das Erlebnis der Aufführung beim Publikum zu verstärken. Brahm leitete das Theater bis 1905 und wurde dann durch den Regisseur Max Reinhardt – vermutlich die wichtigste Figur des deutschen Theaters zu Beginn des 20. Jahrhunderts – abgelöst. Reinhardt, der seine Karriere ebenso wie Stanislawski als Schauspieler begonnen hatte, entwickelte zwar keine eigene Methode, wurde aber aufgrund seiner Persönlichkeit und dem enormen Umfang seiner Tätigkeiten zur Symbolfigur des modernen deutschen Theaters seiner Zeit. Im Gegensatz zu Stanislawski behielt er sich das absolute Recht vor, jede Bewegung und Intonation vorzugeben, wie er sie zuvor in seinem Regiebuch geplant hatte. Reinhardts Schauspieler mussten die Techniken des Berufs beherrschen, waren jedoch keine gleichwertigen

9 Zit. n. Mark Slonim: *Russian Theatre*. New York: Collier 1961, S. 185.

Partner im künstlerischen Schaffensprozess. Darüber hinaus beeindruckten Reinhardts Produktionen durch ihre Komplexität und viele seiner Schauspieler wurden dank ihrer außerordentlichen Darstellungen berühmt. So wie Reinhardt der dominierende Theaterkünstler in den ersten Jahrzehnten des 20. Jahrhunderts in Deutschland war, galt dies für Stanislawski in Russland bereits vor der Revolution 1917 und in den zwei Jahrzehnten, die auf sie folgten. Stanislawski bildete zahlreiche Schüler aus, von denen einige seiner Methode treu blieben und andere, wie Vsevolod Meyerhold und Alexander Tairov, von ihr abwichen. So auch Yevgeni Vachtangov, der angab, Stanislawskis Methode zu folgen, dies aber auf eine einzigartige Weise tat und seine Schauspieler zu einem fantastisch-ironischen statt realistischen Stil hinführte.
Auch in Deutschland wirkten parallel zu Reinhardts Arbeit andere Regisseure mit einer jeweils eigenen künstlerischen Sprache. Der radikalste unter ihnen war Erwin Piscator, der Vater des epischen Theaters. Zudem lassen sich in der einzigartigen Gestalt des modernen Theaters in Deutschland Unterschiede zum russischen Theater erkennen, die eine direkte Folge sowohl der in Deutschland vorherrschenden Mentalität wie auch der gesellschaftlichen und kulturellen Werte waren, die sich von denen in Russland deutlich unterschieden. Bei aller Vorsicht gegenüber Verallgemeinerungen lässt sich doch sagen, dass im russischen Theater das Gefühl, um nicht zu sagen die Sentimentalität dominierte, während im deutschen Theater Vernunft und Logik den Ton angaben. Moshe Halevi, ein Abkömmling und Anhänger der russischen Theatertradition und einer der Gründer des Habima-Theaters in Moskau, behauptete etwa:

> Stanislawski hat am russischen Künstlertheater den Begriff „Gefühlsgedanke" geschaffen, da sich der russische Mensch ganz allgemein und der russische Künstler insbesondere dadurch auszeichnet, dass selbst sein Denken von tiefem Gefühl durchdrungen ist. Beim deutschen Künstler dagegen sind sein Denken und sein Gefühl getrennt und es scheint mir, dass bei ihm in den meisten Fällen das Denken über das Gefühl herrscht.[10]

Dementsprechend entwickelten sich in den beiden Ländern auch unterschiedliche Schauspieltechniken. Ausgangspunkt des russischen Schauspielers war die Seele der Figur, deren Gefühle, Sehnsüchte und Frustrationen er im Vorrat seiner individuellen Erfahrungen suchen und finden musste, während der Ausgangspunkt des deutschen Schauspielers der Text war, die Worte, die die von ihm dargestellte Figur spricht und die er sachlich und objektiv zu analysieren und dem Publikum unverkennbar im Sinne des Dramatikers und nicht in Bezug auf seine eigene Gefühlswelt vorzutragen hatte. Anhand des Gegensatzes zwischen rational-objektivem und emotional-subjektivem Ansatz lässt

10 Moshe Halevi: דרכי עלי במות [Mein Weg auf den Bühnen]. Tel Aviv: Masada 1955, S. 180–181.

sich deutlich der Unterschied in der Erschaffung der Figur zwischen einem Stanislawski-Schauspieler, der aus seinem privaten Erleben schöpft, und einem Reinhardt-Schauspieler erkennen, der sich

> in ein fremdes Schicksal, aber nicht in einen anderen Menschen [verwandelt]. Er taucht in seiner Rolle unter, und wenn er auftaucht, ist er natürlich kein anderer Mensch geworden, aber er ist erfüllt mit einem fremden Schicksal, bewegt von fremden Leidenschaften und Erlebnissen.[11]

Diese Unterschiede hatten praktische Folgen für die Arbeit des Schauspielers. Die Schauspielerin und Regisseurin Miriam Bernstein-Cohen, selbst eine Schülerin der russischen Methode, verglich auf der Grundlage ihrer persönlichen Erfahrungen die beiden Herangehensweisen:

> Bei Stanislawski waren wir auf die Rolle fixiert, auf die Verkörperung der Figur, auf die Erschaffung der Figur in uns selbst. Bei Reinhardt ging es darum, die Rolle zu spielen, nicht zu verkörpern. Reinhardt erscheint jenen, die es mit Stanislawski halten, altmodisch. Reinhardt probte Gesten, Stimmlage, Mimik, ja und ebenso musikalische Begleitung und Geräusche. Stanislawski dagegen Psychologie und Feinheiten.[12]

Infolge des Unterschiedes in der gesellschaftlichen Stellung der Juden in Russland und Deutschland zum Ende des 19. Jahrhunderts, jener Epoche, in der sich die Auffassung vom modernen Theater in beiden Ländern herauskristallisierte, unterschied sich auch der Grad ihrer Beteiligung am Theaterleben ihrer jeweiligen Länder. Bis zum Niedergang des russischen Zarenreiches 1917 war es Juden verboten, außerhalb des ‚Ansiedlungsrayons' zu leben, einem begrenzten Gebiet aus Dörfern und Kleinstädten im Westen Russlands zwischen Ostsee und Schwarzem Meer (heute gehören diese Gebiete größtenteils zu Polen bzw. der Ukraine), fern von den Zentren der russischen Kultur. Abgesehen von den geografischen Einschränkungen wurde den Juden der Weg ans Theater auch durch eine öffentliche Bewegung versperrt, die für die nationale Reinheit des russischen Theaters eintrat und deren Vertreter dazu aufforderten, das russische Theater vor dem Eindringen von Juden zu schützen, die eine Konkurrenz für die russischen Schauspieler darstellten. Daher gelangten nur wenige Juden auf die russische Bühne, die entweder zum Christentum konvertiert waren oder über eine hohe Bildung verfügten und das Recht besaßen, außerhalb des Ansiedlungsrayons zu leben. Keiner von ihnen bekleidete eine Schlüsselposition am Theater. Dies führte jedoch dazu, dass innerhalb des jüdischen

11 Max Reinhardt: Der Schauspieler und seine Rolle [1926]. In: Knut Boeser / Renata Vatkova (Hrsg.): *Max Reinhardt in Berlin*. Berlin: Frölich & Kaufmann 1984, S. 30–31, hier S. 30.

12 Miriam Bernstein-Cohen: לבעור באהבה לתיאטרון [Entbrannt in Liebe zum Theater]. In: *Bama* 109/110 (1987), S. 56–59, hier S. 57.

Ansiedlungsrayons im zaristischen Russland eine einzigartige jüdische Theaterkultur erblühte – meistenteils auf Jiddisch und nur selten auf Hebräisch. Erst nach der Oktoberrevolution begannen jüdische Künstlerinnen und Künstler, als Schauspieler, Regisseure, Bühnenbildner, Komponisten und Kritiker am russischen Theater zu wirken. Mehr noch, die Revolution beseitigte nicht nur die Diskriminierung der jüdischen Minderheit, sie befürwortete außerdem das Streben der verschiedenen ethnischen und nationalen Gruppen nach Ausdruck, darunter auch das der Juden. Auf diese Weise erhielten die jiddischen Theaterunternehmungen ihre Legitimation und die verschiedenen Versuche, ein hebräisches Theater zu errichten, wurden ermutigt. In Moskau gelang es der auf Hebräisch spielenden Gruppe Habima (Die Bühne), als Studio des Moskauer Künstlertheaters anerkannt zu werden.

Für die jüdischen Theaterkünstlerinnen und -künstler in Deutschland gab es dagegen nie einen Grund, ein jüdisches Theaterleben in einem eigenständigen Rahmen zu etablieren, weder in deutscher noch in jiddischer oder gar hebräischer Sprache, da sie erfolgreich in allen Bereichen des Theaters in ganz Deutschland aktiv waren.[13] Dazu gehörten bereits zum Ende des 19. Jahrhunderts etwa Otto Brahm (eigentlich Abrahamson) sowie zwei der drei führenden Regisseure des Theaters im Berlin der Weimarer Republik: Max Reinhardt (eigentlich Goldmann) und Leopold Jessner. Der dritte führende Regisseur, Erwin Piscator, war der Sohn eines Pfarrers, wurde aber ironischerweise und offensichtlich aufgrund seines episch-politischen Theaters vom nationalsozialistischen Regime als „bolschewistischer Kunstjude, raffinierter Veranstalter zersetzender Theaterstücke“[14] geführt.

Dasselbe Regime erließ am 7. April 1933 in Deutschland das *Gesetz zur Wiederherstellung des Berufsbeamtentums*, das die Entlassung von politischen Gegnern und ‚Nicht-Ariern‘ ermöglichte und dafür sorgte, dass mit einem Schlag ca. 8.000 Schauspieler, Musiker, Sänger, Regisseure, Bühnen- und Verwaltungsarbeiter an den Theater-, Opern- und Konzerthäusern arbeitslos wurden. Auf diese Weise erreichte die nationalsozialistische Regierung unter anderem das erklärte Ziel einer „judenreinen Theaterpolitik“.

Um zu verhindern, dass in Deutschland Tausende entlassener jüdischer Bühnenkünstler, das ihnen gesetzlich zustehende Arbeitslosengeld in Anspruch nahmen, unterstützten die NS-Behörden die Einrichtung einer Hilfsorganisation von jüdischen Künstlern für jüdische Künstler. Am 6. Juli 1933

13 Vgl. Mendes-Flohr: Juden innerhalb der deutschen Kultur, S. 174–175.

14 Johann von Leers: *Juden sehen dich an*. Berlin: NS-Druck & Verlag o. J. [vermutlich Mitte der 1930er], S. 61.

bewilligte das Preußische Ministerium für Wissenschaft, Kunst und Volksbildung die Gründung des Kulturbunds Deutscher Juden. Die Vereinigung mit ihren Zweigstellen überall im Land stellte eine Art Netzwerk kultureller Ghettos dar, deren Aufgabe darin bestand, Kultur und Unterhaltung von Juden für Juden zu produzieren. Dem ‚arischen' Publikum war es verboten, die Veranstaltungen des Kulturbunds zu besuchen, so wie es Juden untersagt war, zu nichtjüdischen Kulturveranstaltungen zu gehen. Die Einrichtung des Kulturbunds war der erste Schritt in einem Prozess, an dessen Anfang die Erschütterung der kulturellen Identität der deutschen Juden stand, die sich als untrennbarer Teil der deutschen Kultur begriffen, und der am Ende zu einer erneuerten Definition ihrer Verbundenheit mit dem Judentum führte.
Im Oktober 1933 erschien in der ersten Ausgabe der vom Kulturbund herausgegebenen *Monatsblätter* ein Aufsatz des Schriftstellers, Kritikers und Dramaturgen Julius Bab, der die Theateraktivitäten des Kulturbunds leitete. Er weigerte sich, die Vereinigung als jüdisches Ghetto zu betrachten.

> Diese deutsche Kultur ist in ihrer klassischen Ausprägung, wie wir sie empfangen haben, stets ein offenes Tor zur großen Welt, ein Weg zur ganzen Menschheit gewesen, und in solchem Sinne wollen und müssen wir deutsche Juden sie uns bewahren, wenn wir der innerlich gefährlichen Rückkehr ins Ghetto entgehen wollen. […] Das Schauspiel, das wir schaffen, wird ein jüdisches sein, aber zugleich ein deutsches Schauspiel; es wird leben aus dieser doppelten Wurzel des Daseins, die uns deutsche Juden überhaupt ernährt, und von der wir nicht getrennt werden können, solange wir leben.[15]

Ein halbes Jahr später druckte die *Jüdische Rundschau* auf ihrer ersten Seite einen Artikel mit dem Titel „Jüdische Kulturarbeit", der mit einem Absatz unter der Überschrift „Illusion und Wirklichkeit" begann. Das Ziel der Redaktion war es, ihre Leser mit der Aussichtslosigkeit ihrer kulturellen Situation zu konfrontieren. Zwar hätten die kulturschaffenden deutschen Juden in der Vergangenheit großen Einfluss auf das deutsche Kulturleben gehabt, da sie in dessen Rahmen gewirkt und den Erwartungen von dessen Publikum entsprochen hätten. Jetzt aber sei ihnen die Möglichkeit einer beiderseitigen Beziehung zwischen jüdischen Künstlern und deutschem Publikum genommen worden. Ihr Publikum sei nun ausschließlich jüdisch. Zum einen habe es keinen Zweck, sich der Illusion hinzugeben, die Situation würde sich ändern, und zum anderen bestünde keine Möglichkeit, die schöpferische Schaffenskraft im Geist der deutschen Vergangenheit zu bewahren. Die unausweichliche Schlussfolgerung sei:

15 Julius Bab: Jüdisches Schauspiel? In: *Monatsblätter*, hrsg. v. Kulturbund Deutscher Juden, 1,1 (Oktober 1933), S. 10–11, hier S. 11.

Abb. 5: Bühne und Zuschauerraum des Theaters in der Kommandantenstraße, 1936.

> Es ist nicht möglich, irgendeine kulturelle Arbeit, die den Stempel innerer Echtheit und damit auch der Wirkung an sich trägt, durchzuführen, wenn sie sich nicht mit dem deckt, was tiefste Eigenart der sie tragenden Menschen ist. Darum muß auch die kulturelle Leistung des deutschen Judentums aus dem Jüdischen herkommen, und es muß eine ganz spezifische Leistung des deutschen Judentums sein und nicht etwa der mechanische Versuch, der heute leider so oft gemacht wird, einfach das in jüdischem Kreise fortzusetzen, was man bis vor einiger Zeit draußen getan hat.[16]

Diese Forderung findet ihren Ausdruck unter anderem im Repertoire der Theater an den verschiedenen Zweigstellen des Kulturbundes, auch wenn der Prozess ein langsamer und schwieriger war. In Berlin wurden in den ersten zwei Spielzeiten ausschließlich Dramen mit jüdischen Themen aus der Weltliteratur oder der deutsch-jüdischen Literatur aufgeführt. Später tauchen im Repertoire auch Dramen auf, die sich mit dem Schicksal der Juden im Osten befassen, eine Art bewusster Positivdiskriminierung der Ostjuden durch die Westjuden.

In den ersten beiden Spielzeiten des Kulturbunds fanden die Theater- und Opernaufführungen sowie die Konzerte in einer Reihe verschiedener Spielstätten

16 K. L.: Jüdische Kulturarbeit. In: *Jüdische Rundschau*, 04.05.1934, S. 1.

statt, mit Beginn der dritten Spielzeit jedoch wurden alle Aktivitäten auf das Theater in der Kommandantenstraße beschränkt. Der Wandel dieses Theaters zur Heimat des Kulturbunds lässt sich gleich doppelt als ironisch und als schmerzhaft deuten. Das Theater war 1896 von zwei jüdischen Schauspielern gegründet worden, den Brüdern Anton und Donath Herrnfeld. Das Herrnfeld-Theater war die erste Bühne in Berlin, die auf Jiddisch Dramen und Komödien über das Leben der osteuropäischen Juden aufführte. Es handelte sich um billige Unterhaltungsstücke, die auf plakative und verzerrte Darstellung jüdischer Stereotypen setzten. Das Jiddisch des Jargon-Theaters war dem Deutschen sehr ähnlich und so auch für deutschsprachige Zuschauer verständlich. Das Publikum des Theaters setzte sich aus zwei Gruppen zusammen, die an ein und demselben Gegenstand zwei entgegengesetzte Bedürfnisse stillten. Juden, die aus Osteuropa nach Berlin migriert waren, versuchten, einen Hauch ihrer alten Heimat zu erhaschen, während deutsche Antisemiten die verzerrende Art der Darstellung von Juden auf der Bühne genossen.[17] Auch später und unter neuer Leitung wurde das Theater weiterhin mit der jüdischen Welt identifiziert. Dort gastierten jüdische Theatergruppen von hohem künstlerischem Anspruch wie die Wilnaer Truppe und das Habima-Theater.

Die zweite Phase im Leben des Kulturbunds Deutscher Juden begann am 26. April 1935, als die Gestapo mit der Begründung, dass es so etwas wie „deutsche Juden“ nicht gäbe, da ein Jude nicht zugleich deutsch sein könne, eine Änderung des Namens forderte. Daraufhin wurde beschlossen, den Namen in Jüdischer Kulturbund zu ändern und um den Ort der jeweiligen Zweigstelle zu ergänzen. Am 25. Juli 1935 ernannte Propagandaminister Joseph Goebbels den SS-Kommandanten Hans Hinkel zum „Sonderbeauftragten des Reichsministeriums für die Überwachung und Beaufsichtigung der Betätigung aller im Reichsgebiet lebenden nichtarischen Staatsangehörigen auf künstlerischem und geistigem Gebiet“.

Die dritte Phase der erzwungenen Abtrennung der deutschen Juden von der deutschen Kultur ereignete sich kurz darauf, als Hinkel das vom Kulturbund in Berlin für die Spielzeit 1935/36 geplante Repertoire ablehnte. Ab diesem Moment war es dem Kulturbund untersagt, klassische und moderne deutsche (vermeintlich ‚arische‘) Werke aufzuführen. Verboten wurde zum Beispiel die Aufführung eines Dramas von Friedrich Schiller sowie von Opern von Albert Lortzing und Wolfgang Amadeus Mozart. Ironischerweise waren es also ausgerechnet die nationalsozialistischen Machthaber, die die deutschen Juden zu einer geistigen Auseinandersetzung mit ihrer jüdischen kulturellen Identität

17 Vgl. hierzu etwa Stefan Hofmann: Bürgerlicher Habitus und jüdische Zugehörigkeit. Das Herrnfeld-Theater um 1900. In: *Jahrbuch des Simon-Dubnow-Instituts* 11 (2012), S. 445–480.

brachten und schließlich, als sich die Situation immer weiter verschlimmerte, zur Anerkennung und sogar Aufrechterhaltung der kulturellen Werte des Ostjudentums, von denen sie sich im Laufe vieler Jahre entfernt hatten.

Von Anfang an unterhielt der Kulturbund Kontakte nach Palästina. Im Archiv der Tel Aviver Stadtverwaltung befindet sich ein Brief des Stadtsekretärs Yehuda Nedivi an die Direktion der seit 1932 in Tel Aviv stattfindenden Orient-Messe vom 11. März 1934, aus dem hervorgeht, dass diese „vom ‚Kulturbund Deutscher Juden' Berlin einen Vorschlag für den Besuchs einer Gruppe deutscher Juden in der Messe-Saison" erhalten hatten, der jedoch ohne Antwort geblieben war. Trotz der höflichen Bitte Nedivis an die Messe-Direktion, „ob Sie dieser Angelegenheit Ihre umgehende Aufmerksamkeit widmen könnten", wurde nichts unternommen und der Besuch fand nicht statt.[18]

Von der Natur der Beziehungen des Kulturbunds nach Palästina zeugen auch die Erinnerungen von Alice Levie, der Frau von Dr. Werner Levie, dem Generalsekretär des Kulturbunds in Berlin: „Er [Dr. Levie] hatte schon 1935 die Idee, den Kulturbund nach Palästina zu transferieren, inklusive der Instrumente. Das wurde mit Hinkel damals abgesprochen. Der fand das in Ordnung." Im April 1936 fuhr das Paar nach Palästina.

> Mein Mann hat in den sechs Wochen, die wir blieben über seine Pläne mit Huberman und Toscanini gesprochen und ihnen bei der Organisierung des Konzertbetriebs nach dem Vorbild des Kulturbunds geholfen. [...] Mit der Habima wurde verhandelt. Sie fürchteten zwar die Konkurrenz ein wenig, aber mit dem Import aus Berlin hätten sie ihren Betrieb vom Schauspiel auf die Oper ausgedehnt.[19]

Die Verhandlungen wurden offensichtlich in Absprache mit der politischen Führung des Yishuv geführt, denn das Ehepaar wohnte im Haus von Berl Loker, einem leitenden Mitglied der Jewish Agency. Allerdings wurden die Gespräche zugleich offensichtlich geheim gehalten, da sie in einem ausführlichen Interview Levies in der Zeitung *Do'ar Ha-Yom* mit keinem Wort erwähnt werden. Er erklärte im Interview, sein Ziel sei es, gegenseitige Besuche von jüdischen Künstlergruppen zu organisieren: ein Besuch der Habima in den Zweigstellen des Kulturbunds und eine Opernaufführung durch den Berliner Kulturbund in Palästina.[20]

18 Yehuda Nedivi an die Leitung der Orient-Messe, 11.03.1934. Archiv der Stadtverwaltung Tel Aviv-Jaffo, Akte מוסדות אמנות א' [Künstlerische Einrichtungen A'], Nr. 1913, Abt. 4, Kiste 1023, August 1929 bis Dezember 1934, Dokument 65.

19 Alice Levie: Wer ist die blonde Frau? Das ist doch keine Jüdin? In: Henryk M. Broder / Eike Geisel: *Premiere und Pogrom. Der Jüdische Kulturbund 1933–1941. Texte und Bilder.* Berlin: Siedler 1992, S. 153–160, hier S. 156–157.

20 Vgl. Y.: הפעולה התרבותית-האמנותית בקרב היהדות המתעוררת ב'רייך' השלישי [Die kulturell-künstlerische Tätigkeit des erwachenden Judentums im Dritten ‚Reich']. In: *Do'ar Ha-Yom*, 06.05.1936, S. 5.

Die Verbindung, die sich zwischen dem Kulturbund und der Habima entwickelte, zeigt sich u. a. in einer Grußbotschaft des Kulturbunds, die ebenfalls 1936 in Reaktion auf die arabischen Unruhen in Palästina abgeschickt wurde.

> An das Theater „Habima" in Tel Aviv: Der erste Kongress des Reichsverbands jüdischer Kulturbünde in Deutschland, zu dem sich vom 5. bis 7. September die künstlerischen und administrativen Leiter der Zweigstellen des Kulturbunds sowie die künstlerischen Kräfte des deutschen Judentums in Berlin versammelt haben, sendet seinen Gruß an die „Habima", das große Theater in Eretz Israel; er gedenkt des schweren, heldenhaften Kampfes, den die jüdische Gemeinde in Eretz Israel austrägt und erkennt die tiefe Verbindung an, die zwischen uns besteht. Im Namen der Kulturbünde: Kurt Singer, Benno Cohn, Werner Levie.[21]

Anfang Dezember 1935 traf sich Margot Klausner, die administrative Leiterin der Habima in Berlin, mit dem Kulturbund-Gründer Kurt Singer zu einem Gespräch über die Beziehungen der beiden Institutionen. Im Anschluss an das Gespräch schrieb sie ihm am 8. Dezember 1935:

> Es würde für mich eine grosse Freude bedeuten, wenn dieser Abend eine gegenseitige Befruchtung und Verbindung angeregt hätte, und ich hoffe, dass dieser Kontakt nicht mehr unterbrochen werden wird. Ich wäre Ihnen sehr verbunden, wenn der Kulturbund mir bis Dienstag, dem Tag meiner Abreise, ein Resumé unserer Besprechungen über das evtl. Gastspiel der Habima im Kulturbund senden könnte.[22]

Der geplante Besuch wurde von den deutschen Behörden genehmigt und sollte im Rahmen der Europa-Tournee der Habima 1937–38 in die Tat umgesetzt werden. Die Bestätigung hierfür wurde am 23. Juni 1937, als sich das Theater in Paris aufhielt, an Ari Warshawer geschickt, der Mitglied der Theaterleitung war: „Gegen ein Gastspiel des hebräischen Nationaltheaters Habima im jüdischen Kulturbund Berlin während des Monats November 1937 bestehen hierorts grundsätzlich keine Bedenken. Hans Hinkel."[23] Am Ende kam der Besuch nicht zustande. Der Habima-Schauspieler Shimon Finkel erinnert sich: „Uns wurde damals erzählt, dass unser Manager Leonidov von Goebbels persönlich die Genehmigung bekommen hat [...] Aber die Genehmigung wurde in letzter Minute auf Befehl von Göring widerrufen."[24]

21 Abgedruckt in 'ידיעות מחיי 'הבימה [Nachrichten aus dem Leben der „Habima"]. In: *Bama* 11/12 (1936), S. 79.

22 Margot Klausner an Kurt Singer, 08.12.1935. Israeli Center for the Documentation of the Performing Arts (IDCPA), Habima-Korrespondenz 1935, Sign. 82.3. Für die Bestände des IDCPA existieren zwei Verzeichnungssysteme: eine alte Signatur und eine neue Katalognummer. Wo bereits möglich, werden beide Angaben nachgewiesen.

23 Hans Hinkel an Ari Warshawer, 23.06.1937. IDCPA, Habima-Korrespondenz 1937, Sign. 82.3.

24 Shimon Finkel: במה וקלעים. חיי שחקן ומאבקו לעצמותו [Bühne und Kulissen. Leben eines Schauspielers und sein Kampf um Unabhängigkeit]. Tel Aviv: Am Oved 1968, S. 177.

Der Kulturbund hat Palästina nie besucht, und das Vorhaben von Werner Levie, ihn vollständig nach Palästina zu transferieren, stieß mit großer Wahrscheinlichkeit auf den Widerstand von Kurt Singer. Singers Tochter Margot, die Mitglied in der Jugendbewegung Ha-Shomer Ha-Tsa'ir in Deutschland war, berichtet in ihren Erinnerungen von 1938: „Mein Vater war kein Zionist, er hätte mich nie nach Palästina fahren lassen. Ich sagte ihm: ‚Hilf mir, hier wegzukommen, nach Palästina [...]' Er wollte nicht."[25] In dieser Zeit gelang es einigen Musikern des Kulturbunds, sich auf eigene Initiative dem Orchester von Bronislaw Huberman in Tel Aviv anzuschließen. Wilhelm Steinberg, einer der Dirigenten des Kulturbund-Orchesters in Berlin wurde von Arturo Toscanini eingeladen, um für ihn das im Entstehen begriffene Orchester einzurichten. Wie Alice Levie berichtet, war der Kulturbund im Juni 1938 zur Auswanderung bereit. „Doch plötzlich hieß es, weder dürften die Musiker Instrumente mitnehmen, noch dürfte etwas vom Fundus ausgeführt werden. So hat sich der Plan in Luft aufgelöst."[26]

Trotz seiner Kontakte nach Palästina führte der Kulturbund in den Jahren seiner Existenz nur ein einziges eretz-israelisches Drama auf: *Das Gericht* (*Ha-Mishpat*) von Shulamit Bat-Dori, das am 8. Mai 1938 in Berlin Premiere hatte. Das Stück reflektiert den Kampf um Palästina in den 1930er Jahren aus drei verschiedenen und entgegengesetzten Perspektiven: der jüdischen, der arabischen und der britischen. Ein Kibbuz-Mitglied versucht, die Bewohner des benachbarten arabischen Dorfs zur Zusammenarbeit zu bewegen. Dort jedoch sind die Meinungen gespalten zwischen jenen, die denken, die jüdische Einwanderung bedeute Fortschritt für alle in Palästina, und denen, die glauben, diese seien gekommen, um den arabischen Grundbesitz zu stehlen, und müssten daher bekämpft werden. Außerdem deckt ein britischer Soldat die Parteilichkeit der Mandatsregierung auf, deren Einstellung zur jüdischen Gemeinschaft feindselig ist.

Die Aufführung des Dramas wurde in Palästina aufgrund der scharfen Kritik an der Mandatsregierung von der britischen Zensur untersagt. Aber auch der Traum des Kibbuzniks von zwei gleichberechtigten Völkern, die glücklich Seite an Seite in Palästina leben könnten, entsprach nicht der vorherrschenden Meinung im Yishuv. Selbst nach dem Ende des britischen Mandats wurde *Ha-Mishpat* nie auf einer professionellen hebräischen Bühne aufgeführt, lediglich an Amateurtheatern.

25 Margot Wachsmann-Singer: Mein Vater hat den Kulturbund so ungeheuer geliebt. In: Broder / Geisel (Hrsg.): *Premiere und Pogrom*, S. 194–199, hier S. 199.

26 Levie: Wer ist die blonde Frau?, S. 157.

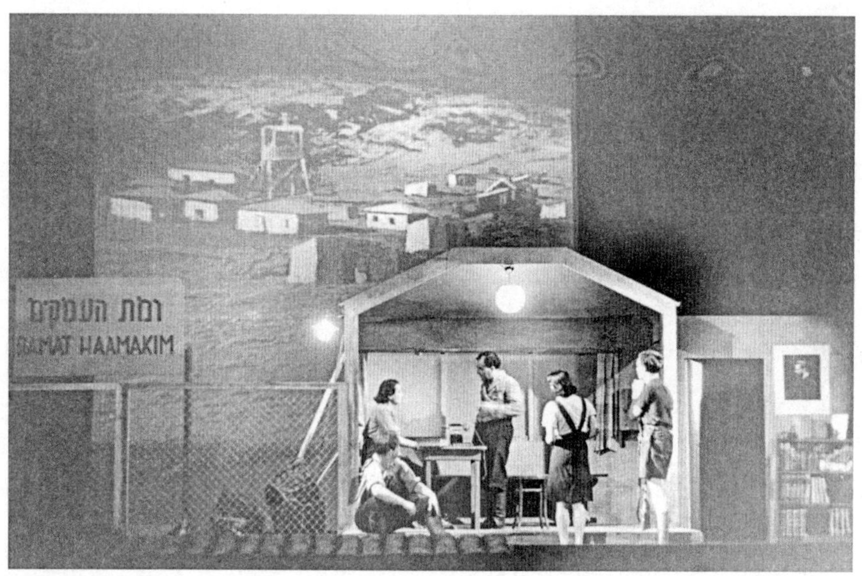

Abb. 6: *Das Gericht* von Shulamit Bat-Dori, Aufführung im Kulturbund, Mai 1938.

Die Produktion des Kulturbunds dagegen war ein großer Erfolg und wurde 60 Mal vor dem jüdischen Publikum in Berlin gespielt. Bei einer Sonderveranstaltung „Lebendiges Palästina" wies der Übersetzer und Bearbeiter des Dramas, Herbert Friedenthal (später Herbert Freeden), der zugleich auch Vorsitzender der Kulturabteilung der Zionistischen Vereinigung für Deutschland war,

> auf die beiden Juden-Stücke hin, die der Kulturbund in dieser einen Woche zur Aufführung gebracht hat: das eine im Film *Idl mit'n Fidl*, und das andere vom lebendigen Palästina. Es sind die beiden Welten jüdischen Lebens in unserer Zeit. Aber die Welt, die im Film gezeigt wird, ist eine Untergangswelt; sie zeigt das Abgeschnittensein vom wirklich Schöpferischen, während Palästina den erstmaligen Versuch darstellt, jüdische Wirklichkeit zu leben. Es ist zwar ein Weg mit einem Ziel und dennoch ein Weg ohne Ende. Wo wir gelebt haben, war es immer die Landschaft der andern, drüben aber wird die Oberfläche der Erde von uns gestaltet: die Felder, die Wälder, die Städte, die Küste, die Häfen – zum erstenmal unternehmen wir es, Heimat selbst zu gestalten. Juden werden in der Welt nur leben können, wenn das Herz in Palästina kräftig schlägt. Und das Volk wird nur leben können, wenn es sein Leben selber gestaltet.[27]

Im festen Glauben an die Bedeutung des Beitrags der Kulturbünde für das Fortbestehen des jüdischen Lebens in Deutschland, weigerte sich Kurt Singer, der Begründer und kulturelle Leiter des Kulturbunds in Berlin, die Wirklichkeit

27 M. M.: Lebendiges Palästina. In: *Jüdische Rundschau*, 10.05.1938, S. 10.

und das nahende Ende zu erkennen. Seine Tochter erinnert sich: „Mein Vater hat gedacht, daß ihm nichts passieren könnte, da er bei Hinkel ein- und ausging. Der war auch ein Kulturfreund, wie Vater… So verblendet waren diese jüdischen Intellektuellen, die ganze Klugheit hat ihnen nichts genutzt."[28] Noch im September 1937 wandte sich Singer in einem persönlichen Schreiben mit ergreifenden Worten an Kurt Sommerfeld, ein Mitglied seines Orchesters, der Berlin nach einer Einladung für das Orchester in Palästina verlassen hatte: „Nun kommt alles darauf an, daß wir unser Orchester stabil erhalten. Aus diesem Grunde habe ich einen dringenden Appell an Ihren Kapellmeister, meinen Freund Steinberg, gerichtet und gebeten, keine Musiker aus unserem Orchester mehr für Palästina zu werben."[29] So wie viele Juden in Deutschland weigerte sich Kurt Singer, die Schrift an der Wand wahrzunehmen.

Von den 8.000 jüdischen Künstlerinnen und Künstlern in Deutschland, die 1933 entlassen worden waren, arbeiteten im Jahr 1937 nur noch 1.425 in den Zweigstellen des Jüdischen Kulturbunds. Einige wenige weigerten sich, unter den Bedingungen des ‚künstlerischen Ghettos' tätig zu sein, den meisten anderen war es gelungen, das Land zu verlassen. Viele Mitglieder des Kulturbunds verließen Deutschland in dem Moment, in dem sie ein Visum für ein anderes Land erhalten hatten, manche davon kamen nach Palästina. Mit dem allmählichen Verschwinden der jüdischen Bevölkerung wurde ein lokaler Kulturbund nach dem anderen geschlossen, bis nur noch die Zentrale in Berlin übrig blieb.

Der Jüdische Kulturbund hatte nun nur noch ein einziges Ziel: die gewollter- oder gezwungenermaßen in Deutschland verbliebenen Juden beim täglichen Kampf ums Überleben zu unterstützen. Neben der Erzeugung von Möglichkeiten, die bedrückenden Stunden der Muße zu einem Vergnügen zu machen, wirkte die Vereinigung auf zwei scheinbar widersprüchlichen Ebenen. Einerseits bot sie in Form von Kammer- und Symphoniekonzerten, Opern und Operetten, Komödien und Boulevarddramen ein Mittel zur – wenn auch kurzzeitigen – Flucht aus der bedrohlichen Wirklichkeit. Andererseits wurde das Gefühl der Zugehörigkeit und die jüdische Identität der Mitwirkenden und der Zuschauer gleichermaßen gestärkt, um den Wellen des Antisemitismus begegnen zu können, ohne zu zerbrechen. Dementsprechend stammten sieben der vierzig Theaterproduktionen des Kulturbunds Berlin in den Jahren 1935–1941 aus der Feder jiddischer Dramatiker und befassten sich voll Achtung und Ehrfurcht mit der Vergangenheit des Ostjudentums.

28 Wachsmann-Singer: Mein Vater hat den Kulturbund so ungeheuer geliebt, S. 196.

29 Zit. n. Kurt Sommerfeld: Kein Bier für den Juden dahinten! In: Broder / Geisel (Hrsg.): *Premiere und Pogrom*, S. 200–209, hier S. 209.

Infolge der im Laufe der 1930er Jahre immer weiter fortschreitenden Verschlechterung der Situation für die deutschen Juden stieg die Zahl der Auswanderer und die Zahl der Künstlerinnen und Künstler des Kulturbunds sank ebenso wie die seiner Zuschauer. Erst im Oktober 1938 erkannte Kurt Singer die existentielle Gefahr für die Mitglieder des Kulturbunds und beschloss, sie samt seiner und ihrer Unternehmung zu retten. Er fuhr in die USA und versuchte, die Auswanderung des gesamten verbliebenen Kulturbunds dorthin in die Wege zu leiten. Als ihm dies nicht gelang und er aus Deutschland die Nachrichten von der Reichspogromnacht bekam, beschloss er, nach Deutschland zurückzukehren, um bei seinen Kollegen zu sein. Im Laufe des Jahres 1939 schränkten sich die Aktivitäten des Kulturbunds immer weiter ein. Um die Tätigkeit des Symphonieorchesters aufrechtzuerhalten, wurden in Berlin die verbliebenen Musiker der ehemaligen Kulturbund-Zweigstellen zusammengefasst. Das letzte Symphoniekonzert fand am 15. Mai 1941 statt. Am 9. August 1941 dann die letzte Theatervorstellung, Franz Molnárs Komödie *Spiel im Schloss* (*Játék a kastélyban*) – ein bitterer Versuch, noch einmal vor der bedrohlichen Wirklichkeit zu fliehen. Am 11. September verkündeten die Behörden die Einstellung sämtlicher Aktivitäten des Jüdischen Kulturbunds und am 18. Oktober fuhren die ersten Züge ab, die die Berliner Juden in die Vernichtungslager brachten. Am 19. Mai 1943 schließlich erklärte das NS-Regime Deutschland als „judenrein". In den Jahren 1933–1939 hatten ca. 247.000 Juden Deutschland verlassen, ungefähr die Hälfte der jüdischen Bevölkerung Deutschlands zu Beginn der 1930er Jahre.[30] In den Jahren 1933–1945 kamen aus Deutschland, Österreich und der Tschechoslowakei ungefähr 70.00–80.000 Juden nach Palästina.[31]

Dort befand sich der hebräische Yishuv (hebr. „Siedlung", die jüdische Bevölkerung in Palästina vor 1948) mit all seinen verschiedenen politischen, gesellschaftlichen und religiösen Strömungen unter der Hegemonie der jüdischen Einwanderer aus Osteuropa, die seit dem Ende des 19. Jahrhunderts aus zionistischen Beweggründen nach Palästina gekommen waren. Sie hatten die Gola (hebr. „Exil", der Ort der Verbannung) verlassen und waren ins Land ihrer Väter zurückgekehrt. In Palästina schufen sie eine jüdische Kultur auf Hebräisch, deren Grundlage die nationale Idee vom „auserwählten Volk" bildete und in der die Belange der Gemeinschaft höher eingeschätzt wurden als die Belange des Einzelnen. Die meisten der Neueinwanderer aus Zentraleuropa jedoch, die

30 Vgl. Avraham Barkai: Jüdisches Leben unter der Verfolgung. In: Barkai / Mendes-Flohr: *Deutsch-jüdische Geschichte in der Neuzeit*, Bd. 4, S. 225–249, hier S. 226.
31 Ebd., S. 228.

ab 1933 nach Palästina kamen, hatten ihre Heimat gegen ihren Willen verlassen müssen, um sich einen vorübergehenden oder dauerhaften Zufluchtsort zu suchen. Sie waren ein Teil der Kultur der Weimarer Republik gewesen und nicht wenige sahen sich als Hüter dieser Kultur im Exil, solange bis sich der Sturm in ihrer deutschen Heimat wieder verziehen würde. Diese Kultur basierte auf Modernismus, Individualismus und Universalismus. Modernismus als Lebensweise zum Aufbau einer rationalen Welt, die von humanistischen, liberalen und sozialistischen Werten getragen wird. Individualismus als das Recht des Einzelnen auf volle Freiheit. Und Universalismus als die Gleichberechtigung aller Kulturen. Viele von ihnen beherrschten zudem die hebräische Sprache – gelinde gesagt – nur unzureichend.

Das Aufeinandertreffen der Juden aus Zentraleuropa mit jenen aus Osteuropa in Palästina in den 1930er Jahren war traumatisch, sowohl wegen der existierenden Vorurteile auf beiden Seiten als auch wegen der Unvereinbarkeit der entgegengesetzten Grundüberzeugungen der beiden Gruppen, der gerade neu eingewanderten Minderheit und der Mehrheit, die im Land den Ton angab. An der Spitze des Yishuv stand der Jüdische Nationalrat, der die Belange der jüdischen Gemeinschaft regelte und diese vor den britischen Autoritäten vertrat. Seine Zusammensetzung aus Vertretern der verschiedenen zionistischen Parteien wurde durch Wahlen bestimmt. Über die Jahre hatten die Vertreter der Arbeiterparteien stets eine überwältigende Mehrheit, während die Revisionisten in der Minderheit waren.[32] Im August 1929 wurde als Exekutive der Zionistischen Weltorganisation die Jewish Agency gegründet, deren Zentrale sich in Jerusalem befand. Zu Beginn bestand ihre Aufgabe darin, dem hebräischen Yishuv zu helfen, später dann den Juden auf der ganzen Welt. Die beiden miteinander abgestimmten Institutionen waren eine Art Vorgängerregierung des zukünftigen jüdischen Staates. Und so war es die Jewish Agency, die 1933 mit der NS-Regierung das Haavara-Abkommen unterzeichnete.

Im Rahmen dieses Abkommen war es möglich, einen Teil des Vermögens, das die deutschen Juden nicht aus Deutschland ausführen durften, zu retten. Die Behörden gestatteten denjenigen, die nach Palästina auswanderten, diesen Teil auf einem Sonderkonto in Deutschland zu deponieren. Im Gegenzug wurden für die Jewish Agency Maschinen und Rohstoffe angeschafft, die der NS-Staat aufgrund des gegen ihn verhängten Wirtschaftsboykotts nicht exportieren

32 Die Vorherrschaft der Arbeiterbewegung kam in allen gesellschaftlichen Bereichen zum Ausdruck, auch am Theater. 1928 verließ ein Großteil der Schauspieler das erste satirische hebräische Theater Ha-Kumkum (Der Teekessel), weil sie mit der revisionistischen Linie des Gründers und Leiters des Theaters Avigdor Hameiri nicht einverstanden waren. Sie gründeten ein konkurrierendes Theater namens Ha-Matate (Der Besen).

konnte. Wenn die Waren in Palästina ankamen, erhielten die ursprünglichen Geldgeber zwei Drittel des Betrags. Durch das Haavara-Abkommen gelang es vielen deutschen Juden, zumindest einen Teil ihres Besitzes zu retten, und nach Palästina kamen Einwanderer mit Vermögen, was indirekt zu einem wirtschaftlichen Wachstum in der ersten Hälfte der 1930er Jahre führte bzw. zur „Prosperity", wie man es im Yishuv nannte.

Ein Teil der neuen Einwanderer aus Mitteleuropa schuf sich angesichts seines sozio-ökonomischen Status einen neuen wirtschaftlichen und politischen Rahmen außerhalb der dominierenden Arbeiterbewegung.[33] Im Bereich des Theaters dagegen hofften die Jeckes, sich an den etablierten Bühnen des Yishuv integrieren zu können. Auf diesem Weg erwiesen sich allerdings die Wesensunterschiede im Repertoire, in der Arbeitsweise des Schauspielers, in der Beziehung zwischen Schauspieler und Regisseur sowie in der organisatorischen Struktur der Theater in West- und Osteuropa als Stolpersteine, die die aus Deutschland geflohenen Theaterkünstler der 1930er Jahre zu spüren bekamen, als sie versuchten, an den hebräischen Bühnen Palästinas Aufnahme zu finden, an Bühnen, die ausnahmslos in der Tradition des russischen Theaters standen.

Dazu kamen die grundsätzlichen Schwierigkeiten aller Schauspieler, die auswandern wollen und die Sprache des Landes, in das sie einwandern, nicht nur für die Alltagskommunikation, sondern als professionelles Werkzeug beherrschen müssen. Nur wenige Schauspieler konnten in die Schweiz emigrieren und dort weiter auf Deutsch spielen. Ein nicht geringer Teil der Schauspieler, die in die USA auswanderten, war nicht in der Lage, auf Englisch zu spielen. Auf diese Weise wurden dort einige der wichtigsten Schauspieler Deutschlands und Österreichs zu Regisseuren. Mehr noch, aufgrund kultureller Unterschiede gelang es auch vielen ausgewanderten Regisseuren und Dramatikern nicht, Arbeit zu finden. Ein Vergleich der Listen ausgewanderter Theaterkünstler führt zu dem Schluss, dass die erfolgreichen und bekannten unter ihnen größtenteils nach England und in die USA auswanderten, während nach Palästina eher die weniger bekannten gingen, die aufgrund ihres jungen Alters noch keine Gelegenheit hatten, sich einen Namen zu machen. Fehlende Kenntnisse des Hebräischen und die Unterschiede in der gesellschaftlich-kulturellen Tradition des eretz-israelischen gegenüber dem deutschen Theater führten dazu, dass die

33 So wurde im Jahr 1942 eine liberale Zentrumspartei der Einwanderer aus Deutschland und Österreich namens Aliya Hadasha (Neue Einwanderung) gegründet, die für sechs Jahre existierte. In Konkurrenz zur Krankenkasse der hebräischen Gewerkschaft wurde 1941 von aus Deutschland eingewanderten Ärzten die Krankenkasse Maccabi gegründet, die bis heute erfolgreich tätig ist.

Aufnahme und Integration der Flüchtlinge in Zürich (ohne Sprachschwierigkeiten) sowie in London, New York oder Hollywood (trotz der Sprachschwierigkeiten) bedeutend einfacher vonstattenging als die ihrer Kollegen, die nach Palästina gegangen waren.

Im Dezember 1935 veröffentlichte die jüdische Wochenzeitung *The Chicago Sentinel* unter dem Titel „Palestine's Broadway" einen Bericht des jeckischen Journalisten Erich Gottgetreu über das hebräische Theater in Palästina. Der Artikel beginnt mit den Worten

> Merkwürdigerweise wurde die große deutschsprachige Einwanderung der letzten zwei Jahre vom hebräischen Theater in Palästina nahezu komplett ignoriert. Während jede andere Berufsgruppe eine Reihe von deutschen Neueinwanderern aufgenommen hat, blieben die Türen des hebräischen Theaters vor ihnen – mit Ausnahme einzelner Regisseure – verschlossen.[34]

Trotz der stetig wachsenden Zahl von Einwanderern aus dem deutschen Kulturkreis in der zweiten Hälfte der 1930er Jahre änderte sich die Haltung der hebräischen Theater ihnen gegenüber nicht. Dies lässt sich etwa anhand des Künstlerlexikons von Ruth Klinger und Maxim Sakashansky von 1946 zeigen. In diesem Jahr umfasste der Yishuv ca. 600.000 Einwohner, davon ca. 60.000, also 10 % Jeckes. Die Auflistung des Lexikons zeigt, dass ihr Anteil in allen Bereichen der Kunst deutlich höher war als in der Gesamtbevölkerung – mit Ausnahme des Theaters. Unter der Sektion „Theater" werden 110 Namen genannt, davon 11 Jeckes (10 %); in der Sektion „Musik" sind es 213 Namen, davon 80 Jeckes (38 %); in der Sektion „Musik (Gesang)" sind von 64 Genannten 23 Jeckes (36 %); in der Sektion „Tanz" kommen auf 25 Namen 11 Jeckes (44 %); in der Sektion „Malerei und Bildhauerei" tauchen 149 Namen auf, von denen 40 Jeckes sind (27 %); in der Sektion „Filmproduktion" sind unter den 8 namentlich Aufgeführten 5 Jeckes (63 %).[35]

Schon Ende 1933 organisierte der Freundeskreis des Ohel-Theaters in Tel Aviv einen Abend, der den Einwanderern aus Deutschland gewidmet war. Die Veranstaltung fand kurz nach der Premiere der *Dreigroschenoper* von Bertolt Brecht und Kurt Weill statt, die der aus Deutschland eingewanderte Alfred Wolf inszeniert hatte, und kurz vor der nächsten Produktion des Theaters, dem deutschen Klassiker *Dantons Tod* von Georg Büchner, bei dem Friedrich Lobe Regie führte – auch er ein Neueinwanderer aus Deutschland. Die Reden an diesem Abend wurden auf Deutsch gehalten, die künstlerische Gestaltung durch Schauspieler des Ohel war dagegen auf Hebräisch. Der letzte Redner war

34 Erich Gottgetreu: Palestine's Broadway. In: *The Chicago Sentinel*, 12.12.1935, S. 8.

35 Vgl. Ruth Klinger / Maxim Sakashansky: אמנות ואמנים בארץ ישראל [Kunst und Künstler in Eretz Israel]. Tel Aviv: Yavne 1946.

Hermann Badt, ein ehemaliger Abteilungsleiter im preußischen Innenministerium, der ebenfalls 1933 nach Palästina eingewandert war. Er beendete seine Rede mit der Erklärung,

> daß das palästinensische Theater es nicht versäumen dürfe, sich die Kräfte der neuen Alijah nutzbar zu machen, die vom kultiviertesten europäischen Theater direkt herkommen, und nicht auf die Kritik und passive Mitarbeit eines Publikums verzichten solle, das jahrzehntelange Theatererziehung von der europäischen Bühne her besitze und also eine Resonanz darstelle, die wohl den sichersten Maßstab für jede künstlerische Leistung bedeute.[36]

Das hebräische Theater hatte jedoch keine Schwierigkeiten damit, die „Kräfte der neuen Alijah" nicht zu nutzen, sodass diese gezwungen waren, sich in deutscher und hebräischer Sprache eigene künstlerische Rahmen zu schaffen.

Mit der Ankunft der ersten Einwanderer der fünften Aliya (hebr. „Aufstieg", Einwanderung von Juden ins Land Israel)[37] beanspruchte die deutsche Sprache immer mehr Raum im öffentlichen Leben Palästinas. Aus der Befürchtung heraus, das Hebräische könnte seine Stellung in der eretz-israelischen Gesellschaft verlieren und der vereinte Yishuv sich wegen der Einwanderer aus den verschiedenen Ländern in ethnisch-kulturelle Untergruppen aufspalten, wirkten in den 1930er Jahren in Palästina eine ganze Reihe von Organisationen, die auf unterschiedlichen Wegen den Gebrauch fremder Sprachen verhindern wollten.[38] Die Aktivitäten reichten von Aufklärung bis hin zu physischer Gewalt.

Die Aktionen dieser Gruppierungen richteten sich gegen den Gebrauch jeglicher fremden Sprache, inklusive des Jiddischen, das als Sprache der Galut (hebr. „Verbannung", Zustand der Diaspora) galt und von dem sich der von der Arbeiterbewegung geführte Yishuv lösen wollte. Die Ankunft zahlreicher Deutsch sprechender Einwanderer führte allerdings zu einer Situation, in der das Hauptaugenmerk auf die Verdrängung des Deutschen gerichtet war, das aus der sprachlichen Landschaft Palästinas zunehmend hervorstach. Die Sprache gehörte zu den typischen Charakteristika der neu eingewanderten Jeckes, von denen viele anders aussahen und sich anders verhielten, als es den gesellschaftlichen Gepflogenheiten im Yishuv in jener Zeit entsprach. Zudem wurde

36 Manfred Geis: Palästinensisches Theater und deutsche Alijah. In: *Jüdische Rundschau*, 24.11.1933, S. 851.

37 Die großen historischen Einwanderungswellen nach Palästina werden in der zionistischen Geschichtsschreibung fortlaufend gezählt: 1882–1904 – erste Aliya, 1904–1914 – zweite Aliya, 1909–1924 – dritte Aliya, 1924–1931 – vierte Aliya, 1930–1939 – fünfte Aliya; die illegale Einwanderung ins britische Mandatsgebiet in den Jahren 1934–1948 wird als Aliya Bet bezeichnet.

38 Dazu gehörten u. a. גדוד מגיני השפה בארץ-ישראל [Brigade der Sprachschützer in Eretz Israel], האגוד להשלטת העברית [Die Vereinigung für die Durchsetzung des Hebräischen], הועד הציבורי להגנת הלשון העברית [Das öffentliche Komitee zu Verteidigung der hebräischen Sprache] und המועצה המרכזית להשלטת העברית בישוב [Der Zentralrat zur Durchsetzung des Hebräischen im Yishuv].

Deutsch als Sprache der Nationalsozialisten identifiziert und die Führung des Yishuv glaubte, den Jeckes einen Gefallen zu tun, wenn sie sie vom Gebrauch der Sprache abhielten, die auch die Sprache ihrer Peiniger war. Was jedoch vonseiten des Yishuv als empathische Geste gegenüber den verfolgten deutschen Juden gemeint war, führte dazu, dass viele von denen, die in ihr historisches und zugleich neues Heimatland gekommen waren, sich auch hier verfolgt fühlten, weil sie ihr deutsches Kulturerbe weiterhin bewahren und pflegen wollten.
Hunderte von Dokumenten zum Thema, die sich im Archiv der Tel Aviver Stadtverwaltung befinden, ermöglichen einen Überblick über die Phänomene, gegen die die Vorkämpfer für das Hebräische zu Felde zogen: Schilder und Anzeigen auf den Straßen und in Zeitungen in fremder Sprache oder in zwei Sprachen, von denen nur eine Hebräisch war; zweisprachige oder fremdsprachige Zeitungen; Vorträge und Aufführungen in fremder Sprache oder in Kombination aus Hebräisch und einer fremden Sprache; Unterhaltungen des ärztlichen Personals in den Krankenhäusern auf Deutsch; Beamte der Stadtverwaltung und Busfahrer, die bereit waren, Anfragen auf Deutsch zu beantworten; Vorführungen deutscher Filme und Übersetzungen englischer Filme auf Deutsch. Schon Mitte der 1920er Jahre pflegte die Tel Aviver Stadtverwaltung Anfragen, die nicht auf Hebräisch an sie gerichtet wurden (zumeist auf Deutsch), mit einem vom Bürgermeister unterzeichneten Standardbrief auf Hebräisch zu beantworten, dessen Wortlaut immer ähnlich war: „Zu unserem Bedauern müssen wir Ihnen Ihr Schreiben, das auf Deutsch verfasst ist, mit der Bitte zurücksenden, Ihre Anfrage auf Hebräisch zu formulieren, der offiziellen Sprache der Stadtverwaltung Tel Aviv.“[39]
Anfang des Jahres 1934 wandte sich der Bürgermeister von Tel Aviv Meir Dizengoff an den Kulturausschuss der Gewerkschaft:

> Angesichts einer Vielzahl an Fällen, in denen Anzeigen auf Deutsch und Hebräisch gedruckt wurden, haben wir die Ehre, Sie darauf hinzuweisen, dass so etwas in unserer Stadt nicht getan wird. Es ist uns gestattet, Anzeigen in den drei offiziellen Sprachen zu veröffentlichen, wir können jedoch diese schädlichen Aktivitäten nicht gleichgültig hinnehmen, wenn jede aus der Galut eingewanderte Gruppe auch die Sprache des Landes, aus dem sie gekommen ist, hineinmischt. Diese Sprachvervielfachung wird die erste hebräische Stadt in ein neues Babel verwandeln.[40]

39 Stadtverwaltung Tel Aviv an Dr. Bodenheimer, Institut für Landwirtschaft und Naturwissenschaften, 27.05.1928. Archiv der Stadtverwaltung Tel Aviv-Jaffo, Kiste 612, Sektion Nr. 4: Juli 1926–Juli 1941, Akte Nr. 140 'א, Dokument Nr. 37.

40 Meir Dizengoff an den Kulturausschuss der Histadrut, 27.02.1934. Ebd., Akte Nr. 140 'א, Dokument Nr. 112. Die drei offiziellen Sprachen im britischen Mandatsgebiet Palästina waren Englisch, Arabisch und Hebräisch.

Im Mai 1935 wurde in Tel Aviv ein öffentliches Tribunal über den „Verlauf des Kampfes für das Hebräische im werdenden Yishuv" abgehalten, dessen Anklage sich hauptsächlich gegen die Einwanderer aus Deutschland richtete.

> Der Ankläger fragte: Warum wird das Deutsche in Tel Aviv mehr als jede andere Sprache hervorgehoben? Warum halten die Deutsch Sprechenden so sehr an ihrem Deutschtum fest? Das geht soweit, dass sich einmal ein aus Deutschland eingewanderter Kellner weigerte, dem Ankläger zu antworten, als dieser sagte, er spräche keine Sprache außer Hebräisch.[41]

Der Verteidiger Ben-Zion Yedidya betonte dagegen in seinem Plädoyer:

> Die Tatsache, dass man das Deutsche in der Öffentlichkeit so stark wahrnimmt, ist dadurch zu erklären, dass der Einwanderer aus Deutschland, der zur Mittelschicht gehört, sich häufiger in der Öffentlichkeit bewegt als der ehemalige Shtetl-Bewohner aus Polen oder Litauen, der innerhalb der vier Wände von einem Kiosk oder kleinem Laden lebt.[42]

Am Ende fiel der erste Absatz vom *Urteilsspruch des Gerichts für den Kampf des Hebräischen* deutlich zugunsten der Jeckes aus. Dort heißt es:

> A) Im Verlauf der Debatte wurde ersichtlich, dass große Teile der neuen Einwanderung, insbesondere der Einwanderung aus Deutschland, viel Energie und große Mühen aufwenden, sich die hebräische Sprache anzueignen und sich den Notwendigkeiten des nationalen Aufbaus in seiner Gesamtheit anzupassen, und es ist die Pflicht des Gerichts, diese positive und erfreuliche Erscheinung mit Genugtuung zu konstatieren.[43]

Im Widerspruch zu dieser Haltung veröffentlichte im März 1939 dann *Hapo'el Ha-Tsa'ir*, das Wochenblatt der Arbeiterbewegung in Eretz Israel, einen Artikel, der „an die Deutsch sprechenden Einwanderer" gerichtet war. Über sie heißt es:

> Nicht nur, dass sie in allen Belangen der hebräischen Sprache und Kultur Analphabeten sind, sie sind sich dessen noch nicht einmal bewusst und gehen ohne Scham und Verlegenheit davon aus, dass sich der Yishuv an sie anpassen muss. Sie sprechen mit großem Stolz Deutsch, im Café, im Autobus, im Geschäft und an jedem öffentlichen Ort. Und damit nicht genug, sie sind sehr beleidigt und reagieren gelegentlich mit Impertinenz und Aggressivität, wenn einer von vielen es wagt, ihnen nicht auf Deutsch antworten zu wollen. Vor allem trifft dies auf die vielen Tausend zu, die nicht als Einwanderer ins Land kamen, sondern als Migranten und die kein bisschen bereit sind, ihre Art und ihr Verhalten zu verändern. Obwohl sie in Deutschland schwer bestraft wurden, insbesondere in den Konzentrationslagern, trauern jene noch immer dem verlorenen „Garten Eden" in der deutschen Galut nach. Sie sind voller Forderungen an unser Land, ohne überhaupt zu spüren, dass das Land auch von ihnen etwas

41 דברי קטיגוריה וסניגוריה על העולים מגרמניה [Worte der Anklage und der Verteidigung zu den Einwanderern aus Deutschland]. In: *Davar*, 17.05.1935 (Abendausgabe), S. 19.

42 Ebd.

43 Ebd.

fordert. Das Streben nach einem neuen Leben, nach hebräischer Kultur, die der Motor unseres Lebens hier ist, liegt ihnen völlig fern.[44]

Ungefähr zwei Wochen nach der Veröffentlichung dieser scharfen Attacke auf die Jeckes, verkündete die Zeitung *Davar* die Gründung einer neuen, zentralen Organisation, dem Öffentlichen Ausschuss des hebräischen Weltverbandes, an dem zahlreiche zionistische Organisationen beteiligt waren.[45] Trotz der Überschrift „Der Krieg gegen die Fremdsprachlichkeit" war offensichtlich, dass es sich zuallererst um einen Kampf gegen die deutsche Sprache handelte, was folgende Entscheidung des Ausschusses verdeutlicht: „Die Wochenzeitung *Jüdische Weltrundschau* wird in Eretz Israel weder redigiert noch gesetzt noch gedruckt werden."[46] Da es sich bei der Zeitung um das Nachfolgeblatt der *Jüdischen Rundschau* handelt, erscheint die Entscheidung unlogisch. Die *Jüdische Rundschau* war das Organ der Zionistischen Vereinigung für Deutschland gewesen und hatte dort seit 1902 die Angelegenheiten von Eretz Israel in die Diaspora getragen, bis sie nach der Reichsprogromnacht im November 1938 von den NS-Behörden geschlossen wurde. Anschließend erschien sie unter dem geänderten Namen zunächst in der Schweiz und schließlich in Jerusalem, wo sie weiter loyal den Interessen des hebräischen Yishuv diente.
Ein weiterer Beschluss des Ausschusses besagte, dass „die *Mitteilungsblätter* der Vereinigung der Einwanderer aus Deutschland ohne kommerzielle Anzeigen zu internen, pragmatischen Zwecken für die Neueinwanderer erscheinen dürfen. Über Inhalt und Form muss mit dem öffentlichen Ausschuss eine Vereinbarung getroffen werden."[47] Auch dieser Beschluss ist unlogisch, da das ganze Ziel des *Mitteilungsblatts* (oft abgekürzt als *MB*) darin bestand, den neu Eingewanderten bei der Integration im Land zu helfen, wobei sie auf die Anzeigen angewiesen waren, deren Gebühren wiederum einen Teil der Aktivitäten der Vereinigung finanzierten. Zudem sticht die Tatsache ins Auge, dass in dem neuen Ausschuss, der offiziell gegen alle Sprachen kämpfte, die nicht Hebräisch waren, zwar Vertreter der Zionistischen Vereinigung der Einwanderer aus Polen saßen, jedoch kein Repräsentant jener Einwanderer aus Deutschland, mit denen der Ausschuss auf Konfrontationskurs ging.
Mit dem Ausbruch des Zweiten Weltkriegs war der hebräische Yishuv nicht länger bereit, die Existenz der deutschen Sprache im öffentlichen Raum

44 כלפי העולים דוברי גרמנית [An die Deutsch sprechenden Einwanderer]. In: *Ha-Po'el Ha-Tsa'ir*, 29.03.1939, S. 11–12.

45 המלחמה בנגע הלועזיות [Der Krieg gegen die Fremdsprachlichkeit]. In: *Davar*, 17.04.1939, S. 5.

46 Ebd.

47 Ebd.

hinzunehmen. Selbst die Organisationen der Einwanderer aus Deutschland und Österreich nahmen es auf sich, entsprechend zu handeln, und ersuchten ihre Mitglieder, in der Öffentlichkeit kein Deutsch zu sprechen. Im Sommer 1940 erschienen in drei Ausgaben des *Mitteilungsblatts* zunächst Empfehlungen und dann Anweisungen für die Mitglieder der Vereinigung in Bezug auf die öffentliche Verwendung der deutschen Sprache. Am 14. Juni 1940 erschien der Artikel „Weise Selbstbeschränkung", der an das Gewissen der Neueinwanderer appellierte: „Die Alijah aus den deutsch-sprachigen Ländern sollte es nicht dem anderen Teil des Jischuw überlassen, in dieser Hinsicht Forderungen zu stellen, sondern aus eigener Initiative den Gebrauch der deutschen Sprache in der Öffentlichkeit weitgehend einschränken."[48] Eine Woche später wurde dasselbe Anliegen bereits wesentlich deutlicher zum Ausdruck gebracht: „Wir wiederholen unsere Mahnung und Forderung: wer hebräisch mehr oder weniger beherrscht, möge in der Öffentlichkeit NUR HEBRÄISCH sprechen; andere können sich der englischen Sprache bedienen."[49] Nach weiteren drei Wochen berichtete die Zeitung von einer vermehrten Anzahl an Beschwerden über den Gebrauch der deutschen Sprache in der Öffentlichkeit und zwar nicht nur aus jüdischen Kreisen, in deren Folge eine Sondersitzung der Jerusalemer Gemeinde mit einem Vertreter der Vereinigung einberufen wurde. Eine der Schlussfolgerungen aus dieser Sitzung war eine scharfe und eindeutige Vorschrift:

> Es muss aller Einfluss geltend gemacht werden, um diejenigen, die keine andere Sprache als deutsch beherrschen, dazu zu bringen, heute in der Öffentlichkeit, d. h. überall ausserhalb ihrer Wohnungen, sei es auf der Strasse, im Autobus, in Geschäften, Versammlungen usw., wo sie mit anderen Bevölkerungsteilen zusammentreffen, zu vermeiden, durch lautes Deutschsprechen Anstoss zu erregen.[50]

Im Januar 1941 wandte sich der Stadtsekretär Yehuda Nedivi an das Landesweite Komitee zur Durchsetzung des Hebräischen und bestätigte auf dessen Anfrage hin, er werde sich „mit der Forderung, ein Gesetz zu erlassen, dass den Gebrauch der Feindessprache für die Dauer des Krieges an öffentlichen Plätzen verbietet, an die Regierung wenden."[51]

Als das Afrika-Korps der deutschen Armee unter Erwin Rommel im Sommer 1942 nach Ägypten vordrang und kurz davor war, Alexandria einzunehmen, bestand die Gefahr, dass es von dort nach Palästina vordringen würde. Der

48 Weise Selbstbeschränkung. In: *Mitteilungsblatt*, 14.06.1940, S. 6.

49 Mehr Takt! In: *Mitteilungsblatt*, 21.06.1940, S. 3.

50 Der Gebrauch der deutschen Sprache in der Öffentlichkeit. In: *Mitteilungsblatt*, 12.07.1940, S. 3.

51 Archiv der Stadtverwaltung Tel Aviv-Jaffo, Kiste 612, Sektion Nr. 4: Juli 1926–Juli 1941, Akte Nr. 141 'ב, Dokument Nr. 707.

Habima-Schauspieler Shimon Finkel beschreibt die Furcht, die sich im Yishuv ausbreitete:

> Es gab auch Momente von Angst und Schrecken an den Tischen im Café „Ginati" in den Tagen von El-Alamein, als die Bewohner Tel Avivs die Besetzung der Stadt durch die Deutschen fürchteten. Es war niemand anderes als Yeshayahu Klinov, einer der Haaretz-Redakteure, der die genaue Berechnung anstellte, dass nicht mehr als 36 Stunden blieben bis zum schicksalsträchtigen Ereignis …[52]

Der gesamte Yishuv bereitete sich auf den Verteidigungskampf vor. Während nicht wenige der älteren Einwanderer aus Deutschland bereit waren, ihrem Leben im Moment der Eroberung ein Ende zu setzen, planten die jüngeren unter ihnen eine einzigartige militärische Operation. In Abstimmung mit der Jewish Agency und dem britischen Oberbefehlshaber im Nahen Osten wurde innerhalb des Palmach (Akronym für Plugot Mahats, hebr. „Eingreiftruppen") eine „Deutsche Abteilung" gebildet, die aus Kibbuz-Mitgliedern bestand, die allesamt deutsch aussahen und die deutsche Sprache perfekt beherrschten. Verkleidet als deutsche Soldaten sollten sie für Sabotage- und Spionageaktionen hinter die deutschen Linien gelangen.

Bekanntermaßen veränderte der Ausgang der Schlacht von El-Alamein (23. Oktober – 2. November 1942) den Verlauf des Krieges. Die nun folgenden Ereignisse waren nicht nur für die Jeckes, sondern für den Yishuv als Ganzes von Bedeutung: die ersten Nachrichten von der Vernichtung der europäischen Juden, das Ende des Krieges, die Begegnung mit Shoah-Überlebenden, die illegale Einwanderung, der letzte Kampf gegen die britische Herrschaft, die Gründung des Staates Israel und der Unabhängigkeitskrieg.

52 Shimon Finkel: בצל מאבקים [Im Schatten der Kämpfe]. Tel Aviv: Eked 1990, S. 140.

HESSISCHES
LANDES
THEATER
DARMSTADT

Samstags-Fremdenmiete (I. Vorstellung)

GROSSES HAUS

Samstags-Fremdenmiete (I. Vorstellung)

Samstag, den 29. Oktober 1927

Anfang 15 Uhr — Ende gegen 18 Uhr

Der Zigeunerbaron

Operette in drei Akten nach einer Erzählung des M. Jókai von J. Schnitzer
Musik von Johann Strauß

Musikalische Leitung: Berthold Sander — Spielleitung: Heinrich Kuhn
Bühnenbild: Lothar Schenck von Trapp — Tänze: Manda von Kreibig

Preise der Plätze 0.90 bis 9 Mk.

Anfang 20 Uhr — Ende gegen 23 Uhr

Letztes Gastspiel
des Hebräischen Künstler-Theaters „HABIMA", Moskau

DYBUK

Dramatische Legende in drei Akten von Ans-ki

Regie: E. Wachtangow — Musik: J. Engel — Maler: N. Altmann
Szenische Leitung: J. Rubinstein — Musikalische Leitung: G. Kompaneetz

Preise der Plätze 0.80 bis 8 Mk.

Abb. 7: Plakat zum Gastspiel der Habima am Hessischen Landestheater Darmstadt, Oktober 1927.

1
Begegnungen in Europa

Als die jüdischen Theaterkünstler zu Beginn der 1930er Jahre vor der nationalsozialistischen Verfolgung aus Deutschland nach Palästina flohen und dort an die Türen des etablierten hebräischen Theaters klopften, war dies nicht die erste Begegnung der beiden europäischen Theatertraditionen, der östlichen und der westlichen. Tatsächlich hatten in Deutschland und Österreich bereits im vorangegangenen Jahrzehnt eine ganze Reihe von individuellen und institutionellen Begegnungen zwischen Vertretern des hebräischen Theaters russischer Prägung und der Elite des deutschen Theaters stattgefunden.

Das Habima-Theater

Die wichtigsten, komplexesten und schicksalsträchtigsten dieser Begegnungen fanden in den Jahren 1926 bis 1931 zwischen dem Habima-Theater und dem deutschen Theater, seinen Kunstschaffenden, seinem Publikum und seinen Kritikern statt. Das erste hebräische Theater Habima war nicht in Palästina, sondern in der Phase zwischen Februar- und Oktoberrevolution im Frühjahr 1917 in Moskau gegründet worden. Als „israelisches Nationaltheater" existiert es auch heute noch in Tel Aviv, während zahlreiche andere hebräische Theater, die später gegründet wurden, ihren Betrieb längst wieder eingestellt haben. Von Beginn an übernahm Habima unter den hebräischen Theatern eine Führungsrolle und ihr Einfluss auf das Theaterleben in Palästina in der ersten Hälfte des 20. Jahrhunderts war überwältigend – zum Guten wie zum Schlechten – und das, obwohl die Truppe Palästina erst im März 1928, mehr als zehn Jahre nach ihrer ersten Aufführung in Moskau, zum ersten Mal besuchte.
Der Antrieb für die Gründung des Theaters war ein ideologischer: die Schaffung eines künstlerischen Mittels, um das Nationalbewusstsein des jüdischen Volkes zu stärken und zu fördern. Vor diesem Hintergrund bildeten sich in den

ersten Jahren des Theaters seine charakteristischen Merkmale heraus Hebräisch war die ausschließliche Bühnensprache und das Repertoire spiegelte die Vergangenheit des jüdischen Volkes und sein Sehnen nach dem Land Israel wider. Die Arbeit der Schauspieler basierte auf Stanislawskis Methode und der Inszenierungsstil war expressionistisch-fantastisch, wie ihn der Regisseur Yevgeni Vachtangov exemplarisch in seiner Produktion von Salomon An-Skis jiddischem Drama *Der Dibbuk* (Premiere am 31. Januar 1922 unter dem Titel *Ha-Dibuk*) entwickelt hatte, die zum Symbol und zum Aushängeschild des Theaters wurde. Die Schauspielerinnen und Schauspieler waren als gleichberechtigte Mitglieder in einem Kollektiv organisiert, das sich innerhalb von weniger als vier Jahren von einer Gruppe begeisterter Amateure in ein professionelles und international angesehenes Theater verwandelt hatte, das zu den führenden seiner Zeit gezählt wurde.
Das Theater kam drei Mal nach Berlin, jeweils unter anderen künstlerischen, gesellschaftlichen und wirtschaftlichen Vorzeichen. Ein künstlerischer Einfluss des deutschen Theaters auf die Gäste lässt sich jedoch bei keinem dieser Besuche verzeichnen. Im Gegenteil, von Besuch zu Besuch verstärkte und verfestigte sich bei Habima die bereits bestehende Weltanschauung in Theaterfragen. Dies führte in den 1930ern und 1940ern dann zu der unerschütterlichen Doktrin, keinen jeckischen Schauspieler oder Regisseur in das Ensemble aufzunehmen, und zur Zurückweisung des Angebots von Leopold Jessner, einem der Stützpfeiler des deutschen Theaters, sich Habima anzuschließen.

Habima begeistert Berlin

Im Oktober 1926 kam Habima zum ersten Mal nach Berlin. Es war der Abschluss und der Höhepunkt eines Siegeszugs durch ganz Europa, der im Osten (Litauen und Polen) begonnen hatte und im Westen (Österreich und Deutschland) zu Ende ging. Der vollständige Titel in den verschiedenen Werbeanzeigen in Deutschland lautete „Gastspiel des Moskauer künstlerischen Theaters HABIMA“[1]. Allein der Name des Theaters sorgte für Wohlwollen bei der Mehrheit des deutschen Publikums, allerdings nicht wegen des unbekannten Begriffs Habima, sondern wegen der Charakterisierung als Moskauer Künstlertheater.
Seit Beginn der 1920er Jahre war in Berlin eine russische Gemeinde entstanden, mit deren Wachstum beim deutschen Publikum und den deutschen Theaterschaffenden auch das allgemeine Interesse und die Wertschätzung des

1 Programmheft zur Aufführung *Halom Ya'akov* an den Hamburger Kammerspielen. IDCPA, Habima-Programmhefte, Sign. 112.2.

zeitgenössischen russischen Theaters zunahmen, das als modern und wegweisend galt. Die russischen Migranten, die vor der Revolution geflohen waren, brachten ihre Cafés und Kabaretts mit nach Berlin. Das berühmteste war Der blaue Vogel, in das auch Anhänger aus dem deutschen Publikum gingen. Nach der Unterzeichnung des Vertrags von Rapallo zwischen der Russischen Sozialistischen Förderativen Sowjetrepublik und dem Deutschen Reich am 16. April 1922 begannen führende Theatergruppen aus Moskau in Berlin zu gastieren. Die ersten waren Vertreter der eher konservativen Schule, führende Vertreter des Naturalismus, das erste Studio des Moskauer Künstlertheaters (1922) und danach, noch im selben Jahr, das Moskauer Künstlertheater selbst. Ein Jahr später kamen dann die Vertreter der sowjetischen Avantgarde, das Kammertheater von Alexander Tairov und danach das dritte Studio des Moskauer Künstlertheaters mit Produktionen von Vachtangov, die bei Publikum und Kritik Begeisterungsstürme auslösten.

Sehnsüchtig wartete das Berliner Publikum auf die Begegnung mit einem weiteren russischen Theater. Der deutsch-jüdische Schriftsteller Arnold Zweig, der für die Leser der *Jüdischen Rundschau* seine Eindrücke bei der Premierenvorstellung von *Ha-Dibuk* festhielt, verweist auf die Erregung des Publikums, „das zum Teil nicht einmal wußte, in welcher Sprache diese Schauspieler spielten [...]", und behauptet:

> Wer dem Berliner Publikum, das am Freitag Abend das Theater ganz und gar füllte – und das, schon weil es Freitag Abend war, nicht unbedingt zu unseren Anhängern gehörte – vor fünf Jahren prophezeit hätte, daß es eine Aufführung in hebräischer Sprache eines schrankenlos jüdischen Stückes so leidenschaftliche akklamieren würde, der hätte die Lacher bestimmt nicht auf seiner Seite gehabt.[2]

Für eben jenes nichtjüdische deutsche Publikum jedoch, das nicht gekommen war, um sich an den Wundern des russischen Theaters zu erfreuen, blieb die Aufführung unverständlich und die Figuren abstoßend. In der *Neuen preußischen Kreuzzeitung* hieß es dazu:

> Im Theater am Nollendorfplatz gastiert zurzeit das Moskauer künstlerische Theater „Habima". Diese Theatertruppe, die sich ausschließlich aus Juden zusammensetzt, die in hebräischer Sprache agieren, bietet eine Kunst, die ganz allein dem Ostjuden verständlich ist. Uns ist, ganz abgesehen von den sprachlichen Schwierigkeiten, die Ideologie dieser Leute wesensfremd und zu abseitsliegend von unseren Interessen, als daß sich irgendwelche Berührungspunkte ergeben könnten. Es erübrigt sich auch, die Frage aufzuwerfen, ob derartige Aufführungen für Berlin überhaupt angebracht sind.[3]

2 Arnold Zweig: Großer Erfolg der Habima – Dybuk Hebräisch. In: *Jüdische Rundschau*, 05.10.1926, S. 553.

3 Dybuk. In: *Neue preußische Kreuzzeitung*, 02.10.1926 (Abendausgabe), S. 3.

Abb. 8: „Tanz der Bettler" aus der Habima-Aufführung von *Ha-Dibuk* (*Der Dibbuk*), 1922.

Während sich der größte Teil des deutschen Publikums von den Habima-Aufführungen beeindruckt zeigte und sich dabei hauptsächlich auf die russische Theatertradition bezog, war sich die Mehrheit des jüdischen Publikums der ideologischen, jüdisch-nationalen Botschaften durchaus bewusst. Diese Botschaften fanden nicht nur in den Dramenhandlungen Ausdruck, sondern vor allem im rituellen Gestus der Bewegungen und des Sprechens auf der Bühne. Ein jüdisches Publikum, das den Tanz der Bettler – einer der Höhepunkte von *Ha-Dibuk* – sieht, konnte zu der Überzeugung gelangen, dass dieselben jüdischen Bettler, die ihm stets hässlich und abstoßend erschienen, wie sie in den jüdischen Shtetls in Osteuropa von Tür zu Tür gingen, auf der Bühne von Habima zu mythischen Gestalten wurden, die Bewunderung hervorrufen.

Den sprachlichen Aspekt hebt Arnold Zweig in seiner Rezension zu den Berliner Aufführungen von *Der ewige Jude* von David Pinski und *Jakobs Traum* von Richard Beer-Hofmann hervor: „Es ging von diesen Worten, Rhythmen, Versen, ins Hebräische übertragen, eine packende und bannende Gewalt aus. Und so akklamierte das Publikum dem Stück, der Darstellung, dem ganzen Abend als einem nationalen Ereignis der hebräischen Renaissance."[4] In

4 Arnold Zweig: Habima-Gastspiel: ‚Der ewige Jude' und ‚Jaakobs Traum'. In: *Jüdische Rundschau*, 29.10.1926, S. 607–608, hier S. 608.

diesem Zusammenhang warf Zweig auch die Frage nach dem Bewusstsein des Habima-Theaters um seine Identität auf, die er an den Beginn seiner Rezension stellte:

> In diesen beiden Stücken entwickelte sich und gipfelte das Gastspiel der großen hebräischen Schauspielertruppe, die erstaunlicherweise noch immer nicht in der Öffentlichkeit als hebräisches, sondern immer noch als „Moskauer künstlerisches Theater“ figuriert. Es ist unerfindlich, welche Rücksichten stark genug waren, um die stärkste Eigentümlichkeit der Habima, nämlich daß sie eine hebräische Bühne ist, dem ahnungslosen Publikum zu verschließen, das zu einem großen Teil noch immer glaubt, in russischer Sprache nicht zu verstehen, was vorgeht. Dies mußte einleitend gesagt werden, weil die Perspektive, in die der Fortgang des Gastspiels die Truppe rückt, immer ausgesprochener aufs Nationale, Jüdische gerichtet ist.[5]

Indirekt hatte die positive Rezeption des hebräischen Theaters durch das bürgerliche Publikum in Berlin – das jüdische ebenso wie das nichtjüdische – durchaus einen Einfluss auf die assimilierten deutschen Juden, die sich am Beginn des Prozesses befanden, ihre jüdische Identität neu zu definieren, nicht gerade durch eine Rückkehr zum orthodoxen Judentum, zum Jiddischen und ins 19. Jahrhundert in Osteuropa, sondern mithilfe einer nationalen und zionistischen jüdischen Kultur.

Deutsche Juden eilen Habima zur Hilfe

Während der erste Besuch von Habima in Deutschland der Höhepunkt einer erfolgreichen Europatournee war, erwies sich der zweite Besuch ungefähr ein Jahr später als Besuch eines Ensembles, das eine schwere Krise erlebt hatte und dessen Fortbestehen in Gefahr war. Verursacher der Krise war die Frage nach dem Platz des Einzelnen im Kollektiv von Habima, ein Streitpunkt, der seit Gründung bestand. In den ersten Jahren lag die künstlerische Leitung des Theaters in den Händen von Yevgeni Vachtangov, während Nahum Zemach, der Ideengeber und Gründer, die administrative Leitung innehatte. Nach dem Ausscheiden Vachtangovs Anfang des Jahres 1922 nahm Zemach auch die künstlerische Leitung auf sich. Angesichts des Widerstands des Kollektivs war er genötigt, der Einrichtung einer vom Kollektiv gewählten Kommission zuzustimmen, die die politischen Richtungsentscheidungen des Theaters traf. Dennoch betrachtete sich Zemach weiterhin als alleiniger, sowohl künstlerischer als auch administrativer Leiter. Dies führte dazu, dass zwei der Kommissionsmitglieder, die mit Zemachs Entscheidungen nicht einverstanden waren, das Theater verließen: Menahem Gnessin, der Habima gemeinsam mit Zemach und Hanna Rovina gegründet hatte, ging 1923 und Moshe Halevi, der von Beginn an Mitglied des Kollektivs gewesen war, ging 1925.

5 Ebd., S. 607.

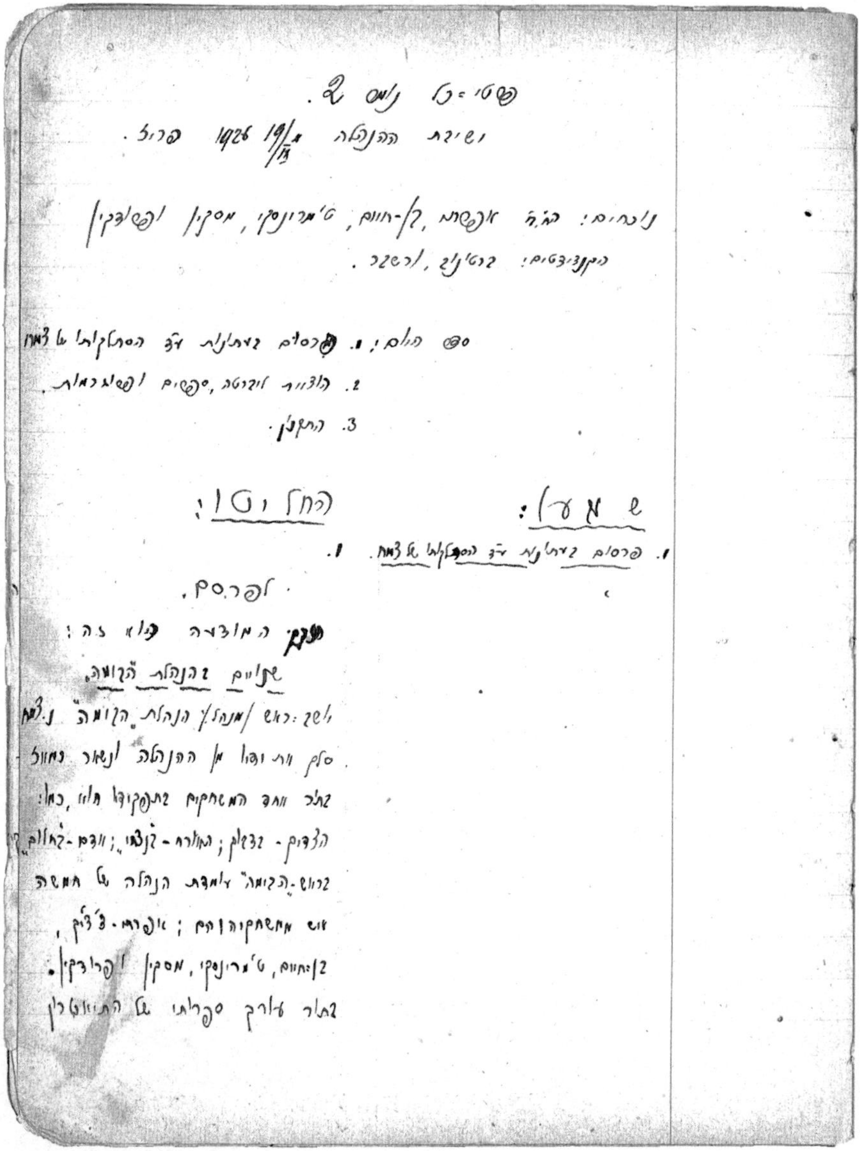
פרוטוקול נומר 2.
ישיבת ההנהלה מ 19/IX 1926 פריז.

נוכחים: ה״ה אפשטין, בן-חיים, צ׳מרינסקי, מסקין ופרודקין
הקנדידטים: ברטוניק, ורשבר.

סדר היום: 1. פרסום בעתונות ע״ד הסתלקותו של צמח
2. הודעה לורטה, ספקים ופרוגרמות.
3. התקנון.

שאלה:	החלטה:
1. פרסום בעתונות ע״ד הסתלקותו של צמח.	1. לפרסם.

תוכן המודעה הוא זה:
שנויים בהנהלת "הבימה".
לשעבר: ראש/מנהל הנהלת "הבימה" נ. צמח
סלק את עצמו מן ההנהלה ונשאר כחבר
בתור אחד המשחקים בתפקידיו הוא, כמו:
הצדיק - בדבוק; המורה - ב"נבוא"; יהודה - ב"חלום יעקב"
בראש "הבימה" עומדת הנהלה של חמשה
איש משחקיה והם: אפשטין - צ׳ולק,
בן-חיים, צ׳מרינסקי, מסקין ופרודקין.
בתור עורך ספרותי של התיאטרון

Abb. 9a: Protokoll der Leitungssitzung der Habima, 19.09.1926.

Obwohl die Oppositionsführer ausgetreten waren, ließen die Spannungen zwischen Zemach und der gewählten Leitung nicht nach. Im Protokoll der Sitzung der Theaterleitung am 19. September 1926 in Paris, bei der Zemach selbst nicht anwesend war, findet sich folgende Zusammenfassung:

> Vorschlag: Pressemitteilung zum Rückzug von Zemach veröffentlichen. Entscheidung: wird veröffentlicht. [...] Änderungen in der Leitung von Habima. Vorsitzender / Leiter / Leitung von Habima N. Zemach gibt die Leitungsfunktionen ab und bleibt als Schauspieler für seine Rollen verpflichtet. [...] An der Spitze von Habima steht eine Leitung aus fünf Schauspielern.[6]

Weniger als ein Jahr später und zehn Jahre nach seiner Gründung befand sich das Theater gegen Ende einer Tournee durch die USA in einer Krise, die sein Weiterbestehen bedrohte. Zwei Angelegenheiten standen zur Diskussion: 1. Wer leitet das Theater, die vom Kollektiv gewählte Kommission oder der Gründer Nahum Zemach? 2. Ist Habima das Theater des jüdischen Volkes und soll weiter durch die Welt reisen oder ist es ein hebräisches Theater und soll seine dauerhafte Spielstätte in Palästina errichten? Die Auseinandersetzung endete in einer Spaltung. Zemach blieb mit etwa einem Drittel des Ensembles unter dem Namen „Habima New York" in den USA und die Mehrheit der Gruppe beschloss, nach Palästina einzuwandern und den Markennamen „Moskauer Theater Habima" beizubehalten.

Im Juli 1927, auf ihrem Weg nach Palästina, kam die Gruppe nach Berlin, wo sie aufgrund fehlender finanzieller Mittel zur Fortsetzung der Reise zunächst zum Bleiben gezwungen war. Bald fand sich eine beträchtliche Gruppe deutscher Juden aus dem Kultur- und Wirtschaftsleben, die dem unfreiwillig gestrandeten Theater zu Hilfe eilten. Die treibende Kraft unter ihnen war Margot Klausner, die 22-jährige Tochter eines der wohlhabendsten Geschäftsmänner der jüdischen Gemeinschaft in Deutschland. Nach einer ersten Begegnung mit den Habima-Mitgliedern am 25. Dezember 1927, die bei einer Abendveranstaltung zu Ehren des Theaters im Haus ihrer Eltern in Berlin stattgefunden hatte, beschloss Klausner, sich für das Theater einzusetzen. Zunächst gründete sie den Kreis der Freunde der Habima und dank ihrer zahlreichen Kontakte gelang es ihr, genügend Spenden zu sammeln, sodass das Theater seine Reise nach Palästina fortsetzen konnte.

6 Alle Protokolle der Leitungssitzungen und der Generalversammlungen von Habima befinden sich im Archiv des IDCPA unter den Signaturen 89.1.1 und 89.1.2. Es handelt sich um eine lose Sammlung nicht paginierter Notizbücher mit den fortlaufenden handschriftlichen Sitzungprotokollen. Die zitierten Passagen in diesem und im folgenden Kapitel werden daher direkt im Text über das jeweilige Datum nachgewiesen.

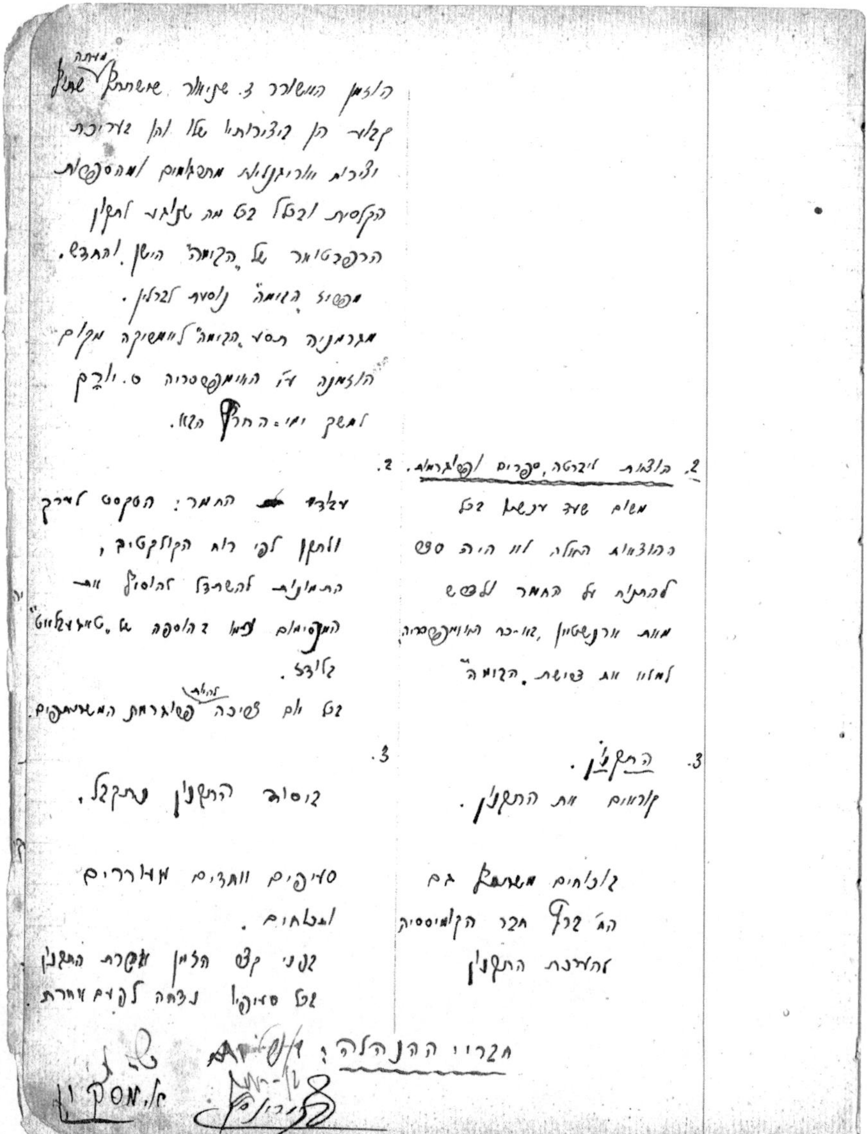
הוזמן המשורר ז. שניאור שישתתף [illegible]
[illegible] הן הופעותיו שלו והן בעריכת
[illegible] האורגינלית מתרגומים ומהספרות
הקלסית ולבקר גם מה שנוגע לתקון
הרפרטואר של „הבימה" הישן והחדש.
[illegible] „הבימה" נוסעת לברלין.
מגרמניה תסע „הבימה" לאמריקה מקום
הוזמנה ע"י האימפרסריו ס. הורק
למשך ימי החרף הבא.

2. הוצאת ליברטה, ספרים ופרוגרמות. 2.
[illegible]
[illegible]

3. התקנון. 3.
קוראים את התקנון.
[illegible]

חברי ההנהלה: [illegible]

Abb. 9b: Protokoll der Leitungssitzung der Habima, 19.09.1926.

Dies war das erste, jedoch nicht das letzte Mal, dass deutsche Juden Habima retteten und den Fortbestand des Theaters sicherten. Doch waren die Geldgeber auch Ideengeber? Diese Frage wird sich im weiteren Verlauf der komplexen Beziehungen zwischen dem Moskauer, später eretz-israelischen Theater und der deutsch-jüdischen Gemeinde immer wieder stellen.

Berlin als (temporäre) Heimstätte von Habima

Das Habima-Theater gelangte am 27. März 1928 nach Palästina und blieb dort für eineinhalb Jahre. In dieser Zeit fügte man dem Repertoire zwei Produktionen hinzu: *Ha-Otsar* (Der Schatz, Orig.: *Der Oytser*) von Sholem Aleichem und *Keter David* (Die Krone Davids, Orig.: *Los cabellos de Absalón*, dt. *Die Locken Absalons*) von Calderón de la Barca, jeweils inszeniert vom russischen Regisseur Alexei Diki, einem Schüler Vachtangovs, den man nach Tel Aviv einlud. Nach eineinhalb Jahren in Palästina geriet das Theater in größte wirtschaftliche Schwierigkeiten, deren Lösung zumindest teilweise in der Annahme eines Vorschlags des Impressarios Leonid Leonidov für eine dreimonatige Tour durch Europa zu liegen schien. Der Vorschlag wurde am 31. Januar 1929 im Kollektiv besprochen. Hanna Rovina verwies auf die vergleichsweise geringen Publikumszahlen in Palästina, wo „wir wegen mangelndem Publikum gezwungen sind, die Anzahl der Vorstellungen zu reduzieren. Die schauspielerische Arbeit entwickelt sich aber erst ab der 25. Vorstellung – und hier ist es unmöglich, häufiger zu spielen." Baruch Tshermerinski antwortete auf diese Behauptung: „Es ist besser zehn Mal vor einem Publikum von Kennern zu spielen als hunderte Male vor einem Publikum, das die Sprache nicht versteht. Das ist, als spiele man vor einer Wand, ohne ein lebendiges Publikum zu spüren." Zvi Ben Chaim lehnte den Vorschlag für die Tournee nicht ab, behauptete aber in der Sitzung vom 18. Februar 1929:

> Unsere Fahrt von Eretz Israel ist zu früh, wir müssen das eretz-israelische Publikum für uns gewinnen, an der Erde der Heimat festhalten, nach der wir gestrebt haben. Nur auf ihr, einzig auf ihr können wir die rechte Ausdrucksform finden. All unsere Arbeit für die Zukunft von Habima wäre vergebens, wenn wir jetzt fahren, nach dem wir ein Jahr und vier Monate in Eretz Israel waren.

Gnessin widersprach dieser Ansicht am 29. März 1929: „Das Theater muss fahren, um seinem Charakter und zugleich seinem Ziel gerecht zu werden: eine Truppe, die verschiedene Städte besucht und dort Theaterkunst zeigt." Am Ende der Debatte wurde eine Entscheidung gefällt und das Theater begab sich im September 1929 für eine weitere Tournee nach Europa, ohne ein verbindliches Datum für eine Rückkehr nach Palästina festzusetzen.

Aus der Reise wurde ein Aufenthalt von eineinhalb Jahren, bei dem Berlin zur Basis wurde, von der aus das Theater zu Gastspielen in verschiedenen Städten und Ländern aufbrach. Der Großteil der finanziellen Last für die Existenz des Theaters in Berlin ruhte auf den Schultern von jüdischen Mäzenen, die Klausner für diesen Zweck angeworben hatte. Mit sieben Produktionen war Habima nach Europa gekommen, von denen fünf noch in Moskau (*Der ewige Jude*, *Der Dibbuk*, *Der Golem*, *Jakobs Traum* und *Die Sintflut*) und zwei in Palästina entstanden waren (*Der Schatz* und *Die Locken Absaloms*). Allesamt gehörten zur Tradition des russischen Expressionismus aus der Schule von Yevgeni Vachtangov.
Aufgrund der Unterschiede zwischen dem Publikum in Palästina und dem in Westeuropa wurden die beiden neuen Inszenierungen von Alexei Diki in Tel Aviv und in Berlin auf gegensätzliche Weise wahrgenommen. Der Schauspieler Shim'on Finkel erinnert sich, dass

> die Vorstellung von *Keter David* wegen der angeblich nichtjüdischen Attitüde in Palästina sehr scharfe Kritik hervorrief. Selbst in „Habima" gab es Kollegen, u. a. Rovina, die behaupteten, man müsse das Stück vom Spielplan und nicht mit uns auf die Tournee ins Ausland nehmen. Diese Kollegen hatten nicht vermutet, dass diese Inszenierung kurz darauf zu einem gewaltigen Erfolg in allen Ländern werden würde, in denen sie gespielt wurde.[7]

Umgekehrt verhielt es sich mit der Aufführung von *Ha-Otsar*, der Bearbeitung einer Erzählung des jiddischen Schriftstellers Sholem Aleichem, die vom Wahnsinn der Bewohner eines entlegenen jüdischen Shtetls handelt, in dem sich das Gerücht verbreitet, auf dem Friedhof läge ein Schatz aus den Zeiten Napoleons. Das Stück, das in Tel Aviv Begeisterungsstürme hervorgerufen hatte, wurde von der Mehrheit des deutschen Publikums mit Enttäuschung und von den deutschen Juden sogar mit Feindseligkeit aufgenommen.
Genau wie *Ha-Dibuk* brachte auch *Ha-Otsar* das ostjüdische Shtetl nicht naturalistisch, sondern stilisiert auf die Bühne. Während allerdings *Ha-Dibuk* in expressionistisch-fantastischem Stil inszeniert wurde, der die Figuren größer und schöner als in Wirklichkeit darstellt, wurde *Ha-Otsar* in einem expressionistisch-grotesken Stil geschaffen, der die Figuren lächerlich macht. Einer der Höhepunkte im Stück ist – wie auch in *Ha-Dibuk* – eine Tanzszene. In *Ha-Dibuk* weckt der Tanz der Bettler Empathie beim Publikum, hier jedoch wirken die Bewohner des Shtetls, die nach der Entdeckung des Schatzes zu tanzen beginnen, armselig und abstoßend. Die Rechtfertigung hierfür sieht Shim'on Finkel darin,

7 Finkel: במה וקלעים [Bühne und Kulissen], S. 141.

Abb. 10: Tanz aus der Habima-Aufführung von *Ha-Otsar* (Der Schatz), 1928.

> dass wir in Eretz Israel bestrebt sind, uns von den Ketten der Diaspora zu befreien und Figuren von geradlinigen, vernünftigen Juden mit Visionen darzustellen und nicht die Juden von gestern, die nicht über den Tellerrand blicken. Diki beabsichtigte mit dieser Aufführung, die Diaspora-Juden durch die Brille der neuen Wirklichkeit zu zeigen, sie unter die Lupe der zeitgenössischen Kritik zu nehmen und mit aller Schärfe ihre Lächerlichkeit zu betonen.[8]

Die meisten Zuschauer und Kritiker in Berlin erwarteten eine weitere Inszenierung im Stil von *Ha-Dibbuk* und wurden schwer enttäuscht. Die Kritikerin der *Berliner Morgenpost* schrieb:

> [W]enn sie Tragik und Dämonie des Talmudjudentums in ihrer vorbildlichen Regie, in düstergrotesken Bildern auf die Szene bringen, wie in dem unvergessenen „Dybuk", so zwingen die künstlerisch hochwertige Darstellung, die Fremdartigkeit des Stoffes die Zuschauer zur Anteilnahme, und der Erfolg war groß, echt und nachhaltig. Anders ist es diesmal. „Der Schatz", eine sogenannte „Tragifarce" von Scholem Aleichem, hat nicht die bannende Gewalt der dunklen Schicksalstragödie, es ist wirklich eine Farce.[9]

Alfred Kerr, einer der wichtigsten jüdischen Berliner Theaterkritiker der Zeit, brachte seine Abneigung weniger philosophisch zum Ausdruck.

> Sie spielen ein Elendstück; eine ‚Tragifarce'; dreiaktig; aus den Niederungen eines verkommenen russischen Nestes; mit Menschengerümpel; mit zerlumpter Tiefensippschaft; mit Abfall; mit starrenden, fetzenumhüllten, schreienden, hoffenden, aufgeregten, lachenden, jammernden, spannungsvollen, weinenden, dreckigen, zankenden, verstoßenen, abhubträchtigen, preisgegebenen Ostjuden ... im Zarenland.[10]

8 Ebd., S. 136.

9 Elise Münzer: Gastspiel der Habima. Im Lessing-Theater. In: *Berliner Morgenpost*, 18.12.1929, S. 14.

10 Alfred Kerr: Habima: Lessing-Theater. In: *Berliner Tageblatt*, 17.12.1929 (Abendausgabe), S. 4.

Eine solche Vorstellung hatten die Berliner Juden, in deren Erinnerung das Erlebnis von *Ha-Dibuk* noch frisch war, nicht erwartet. Für sie war es mehr als eine künstlerische Enttäuschung. Die Aufführung zerstörte nicht nur das positive Bild von den osteuropäischen Juden, das bei ihnen gerade erst entstanden war, sondern versorgte auch die deutschen Antisemiten mit zusätzlicher Munition.

Die Naivität bzw. das fehlende Einfühlungsvermögen der Habima-Leitung führt zu einer Auseinandersetzung mit den Berliner jüdischen Mäzenen, von deren Großzügigkeit die Existenz des Theaters abhing. Am 15. Januar 1930 notierte Margot Klausner in ihrem Tagebuch:

> In Köln ist passiert, was wir in Berlin befürchteten, als wir *Der Schatz* sahen: Herr Tietz, der einmal die Bitte um Hilfe grob abgewiesen hatte, verließ seinen Platz in der Loge demonstrativ auf dem Höhepunkt der Vorstellung. Er war schockiert von der satirischen, grausamen, beinahe antisemitischen Auffassung vom kleinen Juden und als er hinausging, sagte er zornig: „So etwas traut man sich, hier zu spielen, im Westen?! Dieses Ghetto, diese Fetzen, dieser Dreck!“ Ich war sehr niedergeschlagen, aber ich dachte, dass in seinen Worten ein Körnchen Wahrheit steckt.[11]

Schon zu Beginn der Tournee, als den Ensemble-Mitgliedern klar wurde, dass ihr Aufenthalt in Europa längere Zeit andauern würde, kam die Idee auf, dem Repertoire neue Produktionen hinzuzufügen. Da sich das temporäre Heim des Theaters in Berlin befand, stellte sich die Frage, ob man hierfür einen Regisseur aus dem deutschen oder dem russischen Theater wählen sollte. Auch in dieser Angelegenheit trat eine Kluft zwischen den Schauspielern und dem Kreis der Freunde der Habima in Berlin zutage. Aus dem Protokoll der Sitzung der Theaterleitung, die am 22. Oktober 1929 während des Besuchs in Mailand stattfand, ist zu erfahren, dass das Berliner Sekretariat des Freundeskreises sich auf eigene Initiative mit dem Angebot, eine Produktion mit Habima zu inszenieren, an den Regisseur Berthold Viertel gewandt hatte und dass dieser prinzipiell einverstanden war. Zwischen den drei anwesenden Vertretern der Leitung waren die Meinungen geteilt. Aharon Meskin zögerte: „Die Angelegenheit Viertel ist schwierig, da wir weder ihn noch seine Arbeit kennen. Verhandeln muss man auf jeden Fall.“ In Zvi Ben Chaims Antwort, die im Protokoll zusammengefasst ist, zeigt sich das prinzipielle Dilemma, vor dem das Theater stand:

> Ben Chaim : Schlägt vor, für den Moment zwei Regisseure einzuladen. […] Einerseits braucht man die Arbeit eines westlichen Regisseurs, aber es besteht die Gefahr eines Abweichens von der Methode – der Grundlage der theatralischen Erziehung, die wir bekommen haben – und daher braucht man andererseits einen Regisseur aus Russland, der nach Stanislawskis

11 Margot Klausner: יומן הבימה [Habima-Tagebuch]. Tel Aviv: Moadim 1971, S. 71.

> Methode arbeitet. Er sieht daher die Möglichkeit, Viertel und Vershilov einzuladen. Beide zusammen könnten maximalen Nutzen bringen, einer würde den anderen ergänzen. Es bestünde so die Möglichkeit, eine künstlerische Autorität zu erschaffen – […] beide sind Juden – und es ist zu hoffen, dass sie auch zukünftig am Theater bleiben werden.[12]

In den folgenden Protokollen tauchen die Namen berühmter deutscher Regisseure auf, an die man sich wenden wollte (Leopold Jessner, Max Reinhardt, Erich Engel), jedoch ist nicht festgehalten, ob und wann eine solche Anfrage formuliert wurde und wie die Reaktion ausgefallen ist. Es scheint, als habe es von Beginn an eine Neigung gen Osten gegeben. Im Sitzungsprotokoll vom 29. September 1929 steht: „Aharon [Meskin] schlägt vor, bei Freunden in Moskau nachzufragen und ihre Meinungen einzuholen…" Letztendlich wurden zwei russische Regisseure gewählt, die nicht direkt aus Moskau kamen, sondern bereits seit einigen Jahren in Berlin arbeiteten.

Für die Inszenierung von Shakespeares Komödie *The Twelfth Night* wurde der Schauspieler Michail Tshechov verpflichtet. Dieser hatte in den Jahren 1922 bis 1928 das zweite Moskauer künstlerische Theater geleitet, bis er von den sowjetischen Machthabern aus ideologischen Gründen entlassen worden war. Dem deutschen Publikum war er hauptsächlich als Schauspieler unter Max Reinhardt bekannt. Nach Klausners Ansicht wurde das Shakespeare-Stück nur gewählt, „weil ‚Habima' von ihm [Tshechov] eigentlich nur ‚Wie es euch gefällt' will, da er nicht den Ruf eines großen Regisseurs besitzt. Er kann nur wiederholen, was er einmal als Schauspieler dargestellt hat."[13]

Für die Inszenierung des historischen Dramas *Uriel Acosta* nach dem Stück von Karl Gutzkow wurde Alexander Granovski eingeladen, Gründer und Regisseur des jiddischsprachigen Moskauer jüdischen Staatstheaters (GOSET) von 1919, der sein Theater und die Sowjetunion 1927 während eines Deutschlandbesuchs verließ. Klausner war der Ansicht, dass

> Granovski seit seiner Auswanderung aus Russland vom Pech verfolgt wurde. Er versuchte sein Glück mit Filmen und scheiterte. […] Er inszenierte auch den *Sergeanten Grischa* von Arnold Zweig im Theater am Nollendorfplatz, aber trotzdem die Inszenierung brillant war, wurde sie vom Publikum nicht angenommen und nach zehn Tagen wieder abgesetzt.[14]

Obwohl die beiden Regisseure der neuen Inszenierungen bereits im Rahmen des deutschen Theaters gewirkt hatten, wichen ihre Arbeiten für Habima vollkommen von dem ab, was hierzulande üblich war. Die meisten Kritiker hatten

12 Obwohl es im Protokoll nicht zur Sprache kommt, ist es möglich, dass für Viertel zudem die Tatsache sprach, dass er kurz zuvor eine deutsche Fassung von *Der Dibbuk* inszeniert hatte.

13 Klausner: יומן הבימה [Habima-Tagebuch], S. 74.

14 Ebd., S. 96.

Schwierigkeiten, Tshechovs Interpretation von Shakespeare zu akzeptieren. Der Theaterkritiker der *Deutschen Zeitung Berlin* konstatierte „Sie spielen Shakespeare auf ihre Weise, [...] nicht als höfisch romantisches Spiel, wie wir es gewohnt sind, sondern als mimische Posse [...]. Dadurch wird Shakespeare entzaubert [...].“[15] Der Kritiker vom *8 Uhr-Abendblatt der National-Zeitung* tat sich angesichts der Erwartungen an das Stück und an Habima schwer, die Vorstellung zu definieren.

> Shakespeare ist kein hebräisierter Shakespeare geworden; er ist kein Spätrenaissance-Shakespeare, noch ein Barock-Shakespeare geblieben. Sondern diese bislang so schweren Menschen spielen eine Art Rokoko-Shakespeare, außerordentlich verkürzt, so daß fast nur die lustigen Szenen geblieben sind, die sehr virtuos und exakt dargestellt werden, mit vielen drolligen Einfällen, mit jener lauten und für Westeuropäer etwas übertriebenen Lustigkeit im Stil des nachrevolutionären russischen Theaters.[16]

Noch schwieriger und enttäuschender war die Begegnung von Habima mit dem deutschen Publikum bei der Aufführung von Karl Gutzkows *Uriel Acosta*, ein deutsches Drama aus dem 19. Jahrhundert. Die Titelfigur des Stücks hatte im 17. Jahrhundert die Bibelauslegungen der Rabbiner in Amsterdam infrage gestellt und war dafür von ihnen aus der Gemeinde verbannt worden. Habima führte das Stück in der Bearbeitung des Dichters und Dramatikers Moshe Lifshits auf. Kennern von Gutzkows Originaltext missfiel die neue Fassung. Leo Hirsch schrieb: „Gutzkows drei feste Akte sind hier zu sieben Bildern aufgelockert. Man erlebt mehr eine szenische Ballade als ein Drama, eine traurig schöne Ballade, eine Ketzerlegende.“[17] Und Manfred Georg kritisierte:

> Dem Deutschen Gutzkow, revolutionären Jünger aufsteigender liberaler Ideen, kam es einst darauf an, den Freigeist d'Acosta im Kampf mit den konservativen Rabbinen zu zeigen. Aus dem wackeren Tendenzstück mit romantischer Liebeseinlage machte Liwschitz ein bilderreiches dramatisches Märchen.[18]

Die Bearbeitung von Lifshits war in enger Abstimmung mit dem Inszenierungsverständnis von Alexander Granovski entstanden, der – möglicherweise aufgrund der Sprachbarriere – das Visuelle gegenüber dem Dramatischen in den Vordergrund rückte. Dies hatte zur Folge, dass

15 Dr. Richard Biedrzynski: ‚Habima‘ spielt Shakespeare. In: *Deutsche Zeitung Berlin*, 16.09.1930, S. 1.

16 Kurth Pinthus: Shakespeare unter den Hebräern. In: *8 Uhr-Abendblatt der Nationalzeitung*, 16.07.1930, S. 13.

17 Leo Hirsch: ‚Uriel Acosta‘. Habima im Theater am Nollendorfplatz. In: *Berliner Tageblatt*, 25.09.1930, S. 3.

18 Manfred Georg: Das Märchen von Uriel Acosta. Habima im Theater am Nollendorf-Platz. In: *Tempo*, 26.09.1930 (Morgenausgabe), S. 5.

> [d]er eigentliche dramatische Vorgang, die leidenschaftliche Auseinandersetzung Acostas mit seiner Umwelt [...] in der freien Bearbeitung von Liwschitz und der Regie Granowskys in den Hintergrund gedrängt und durch Dekorationskunst, prächtige Gewänder und Menuette überschattet [wird]. Selbst die Synagoge ist das Modell einer Prachtsynagoge. (Seht, welche schöne Synagoge die Amsterdamer Juden haben!) Das, was in dieser Synagoge vorgeht, wird zu Nebensächlichem degradiert und bleibt wirkungslos. Wirkungslos die fanatischen Reden und Flüche der Rabbiner gegen den Freidenker Uriel Acosta.[19]

Nicht nur die Bearbeitung und die Inszenierung, sondern auch die Darstellung der Hauptrolle durch Ari Warshawer trugen zum Misserfolg der Aufführung in Berlin bei.

> Uriel da Costa aber, der unglückliche Bibelkritiker, ist ein Theaterheld geworden, und in dieser sonst so schönen Aufführung ein schlechter junger Liebhaber, ein Idealist mit falschen Tönen, ein unglaubhafter Ketzer, diese unebene Besetzung ist auffälliger und stört mehr als die schliesslich organische Ummotivierung der Rolle.[20]

Warshawer hatte die Hauptrolle letztlich aufgrund der Vergabepraxis erhalten, die sich von der des streng hierarchisch organisierten deutschen Theaters unterschied, wo allein der Regisseur über die Verteilung der Rollen entscheidet. Im Gegensatz dazu verteilten bei Habima die Mitglieder des Kollektivs die Rollen untereinander. Margot Klausner, dank deren Hilfe Habima überlebt hatte, konnte die Entscheidungen des Kollektivs nur ohnmächtig beobachten. Am 25. Juli 1930 notierte sie in ihrem Tagebuch:

> Was wir befürchtet hatten, ist eingetreten: Warshawer hat tatsächlich die Hauptrolle bekommen. Jeder Kenner unseres Metiers versteht, dass dies Harakiri für die Aufführung ist. Es gibt zwei Schauspieler – Finkel und Friedland –, denen die Rolle zugestanden hätte. Weshalb muss ein Kollektiv auf eine derart unlogische Weise handeln, die dem Ganzen schadet? Granovski hat gekämpft, bis ihm die Kräfte ausgingen; auch Lifshits, Friedland, Tshermerinski, wir alle waren dagegen, aber ohne Erfolg. Er hat die Rolle bekommen. Wie ist so etwas passiert?! Warshawer ist ein schöner Mann, aber ohne jedes Talent. Nicht immer stört er auf der Bühne; aber ein großer Schauspieler füllt den Raum aus, den er betritt. Wenn dagegen Warshawer erscheint – breitet sich Leere aus. Manche sagen, er habe die Rolle wegen bestimmter Freundschaftsbeziehungen bekommen ...[21]

Im Tagebuch deutet Klausner eine Tatsache an, die allen Mitgliedern des Kollektivs bekannt war, nämlich die romantische Beziehung zwischen Warshawer und Hanna Rovina, die zu dieser Zeit Gestalt annahm. Rovina beharrte kraft der Autorität ihrer Position innerhalb der Truppe darauf, dass er die Hauptrolle von Acosta spielen würde, dem Liebhaber von Judith. Dies war die Nebenrolle,

19 Sch. Gorelik: Das Gastspiel der Habima. Die Uriel Acosta-Aufführung. In: *Jüdische Rundschau*, 01.10.1930, S. 510.

20 Hirsch: ‚Uriel Acosta'.

21 Klausner: יומן הבימה [Habima-Tagebuch], S. 99–100.

die sie selbst in der Aufführung spielte. Yeshayahu Klinov, der in diesen Tagen Korrespondent der *Haaretz* in Berlin war, kommentierte die Besetzung mit weniger Feingefühl. Während er die Leistungen der Schauspieler in den übrigen Rollen in aller Ausführlichkeit analysierte, widmete er der Hauptfigur und ihrem Darsteller nur vier kurze Sätze: „Den Uriel Acosta – die Hauptfigur des Dramas – spielte Warshawer. Ein netter, feiner, herzlicher Mann. Er hat sicher sein Möglichstes getan. Dennoch gibt es über seine Darbietung nichts zu sagen."[22]

Im Februar 1932 kehrte das Theater dauerhaft nach Palästina zurück. Ohne die Unterstützung der deutschen Juden wäre dieser Schritt nicht in die Tat umgesetzt worden und das Theater hätte wohl aufgehört zu existieren. Nur ihre Großzügigkeit ermöglichte es den Habima-Schauspielern, die ohne einen Pfennig in Konstanz steckengeblieben waren, ihre Reise fortzusetzen. Aber damit war die ‚Einmischung' der deutschen Juden in das Schicksal von Habima noch nicht beendet.

Mit seiner Niederlassung in Palästina gab sich das Theater eine doppelte Leitung: Die künstlerische Leitung lag in den Händen des Kollektivs in Tel Aviv, die wirtschaftlich-organisatorische Leitung dagegen blieb in den Händen des Sekretariats in Berlin. Margot Klausner und Jehoshua Brandstatter, die dem Kreis der Freunde der Habima in Deutschland vorsaßen, wurden gebeten, sich dem Theater in Palästina als administrative Leiter anzuschließen. Es oblag ihnen, die Arbeitsbeziehungen zwischen Tel Aviv und Berlin aufrecht zu erhalten. Auch nach dem Aufstieg der Nationalsozialisten und der Einschränkung der Rechte der deutschen Juden bestand dieses Arrangement noch einige Jahre fort. In Tel Aviv existierte weiterhin das Kollektiv, das seine Tore vor einer neuen Generation von Schauspielern – nicht nur vor den Jeckes – verschloss. Die Hauptsorge der meisten Mitglieder bestand darin, ihren Status und ihren Einfluss am Theater zu bewahren.

In Berlin entsteht Ha-Te'atron Ha-Eretz-Isra'eli (TAI) in der Tradition von Habima

Ungefähr drei Jahre vor dem Siegeszug von Habima als russisches Theater kam eine Gruppe junger Schauspielerinnen und Schauspieler nach Berlin, von denen die meisten aus Palästina stammten und bereits in unterschiedlichen Formaten auf der hebräischen Bühne in Erscheinung getreten waren. Die

22 Y. Klinov: (הצגה ב'הבימה' בברלין) אוריאל אקוסטא [Uriel Acosta (Aufführung von ‚Habima' in Berlin)]. In: *Haaretz*, 24.10.1930, S. 5.

Schauspielerin und Regisseurin Miriam Bernstein-Cohen, die an der Spitze der semi-professionellen Gruppe stand, spürte, dass es ihnen nicht gelang, die angestrebten beruflichen Ziele zu erreichen, und daher beschloss man,

> ins Ausland zu fahren, um dort die Vollkommenheit in unserer Arbeit zu erlernen, jene Vollkommenheit, die wir mit jeder Aufführung, die wir auf die Bühne brachten, gesucht haben. Den Schlüssel zu finden zum zeitgenössischen Theater, neue Ausdrucksformen im Schauspiel, in der Regie, in der Beleuchtung, im Bühnenbild.[23]

Alle Mitglieder des Theaters stammten aus Osteuropa und hatten ihre berufliche Ausbildung – entweder noch in ihrem Herkunftsland oder in Palästina – ausnahmslos in der Tradition des russischen und/oder des osteuropäischen jiddischen Theaters erhalten. Sie standen daher vor der Frage, ob das Ziel ihrer Reise die Perfektionierung der vertrauten Ausdrucksformen oder die Suche nach neuen Wegen sein sollte. Die Antwort von Bernstein-Cohen war eindeutig:

> Wir hatten alle vom wundersamen Aufstieg des deutschen Theaters nach dem Ersten Weltkrieg gelesen. Wir hatten Bilder von expressionistischen Aufführungen gesehen. Wir hatten von Leuten, die aus Berlin zurückkamen, gehört, wie sie die Stadt für ihre Theaterlandschaft rühmten. Wir wussten, dass [Max] Reinhardt Wien verlassen und das Deutsche Theater leiten würde.[24]

Im Juli 1923 begannen Miriam Bernstein-Cohen, Michael Gor, Ari Kutai, Menahem Benyamini und Josef Ochsenberg ihr Studium bei den besten Theaterkünstlern Berlins. Der größte Teil des Unterrichts fand im Bereich der schauspielerischen Darstellungstechniken am deutschen Theater statt: richtiges Atmen, Stimmbildung, Sprache, Rhythmus und Bewegung. Dazu kamen Unterrichtsstunden zum Drama in der hebräischen Bibel bei Shmu'el Perlman und Übungen zur Aussprache und Akzent auf der Bühne bei Ze'ev Jabotinsky.

In den Hebräisch sprechenden Kreisen Berlins verbreitete sich die Nachricht, dass ein hebräisches Studio in der Stadt die Arbeit aufgenommen habe und das Ziel verfolge, ein eretz-israelisches Theater zu erschaffen. Infolgedessen, erzählt Bernstein-Cohen,

> begannen wir, neue Mitglieder aufzunehmen. Zu uns gesellten sich Zina Vinshel aus Haifa; Bat-Ami Pugaczow, die Tochter des bekannten Lehrers; Azuva Epshteyn, die in Palästina geboren wurde und mit ihrer Familie im Ausland lebte; Esther Levin aus Bialystok und Rita Goldberg, die aus Litauen kam. Dazu kam Shoshana Honig aus Jerusalem und Rivka Paper verließ endlich Tel Aviv und kam zu uns ins Studio.[25]

23 Miriam Bernstein-Cohen: כטיפה בים [Wie ein Tropfen im Meer]. Ramat Gan: Masada 1971, S. 118.

24 Ebd.

25 Ebd., S. 128.

Auch Shimon Finkel aus Grodno, der noch nie in Palästina gewesen war und gar nicht die Absicht hatte, ein hebräischer Schauspieler zu werden, schloss sich der Gruppe an. Er hatte eine Weile in jiddischen Theatergruppen gespielt und war auf eigene Initiative nach Berlin gekommen, um als professioneller Schauspieler am deutschen Theater zu arbeiten. Aufgrund seines osteuropäisch-jüdischen Akzents wurde er jedoch nicht als regulärer Schüler an Reinhardts Schauspielschule aufgenommen. Dort traf er auf Rivka Paper, die als Gasthörerin eingeschrieben war und ihn davon überzeugte, sich zu der eretz-israelischen Gruppe zu gesellen.

Trotz der Absichtserklärungen von Bernstein-Cohen waren die Mitglieder der Gruppe nicht nur nicht bereit, sich die Traditionen des zeitgenössischen deutschen Theaters anzueignen, sie verstärkten sogar noch die russischen und hebräischen Aspekte ihrer Kunst. Hierfür gab es zwei Gründe: Einerseits die Enttäuschung vom avantgardistischen deutschen Theater der Epoche und andererseits eine Reihe von Zufällen, die schließlich das berufliche und persönliche Schicksal der Gruppenmitglieder besiegelte.

Bernstein-Cohen war von der Richtung, die die Entwicklung des deutschen Theaters genommen hatte, und ihrer Bedeutung enttäuscht.

> Viele Aufführungen auf deutschen Bühnen waren derart alltagssprachlich, aber Reinhardt, [Victor] Barnowski und das Arbeitertheater in Ostberlin begannen bereits mit neuen Versuchen. *Androklus und der Löwe* von Shaw trug bereits expressionistische Züge. Es war die Zeit vieler Versuche und Zukünfte. Deutschland murrte und leckte seine Wunden und vielleicht führte es etwas im Schilde. Der neue Stil, der Deutschlands Bühnen eroberte, war ein Ausdruck von Protest, schrill, laut und exhibitionistisch bis ins Extrem.[26]

In gesellschaftlicher und ideologischer Hinsicht standen die Mitglieder der Gruppe in Kontakt mit den sowjetischen Exilanten im Club der weißen Russen sowie mit den Angehörigen der jüdisch-russischen Intelligenz Berlins in ihren Clubs in der Kleiststraße. Infolge einer Begegnung mit den Schauspielern von Vachtangovs Theater, das zu dieser Zeit in Berlin zu Gast war, wurde die Verbindung zum russischen Theater sogar noch erneuert. Die Begegnung jedoch, die den Werdegang der Gruppe entscheidend veränderte, war die mit dem Schauspieler Juri Zawadski, der sich in Berlin von einer Tuberkuloseerkrankung erholte. Er schlug vor, den Habima-Schauspieler Menahem Gnessin als Lehrer zu engagieren. Gnessin kam auf dem Weg nach Palästina im September 1923 mit seiner Familie nach Berlin. In seinen Memoiren erläutert er:

> Unser grundsätzliches Ziel war es, möglichst schnell auszureisen und unsere hebräische Seele vor der Vernichtung und unsere Tochter vor der Verfolgung zu retten. Und „Habima"? – Wie ich oben bereits gesagt habe, war ich mir sicher, dass sie die Stellung halten würde, bis sie

26 Bernstein-Cohen: כטיפה בים [Wie ein Tropfen im Meer], S. 125.

selbst Russland verlassen könnte, und danach würde ich mich wieder anschließen. Ich hatte zu viele Jahre voller Mühe, Träume und Zukunftshoffnungen darin investiert und konnte mir nicht vorstellen, ihr für längere Zeit fern zu bleiben.[27]

Gnessin beschloss, eine Weile in Deutschland zu bleiben, um die Gruppe der Schauspieler zu leiten und sie in der Art des Schauspiels zu unterrichten, wie es bei Habima geformt worden war. Für diese Entscheidung gibt er zwei Gründe an:

> die eretz-israelische Atmosphäre, die unter den Mitgliedern herrschte und die im Gegensatz stand zu der Atmosphäre der deutschen Hauptstadt, die voller Hass gegen Fremde und vor allem gegen alles war, was jüdisch hieß, [...] und die Aussichten, zusätzliche Kräfte für „Habima" vorzubereiten, wenn sie endlich nach Palästina kommt.[28]

Tatsächlich bewahrten die aus Osteuropa stammenden Mitglieder der Gruppe vor allem eine osteuropäische Atmosphäre, wie sich Shoshana Honig erinnert.

> Ich war die einzige Sabre in der Gruppe und dementsprechend litt ich sehr unter der Kälte und fiel – nicht nur einmal – den Streichen der übrigen Mitglieder zum Opfer, die alle das Russische gut beherrschten, eine Sprache, die ich nicht sprach. Die Mitglieder zogen es zum Beispiel vor, den Unterricht, die Gespräche und die Proben auf Russisch abzuhalten und nicht auf Hebräisch. Sie boten mir sogar an, mir dafür Russisch beizubringen.[29]

Aus Gnessins Sicht bestand die Truppe, die er übernommen hatte, aus einer ungünstigen Mischung:

> Einerseits ‚altgediente' Schauspieler aus Palästina und andererseits solche, die noch nie den Geschmack des Theaters gekostet hatten. Jene hatten sich der Gruppe angeschlossen, um zu lernen und mit ihr nach Palästina einzuwandern. Vor mir stand also eine schwerwiegende Frage: Sollte ich vergleichen und alle Mitglieder der Gruppe anpassen, um diese für meine zukünftigen Pläne bereit zu machen? Ich beabsichtigte jene Linie ins Theater zu bringen, die mir damals schon ganz klar war, die Linie des Vergleichs und der Vermischung zwischen der Methode des Künstlertheaters mit seiner Forderung nach psychologischer Vertiefung und jener des Kammertheaters nach Tairov und seiner energischen Forderung nach Pflege der Äußerlichkeit und Verbesserung der Körperbewegungen.[30]

Nach einigen Monaten der Arbeit an der Konsolidierung der Truppe war es an der Zeit, ein passendes Stück für die Gründung eines neuen Theaters zu finden.

27 Menahem Gnessin: דרכי עם התיאטרון העברי [Mein Weg mit dem hebräischen Theater]. Tel Aviv: Ha-Kibbutz Ha-Me'uhad 1946, S. 176.

28 Ebd., S. 179.

29 Shoshana Honig-Cohen: זכרונות מימי הבראשית של התא"י [Erinnerungen an die ersten Tage des TAI]. In: *Bama* 48/49 (1971), S. 113–117, hier S. 115.

30 Gnessin: דרכי עם התיאטרון העברי [Mein Weg mit dem hebräischen Theater], S. 179.

> Bei meiner umfangreichen Suche nach einem den Zielen unserer Gruppe angemessenen Drama kam ich auf den Einakter *Belshazar*, den ich bereits in Moskau in Erwägung gezogen hatte. [...] Ich sah darin einen Stoff, um die beiden Methoden, die in Russland miteinander rangen, auf der Bühne des hebräischen Theaters in Palästina zu vermischen, und ebenso einen Stoff, um alle Mitglieder der Gruppe zu erproben, wer wofür und wer überhaupt für unser Programm geeignet ist.[31]

Das Drama *Belshazar* von Henie Rochet basiert auf dem Geschehen, das im fünften Kapitel des biblischen Buches Daniel erzählt wird: die letzte Nacht von Belshazar, dem König von Babylon, der während eines Festmahls eine Schrift an der Wand entdeckt, die der Prophet Daniel als Ankündigung der Zerstörung des Königreichs deutet. Tatsächlich fällt das Reich noch in derselben Nacht in die Hände der Perser und Meder. Die Aufführung eines Dramas über den Fall des babylonischen Königreichs, das zu Beginn des 6. Jahrhunderts v. d. Z. Jerusalem erobert, den ersten Tempel zerstört und die Bewohner ins Exil getrieben hatte, durch eine Gruppe von Schauspielerinnen und Schauspielern aus Palästina, wohin nun Juden aus aller Welt zurückkehrten, war ein klares zionistisches Statement.

Die Berliner Premiere von *Belshazar* fand am 15. Juni 1924 im Theater Comedia Valetti statt. Die Reaktionen der deutschen Presse waren gemischt und reichten von Begeisterung über Verwunderung, was das Ziel des neuen Theaters sei, bis hin zu antisemitischen Bemerkungen in nationalsozialistischen Blättern. Die meisten merkten an, dass die Aufführung dem Geist des deutschen Theaters fremd und vielmehr russisch-jüdisch und vielleicht sogar antik-nahöstlich sei.

Ausgehend von seiner zionistischen Weltsicht widersprach der Schriftsteller Arnold Zweig der Annahme, dass diese Aufführung des TAI der Beginn eines genuin eretz-israelischen Theaters sei, vehement. Seiner Ansicht nach war die Aufführung von *Belshazar*

> ein Beispiel des letzten europäisch-russischen Theaterstils in prachtvollem Hebräisch. Ein Palästina-Theater aber gibt es noch nicht. Palästina nicht: denn wir erwarten von dorther etwas Rauh-ursprüngliches, einen Stil aus den Farben des Landes und dem Lebensstil der Kwuzoth. Und ein Theater auch nicht, noch nicht.[32]

Gnessin blieb unberührt von der Tatsache, dass

> die meisten jüdischen Bewohner Berlins, die im Schoße der deutschen Kultur aufgewachsen waren und seit Generationen „jeder unter seinem Weinstock und unter seinem Feigenbaum“

31 Gnessin: דרכי עם התיאטרון העברי [Mein Weg mit dem hebräischen Theater], S. 181.

32 Arnold Zweig: Palästina Theater. In: Ders.: *Juden auf der deutschen Bühne*. Berlin: Heine-Bund 1927, S. 284–286, hier S. 286.

Abb. 11: *Belshazar*, Aufführung am Ha-Te'atron Ha-Eretz-Isra'eli, 1924.

> lebten, ohne jede Verbindung zum Hebräischen und zum Land Israel – keinerlei Interesse zeigten, obwohl die ganze Berliner Presse in der ersten Woche der Aufführung des Dramas in Artikeln und Beiträgen über das TAI geschrieben hatte.[33]

Diese Reaktionen gaben seinen Plänen Auftrieb. Er war der festen Überzeugung, dass „im Lande Ashkenaz kein Platz ist für ein hebräisches Theater."[34] Zudem verfügte das TAI nicht über die wirtschaftlichen Mittel, um weiterhin in Deutschland zu spielen. Das Ensemble war zu groß und jede Aufführung musste zusätzlich von einem Orchester aus 22 Musikern begleitet werden. Daher beschlossen die Mitglieder des Theaters, nach Palästina zurückzukehren.
Es entbehrt nicht einer gewissen Ironie, dass die erste Begegnung zwischen dem hebräischen und dem deutschen Theater durch eine Gruppe von Schauspielerinnen und Schauspielern der russischen Schule stattfand, die aus Palästina nach Deutschland kamen, um dort ‚neue Ausdrucksformen' zu erlernen, und ihren Aufenthalt damit beendeten, ein weiteres Theater in bester russischer Tradition nach dem Vorbild der Habima zu gründen.

33 Gnessin: דרכי עם התיאטרון העברי [Mein Weg mit dem hebräischen Theater], S. 183.
34 Ebd.

Hebräische Schauspielerinnen und Schauspieler bilden sich am deutschen Theater in Berlin und Wien fort

Während die Mitglieder von Habima in der Zeit ihres Aufenthalts in Berlin eifersüchtig darauf bedacht waren, ihre Eigenart vor jedem deutschen Einfluss zu schützen, und die Schauspielerinnen und Schauspieler des TAI entgegen ihrer ursprünglichen Pläne die Verbundenheit mit der osteuropäischen Tradition nur noch verstärkten, führten fünf individuelle Begegnungen zwischen der ost- und der westeuropäischen Theatertradition in Berlin und Wien zu ganz anderen Ergebnissen. Drei Schauspielern und zwei Schauspielerinnen, die aus Palästina und aus Polen gekommen waren, gelang es, sich am deutschen Theater fortzubilden. Sie konnten sich allerdings keine Vorstellung davon machen, mit welchen Schwierigkeiten sie später konfrontiert werden sollten, sobald sie versuchten, die neuen Techniken im eretz-israelischen Theater einzuführen.

Der erste, der nach Berlin kam, war Ze'ev Berlinski, der, 1911 im polnischen Łódź geboren, im Alter von 14 Jahren nach Palästina eingewandert war. Als Jugendlicher studierte er Schauspiel bei Rafael Zvi, einem der Mitbegründer von Habima, und bei dem Regisseur Yitzhak Moshe Daniel, der später das satirische Theater Ha-Matate gründete. Im Jahr 1927 lief Berlinski von zu Hause weg und gelangte als blinder Passagier auf ein Schiff nach Europa. Als er mitten auf dem Meer entdeckt wurde, musste er sich die Überfahrt durch die Arbeit als Schiffsjunge verdienen. Berlinski versuchte, in Berlin bei Leopold Jessner aufgenommen zu werden, wurde aber aus wirtschaftlichen Gründen und weil er kein Deutsch sprach, abgelehnt. Erst vier Jahre später wurde er bei Jessner als Schüler aufgenommen und studierte etwa eineinhalb Jahre lang bei ihm, bis er gezwungen war, Deutschland zu verlassen.

Ein Jahr nach Berlinski kam ein weiterer ‚Palästinenser' nach Berlin, der 1909 in Jaffa geborene Avraham Sklarsch. Er hatte seine Schauspielstudien mit Privatunterricht bei Miriam Bernstein-Cohen begonnen und war 1926 ins Studio des TAI aufgenommen worden. Als sich das Theater zwei Jahre später auflöste, fuhr er zur Fortsetzung seiner beruflichen Ausbildung nach Berlin. Innerhalb kurzer Zeit gelang es Sklarsch, sich die deutsche Sprache anzueignen und für ein Studium an Max Reinhardts Schauspielschule des Deutschen Theaters zu Berlin angenommen zu werden. Sein Erfolg bei der Aneignung sowohl der deutschen Sprache als auch der Schauspieltechniken wird von der Tatsache bezeugt, dass er in der Saison 1930/31 bereits im Ensemble von Erwin Piscator und anschließend an der Berliner Volksbühne spielte und in der Saison 1932/33 schließlich am Deutschen Theater unter Reinhardts Regie. Darüber hinaus spielte er in einigen Kinofilmen mit. Mit der Machtergreifung der Nationalsozialisten wurde er entlassen und kehrte nach Palästina zurück.

Ein weiteres Jahr später kam der 1907 in Bessarabien geborene Avraham Ben-Yosef nach Berlin. In seiner Kindheit hatte er mit seiner Familie zwei Jahre lang in Palästina gelebt, bevor sie gezwungen waren, nach Rumänien zu gehen, um dort ihren Lebensunterhalt zu verdienen. Trotz seiner großen Bemühungen gelang es Ben-Yosef wegen wirtschaftlicher Schwierigkeiten nicht, an Reinhardts Schauspielschule aufgenommen zu werden. Er nahm daraufhin Privatunterricht und besuchte regelmäßig das Theater als Zuschauer. Dank seiner Französischkenntnisse spielte er kleinere Nebenrollen in deutschen Filmen, die parallel auf Französisch gedreht wurden. Die politischen Veränderungen in Deutschland beendeten seine Tätigkeit.

> Es schien, als wäre Berlin für alle Zeit der Mittelpunkt der Welt, aber die Situation veränderte sich so sehr, dass Berlin für mich, für alle Juden, nahezu für alle Nichtdeutschen, die sich in dieser Zeit in Berlin aufhielten, zu einem wahrhaft verhassten Ort wurde, einem Ort, von dem man fliehen musste. Ich bekam eine Nachricht, dass es besser für mich wäre, aus Berlin zu verschwinden, alles andere wäre nicht gut. Ich musste innerhalb von 24 Stunden verschwinden.[35]

Im Gegensatz zu den ersten drei hatte Shulamit Bat-Dori, die 1904 in Warschau geboren wurde, nicht die Absicht, Schauspielerin zu werden. Sie wanderte mit 19 Jahren nach Palästina ein und schloss sich mit ihrem Bruder Mordechai Bentov dem Kibbuz Mishmar Ha-Emek an. Dort befasste sie sich im Rahmen der Kibbuz-Bewegung mit Schauspiel und Regie. 1930 ging sie mit der Genehmigung des Kibbuz nach Berlin, um ihre Ausbildung als Regisseurin fortzusetzen.

> Ich lud mich zu einem Gespräch mit Piscator ein und erzählte ihm vom Kibbuz, von meinen Ideen und so weiter und so fort – und er hat mich wirklich als „Lehrling" angenommen. Dort geriet ich in die Atmosphäre des politischen Theaters. [...] Ich nahm als Gast an den Treffen einer kommunistischen Zelle teil. Deutsche Kommunisten von damals, vor Hitler! Es war eine unglaubliche Kraft, ich kam genau in die Phase der Auseinandersetzungen von 1930, und das hat mir viel gegeben. Aber gleichzeitig wurde mir bewusst, dass „Lehrling" am Theater eigentlich bedeutet, dass man rumsitzt und die Proben beobachtet. Das ist keine Ausbildung. Das ist keine Grundlage für einen Beruf, für Arbeit.[36]

Obwohl ihr Piscator eine kleine Rolle in einer Aufführung anbot, ging sie nach Essen, um dort modernen Tanz bei Rudolf von Laban zu studieren. Nach eineinhalb Jahren intensiven Studiums und dem Erhalt des Diploms ging Bat-Dori nach Wien, wo sie am Schauspiel- und Regieseminar von Max Reinhardt als reguläre Schülerin für das Schuljahr 1932/33 aufgenommen wurde.

35 Dov Levin: שיחות עם אברהם בן-יוסף [Gespräche mit Avraham Ben-Yosef]. In: *Bama* 172 (2005), S. 5–32, hier S. 6–7.
36 Shulamit Bat-Dori: בדרך לתיאטרון [Auf dem Weg ins Theater]. In: *Iton* 77 62 (März 1985), S. 37–41, hier S. 37.

Gemeinsam mit ihr studierte am Seminar auch Rachel Marcus, die 1913 in Grodno in Polen geboren worden war und Anfang der 1930er nach Wien kam. Bevor sie am Seminar aufgenommen wurde, hatte sie ihre Ausbildung bei privaten Lehrern erhalten.

> All mein Geld habe ich für Unterrichtsstunden ausgegeben, in jedem freien Moment, und es gab niemanden, der mir dabei half. Eine Woche lang habe ich nichts gegessen, um Faust im Burgtheater zu sehen, sechs Stunden auf einem Stehplatz mit weichen Beinen, beide Teile an einem Abend.[37]

Wie ihre Vorgänger musste auch sie um ihr Leben fürchten und fliehen, als die Nationalsozialisten die Macht übernahmen.
Das Schicksal derjenigen, die sich als Schauspielerinnen und Schauspieler weitergebildet hatten (Ben-Yosef, Berlinski, Marcus und Sklarsch), glich dem Schicksal der jeckischen Schauspielerinnen und Schauspieler. Sie wurden von den etablierten hebräischen Theatern abgewiesen, weil diese sich einer Auseinandersetzung mit deren schauspielerischer Identität, die von dem damals in Palästina üblichen russischen Vorbild abwich, verweigerten. So waren auch diejenigen, die den ‚Makel' der deutschen Theatertradition trugen, genötigt, sich genau wie die aus Deutschland eingewanderten Theaterkünstlerinnen und -künstler einen eigenen Rahmen zu schaffen. Nur Shulamit Bat-Dori, das Kibbuz-Mitglied, das in Deutschland Regie studiert hatte, hatte nicht die Absicht, Teil der etablierten Theater im Land zu werden. Sie wurde zu Hause mit offenen Armen empfangen und entwickelte sich zu einer Pionierin des Gruppen- und Laientheaters innerhalb der Kibbuz-Bewegung, wobei sie sich auf die Techniken von Erwin Piscator und auf das deutsche Theater in den 1920er und zu Beginn der 1930er Jahre stützte.

37 Shlomo Sne: אהבת הקהל מובטחת [Publikumsliebe versprochen]. In: *Bama* 103 (1986), S. 59–64, hier S. 60.

Meinem lieben Freunde Herrn Zvi Friedland in herzlicher Zuneigung, Verehrung und tiefer Dankbarkeit für seine liebevolle und begeisterte Arbeit und die meisterhafte, wahrhaft grandiose Inszenierung der „Marranen."

Max Zweig.

März 1939.

DIE MARRANEN.

SCHAUSPIEL IN 3 AKTEN

VON MAX ZWEIG.

1938

IM SELBSTVERLAG / DRUCK A. HAASE, PRAG

Abb. 12: Textbuch von *Die Marranen* mit Widmung von Max Zweig an Zvi Friedland, März 1939.

2
Habima und die Jeckes – eine komplizierte Beziehung

Zwanzig Jahre lang – vom ersten Besuch in Palästina im März 1928 bis zur Gründung des Staates Israel im Mai 1948 – war Habima das dominierende, das führende und das repräsentative Theater des hebräischen Yishuv. Dennoch blieb es bis Mitte der 1930er Jahre wirtschaftlich von der Unterstützung deutscher Juden abhängig, die vermittels des Berliner Sekretariats des Kreises der Freunde der Habima seine finanzielle Grundversorgung sicherstellten. Das Theater seinerseits brachte in Palästina die immer stärker zunehmende Bedrängnis seiner Gönner in der Diaspora auf die Bühne. Die Haltung des Theaters zu den Jeckes war allerdings eine andere. Trotz ihrer zunehmenden Relevanz innerhalb des hebräischen Yishuv wurde in der gesamten fraglichen Zeit auf der Bühne von Habima kein einziges Drama aufgeführt, das die Probleme der Neueinwanderer und ihre Versuche, sich in der neuen Heimat in Eretz Israel zu akklimatisieren, behandelte. Das Theater, das einige Stücke aus der Feder jeckischer Dramatiker aufführte, hielt seine Türen gegenüber jeckischen Regisseuren und Schauspielern hermetisch geschlossen, auch wenn sie über Erfahrung verfügten und um Arbeit flehten.

Im Februar 1931 kehrte das Habima-Ensemble aus Deutschland nach Palästina mit der Absicht zurück, hier seine dauerhafte Bleibe zu errichten. Jenseits der symbolischen Bedeutung hatte diese Entscheidung auch einen praktischen Gesichtspunkt: die drastische Veränderung in der Zusammensetzung des Theaterpublikums. Das waren nicht länger Zuschauer, die teilweise – und manchmal mehrheitlich – des Hebräischen nicht mächtig waren und sich von den Klängen der exotischen, aber unverständlichen Sprache sowie von den Farben und den Bewegungen auf der Bühne beeindrucken ließen, sondern Zuschauer, von denen der größte Teil jedes Wort und jede Nuance der Darbietung (den Subtext) verstand und sich daher hauptsächlich auf den Inhalt bezog und nicht nur auf die Form. Das eretz-israelische Publikum, das mehrheitlich aus Neueinwanderern und der ersten Generation der Gründer des Yishuv bestand, lebte in einer Welt, deren gesellschaftliche und kulturelle Werte sich in großem Maße von denen des Diasporajudentums unterschieden, ganz zu schweigen von denen des nichtjüdischen internationalen Theaterpublikums. Angesichts dessen war das Theater gezwungen, sich den Bedürfnissen und Forderungen des Publikums im Yishuv anzupassen.

Um Habima auch offiziell zu einem eretz-israelischen Theater zu machen, mussten die Mitglieder des Kollektivs ihre sowjetische Staatsbürgerschaft aufgeben und zu Bürgern des unter britischer Mandatsverwaltung stehenden Gebiets Palästina werden. Wie die Protokolle der Leitungssitzungen und der Generalversammlungen zeigen, dauerte die Entscheidungsfindung in dieser Frage fast drei Jahre (vom 2. April 1931 bis zum 12. Februar 1934). Es ist recht wahrscheinlich, dass der Grund hierfür nicht formaler, sondern grundsätzlicher Natur war – die Furcht vor dem Beginn der Abnabelung von der russischen Tradition, vor deren Hintergrund die Identität des Kollektivs geformt worden war.

Aber auch nachdem die Entscheidung gefallen war, scheint es, als hätten sich die Mitglieder noch lange Zeit schwer damit getan, sich von der russischen Atmosphäre und den russischen Bräuchen zu lösen. Im Protokoll der Generalversammlung vom 11. November 1934 ist eine Diskussion über die Frage festgehalten, weshalb die Integration einer Schauspielanfängerin, die die Prüfungen bestanden hatte und versuchsweise für ein Jahr aufgenommen worden war, gescheitert ist. Dabei werden grundsätzliche Probleme bei der kulturellen Anpassung des Theaters sichtbar.

> Benyamini: Alles hängt von uns ab, von unserer Haltung zur Umgebung. [...] Rovina spricht über die Bedingungen, die wir vorfinden, ob hinter den Kulissen oder bei der Arbeit auf der Bühne. Die Situation gibt ihr nicht die Möglichkeit, sich zu akklimatisieren – sie spricht weiter über das Sprechen der russischen Sprache, über das Nicht-Lesen hebräischer Bücher, über das fehlerhafte Hebräisch auf der Bühne und in unserer Arbeit.

Die organisatorische Leitung von Habima

In Palästina lag die Leitung der Tätigkeiten des Theaters in den Händen von einigen Ensemblemitgliedern. Da sie hierfür nicht ausgebildet worden waren und diese Tätigkeit auf freiwilliger Basis zusätzlich zu ihren Aufgaben auf der Bühne ausübten, führte diese Regelung zu einem organisatorischen und wirtschaftlichen Chaos. Als das Theater ein Jahr lang im Land gewesen war, wandte sich das Kollektiv an Margot Klausner und Jehoshua Brandstatter, die sich bereits als überaus hilfreich erwiesen hatten, und schlug ihnen vor, die administrative Leitung des Theaters zu übernehmen. Im Rahmen dieser Aufgabe mussten sie sich zuvorderst um sämtliche wirtschaftliche Belange des Theaters kümmern. Mit der Ernennung von Klausner und Brandstatter, die im Juli 1932 in Kraft trat, zogen Ordnung und Sparsamkeit in den laufenden Betrieb des Theaters ein. Gleichzeitig stand die jeckische Weltsicht der beiden mehr als einmal im Widerspruch zu der der Kollektivmitglieder. Beim Betrieb eines Theaters – so wie in jeder künstlerischen Institution – stehen die beiden Bereiche, der künstlerische und der administrative, in einem Wechselverhältnis. Die Mitglieder des Kollektivs, die gewissermaßen den künstlerischen Bereich bildeten, sahen jedoch in der administrativen Leitung eine Einrichtung, deren einzige Aufgabe darin bestand, ihren Wünschen zu entsprechen – ohne Recht auf Kritik. Die Kompetenzen waren nicht aufgeteilt, Klausner und Brandstatter arbeiteten als Team. Dennoch lag der Schwerpunkt von Klausners Arbeit eher auf der Öffentlichkeitsarbeit, auf Vorträgen, Artikeln und dem Kontakt zu externen Regisseuren. Brandstatters Schwerpunkt lag im Bereich des Finanziellen und in der Organisation der verschiedenen Fahrten des Theaters.[1]

Zusätzlich zum laufenden Betrieb etablierten die beiden eine Reihe zusätzlicher Initiativen. Im Herbst 1932 wurde der Habima-Kreis (Hug Habima) gegründet, um mit sofortiger Wirkung eine dauerhafte Verbindung zwischen dem Theater und seinem Publikum zu schaffen. Nach Ansicht von Klausner „soll der Kreis sich nicht darauf beschränken, Spenden zu sammeln, sondern der Mittelpunkt kultureller Arbeit sein, die sich rund um das Theater konzentriert: Vorträge von Gelehrten, Lesungen neuer Werke, öffentliche Diskussionen, Abendveranstaltungen mit Schauspielern und mehr."[2] Schon im Januar 1933 nahm der Habima-Kreis für die Jugend (Hug Habima La-No'ar) seine Arbeit auf, um dem Theater ein begeistertes und treues Publikum für die Zukunft zu verschaffen.

> Jeden Schabbat am Nachmittag um 16.30 Uhr versammelten sich 300 Jugendliche im Theatersaal und hörten Vorträge, Auszüge aus Dramen, Rezensionen, Lyrik, Literatur, Philosophie usw. [...] Die jungen Leute kamen nicht nur aus Tel Aviv zu uns, sondern aus allen Ecken des Landes.[3]

Im Mai desselben Jahres erschien im Verlag des Habima-Kreises Tel Aviv (Hotsa'at Hug Habima Tel Aviv) das erste Heft einer neuen Zweimonatsschrift mit dem Titel *Bama Le-Inyane Omanut Te'atronit* (Bühne für Angelegenheiten der Theaterkunst), kurz *Bama*. Das Editorial am Anfang des Heftes betonte, dass

1 Vgl. Moti Ze'ira: איש אהבות – סיפור חייו של יהושע ברנדשטטר [Ein Mann der Zuneigungen – Die Lebensgeschichte des Jehoshua Brandstatter]. Jerusalem: Yad Yitzhak Ben-Zvi 2006, S. 131.

2 Klausner: יומן הבימה [Habima-Tagebuch], S. 158–159.

3 Ebd., S. 200–201.

> nicht die Absicht besteht, Werbung in Form lobender Propaganda zu machen: Dies würde nur die kulturelle Größe des Theaters „Habima" beschämen, dem diese Publikation dienen soll, auch wenn es keine Verantwortung dafür trägt. Unser Bestreben ist es, objektiv über Fragen des Theaters zu sprechen, sowohl aus künstlerischer Sicht als auch aus der Perspektive seines Wertes in unserem Leben und in der Vision unserer Zukunft.[4]

Klausner selbst steuerte zu jeder Ausgabe einen Artikel bei, der jeweils mit ihrem Vornamen Margot gezeichnet war.

Auf Initiative Klausners erwarb das Theater den Saal des TAI am Rothschild Boulevard 80 (später und bis zu seinem Abriss befand sich hier das Kino Sderot). Es war ein kleiner Saal mit 270 Sitzplätzen, den das Theater für Kammeraufführungen und für Proben nutzte. Davon abgesehen fanden die Aufführungen in Tel Aviv im Mugrabi-Saal statt, der zugleich auch Spielstätte für die Aufführungen des Ohel-Theaters, der Oper, verschiedener Privattheater und für Vorstellungen von anderen Künstlern aus dem Bereich Tanz und Musik war. Angesichts der begrenzten Anzahl an Tagen, die der Saal zur Verfügung stand, und der nicht vorhandenen Exklusivität für Habima, sah man am Theater die Notwendigkeit, sich ein eigenes Gebäude zu errichten, das Habima-Haus (Bet Habima).

Klausner und Brandstatter leiteten das Projekt in all seinen Phasen: Konkretisierung der Idee, Verhandlungen mit der Stadtverwaltung Tel Aviv über ein Grundstück, Organisation von Spendensammlungen in Palästina und im Ausland, Aufnahme von Krediten bei privaten und öffentlichen Geldgebern, Engagement eines geeigneten Architekten, Vorbereitung der Pläne und Beaufsichtigung des Bauprozesses. Klausner vergab die Planung an den jüdischen Architekten Oskar Kaufmann, der einige der wichtigsten Theatergebäude in Deutschland entworfen hatte. Der Grundstein für das Bet Habima wurde am 20. Juni 1935 gelegt. Aufgrund von Finanzierungsschwierigkeiten und wegen der Ereignisse des Zweiten Weltkriegs dauerte der Bau mehr als ein Jahrzehnt und das Gebäude wurde in halbfertigem Zustand (mit unverputzten Außenwänden und einer nicht benutzbaren Galerie) erst am 20. Juni 1945 eingeweiht.

Die politischen Umstände führten dazu, dass die Verbindung des Theaters mit den deutschen Juden in der zweiten Hälfte der 1930er Jahre allmählich abnahm. Trotz der wirtschaftlichen Schwierigkeiten, die damit einhergingen, wurde der durchgehende Betrieb des Theaters in Palästina fortgesetzt, nicht zuletzt dank

4 מאת המערכת [Aus der Redaktion]. In: *Bama* (1933), Heft 1, S. 1. Die Zählung der Jahrgänge und Hefte von Bama ist nicht einheitlich. In den ersten Jahren begann die Zählung der Heftnummern jedes (jüdische) Jahr von vorn.

der organisatorischen Fähigkeiten der beiden jeckischen Leiter. Nichtsdestotrotz begannen sich Konflikte zwischen ihnen und dem Kollektiv abzuzeichnen, die sich durch den Bau des Bet Habima verschärften und letzten Endes zu ihrer Trennung von Habima führten.

Der Aussage von Klausner zufolge erwarb Habima das Gebäude des TAI mithilfe von Geldern, die aus deutschen Spenden stammten.

> Dementsprechend hätte der Kreis der Freunde der Habima (die Vereinigung der Mäzene) der Eigentümer des Theatergebäudes sein müssen. Aber wir überschrieben das Theater der Habima, nicht dem Kreis der Freunde der Habima (die Vereinigung der Mäzene in der Diaspora begann mit Hitlers Machtantritt zu zerfallen). All die Jahren gingen wir davon aus, dass ein erheblicher Teil des Budgets für den Bau des Habima-Gebäudes aus dem Verkauf des Theaters am Rothschild Boulevard kommen würde.[5]

Zur gleichen Zeit waren die Mitglieder des Kollektivs dabei, sich selbst Wohnhäuser zu errichten. Das Grundstück erhielten sie vom Keren Kayemet Le-Isra'el (Nationalfond für Israel). Für die Finanzierung des Bauvorhabens selbst beschlossen sie, die Gelder aus dem Verkauf des Theaters am Rothschild Boulevard zu verwenden. Klausner schreibt darüber: „Wir, Jehoshua und ich, waren dagegen, denn wir wussten, dass es sich aus juristischer Sicht zwar um Privateigentum des Kollektivs handelte, aus Sicht der Öffentlichkeit aber war es öffentliches Eigentum, das in das Budget für das Bet Habima einfließen sollte."[6]

Das Kollektiv, in dem Klausner und Brandstatter keine Mitglieder waren, teilte diese Meinung nicht. Da letztendlich alle Entscheidungen in Bezug auf die Tätigkeiten des Theaters im Kollektiv beschlossen oder abgelehnt wurden, baten die zwei um ihre Aufnahme. In der Generalversammlung vom 12. April 1936 wurde eine Abstimmung abgehalten, in der diese Bitte abgelehnt wurde. Daraufhin traten Klausner und Brandstatter von ihren Aufgaben bei Habima zurück und beendeten die Zusammenarbeit. Die Reaktion des Kollektivs bestand darin, die Namen der beiden aus den Aufzeichnungen von Habima zu entfernen. Zur Einweihungsfeier des Bet Habima, dessen Errichtung ihnen zu verdanken war, wurden sie nicht eingeladen und ihre Tätigkeiten fanden in der Festschrift des Theaters keine Erwähnung.

Die Jeckes und das Repertoire von Habima

Nach dem Ausscheiden von Klausner und Brandstatter befand sich drei Jahre lang kein einziger Jecke im künstlerischen oder organisatorischen Gefüge von Habima. Im März 1939 dann wurde der Schriftsteller, Dramatiker, Publizist

5 Klausner: יומן הבימה [Habima-Tagebuch], S. 193–194.

6 Ebd., S. 194.

und Komponist Max Brod zum literarischen Berater des Theaters berufen. Diese Position bekleidete der aus dem deutschen Kulturkreis stammende, 1884 in Prag geborene Brod über 20 Jahre lang. Da er niemals ins Kollektiv aufgenommen wurde, konnte er nicht auf der Umsetzung seiner Ratschläge in die Tat bestehen und war in der Tat weniger Dramaturg als vielmehr eine Art Lektor, dessen Aufgabe darin bestand, Dramen zu lesen und die besten davon für die Aufnahme ins Repertoire vorzuschlagen.

Im Juni 1944 veranstaltete der Habima-Kreis eine Feier zu Ehren des 60. Geburtstags von Brod. Seinem Bericht von den Feierlichkeiten fügte der Kritiker Manfred Geis noch ein paar wenig erbauliche Gedanken über den tatsächlichen Stellenwert des Geehrten hinzu und meinte,

> dass das „Kollektivunwesen" unserer Bühnen neben vielem anderen auch an der Abnormität die Schuld trägt, dass bei der Repertoirebestimmung ein Dramaturg in unserem Lande – der ein Autor von Weltruf ist – nur ebenso eine beratende und keine entscheidende Stimme hat, wie jedes von dreissig Kollektivmitgliedern, die zum Teil nicht einmal ihre schauspielerische, geschweige denn ihre literaturkritische Befähigung nachweisen können.[7]

Brod selbst fasste seine Rolle bei Habima in seiner Autobiografie ironisch zusammen: „Es gab Epochen, in denen ich Einfluß hatte, andere, in denen mein Wort wenig galt. Im allgemeinen war ich immer nur ein winziges Rädchen in dem ungeheuren Maschinenwerk eines großen Theaters."[8]

Ein Vergleich des Habima-Repertoires im Jahrzehnt vor Brod mit dem Repertoire in den ersten zehn Jahren seiner Arbeit am Theater legt allerdings nahe, dass er einen gewissen Einfluss hatte.

	1929–1938	**1939–1948**
Klassische westeuropäische Dramen	5	5
Klassische russische Dramen	1	4
Moderne Dramen	10	14
Biblische Dramen	3	3
Dramen zur jüdischen Geschichte	4	6
Dramen über das jüdische Leben in Osteuropa	10	9
Dramen über das jüdische Leben in Deutschland	3	1
Hebräische Dramen über das Leben in Palästina	1	3
Dramen über die Jeckes in Palästina	0	0
Gesamtzahl der Inszenierungen	37	45

7 Manfred Geis: Die „Zweigeleisigkeit" des Jischuv. In: *Mitteilungsblatt*, 23.06.1944, S. 7.

8 Max Brod: *Streitbares Leben 1884–1968*, 2. Aufl. München: Herbig 1969, S. 310.

Es ist klar zu erkennen, dass in den ersten zehn Jahren seiner Arbeit die Anzahl der Dramen über die Geschichte des jüdischen Volkes angestiegen ist; am stärksten stieg die Anzahl klassischer russischer Dramen des 19. Jahrhunderts; auch die Anzahl der Dramen über das Leben in Palästina stieg in dieser Zeit, allerdings war ihre Zahl noch immer sehr klein. Ausgerechnet in den Bereichen, die Brod vermeintlich nahelagen, ist eine Abnahme zu verzeichnen. In den ersten zehn Jahren, die er bei Habima war, wurde nur ein einziges Drama über das Leben der Juden in Deutschland und kein einziges Drama über das Leben der Jeckes in Palästina aufgeführt. In dieser Periode wurden vier Dramen von jeckischen Dramatikern inszeniert, während zuvor lediglich ein einziges auf die Bühne kam, das noch nicht einmal in Palästina geschrieben worden war. Allerdings gründete dies nicht in einer veränderten Repertoirepolitik, sondern im Zeitpunkt der Ankunft jener Dramatiker in Palästina.

Dramen über die Juden in Deutschland

In Reaktion auf die Ereignisse in Deutschland wurden zwischen Juli 1933 und November 1935 drei Dramen aufgeführt, die sich mit Vergangenheit und Gegenwart der deutschen Juden beschäftigten. Nicht eines davon war von einem Jecken geschrieben worden. Das erste Stück war *Jud Süß* (Premiere am 26. Juli 1933), Mordechai Avi-Sha'uls Adaption von Lion Feuchtwangers gleichnamigem Roman, der 1925 in Deutschland erschienen war. *Jud Süß* handelt von Josef Süß Oppenheimer, der 1732 an den Hof des Herzogs von Württemberg kam und dort eine wichtige Rolle spielte, bis er sechs Jahre später, nachdem sein Gönner gestorben war, aufgrund falscher Anschuldigungen zum Tode verurteilt und hingerichtet wurde. Dieselbe historische Figur wurde in völlig verzerrter Darstellung zum Gegenstand des antisemitischen Propagandafilms *Jud Süß* (R: Veit Harlan), den die nationalsozialistische Filmindustrie 1940 produzierte.

Der Kritiker der Zeitung *Davar* eröffnete seine Rezension mit dem aktuellen Kontext des Dramas.

> Der Jude, der die Kultur der Völker annimmt, und die Völker, die die jüdische Seele gewinnen – dieses Problem ist unser täglich Brot, solange wir unter den Völkern leben. Die Frage wurde mit neuer Dringlichkeit und mit neuer Grausamkeit aufgeworfen. Ob wir es wollen oder nicht. Und sie ist nicht auf irgendein anonymes Land beschränkt, denn die Verstreuten Israels sind nicht auf einen Ort beschränkt, schließlich ist die ganze Welt voll der Zerstreuung Israels. Unter den Völkern, mit den Völkern.[9]

9 Yatsiv: היהודי זיס [Jud Süß]. In: *Davar*, 11.08.1933, S. 5.

Auch der Rezensent von *Do'ar Ha-Yom* hob auf den Aktualitätsbezug ab:

> Die Aktualität ist die Schwäche des Dramas und der Inszenierung. Die Figur Josef Süß, der besessen vom Wunsch nach Kontrolle aus Tiefe heraufsteigt, deckt auch (nach der Tendenz des Regisseurs Friedland) den modernen ‚Süß' der Masse auf, der seine Genialität auf einem fremden Altar opfert, damit man ihn als verhassten Sprössling entlarvt.[10]

Die Aufführung erfuhr öffentliche Resonanz und blieb fünf Jahre lang im Repertoire des Theaters. Sie kam in den ersten Monaten der nationalsozialistischen Herrschaft auf die Bühne. Obwohl dies schwere Zeiten für die Juden in Deutschland waren, konnte zu diesem Zeitpunkt niemand ahnen, was sich in der Zukunft noch ereignen würde. 13 Jahre nach der Uraufführung und weniger als ein Jahr nach dem Zusammenbruch des ‚Dritten Reichs' nahm Habima *Jud Süß* wieder in den Spielplan auf (Premiere der Wiederaufnahme am 20. Januar 1946). Der aus Osteuropa stammende Kritiker von *Mishmar* Dov B. Malkin gab der Bedeutsamkeit dieses Vorgangs Ausdruck.

> Der wiederaufgeführte *Jud Süß* ist ein theatralisches Denkmal, ein Gedenkstein voller Leben für einen historischen Irrtum – für eine lange Epoche in der Geschichte des jüdischen Volkes, in der das jüdische Exil zum Gipfel seiner Errungenschaften gelangte, der zugleich der Gipfel seines Irrtums war. […] Der erneuerte *Jud Süß* ist ein glorreiches und monumentales Drama und ruft die Erinnerung an das deutsche Judentum wach – den Gipfel seines Erfolgs und den Gipfel seines Scheiterns![11]

Auch die Wiederaufnahme wurde ein Erfolg und das Stück blieb weitere zwei Jahre im Repertoire. Es wurde zudem häufig bei Sondervorstellungen für Schüler aufgeführt. Insgesamt wurde *Jud Süß* in den Jahren 1933 bis 1947 – schicksalhaften Jahren in der jüdischen Geschichte – 88 Mal gespielt.

Das einzige Stück, das vollständig im Berlin des Jahres 1933 spielt und sich mit dem gegenwärtigen Dilemma der deutschen Juden befasst, war *Professor Mannheim* (Uraufführung am 25. Juli 1934) von Hans Scheer, einem Pseudonym des jüdischen Arztes und Dramatikers Friedrich Wolf (1888–1953).[12] Wolf hatte sich in den 1920er Jahren einen Namen als Verfasser aktueller Zeitstücke gemacht. Diese Dramen befassten sich nicht mit allgemeinen Problemen des

10 Homo: היהודי זיס [Jud Süß]. In: *Do'ar Ha-Yom*, 04.08.1933, S. 5.

11 D.B. Malkin: היהודי זיס המחודש [Der erneuerte Jud Süß]. In: *Mishmar*, 25.01.1946, S. 2.

12 Zu den verschiedenen Fassungen von *Professor Mamlock* und Friedrich Wolfs Theaterschaffen im Exil siehe auch Sebastian Schirrmeister: Der erste Mamlock. Eine Spurensuche. Das hebräische Bühnenmanuskript von *Professor Mamlock* im Kontext der verschiedenen Fassungen des Dramas. In: Hermann Haarmann / Christoph Hesse (Hrsg.): *Friedrich Wolf. „Was bleibt und was lohnt!"* (*Einspruch. Schriftenreihe der Friedrich Wolf Gesellschaft* 3). Marburg: Tectum 2014, S. 117–153, sowie Maria Teresa Sciacca: *Theater ohne Publikum. Literatur im Exil am Beispiel Friedrich Wolfs*. Berlin: Neofelis 2015.

Menschseins, sondern mit aktuellen Gesellschaftsproblemen und mussten als Teil eines politisch-gesellschaftlichen Engagements jeweils unmittelbar aufgeführt werden. Wolf hatte das Stück, dessen Originaltitel *Professor Mamlock* lautet, von März bis Mai 1933 in Frankreich geschrieben. Am 7. April desselben Jahres trat in Deutschland das *Gesetz zur Wiederherstellung des Berufsbeamtentums* in Kraft. Zunächst ausgenommen von den damit verbundenen Entlassungen im öffentlichen Dienst waren Juden, die im Ersten Weltkrieg an der Front gekämpft hatten. Die Umsetzung der gesetzlichen Bestimmungen und die Haltung zu den Ausnahmen treiben die Handlung des Dramas an, das in der chirurgischen Abteilung eines Krankenhauses in Deutschland spielt, deren Leiter ein jüdischer Arzt ist. Das Ziel des Verfassers bestand nicht darin, eine Verteidigungsschrift für die deutschen Juden zu verfassen, sondern den deutschen Faschismus zu bekämpfen – mit dem zu diesem Zweck geeigneten Mittel: der kommunistischen Ideologie.

Die Figuren des Stücks repräsentieren sechs verschiedene Möglichkeiten im Umgang mit dem neuen nationalsozialistischen Regime: Der Assistenzarzt Dr. Hellpach steigt dank des neuen Regimes, dem er blinde Loyalität erweist, in der Hierarchie nach oben; die deutsche Ärztin Dr. Inge Reinwald, die Mitglied der NSDAP ist, erkennt im Verlauf des Dramas, dass sie sich geirrt hat; Rolf, der Sohn des jüdischen Professors, der sich zum Kommunismus bekennt, stellt die einzige Antwort auf den Faschismus dar; der jüdische Krankenpfleger Simon ist Zionist und glaubt an die Auswanderung nach Palästina; Professor Mannheim selbst dagegen findet keinen Ausweg aus dem Verrat, den Deutschland an ihm begangen hat, und begeht Selbstmord. Die übrigen Figuren sind Vertreter ‚einfacher Bürger', die eine Stellungnahme vermeiden, um zu überleben.

Sofort nach dem vorgeblich von einem Kommunisten verursachten Reichstagsbrand am 27. Februar 1933 musste Friedrich Wolf um sein Leben fürchten und aus Deutschland fliehen. Sein ‚Vergehen' war ein doppeltes: Er war ein mit einer ‚Arierin' verheirateter Jude und zugleich Kommunist. Selbstverständlich wurde *Professor Mamlock* im nationalsozialistischen Deutschland nie aufgeführt. Das Drama, dass damals den Zweck hatte, das deutsche Publikum vor dem Faschismus zu warnen, wurde erst nach dem Zusammenbruch des ‚Dritten Reichs' zum ersten Mal in Deutschland aufgeführt. Die Premiere fand am 9. Januar 1946 in der sowjetischen Besatzungszone statt und obwohl die Handlung weiterhin 1933 in Deutschland spielte, war es vor allem ein Loblied auf den Kommunismus, der den Faschismus der Nationalsozialisten tatsächlich besiegt hatte.

Es entbehrt nicht einer gewissen Ironie, dass die allererste Aufführung des Dramas, dessen Hauptfigur ein Jude ist, der sich als loyaler deutscher Staatsbürger begreift, in Osteuropa und auf Jiddisch stattfand. Am 19. Januar 1934 führte das Jiddische Künstlertheater in Warschau das Stück unter dem Titel *Di gele late* (Der gelbe Fleck) mit dem aus Galizien stammenden, bekannten Berliner Schauspieler Alexander Granach in der Hauptrolle auf. Am 25. Juli 1934 hatte das Drama seine Premiere in Palästina, jenem Land, in dem Professor Mamlock gerade keine Lösung für seine Bedrängnis sah.

Am Theater Habima wandelte sich *Professor Mamlock* zu *Professor Mannheim*. Die Gründe für den geänderten Titel ebenso wie für das verwendete Pseudonym des Verfassers lagen wohl in der Sorge um das Wohlergehen von Wolfs Familienangehörigen, die sich noch in Deutschland befanden. In Tel Aviv wurde das Drama durch den deutsch-jüdischen Regisseur Leopold Lindtberg inszeniert, der zu dieser Zeit bereits im Exil lebte und am Schauspielhaus in Zürich arbeitete. Er war es auch, der das Stück dem Theater Habima zur Aufführung vorschlug, nachdem er das Manuskript von Alexander Granach erhalten hatte.

Die Inszenierung wurde in der Presse und vom Publikum überaus positiv aufgenommen und 68 Mal aufgeführt. Eliezer Lubrani, Theaterkritiker der Zeitung *Davar*, wandte sich in der Zeitung der sozialistischen Jugendbewegung *Ba-Ma'ale* mit einem erregten Aufruf an die hebräische Jugend:

> Endlich hat uns „Habima" wieder ein lebendiges Drama gegeben, sprühend und überzeugend in seinen realistischen Schattierungen. In unseren Tagen, in denen das Schwert der Barbarei am Hals der Menschheit liegt – gibt es keinen Platz mehr für pure Kunst. Die Öffentlichkeit verlangt wirkliche Nahrung: Brot, um die Hungrigen zu stillen und nicht um die Mägen der Satten zu kitzeln. Aus dieser Sicht hat die hebräische Öffentlichkeit ein wertvolles Eigentum erworben, ein forderndes und wegweisendes. Es zerreißt den Schleier über den brennenden Problemen und beweist, dass dem Menschen nur zwei Wege geblieben sind: die Fleischtöpfe der Sklaven einerseits – und die Leiden auf dem Weg zur Erlösung andererseits. [...] Lauft, Jungs, und seht euch diese Aufführung an, und ihr werdet den Geschmack des Faschismus kennenlernen und die letzten Worte des letzten Demokraten hören. Ohne Zweifel, dieses Drama wird die Gemüter erregen und bei der Klärung der Fragen helfen, über die wir uns den Kopf zerbrechen.[13]

Geis wies in seinem Artikel in der *Jüdischen Rundschau*, die sich vor allem an die Juden in Deutschland richtete, darauf hin, dass

> durch das notwendige Diskutieren der Argumente aller Richtungen ein Konversationsstück [entsteht], dessen Haupthandlung, dem Publikum unsichtbar, hinter der Szene sich abspielt. Aber die Erschütterungen, die von der deutschen Umwälzung ausgingen, teilen sich auch den Zuschauern im Theater mit, die von ihnen nicht direkt betroffen wurden.[14]

13 Eliezer Lubrani: ('פרופסור מאנהיים' (הצגת בכורה ב'הבימה) [‚Professor Mannheim' (Premiere an der ‚Habima')]. In: *Ba-Ma'ale*, 27.07.1934, S. 4.

14 Manfred Geis: Zwei Premieren. In: *Jüdische Rundschau*, 10.08.1934, S. 11.

Mit den von den Ereignissen in Deutschland „nicht direkt betroffenen" Zuschauern meint Geis die Alteingesessenen des Yishuv im Publikum. Es ist nicht bekannt, ob und wie viele Jeckes das Stück gesehen haben – jene Jeckes, die sich für den Weg des Krankenpflegers Simon entschieden hatten und nach Palästina eingewandert waren, die aber auch die Juden und die Deutschen sehr gut kannten, die einen der andere Wege gegangen waren.
16 Monate nach der Premiere von Professor Mannheim und ungefähr zweieinhalb Jahre nach der Wahl von Adolf Hitler zum deutschen Reichskanzler brachte Habima ein weiteres Stück auf die Bühne, das die Tragödie des deutschen Judentums darzustellen und zu analysieren versucht: *Arba'a Dorot* (Vier Generationen; Originaltitel nicht ermittelt) des holländisch-jüdischen Dramatikers L. I. Cohen van Delft. Wie der Titel schon andeutet, handelt das Stück von den Beziehungen zwischen vier Berliner Familien – drei jüdische und eine deutsche – im Verlaufe von vier Generationen. In vier Bildern, die jeweils in einer anderen Epoche spielen, verfolgt das Drama Aufstieg und Fall des assimilierten Judentums in Deutschland: 1815 – mit der Emanzipation verlassen die Juden das Ghetto; 1882 – auf steigenden Antisemitismus reagiert man mit Mischehen und verstärkter Assimilation; 1914 – im Ersten Weltkrieg beweisen die deutschen Juden ihre Loyalität zum Vaterland und kämpfen gegen ihre jüdischen Brüder aus Frankreich; 1933 – wer bislang geglaubt hatte, er sei ganz und gar Deutscher, wird nun wieder als Jude aus dem Haus und aus dem Heimatland, das er sich gesucht hatte, vertrieben.
Gleich zu Beginn seiner Rezension lobt Uri Keysari den Dramatiker:

> Der Verfasser des Stücks ist ein junger jüdischer Autor aus Holland, I. Cohen-Delft. Durch zwei Dinge erwirbt er sich sogleich unsere Zuneigung: Der Verfasser ist ein junger Jude. [...] Herr Delft tritt uns aus seinem Stück entgegen und wir sehen einen sehr intelligenten Menschen.[15]

Dennoch hat Keysari Zweifel bezüglich der dramaturgischen Fähigkeiten:

> Die Intelligenz von Herrn Delft-Cohen [sic!] kann ihn nicht vor der fehlenden dramaturgischen Kraft retten. Seinem Stück fehlt die Hauptsache. Ihm fehlt die dramatische Verwicklung, der Knoten und die Lösung des Knotens. Es fehlt eine konzentrierte Handlung, ein zentraler Konflikt.[16]

Geis äußert in seiner Kritik Zweifel an der Effektivität des Dramas und der Inszenierung:

15 Uri Keysari: 'הבימה' מציגה את 'ארבעה דורות' [‚Habima' präsentiert ‚Vier Generationen']. In: *Do'ar Ha-Yom*, 28.11.1935, S. 2.
16 Ebd.

> Da man in allen drei Bildern nur wenig von der Atmosphäre spürt, die die Juden Deutschlands fast vergessen ließ, daß sie in der Diaspora waren, bleibt dem letzten Bild die Wirkung versagt. Wenn man sieht, wie ein junger Baum, der eben Wurzeln geschlagen hat, wieder entwurzelt wird, – ergreift einen nicht Mitleid? Hier denkt man nur: nach 120 Jahren wird es Zeit, daß man mal die Wohnung wechselt.[17]

Nichtsdestotrotz fand die Inszenierung den Gefallen des Publikums und wurde 43 Mal aufgeführt.

Dramen von Jeckes bei Habima

Ab Mitte der 1930er Jahre lebten neun jeckische Dramatikerinnen und Dramatiker in Palästina, deren Texte am Theater aufgeführt wurden: Klara Boschwitz, Max Brod, Norbert Garai, Sammy Gronemann, Friedrich Lobe, Martin Rost, Nomi Rubel, Arnold Zweig und Max Zweig. Alle kamen aus dem Kontext des europäischen Theaters und schrieben auch in Palästina weiter in deutscher Sprache. Fünf von ihnen traten mit der Leitung von Habima in Verhandlungen über eine mögliche Aufführung ihrer Stücke, aber nur die Texte von dreien kamen schließlich auf die Bühne. Nicht ein einziges diese Stücke befasst sich mit dem Schicksal der Jeckes in Eretz Israel.

Das erste Stück aus der Feder eines Jecken, das auf die Bühne kam, kurz bevor Brod seine Aufgabe als Berater antrat, war am 27. Dezember 1938 *Die Marranen* von Max Zweig (1892–1992), das unter dem hebräischen Titel *Ha-Anusim* aufgeführt wurde. Zweig wurde gewissermaßen gegen seinen Willen zum Jecken. Er wuchs in einem deutschsprachigen, zionistischen Haushalt in Mähren auf. In seinen Memoiren beschreibt er die Gedanken, die er noch als junger Gymnasiast hatte, als er von den Pogromen gegen die Juden in Kischinew im Jahr 1903 hörte:

> Ich hielt es also nicht nur für wünschens- und erstrebenswert, sondern für unbedingt notwendig, daß die Juden ein eigenes Land besäßen, in welchem sie, frei von Unterdrückung und Beängstigung, nach ihrem eigenen Willen leben könnten, und ich zweifelte nicht daran, daß dieses Land nur das zwei Jahrtausende lang erflehte Palästina sein könnte.[18]

Zweig selbst aber wollte nicht nach Palästina auswandern. Wegen seiner zionistischen Überzeugung machte er sich die Entscheidung nicht leicht, aber er fürchtete, dass er als Dramatiker, der ausschließlich auf Deutsch schrieb, seinen Beruf dort nicht weiter fortführen könnte.

17 Manfred Geis: Habima-Premiere. „Vier Generationen" von L. I. Cohen van Delft. In: *Jüdische Rundschau*, 10.12.1935, S. 10.

18 Max Zweig: *Lebenserinnerungen*. Gerlingen: Bleicher 1987, S. 142.

Er kam 1938 als Gast nach Palästina, um den Habima-Proben zu *Die Marranen* beizuwohnen und um anschließend wieder nach Hause zu fahren und seine literarische Arbeit fortzusetzen. Die Proben dauerten länger als geplant, sodass Ende Dezember 1938, als das Stück endlich auf die Bühne kam, die politischen Entwicklungen in Europa zu einer Situation geführt hatten, die es Zweig nicht länger erlaubte, in seine tschechoslowakische Heimat zurückzukehren. Rückblickend wurde so sein Leben gerettet. In Tel Aviv lebte er unter schwierigsten Bedingungen. Anfangs zumindest halfen ihm die Tantiemen der Aufführung und die Einkünfte aus deutschsprachigen Leseabenden, die er im ganzen Land vor jeckischem Publikum veranstaltete.[19]

Das Drama, das noch in Europa auf Deutsch geschrieben worden war, spielt im Spanien des 15. Jahrhunderts und befasst sich mit dem tragischen Schicksal der Marranen, den unter Zwang zum Christentum konvertierten Juden. Der Held des Dramas ist der junge Marrane Cristobal, ein kastilischer Adliger, der als starker Kämpfer und begabter Dichter bekannt ist. Er hält heimlich den Schabbat, entfernt sich aber immer mehr von den Juden, von denen er abstammt. Zum Ende des Stücks deckt er die Taten der Inquisition auf, und obwohl er selbst nicht in Gefahr ist, kehrt er zum Glauben seiner Vorfahren zurück und teilt das Schicksal der Juden.

Die Aufführung von Habima in der Regie von Zvi Friedland war ein großer Erfolg und wurde 81 Mal im ganzen Land gespielt. Zu diesem Erfolg trug nicht zuletzt der Aktualitätsbezug der fiktiven Handlung bei, die in historischen Fakten verankert war. Max Brod schrieb in diesem Zusammenhang über das Stück:

> Die Analogie und die Ähnlichkeit mit der Epoche und den Ereignissen unserer Zeit bringen den Verfasser dazu, die Fäden des Stücks mit der Wirklichkeit zu verknüpfen und es wurde gewaltsam zu einem nationalen Stück. Die Wirklichkeit zwang ihm den nationalen Gedanken auf, der sich in der moralischen Lehre ausdrückt, die aus dem Ende des Dramas folgt, in dem die unterbewussten Verbindungen eines Menschen mit seinem Ursprung aufgedeckt werden.[20]

Auch andere Kritiker betonten diesen Aspekt. Geis konstatierte: „‚Marranen' ist also ein aktuelles Drama im historischen Gewande, oder – wenn man will –: ein historisches Drama mit Gegenwartsbeziehung."[21] Und Avraham Shmuel Yuris meint, dass der Verfasser zwar „bemüht war, im Bereich der Geschichte zu

19 Vgl. ebd., S. 158–159.

20 Max Brod: 'האנוסים' בהצגת 'הבימה' [‚Die Marranen' in der ‚Habima'-Aufführung]. In: *Bama* (April 1939), S. 5–10, hier S. 5.

21 Manfred Geis: Habima Premiere. In: *Mitteilungsblatt* 8 (1939), S. 7.

bleiben“, dennoch breche „der Widerhall der Ereignisse unserer Zeit durch, die sich für die Juden Deutschlands ereignet haben.“[22]

Das nächste Drama eines jeckischen Dramatikers bei Habima war *Reubeni, Fürst der Juden* von Max Brod (Premiere unter dem hebräischen Titel *Re'uveni Sar Ha-Yehudim* am 1. Juni 1940). Es handelte sich um eine von Brod selbst angefertigte Adaption seines 1925 erschienenen, gleichnamigen Romans. Über die Herkunft der historischen Figur David Reubeni gibt es verschiedene Angaben. Zumeist heißt es, er sei dunkelhäutig gewesen, aus dem Orient gekommen und in Nordafrika, Äthiopien oder vielleicht im Jemen geboren worden. In Brods Version wurde er gegen Ende des 15. Jahrhunderts in Prag geboren. Seine Kindheit im jüdischen Ghetto ist die Motivation für sein Vorhaben – der Kampf für die Errichtung eines jüdischen Staates in Eretz Israel, das zu dieser Zeit unter osmanischer Herrschaft stand.

Dieser freie Umgang mit den historischen Tatsachen, den Brod sich erlaubt hatte, erregte Lea Goldbergs Ärger, insbesondere „die Verpflanzung von David Reubeni nach Prag, die Idealisierung des Helden, der einigen historischen Quellen zufolge ‚klein und schwärzlich, fast ein Zwerg in orientalischer Kleidung‘ gewesen sei und hier zum Herzensbrecher wird.“[23] Nach der Aufzählung weiterer Abweichungen von historischen Tatsachen bei der Charakterisierung anderer Figuren fasst Goldberg zusammen: „Ob wir damit einverstanden sind oder nicht, lassen wir das historische Gewissen des Verfassers in Ruhe.“[24] Hierauf folgt eine ausführliche und wohlwollende Besprechung der Aufführung. „Was aber die ‚Bühne‘ angeht, so muss man sagen und betonen, dass hier ein unvergesslicher Erfolg zu sehen ist. [...] Die Gesamtrechnung ergibt – eine große Vorstellung, die aus unserem Repertoire hervorsticht, in der noch viele Möglichkeiten verborgen sind und die großes Interesse weckt.“[25]

Wie schon *Die Marranen* stellte auch dieses historische Drama einen Bezug her zu Zeit und Ort seiner Aufführung, dem hebräischen Yishuv in Palästina zu Beginn des Zweiten Weltkriegs, der sich von der britischen Mandatsmacht zu befreien sucht. Trotz der Aktualität des Themas und einer Reihe von lobenden Kritiken in der Presse, gelang es dem Stück eben nicht, „großes Interesse“ zu wecken, und es wurde lediglich 36 Mal aufgeführt.

22 A. Sh. Yuris: 'האנוסים' [‚Die Marranen‘]. In: *Davar*, 17.01.1939, S. 6.

23 Log: 'ראובני שר היהודים' ב'הבימה' [‚Reubeni Fürst der Juden‘ an der ‚Habima‘]. In: *Davar*, 07.06.1940, S. 3.

24 Ebd.

25 Ebd.

Angesichts des Erfolgs von *Die Marranen* empfahl Brod ein weiteres Stück von Max Zweig zur Aufführung: *Morituri*. Das Drama wurde unter dem hebräischen Titel *Shne Olamot* (Zwei Welten) am 18. Januar 1942 uraufgeführt und ist das einzige Stück eines jeckischen Dramatikers, das von Habima aufgeführt wurde und sich nicht auf irgendeine Weise mit der jüdischen Geschichte befasst. Zwei Welten wurde zwar in Palästina geschrieben, spielt aber irgendwo in Mitteleuropa – nicht während des Weltkriegs, sondern losgelöst von jedem konkreten, historisch-politischen Kontext. Der Ort ist ein Sanatorium für unheilbar Kranke und die Figuren sind das klassische Dreigespann aus einer Frau, ihrem Mann und dem Liebhaber. Die melodramatische Handlung dient dazu, die unterschiedliche Weltsicht von Gesunden und Kranken auf der Bühne zu diskutieren.

Die Reaktionen der Kritik waren verhalten: „Das Thema, das zu Beginn des Dramas groß ist, wird in seinem Verlauf um so vieles geringer. Die Grenzen zwischen den beiden Welten (die Welt der Gesunden und der Kranken) verwischt mit der Genesung der Hauptfiguren."[26] Offensichtlich fand diese Art eines Ideendramas in melodramatischem Gewand mitten im Zweiten Weltkrieg auch nicht den Gefallen des Publikums. Trotz Beteiligung aller Berühmtheiten von Habima wurde das Stück nur 27 Mal gespielt.

Vielleicht war es gerade der Misserfolg von *Morituri*, der Brod dazu veranlasste, die Aufführung eines Dramas mit biblischem Inhalt zu befürworten. Am 26. Juni 1943 hatte *Jiftachs Tochter* von Klara Boschwitz unter dem hebräischen Titel *Bat Yiftah* Premiere. Die Verfasserin hatte in ihrer Jugend als Erzieherin in einem jüdischen Waisenheim in Berlin gearbeitet. Nach ihrer Einwanderung nach Palästina setzte sie diese Tätigkeit im Jugenddorf Ben Shemen fort. In den 1940er Jahren lebte sie in Jerusalem und verfasste Literatur in deutscher Sprache. Das Drama basiert auf einer Geschichte, die im biblischen Buch Richter erzählt wird. Bevor er in die Schlacht gegen die Ammoniter zieht, legt Jiftach vor Gott ein Gelübde ab: „Wenn du die Ammoniter wirklich in meine Gewalt gibst und wenn ich wohlbehalten von den Ammonitern zurückkehre, dann soll, was immer mir (als Erstes) aus der Tür meines Hauses entgegenkommt, dem Herrn gehören und ich will es ihm als Brandopfer darbringen."[27] Als Jiftach von der siegreichen Schlacht gegen die Ammoniter zurückkehrt, kommt ihm seine einzige Tochter freudig entgegen. Jiftach ist gebrochen, aber er erfüllt sein Gelübde. Als Erzieherin befasst sich Boschwitz mit dem dramatischen Geschehen aus der Sicht von Jiftachs Tochter, nicht von Jiftach selbst, der Hauptfigur

26 Log: 'שני עולמות' ב'הבימה' [‚Zwei Welten' an der ‚Habima']. In: *Davar*, 23.01.1942, S. 4.
27 Ri 11,30–31 (Einheitsübersetzung).

in der biblischen Erzählung. Das Mädchen, dem der biblische Erzähler keinen Namen gibt und dessen einzige Aufgabe darin besteht, ein Opfer der Arroganz ihres Vaters zu werden, erhält bei Boschwitz einen Namen – Ja'el – und wird zum Mittelpunkt einer dramatischen Handlung, die sie vom armseligen Opfer zur Heldin macht, die sich ganz bewusst selbst für ein übergeordnetes nationales Ziel opfert.

Für die Aufführung durch Habima wurde das Stück von Max Brod dramaturgisch überarbeitet und diese Version anschließend von dem Dichter Shin Shalom in poetisches Hebräisch übertragen. Das Publikum im Yishuv nahm die Vorstellung positiv auf, vermutlich aufgrund des bekannten Stoffs und der Mitwirkung von Habimas besten Schauspielerinnen und Schauspielern. *Jiftachs Tochter* wurde 42 Mal gespielt, so wie die meisten Stücke in dieser Zeit.

Die Theaterkritiker waren zögerlicher. Emil Feuerstein behauptete, „der Stoff für die Vorstellung ist nicht dramatisch oder richtiger: das Dramatische ist begrenzt, es entbehrt jeglicher Entwicklung; es ist ein Novellenstoff, ohne steigende und fallende Handlung, ohne jede zufriedenstellende Handlung.“[28] Der Kritiker der englischen Tageszeitung *The Palestine Post* meinte, es sei zwar etwas Dramatisches in dem Stück, aber „dass sich das Mädchen so rasch in sein Schicksal fügt, ist nicht angemessen motiviert, und wir bleiben ratlos zurück.“[29] Andere Kritiker fragten sich, ob es überhaupt eine Rechtfertigung für die Bühnenbearbeitung der biblischen Geschichte gäbe. Die Schlussfolgerung von Lea Goldberg war eindeutig:

> Zahlreich, zahlreich ohne Ende sind die Gespräche auf der Bühne, der Streit im ersten Akt, die nicht enden wollenden Streitereien im dritten Akt, und das Herz füllt sich mit Sehnsucht nach jener klassischen Macht der Kürze, [...] keine überflüssigen Erläuterungen, aber welche Kraft![30]

In völligem Widerspruch zu den Ansichten der übrigen Kritiker steht die Meinung von Geis, der dem Drama und seiner Inszenierung eine aktuelle Bedeutung abgewinnen konnte.

> Wir haben es mit einem Fall zu tun, in dem ein völlig an seine nichtjüdische Umwelt assimilierter Jude plötzlich infolge unerwarteter Umstände und auf Grund sehr spezieller Fähigkeiten (in Jiftach's Fall: der soldatischen) zu einer Führerstelle innerhalb der jüdischen Gemeinschaft berufen wird. Daraus eben entstehen Konflikte. daraus entstand der Jiftach-Konflikt.[31]

28 Emil Feuerstein: במות, הבימה [Bühnen, Habima]. In: *Gnazim* 9/10,5 (1943), S. 57.

29 S. S.: 'Jephta's Daughter'. Habima's New Play. In: *The Palestine Post*, 01.07.1943, S. 4.

30 Log: 'בת יפתח' ב'הבימה' [‚Jiftachs Tochter' an der ‚Habima']. In: *Davar*, 06.07.1943, S. 2.

31 Manfred Geis: Bath Jiftach. In: *Mitteilungsblatt*, 09.07.1943, S. 8.

Abb. 13
Yitshak Shulman (Shilo) als Heinrich Heine in *Mishpahat Heine* (Familie Heine) an der Habima, 1947.

Während die meisten Kritiker den Konflikt Jiftachs als inneren Kampf zwischen der Liebe zu seiner Tochter und der Notwendigkeit, sein Gelübde einzuhalten, betrachteten, sah Geis den Konflikt im Aufeinandertreffen zwischen den Werten der nichtjüdischen Gesellschaft, in der Jiftach lebt, und denen der jüdischen, die er retten soll. Demselben Konflikt sahen sich viele Jeckes ausgesetzt, die sich als Teil der deutschen Gesellschaft begriffen und zur gleichen Zeit ein Teil des hebräischen Yishuv werden mussten, einer Gesellschaft, die ihnen fremd war und in die sie – wie Jiftach – „infolge unerwarteter Umstände" geraten waren.

Brod war auch die treibende Kraft hinter der Inszenierung eines Stücks über das deutsche Judentum, ein Thema, dessen Behandlung Habima fast zwölf Jahre lang vermieden hatte. Das Drama *Heinrich Heine und sein Onkel* hatte am 13. April 1947 unter dem hebräischen Titel *Mishpahat Heine* (Familie Heine) Premiere und war das einzige Drama von Sammy Gronemann, dass von Habima aufgeführt wurde. Gronemann, der älteste unter den jeckischen Dramatikern in Palästina, war ein 1875 geborener Schriftsteller, Dramatiker, Jurist und bereits in Deutschland aktiver Zionist, der 1936 im Alter von 61 Jahren nach Palästina einwanderte. Es dauerte mehr als zehn Jahre, bis eines seiner Dramen auf die Bühne von Habima gelangte – und das, obwohl er sich bereits in Berlin aktiv für das Theater eingesetzt hatte.

Das in Palästina geschriebene Drama beschäftigt sich mit dem deutsch-jüdischen Schriftsteller Heinrich Heine und seiner Familie in den Jahren 1810 bis 1850. Dov B. Malkin bezog sich wie die meisten Kritiker auf die Aktualität im Schicksal der Figuren des Dramas.

> Die Familie Heine von Gronemann ist nichts anderes als eine unter vielen, ein Beispiel für eine wohlhabende jüdische Familie in der deutschen Diaspora, die im hellen Schein der Emanzipation – die von französischen Bajonetten nach Deutschland gebracht wurde – ihr Glas zu einem kräftigen ‚Prosit' erhebt, sich freut und sich sofort bis zum Ende betrinkt. Das Drama von Sammy Gronemann ist der Versuch einer Zusammenfassung, eine Art geistige Rechenschaft jenes Teils des deutschen Judentums, der schon vor einhundertfünfzig Jahren beinahe auf der Schwelle stand und noch immer nicht sicher ist, ob er nicht irgendwo den Verwicklungen der komplizierten Rechnung zum Opfer gefallen ist, die mit einem katastrophalen Ergebnis endete …[32]

Aus naheliegenden Gründen war es Geis, der die Absichten von Gronemann am besten zu fassen wusste. Wie schon in seinen früheren Prosawerken ginge es um

> die Anprangerung des Assimilationsjudentums, dessen Unbelehrbarkeit unser Volk so blutige Opfer gekostet hat. Das ist ein Thema, das – leider, leider – auch heute nichts an Aktualität eingebüsst hat. Immer noch – und vielleicht mehr denn je – glauben Juden, sich das „Entreebillett zur europäischen Kultur" durch die Taufe erwerben zu können.[33]

Einige Male findet in den Kritiken auch Gronemanns eigene Herkunft Erwähnung, etwa in der Diskussion über die historische Genauigkeit der Darstellung. Der Kritiker Shr. Bar-Mordechai meint:

> Sammy Gronemann, der deutsche Jude und geistige Schüler von Heine, kennt die Lebensgeschichte des scharfzüngigen Dichters in allen Einzelheiten und viele der Episoden und Äußerungen, die wir auf der Bühne hören, tragen die Aura vollkommener Authentizität.[34]

Asher Lerner war in diesem Punkt gänzlich anderer Meinung.

> Man könnte meinen, der Verfasser sähe in seiner Eigenschaft als deutscher Jude die Berechtigung, sich mit der Lebensgeschichte Heines zu befassen, jedenfalls mit der des jungen Heine – wie mit seinem eigenen Innenleben. […] Für Gronemann, wie für jeden deutschen Juden, ist Heine mehr als einer der drei Größten der deutschen Dichtung. Für ihn ist Heine das Prachtstück des deutschen Judentums. Gronemann der Zionist opfert daher den verehrten jüdischen Dichter für sein Volk und sogar für den Zionismus; – würde jemand dieser Tat widersprechen, auch wenn sie aus Sicht der historischen Wahrheit zweifelhaft ist![35]

32 Dov B. Malkin: 'משפחת היינה' לס. גרונימן ב'הבימה' [‚Familie Heine' von S. Gronemann an der ‚Habima']. In: *Mishmar*, 25.04.1947, S. 2.

33 Manfred Geis: Premiere in der Habima. Sammy Gronemann: Familie Heine. In: *Mitteilungsblatt*, 09.05.1947, S. 7.

34 Shr. Bar-Mordechai: צעירי 'הבימה' – על הבמה [‚Habimas' Jugend – auf der Bühne]. In: *Ha-Boker*, 24.04.1947, S. 4.

35 Asher Lerner: 'משפחת היינה' ב'הבימה' [‚Familie Heine' an der ‚Habima']. In: *Ha-Mashkif*, 25.04.1947, S. 6.

Malkin dagegen benötigt keine aufgeladenen Andeutungen auf den Einfluss von Gronemanns Herkunft auf das Stück. Für ihn liegt

> der dramatische Konflikt zwischen Gronemann dem braven Zionisten und Gronemann dem braven Menschen, oder kürzer und genauer: zwischen Sammy Gronemann dem Zionisten, der ein Richter ist, und Sammy Gronemann dem Menschen, der ein Anwalt ist … Und in die Konfrontation dieser beiden, in die Verwicklungen des Richters, der die große Tragödie des Anwalts voraussieht, der mit den Mitteln der Apologie läutern und erweichen will, mischt sich ein Drittes, nämlich Gronemann der schlaue Beobachter, der mit leichter Hand das ‚Geschwür' operiert und die Angelegenheit zur Komödie macht …[36]

Die abschließende Zusammenfassung in Malkins Kritik bleibt ambivalent. „Es ist möglich, dass das Drama ein Erfolg beim Publikum wird. Der katastrophale Abschluss der körperlichen Abrechnung mit der europäischen Diaspora weckt bei vielen im Publikum das Bedürfnis nach einer weniger tragischen geistigen Abrechnung."[37] Tatsächlich wurde dieses Bedürfnis nur bei wenigen Zuschauern geweckt und die Aufführung wurde nach nur 25 Vorstellungen wieder abgesetzt.

Dramen von und über Jeckes, die abgelehnt wurden

Das Theater Habima hat niemals ein Stück auf die Bühne gebracht, das sich mit dem Schicksal der Jeckes in Palästina befasst. Unter den Dramen, die Brod für eine Aufführung vorschlug und die vom Kollektiv abgelehnt wurden, befanden sich auch drei Stücke, die sich mit den Versuchen der Einwanderer aus Deutschland, sich in den Yishuv einzugliedern, befassen, sowie ein Stück, dessen jeckischer Verfasser die Handlung ins antike Griechenland verlegte, um in aller Freiheit die Zustände im hebräischen Yishuv kritisieren zu können.

Das erste der genannten Dramen war *Heimkehr* von Martin Rost (der Bühnenname von Maximilian Rosenkranz). 1911 in der Bukowina geboren, kam er als Dreijähriger mit seiner Familie ins Ruhrgebiet. Als Jugendlicher lernte er Hebräisch und war aktiv in der zionistischen Organisation Kadima. Mit 18 Jahren wurde er an der Frankfurter Schauspielschule aufgenommen und studierte gleichzeitig an der Fakultät für Geisteswissenschaften. Dort begann er auch, am Theater zu spielen, verlegte sich aber aufgrund seiner angegriffenen Gesundheit bald auf das Schreiben von Theaterstücken. Seine Stücke wurden in Europa und in den USA aufgeführt und gesendet. Nachdem er 1935 nach Palästina eingewandert war, schrieb er auch hier weiter auf Deutsch – trotz seiner Hebräischkenntnisse.

36 Malkin: 'משפחת היינה' לס. גרונימן ב'הבימה' [‚Familie Heine' von S. Gronemann an der ‚Habima'], S. 2.
37 Ebd.

Heimkehr beschäftigt sich mit dem Schicksal illegaler Einwanderer, denen es gelungen ist, heimlich nach Palästina zu kommen, die hier aber von den britischen Mandatsbehörden verfolgt werden. Trotz einiger melodramatischer Elemente versuchte Rost, ein ausgewogenes Bild der eretz-israelischen Gesellschaft zu zeichnen, und so gibt es sympathische wie unsympathische Figuren sowohl unter den Vertretern der Mandatsmacht als auch unter den Bewohnern des Yishuv, einerseits selbstsüchtige Kapitalisten und andererseits arbeitende Idealisten.

Der Prozess von der Annahme des Stücks durch Habima bis zur endgültigen Entscheidung, es nicht aufzuführen, dauerte von Mitte 1938 bis zum Ablauf von Rosts bereits abgeschlossenem Vertrag mit dem Theater Ende 1939. Aus den Sitzungsprotokollen der Habima-Leitung wird deutlich, dass das Theater an einer Aufführung des Dramas interessiert war und es sogar an Avigdor Hameiri zur Übersetzung gegeben hatte. Allerdings verweigerte die Zensurbehörde des britischen Mandats ihre Genehmigung für die Aufführung.

Ein weiteres aktuelles Drama aus der Feder eines jeckischen Dramatikers, in dem die Figur eines Jecken auftritt und das schließlich nicht zur Aufführung auf der Bühne von Habima kam, war *Davidia* von Max Zweig. Angesichts der positiven Aufnahme, die sein Stück *Die Marranen* gefunden hatte, beschloss Zweig, dem eretz-israelischen Publikum allgemein und insbesondere dem Theater Habima ein Stück zu schenken, das er speziell für sie schreiben würde. Es spielt in den Tagen der arabischen Unruhen. Die arabischen Bewohner Palästinas wenden sich gegen die jüdischen Bewohner, greifen friedliche Dörfer an, plündern, brandschatzen, töten. Der jüdisch-arabische Konflikt vereint den Yishuv im bedingungslosen Kampf gegen die marodierenden arabischen Banden. Die Helden in Zweigs neuem Stück sind eine Handvoll Pioniere in der abgelegenen Siedlung Davidia in Galiläa, die gerade erst das Land in Besitz genommen haben. Die Handlung spielt im Jahr 1929, basiert aber auf den Ereignissen um die Siedlung Tel Chai im Jahr 1920, als eine kleine Gruppe hebräischer Pioniere unter der Führung von Josef Trumpeldor gegen den Angriff einer arabischen Bande Widerstand leistete und einige von ihnen im Kampf getötet wurden. Zweig betonte, dass es nicht seine Absicht war, ein historisches Drama zu schreiben:

> Ich entlehnte dem Stoff nur den Grundriß und einige Charakterzüge Trumpeldors, nannte die Siedlung „Davidia" und den Helden Ruthenroth und gestaltete das Thema in voller Freiheit, nicht auf die Richtigkeit der Tatsachen bedacht, sondern der dem Drama innewohnenden Gesetzlichkeit gehorchend. Ich arbeitete an dem Stück mit freudiger Begeisterung, und es gelang mir, es schmerzlos innerhalb dreier Monate zu beenden.[38]

38 Zweig: *Lebenserinnerungen*, S. 155.

Aber kaum war das Stück fertig, begannen die Probleme. In der Leitungssitzung des Theaters vom 25. August 1939 wurde entschieden: „Max Zweig, das eretz-israelische Drama – die Antwort ist negativ – wird durch Friedland überbracht." Das Protokoll enthält keine Erklärung für die Entscheidung. Klar ist jedoch, dass die Gründe für die Ablehnung von *Davidia* nicht in der dramaturgischen Qualität des Stücks lagen, das später in unterschiedlichem Rahmen in Palästina und auch im Ausland aufgeführt wurde. Ein Hinweis findet sich möglicherweise in einer Zeitungsnotiz, die kurz vor der Premiere von *Morituri* im *Davar* veröffentlich wurde. Dort heißt es, Max Zweig sei „vor dreieinhalb Jahren ins Land gekommen und hat ein eretz-israelisches Drama namens ‚Davidia' geschrieben, das das Thema Trumpeldor und Tel Chai behandelt. Das Drama wurde von ‚Habima' angenommen, aber äußere Faktoren verhinderten dann seine Aufführung."[39]
Es ist unklar, wer genau diese äußeren Faktoren waren. Es scheint jedoch klar zu sein, dass sie sich von den Aussagen der Hauptfigur im dritten Akt verletzt fühlten, obwohl gerade die Hauptfigur in der Absicht des Verfassers darauf angelegt war, die Gunst des Publikums zu gewinnen. Nahezu alle Mitglieder von Davidia kommen aus Osteuropa, nur der Arzt Dr. Edelmann ist ein Jecke und repräsentiert Zweigs Weltsicht. Während eines weiteren arabischen Angriffs auf den landwirtschaftlichen Betrieb ruft einer der Genossen voller Schmerz: „Wir sind friedliche Pioniere. Banditen sind sie, die die Erträgnisse unserer Arbeit rauben wollen."[40] Daraufhin antwortet ihm Dr. Edelmann:

> *Wir* nennen sie Banditen; sie selbst halten sich für Freiheitskämpfer. So wie wir *uns* friedliche Pioniere scheinen, und ihnen erobernde Eindringlinge. Das ist die tragische Unentrinnbarkeit, daß sie gerade so recht haben wie wir. Wir haben auf der riesigen Erde kein winziges Stückchen Land und müssen dieses gewinnen, das einst uns gehört hat. Und sie verteidigen das Land, das ihnen gehört. Das ist nicht Banditenart.[41]

War Zweig naiv oder ein Kämpfer des Gewissens, der es wagte, eine Haltung auszusprechen, die im Widerspruch zum Konsens des hebräischen Yishuv stand? Seine Meinung gründete – ebenso wie die Meinung vieler weiterer Einwanderer aus Deutschland – auf einem liberalen Denken, auf einer Tradition der Menschenrechte und der Rechte des Individuums. Von dieser Warte aus sah man die Ungerechtigkeiten, die im Namen des Zionismus begangen wurden, der den Arabern Palästinas Leid zufügte, um das Leid, das den Juden zugefügt worden

39 מכס צוויג מחבר 'שני עולמות' [Max Zweig, der Verfasser von ‚Zwei Welten']. In: *Davar*, 19.01.1942, S. 4.

40 Max Zweig: *Davidia*. München: Schmähling 1972, S. 57.

41 Ebd., Herv. i. O.

war, wiedergutzumachen, und dadurch erstere von ihrem Land verdrängte. Zu dieser logischen Analyse der historischen Tatsachen gesellte sich noch ein weiteres ungutes Gefühl, von dem Zweig in seinen Erinnerungen berichtet.

> Zum anderen war meiner Bewunderung für das Aufbauwerk eine ahnungsvolle Befürchtung beigemischt. Ich glaubte aus zahlreichen Anzeichen zu erkennen, daß der junge Nationalismus, welcher so bedeutende Leistungen vollbrachte, die Tendenz zur Selbstverherrlichung und Überheblichkeit in sich trug. Ich stellte daher – den Nachkommen zum Vorbild – jene Gründerväter, die zweifellos auch Nationalisten waren, als zugleich humane tolerante Menschen dar, die sogar dem Feinde Gerechtigkeit widerfahren ließen.
> In einem Jahrhundert, in welchem „Führer" aufstanden, die von sich behaupteten von Gott gesendet zu sein, während sie Sendlinge des Chaos waren, spürte ich den Zwang, das Bild eines wahren Führers, wie ich ihn mir vorstellte, zu entwerfen, „eines Führers nach Gottes und der Dichter Herzen".[42]

Davidia gelangte nie auf eine professionelle hebräische Bühne, wurde aber auf Initiative des ebenfalls aus Deutschland stammenden Regisseurs Alfred Wolf von Laiengruppen und Amateurtheatern in verschiedenen jüdischen Siedlungen der Arbeiterbewegung in Palästina aufgeführt. Darüber hinaus erfuhr das Drama eine Reihe von internationalen Inszenierungen, vermutlich weil die Juden in der Diaspora in dem Werk ein Loblied auf den heldenhaften Kampf der hebräischen Pioniere gegen die arabischen Banden sahen. Indem es die Aufführungen besuchte, konnte das jüdische Publikum im Ausland seine Identifikation mit dem Yishuv in Palästina zum Ausdruck bringen. Die erste Produktion fand im Oktober 1947 in Paris statt. Die französische Version trug den Titel *La colline de la vie* (Der Hügel des Lebens), eine direkte Übersetzung des Ortsnamens Tel Chai, die auf den Kampf um einen zukünftigen Staat vor dem Hintergrund der Shoah und des Zweiten Weltkriegs verweist. Eine weitere Produktion in englischer Sprache kam im April 1948 unter dem Titel *Sword by the Side...* in New York auf die Bühne. In der deutschen Originalfassung wurde das Drama 1949 als *Kampf um Davidia* von der Freien Deutschen Bühne in Buenos Aires aufgeführt. Angeregt vom Erfolg des Stücks im Ausland versuchte die Leitung des Theaterverlags Moadim, den Margot Klausner und Jehoshua Brandstatter nach ihrem Ausscheiden bei Habima gegründet hatten und der die Rechte an dem Text hielt, ein weiteres Mal, Habima für eine Aufführung zu interessieren. Im Sitzungsprotokoll der Theaterleitung vom 21. Januar 1949 ist zu lesen: „In Beantwortung des Briefes von ‚Moadim' wurde beschlossen, auf das Drama ‚Davidia' zu verzichten."
Ein drittes aktuelles Drama, dessen Schauplatz Palästina ist, in dem Jeckes als Figuren auftauchen und das ebenfalls zur Aufführung vorgesehen war und

42 Zweig: *Lebenserinnerungen*, S. 155.

dennoch nie auf die Bühne kam, war *Quell der Verheißung* von Hans Jose Rehfisch. Der 1891 geborene deutsch-jüdische Dramatiker schrieb Dramen und Komödien mit Gegenwartsbezug, darunter auch solche, die sich mit jüdischen Fragen beschäftigen, etwa *Nickel und die 36 Gerechten* (1925) oder *Die Affaire Dreyfus* (1929). Mit Hitlers Machtantritt musste er Deutschland verlassen, ging zunächst nach Wien und später nach London. *Quell der Verheißung*, das sich mit dem Schicksal deutscher Juden befasst, die in Palästina sesshaft werden, wurde von Max Brod mit folgenden Worten zur Aufführung empfohlen:

> Nach meiner Meinung ein ausgezeichnetes Theaterstück, dessen Bühnenerfolg sicher ist. Ich empfehle es zur Aufführung. Es gibt einige Episoden, die zu effektvoll und wohl auch unecht sind, z. B. ist der Araber zu edel, der englische Oberst gar zu großartig und der Mann von der Agency (Dr. Jacobs) zu kläglich gezeichnet. Derartige Dinge müßten wegretouchiert werden. Auch einige Debatten [...] führen zu weit, müssen gekürzt werden. Trotz einiger Einwände glaube ich, daß hier ein sehr brauchbares Stück vorliegt, aktuell, sehr dramatisch [...] Ich glaube, die Habima sollte das Stück spielen, – auch der guten Rollen wegen [...].[43]

Ein Blick in die Sitzungsprotokolle der Habima-Leitung zwischen April 1939 und Juli 1940 bestätigt den Eindruck, dass Brod gegenüber dem Kollektiv ein Berater ohne tatsächlichen Einfluss war. Ebenso zeigt sich hier die – gelinde gesagt – kuriose Weise, in der die Repertoire-Entscheidungen bei Habima getroffen wurden: nicht von einem einzelnen künstlerischen Leiter oder einer kleineren Repertoire-Kommission, sondern von allen Mitgliedern des Kollektivs, deren Entscheidungen von ihrer eigenen Situation, ihrem persönlichen Geschmack, wirtschaftlichen Problemen, Auseinandersetzungen mit der Zensurbehörde und der Einmischung von Persönlichkeiten des öffentlichen Lebens außerhalb des Theaters beeinflusst waren. Nach weit mehr als einem Jahr des Abwägens und Überlegens wurde das Drama, obwohl es bereits ins Hebräische übersetzt und von der Zensur genehmigt worden war, mit der Mehrheit der Stimmen des Kollektivs und einiger Vertreter der Öffentlichkeit, mit denen sich die Theaterleitung beraten hatte, abgelehnt. Alle an der Entscheidung Beteiligten stammten aus Osteuropa – eine Tatsache, die sicher ihren Einfluss hatte.

Ein ähnliches Schicksal ereilte auch Sammy Gronemanns Drama *Der Prozess um des Esels Schatten*.[44] Im Jahr 1942 trat Gronemann mit Habima in Verhandlungen über die Aufführung der neuen Komödie aus seiner Feder. Das Stück ist an den satirischen Roman *Die Geschichte der Abderiten* des deutschen Schriftstellers Christoph Martin Wieland aus der zweiten Hälfte des 18. Jahrhunderts

43 Karteikarte Nr. 58 im Karteikasten הספריה [Die Bibliothek], Archiv der Habima-Leitung. IDCPA, o. Sign.

44 Vgl. Sammy Gronemann: *Der Prozess um des Esels Schatten*. Tel Aviv: Moadim 1945.

angelehnt. Das Drama spielt – ebenso wie der Roman – in der Stadt Abdera im antiken Griechenland, dessen Bewohner im Ruf standen, von besonderer Naivität und nur begrenzter Klugheit zu sein. Die Handlung kommt – dem Beruf des Verfassers angemessen – durch ein juristisches Problem ins Rollen, nämlich durch die Frage, wem des Esels Schatten gehört, dem Besitzer des Esels oder demjenigen, der den Esel für Transportzwecke gemietet hat. Der Streit, der zwischen dem Besitzer des Esels und dem örtlichen Zahnarzt, der ihn für einen Tag gemietet hat, entbrennt, wird zu einer juristischen Frage, die zunächst zur Auseinandersetzung zwischen zwei Familien führt und die Paare der Liebenden der beiden Familien entzweit: „Dass immer, wenn zwei Menschen recht sich lieben, / Ein Esel kommt, der sich dazwischendrängt."[45] Um das Problem zu lösen, sind selbstverständlich eine ganze Menge Anwälte nötig, die so ihren Lebensunterhalt verdienen und dementsprechend ihre Klienten dazu drängen, die eigene Wahrheit nicht aufzugeben, und ihnen einen glorreichen Sieg versprechen, „[w]eil die wahre Kunst des grossen Juristen sich erst dann offenbart, wenn die Sache dunkel ist oder krumm und nicht hell und glatt."[46] Der Kampf um des Esels Schatten, für den der Zahnarzt nicht bereit war, zweieinhalb Drachmen zu bezahlen, kommt die beiden Kontrahenten teuer zu stehen. Alle möglichen Politiker versuchen, die öffentliche Aufmerksamkeit zu nutzen: „Ich werde es ihnen geben, den Herren von der Struthion-Partei [Name des Zahnarztes], den sattgefressenen Bürgern! Es ist klar. Eine Sache von höchster politischer Bedeutung. Das Volk ist der Esel, der geduldige, sanfte Esel, in dessen Schatten der reiche Nichtstuer sich auszuruhen bedenkt."[47] In der Folge werden zwei Parteien gegründet: „Der Esel" und „Der Schatten". Abdera steht kurz vor einem Bürgerkrieg. In der Tradition der griechischen Komödie lässt Gronemann an diesem Punkt die Frauen von Abdera in einen Generalstreik treten. Ihre Anführerin verkündet: „Den Staat zu schützen gilt's vor schwerem Schaden. / Ihr Frauen zeigt, dass Ihr etwas gelernt! / Die Männer unsern Frieden schwer gefährden, / Wie alte Weiber sie den Zank begannen. / Und wenn die Männer also Weiber werden, / Dann müssen wir, die Frauen, uns ermannen."[48] Zuletzt kommt der Fall vor Gericht, jenen Ort, an dem juristisches und rationales Denken auseinandertreten: „Hier vor Gericht zum Abschied sie sich segnen. / Justiz, Vernunft, hier müssen sie sich trennen. / Sie werden sich wohl nimmermehr begegnen."[49]

45 Gronemann: *Der Prozess um des Esels Schatten*, S. 19.
46 Ebd., S. 33.
47 Ebd., S. 36.
48 Ebd., S. 44–45.
49 Ebd., S. 27.

Es bleibt unklar, weshalb das Stück am Ende nicht auf die Bühne kam. Waren es die vielen Mitwirkenden (21 Figuren), der vergleichsweise fremde Schauplatz im antiken Griechenland oder die scharfe Satire, die trotz der historischen und geografischen Verfremdung in nicht geringem Maße die Atmosphäre des Yishuv in diesen Tagen widerspiegelte? Die Diskussion über die Aufführung des Dramas dauerte von November 1942 bis Februar 1944. In den Protokollen der Habima-Leitung ist der einzige Punkt, der wiederholt in diesem Zusammenhang auftaucht, die Frage der Tantiemen für Gronemann. Das Drama wurde nie auf einer hebräischen Bühne gespielt, aber es wurde am 2. September 1945 in der Bearbeitung von Yosef Pasowski (Milo) im Radiosender Kol Yerushalayim als Hörspiel gesendet.

Regisseure aus Deutschland bei Habima

Die Empathie, die weite Teile des Yishuvs für das Schicksal der aus Deutschland Eingewanderten empfanden, führte zu eine öffentlichen Kritik an der Politik von Habima gegenüber den ankommenden Theaterkünstlerinnen und -künstlern. Im August 1933 veröffentlichte die Tageszeitung *Haaretz* auf der ersten Seite einen Artikel mit der Überschrift „‚Habimas' Antwort an die Fragenden", in dem das Theater seine Sicht der Dinge darlegte. Der Artikel beginnt mit dem Satz: „Es ist unsere Absicht, hiermit all jenen zu antworten, die uns gefragt haben: Warum engagiert ‚Habima' keinen jüdischen Regisseur aus Deutschland. Es gibt doch so viele große Bühnenkünstler, die wegen ihres Judentums von dort fliehen mussten?" Hierauf antwortet die Leitung von Habima im Verlaufe des Artikels, es müsse „den an dieser Sache Interessierten klar sein, dass als Regisseur der ‚Habima' in jedem Fall nur ein Künstler von mehr als mittlerem Niveau in Frage kommt." Der Grund hierfür läge in Habimas Streben, „weiter zu lernen und die eigene Arbeit zu verbessern. Der Regisseur, der eingeladen werden soll, muss ein Künstler sein, von dem die Habima etwas lernen kann."[50]

Die Argumentation der Habima-Leitung enthält einen inneren Widerspruch. Angeblich möchte das Theater von jenem Künstler mit hohem Niveau neue Wege lernen, tatsächlich wünscht es aber keinen Künstler, der es auf neue Wege führt, sondern lediglich einen, der ihm hilft, die seit Jahren existierende Arbeitsweise zu „verbessern". In diesem Satz verbergen sich Verachtung und Ablehnung nicht nur gegenüber jenen jüdischen Theaterschaffenden, die nach einen Weg suchten, um das nationalsozialistische Deutschland zu verlassen, sondern auch

50 תשובת 'הבימה' לשואלים [‚Habimas' Antwort an die Fragenden]. In: *Haaretz*, 14.08.1933, S. 1.

gegenüber dem konkurrierenden Ohel-Theater, das zur gleichen Zeit zwei jeckische Regisseure engagiert hatte – Alfred Wolf und Friedrich Lobe –, die im gleichen Jahr auf Einladung des Theaters nach Palästina gekommen waren. Sie versuchten nicht, das Bestehende zu verbessern, sondern wollten dem Ohel-Theater neue Wege aufzeigen: Wolf mithilfe der aktuellsten Entwicklungen des modernen deutschen Theaters (Brecht) und Lobe durch deutsche Klassiker, die bislang nicht auf der hebräischen Bühne gezeigt worden waren (Büchner).

Bei Habima führte in den 1930er und 1940er Jahren kein einziger jeckischer Regisseur Regie. Margot Klausner gelang es immerhin, zwei bekannte jüdische Regisseure aus Deutschland als Gäste nach Palästina zu bringen: Leopold Lindtberg und Leopold Jessner. Nach deren Weggang engagierte die Leitung von Habima mehr als zehn Jahre lang keine Gastregisseure mehr. Man kann in diesem Zusammenhang von der Phase der „Hausregisseure" sprechen, was bedeutete, dass eine begrenzte Anzahl von Ensemblemitgliedern sämtliche Stücke inszenierte. Der Grund hierfür lag in dem Versuch, die ursprüngliche Atmosphäre des Theaters zu bewahren, auch wenn die Bewahrung des Vorhandenen ohne Möglichkeit der Entwicklung im Einklang mit dem Zeitgeist und dem Generationenwechsel einem künstlerischen Stillstand bis hin zum Rückschritt gleichkam. So kam es, dass von den sieben renommierten Regisseuren aus dem deutschen Kulturkreis, die in den 1930er Jahren nach Palästina kamen, kein Einziger von Habima engagiert wurde.[51]

Leopold Lindtberg

Leopold Lindtberg wurde 1902 als Sohn des jüdischen Kaufmanns Heinrich Lemberger in Wien geboren und begann seine berufliche Karriere als Schauspieler 1922 in Berlin. Später wechselte er zur Regie, zunächst am Theater (1926) und dann auch im Kino (1932). Mit Hitlers Machtantritt ging er nach Zürich, wo er am Schauspielhaus engagiert wurde. Was veranlasste die Habima, Lindtberg aus der Schweiz zu holen, obwohl vor Ort in Palästina eine Auswahl ausgezeichneter Regisseure zur Verfügung stand, die vor dem nationalsozialistischen Regime geflohen waren? War die Bevorzugung des aufsteigenden Sterns am Schweizer Theaterhimmel vor einem Flüchtling, der zwar berufliche Qualitäten, aber keinen gesellschaftlichen Status hatte, am Ende bloß eine Frage des Ansehens und der Werbung?!

51 Diese sieben waren (nach dem Jahr der Einwanderung): 1933 – Alfred Wolf, Friedrich Lobe, Hans Norden, Benno Fränkel; 1934 – Richard Rosenheim; 1937 – Walter Eberhard; 1939 – Walter Rosenbaum.

Abb. 14
Shimon Finkel
als Titelfigur
in *Professor Mannheim*
an der Habima, 1934.

Lindtbergs Arbeitsweise unterschied sich vollkommen von der bis dahin an der Habima üblichen. Zunächst reduzierte er die Probenzeit für die Vorbereitung einer neuen Aufführung von drei auf zwei Monate. In dieser kurzen Zeit arbeitete Lindtberg mit zwei Gruppen gleichzeitig an zwei verschiedenen Stücken: *Professor Mamlock* von Friedrich Wolf und *Le Malade imaginaire* (*Der eingebildete Kranke*) von Molière. Das Zeitstück von Friedrich Wolf hatte am 25. Juli 1934 unter dem hebräischen Titel *Professor Mannheim* als erstes Premiere und brachte die Schauspieler von Habima dazu, ihren gewohnten Stil zugunsten eines Realismus, wie er in Deutschland üblich war, zu verlassen.

Zum ersten Mal wurde im hebräischen Theater in Palästina ein aktuelles Drama aufgeführt, das sich dem Schicksal der deutschen Juden widmete, jenen „deutschen Staatsbürgern jüdischen Glaubens", deren gesamte Welt mit der Machtübernahme der Nationalsozialisten zusammenbrach. Das Thema des Stücks und seine sprachliche Gestaltung machten Lindtbergs Inszenierung zu einer kleinen Revolution in der theaterästhetischen Weltanschauung von Habima. Das Stück ist wie ein Protokoll alltäglicher Ereignisse geschrieben, in Umgangssprache, ohne literarische Formulierungen und lyrische Verzierungen. Dazu passend war die Art der Darstellung nicht stilisiert und theatralisch, wie es bei Habima Tradition hatte, sondern war bemüht, die Redeweise und das Verhalten ganz normaler Menschen im Alltag zu demonstrieren. Die Schauspieler traten mit minimaler Maske auf, ohne bemalte Gesichter, sondern lediglich mit leichter Betonung der Gesichtszüge für die Bühnenbeleuchtung. Die Aufführung enthielt weder Tanzeinlagen noch ein Orchester.

In den „Ersten Anmerkungen“, die ohne Nennung des Verfassers zwei Tage nach der Premiere in *Davar* veröffentlicht wurden, heißt es:

> Der Wert des Stücks liegt in seinem fotografischen Charakter. So ist es: ein lebendes Bild. Es lauern Gefahren für diesen Charakter und es ist die Aufgabe des Regisseurs und der Schauspieler, diese zu vermeiden. Die Inszenierung – von Leopold Lindtberg, einem neuen Gesicht bei uns, der zu den aus Deutschland Geflüchteten gehört – befindet sich in vollkommener Harmonie mit dem Charakter des Dramas und darin liegt ihre große Kraft. Es gibt kein Bemühen, den Zuschauer mit ‚unlauteren‘ Mitteln zu beeinflussen, mit Mitteln, die jenseits des Inhalts der Vorstellung und der Darbietung des Schauspielers liegen. Es gibt keine begleitende Musik, keine äußeren Effekte, keine ‚Regieeinfälle‘ als Selbstzweck.[52]

Geis beschrieb den Umsturz, den Habima dank eines Regisseurs aus der deutschen Kultur und Theatertradition erfuhr, auf geradezu drastische Weise.

> Man hat nun das Gefühl, bei Habima in einem Theater zu sitzen, das ohne Sondermaßstäbe und Rücksichten beurteilt werden kann und will. Die Menschen auf der Bühne bewegen sich natürlich, die Gesichter sind nicht verschminkt, es geht ohne die bisher für unvermeidlich gehaltene Musik und es wird nicht mehr pathetisch deklamiert, sondern „gesprochen“.[53]

Ungefähr zwei Wochen nach *Professor Mannheim* hatte am 11. August 1934 *Le Malade imaginaire* unter dem hebräischen Titel *Ha-Hole Ha-Medume* Premiere. Während *Professor Mannheim* in formaler wie in inhaltlicher Hinsicht eine Neuerung darstellte, war Molières Komödie den meisten im Publikum bekannt. Was die Auswahl des Stücks betraf, waren sich die Kritiker ebenso wenig einig wie in der Bewertung von Lindtbergs Interpretation.
Am entschiedensten war die Meinung von Lubrani:

> Zweifellos ist Molière etwas, das in eine bestimmte Zeit und einen bestimmten Rahmen gehört, die dem Denken des Menschen in unseren Tagen fern liegen. Wir sind zu gebeutelt, zu sehr brennt uns die Erde unter den Füßen, als dass wir uns den Pfeilen der Satire zuwenden könnten, die gegen die medizinische Fakultät gerichtet sind.[54]

Dagegen stand die Ansicht des Theaterkritikers von *Haaretz*, Efraim Zoref:

> Die scharfe Satire von Molière war ein Schmuck für alle Schichten und alle Zeiten. Eingebildete Krankheiten finden sich bei uns jederzeit, und nicht immer körperliche. Die Illusion wird von der Kraft der Autosuggestion begleitet. Man kennt sie bei Einzelnen, in der Öffentlichkeit und manchmal – sogar bei einer ganzen Nation.[55]

52 'פרופסור מנהיים' (הערות ראשונות להצגת הבכורה ב'הבימה') [‚Professor Mannheim‘ (Erste Anmerkungen zur Premiere an der ‚Habima‘)]. In: *Davar*, 27.07.1934, S. 2.

53 Geis: Zwei Premieren, S. 11.

54 Eliezer Lubrani: במות. 'החולה המדומה' [Bühnen. ‚Der eingebildete Kranke‘]. In: *Davar*, 16.08.1934, S. 3.

55 E. Zoref: החולה המדומה [Der eingebildete Kranke]. In: *Haaretz*, 16.08.1934, S. 3.

Lubrani verwarf auch die Interpretation, die Lindtberg dem Publikum anbot: „Die Aufführung ist zur Hälfte naturalistisch und zur Hälfte impressionistisch und die Musik, auf die sie sich stützt, ist expressionistisch … Dieser ‚Reichtum' verwässert die Vorstellung."[56] Zoref dagegen war ganz begeistert von der Vollkommenheit der Aufführung.

> Ein Feingeist ist der Regisseur Lindtberg. Mit begrenzten Mitteln gelingt es ihm, eine französische Atmosphäre zu schaffen. Die Selbstverliebtheit der französischen Hauptfigur, das Schlafzimmer oben, der Wandschirm an der Seite, die Löcher, die Türen, die Unordnung des Gerümpels, des Geschirrs und der Gerätschaften, der Kleidung, der Purpur der Decken und Stoffe – alles mit antikem Staub bedeckt – all dies verschafft uns eine angemessene Stimmung, eine Molière'sche Stimmung.[57]

Im Gegensatz dazu lehnte Manfred Geis die Interpretation Lindtbergs ab, aber aus einem anderen Grund.

> Es kann Sache der Regie sein, Herrn Argan [den eingebildeten Kranken] unserem Mitgefühl oder unserem Spott auszusetzen. Lindtberg nimmt nicht eindeutig Partei. Er vermeidet die Möglichkeit, mit grellen Farben zu zeichnen und stellt das Publikum nicht vor die Notwendigkeit, sich in einem oder dem anderen Sinne zu entscheiden. Dadurch bleibt die Aufführung ein wenig im Konventionellen stecken. Der Zuschauer fühlt sich unterhalten, aber nicht apostrophiert.[58]

Man darf vermuten, dass bei einem erfahrenen Regisseur wie Lindtberg diese Unentschiedenheit nicht das Ergebnis von fehlendem Bewusstsein oder fehlender Professionalität war. Im Gegenteil, es scheint, als habe er beschlossen, dem Publikum etwas leichte Unterhaltung zu verschaffen – als Ausgleich zu dem realistischen, nahezu tragischen Drama, das er ihnen zwei Wochen zuvor vorgesetzt hatte. Wie sich zeigte, gab sich das Publikum jedoch mit leichter Belustigung nicht zufrieden. Während *Professor Mannheim* ein Erfolg wurde und 68 Aufführungen erreichte, war die Komödie von Molière mit nur 30 Vorstellungen ein Misserfolg.

Die Veränderung im Schauspielstil von Habima, die Lindtberg bei den Darstellern von *Professor Mannheim* erreicht hatte, war nicht von Dauer, nicht einmal bei den folgenden Produktionen, die er selbst inszenierte. Ein Jahr nach seinem ersten Aufenthalt als Gastregisseur kam er erneut für zwei Inszenierungen nach Tel Aviv – dieses Mal allerdings ohne den Versuch, die Arbeitsweise der Habima-Schauspieler zu verändern. Stattdessen passte er sich dem Repertoire

56 Lubrani: 'החולה המדומה'. במות [Bühnen. ‚Der eingebildete Kranke'], S. 3.

57 E. Zoref: החולה המדומה [Der eingebildete Kranke], S. 3.

58 Manfred Geis: Theater in Palästina. „Der eingebildete Kranke". Habima. In: *Jüdische Rundschau*, 31.08.1934, S. 10.

und dem traditionellen Regieverständnis des Theaters an. Die beiden Stücke, die zur Aufführung ausgewählt wurden, stammten aus dem Fundus des osteuropäisch-jüdischen Theaters. Das erste war *Grine Felder* (Grüne Felder), ein jiddisches Melodram von Peretz Hirschbein, das am 30. Juni 1935 unter dem hebräischen Titel *Yalde Ha-Sade* (Kinder des Feldes) uraufgeführt wurde. Die Hauptfigur ist ein Yeshiva-Schüler, der die Schönheit des Lebens am Busen der Natur entdeckt – eben in den grünen Feldern – und infolgedessen auch den Busen eines jungen Dorfmädchens. *Bama*, die Zeitschrift des Habima-Kreises lobte selbstverständlich die Wahl des Stücks.

> Das Drama ‚Kinder des Feldes' von Peretz Hirschbein stellt sein Langem einen wichtigen Bestandteil des jüdischen Theaters in der Welt dar. Das Künstlertheater in Amerika, die ‚Wilnaer Truppe' in ihren Hochzeiten, alle guten dramatischen Zirkel in der jüdischen Diaspora sahen in ‚Grine Felder' ein Drama ersten Ranges in ihrem Repertoire und waren damit stets erfolgreich.[59]

Lubrani sah das im *Davar* ganz anders.

> Ein Propaganda-Drama mit primitiven Mitteln. [...] War es die Mühe wert, das Drama aus der Dunkelheit des Vorgestern hervorzuholen?! Die ‚Mühe' war die vorzügliche Arbeit von Lindtberg, der die ‚trockenen Knochen' wiederbelebt, ihnen Kraft und Bewegung verliehen hat. Er hat das Unkraut der Sentimentalität ausgerissen, die Handlung angetrieben und die Gesichter aufpoliert. [...] Er wusste, wie man die Schauspieler an das Maximum der in ihnen ruhenden Möglichkeiten bringt.[60]

Dieser Meinung war auch Keysari in *Do'ar Ha-Yom*.

> Diese mindere Qualität bringt Lindtberg mit einem Reichtum an Effekten auf die Bühne, wie sie sich im Werkzeugkasten eines erstklassigen Handwerkers befinden. [...] Wäre es an Lindtberg gewesen, ein Stück zu wählen und wäre er selbst verantwortlich für das Repertoire, dann hätte das Schiff von ‚Habima' sich einem anderen Hafen zugeneigt und nicht gerade der verlassenen Bucht von Herrn Hirschbein.[61]

Der radikalste unter den Kritikern war Geis.

> „Habima" hat in ihrem Repertoire bereits „Amcha" und „Haozar"; die gleiche Atmosphäre, die gleichen Menschen, die gleichen Tänzchen wie hier. [...] Und „Habima" verfällt auf nichts anderes, als die Kraft eines so befähigten Regisseurs wie Leopold Lindtberg, der ihnen ihr einziges, wirklich aktuelles Stück, „Professor Mannheim", im vergangenen Jahre hervorragend einstudierte, an Nichtigkeit zu verschwenden?[62]

59 Dov B. Malkin: היהודים אשר מחוץ לתחום [Die Juden, die außerhalb sind]. In: *Bama* (1936), Heft 1/2, S. 11–14, hier S. 11.

60 Eliezer Lubrani: במות. 'ילדי השדה' [Bühnen. ‚Kinder des Feldes']. In: *Davar*, 03.07.1935, S. 4.

61 Uri Keysari: 'הבימה' מציגה 'ילדי השדה' להירשביין [‚Habima' präsentiert ‚Kinder des Feldes' von Hirschbein]. In: *Do'ar Ha-Yom*, 21.07.1935, S. 8.

62 Manfred Geis: Habima-Premiere: Grüne Felder. In: *Jüdische Rundschau*, 12.07.1935, S. 6.

Im Gegensatz zu den Kritikern liebte das Publikum im Yishuv die Inszenierung, die 153 Mal gespielt wurde, viermal so häufig wie eine durchschnittliche Produktion in dieser Zeit.
Das zweite Drama, das Lindtberg bei diesem Besuch inszenierte, war *Der Goylem Cholemt* (Der Golem träumt), ein jiddisches Drama von H. Leivick (d. i. Leivick Halpern), das unter dem hebräischen Titel *Halom Ha-Golem* (Der Traum des Golem) im August 1935 Premiere hatte. Es war gewissermaßen die Fortsetzung eines der großen Mythen aus der Gründungsphase von Habima: der Aufführung des Dramas *Der Goylem* (*Der Golem*) ebenfalls von H. Leivick im Jahr 1925. Über Lindtbergs zweite Arbeit im Sommer 1935 schrieb Keysari:

> Die Aufführung ist grandios. [...] Mit aller Pracht, die in der Definition dieses Wortes steckt. [...] Herr Leopold Lindtberg, der sich mit „Kinder des Feldes" vergnügt und Späßchen getrieben hatte, offenbart hier vor uns jede Facette, tief und funkelnd, eines Künstlers, der ganz bei sich ist. [...] Dieser Gesandte von einem Regisseur hat die Kraft zu konzentrieren, die Kraft zu beherrschen, und es ist eine Freude zu sehen, wie alle Schauspieler auf Kommando von der Seite gerichtet und „geordnet" sind, dem Kommando eines Mannes, den man nicht sieht und doch spürt.[63]

Lindtberg gestattete es den Schauspielern bewusst, zu der Tradition zurückzukehren, die sie noch aus Moskauer Tagen bewahrt hatten. Das jedenfalls lässt die Aussage des Kritikers von *Davar* erkennen, der hervorhob, dass

> sich die Schauspieler von ‚Habima' wieder in ihrer eigenen Landschaft befinden. [...] Rovina hat die Tradition von ‚Der Dybbuk', ‚Der Ewige Jude' und ‚Der Golem' fortgesetzt. Sie war ganz in Heiligkeit gehüllt, wie Chanukka-Kerzen, die nur zum Anschauen dienen.[64]

Trotz der lobenden Kritik und Habimas Rückkehr zu seinen Wurzeln, war das Publikum weniger begeistert und die Inszenierung wurde nur 37 Mal gespielt.
Zur Zeit seiner Aufenthalte in Palästina war Lindtberg bereits fester Regisseur am Zürcher Schauspielhaus, das über die gesamte Zeit der nationalsozialistischen Herrschaft in Deutschland nicht nur eines der modernsten Theater seiner Zeit war, sondern auch das einzige Zentrum des freien deutschsprachigen Theaters. Egal, ob es an der Angst der Habima-Leitung vor der deutschen Theatertradition Lindtbergs, die der Theatertradition von Habima fremd war, oder an Lindtbergs fehlender Bereitschaft, Zürich zugunsten von Tel Aviv aufzugeben, lag – in jedem Fall wurde ihm die Rolle des künstlerischen Leiters von Habima

63 Uri Keysari: 'הבימה' מציגה: 'חלום הגולם' [‚Habima' präsentiert: ‚Der Traum des Golem']. In: *Do'ar Ha-Yom*, 28.08.1935, S. 2.

64 Eliezer Lubrani: במות. 'חלום הגולם' ('הבימה') [Bühnen. ‚Der Traum des Golem' (‚Habima')]. In: *Davar*, 22.08.1935, S. 3.

nie angeboten. Margot Klausner notierte hierzu in ihrem *Habima-Tagebuch*: „Wäre er bei uns geblieben und hätten die Mitglieder von ‚Habima' seine Autorität anerkannt, hätte er das Ansehen von ‚Habima' steigern und es zum größten Theater der Welt machen können."[65]

Leopold Jessner

Im Jahr 1936 gelang es Margot Klausner, mit Leopold Jessner einen der größten deutschen Regisseure im ersten Drittel des 20. Jahrhunderts ans Habima-Theater zu bringen. Als Jude und Sozialist musste Jessner aus dem nationalsozialistischen Deutschland fliehen und übernahm allerlei Gelegenheitsarbeiten in ganz Europa. Mit 58 Jahren wurde Jessner somit obdachlos – sowohl beruflich als auch privat.

In Jessners mündlichen und schriftlichen Äußerungen findet man eine Reihe von tiefgehenden Analysen des Theaters in Palästina und zahlreiche Vorschläge für kurz- und langfristige Maßnahmen zur Hebung des Niveaus aus künstlerischer und aus gesellschaftlicher Perspektive. Man darf annehmen, dass er durchaus daran interessiert war, nach Palästina einzuwandern und sich an der Gestaltung des hebräischen Theaters zu beteiligen.

Anlässlich einer Feier, die die Vereinigung der Einwanderer aus Deutschland zu Jessners Ehren in Tel Aviv veranstaltete, brachte er seine Unzufriedenheit mit dem Repertoire des hebräischen Theaters zum Ausdruck. Wie das *Mitteilungsblatt* der Vereinigung berichtet, lobte Jessner einerseits Habima, zeigte aber auch,

> wie stark das Gesicht dieser Bühne, ihr Spielplan und ihr Darstellungsstil von den russischen und polnischen Teilen des Jischuw bestimmt seien, wie „Dybuk" und „Golem" oder die Dramen von Schalom Alechem dem Lebensgefühl und der Sehnsucht einer älteren Generation entsprechen, aber nicht mehr Ausdruck der jungen Generation und nicht mehr Ausdruck des mit der Kultur Westeuropas verbundenen Teils der Judenheit Palästinas, insbesondere der Einwanderer aus Deutschland seien.[66]

Angesichts des Fehlens genuin hebräischer Dramen entschied sich Jessner, zwei klassische Dramen des westeuropäischen Theaters zu inszenieren. Das erste war Shakespeares *The Merchant of Venice* (*Der Kaufmann von Venedig*) und hatte am 14. Mai 1936 unter dem hebräischen Titel *Ha-Sokher Mi-Venetsiya* Premiere. Es erfreute sich relativ großen Interesses beim Publikum und wurde 42 Mal gespielt. Das Interesse entsprang allerdings weniger dem künstlerischen Ereignis als der öffentlichen Debatte, die sich an der Inszenierung entzündete. Die Presse attackierte das Theater aufgrund der Wahl des Stücks.

65 Klausner: יומן הבימה [Habima-Tagebuch], S. 210.

66 Curt Wormann: Leopold Jessner über das palästinensische Theater. In: *Mitteilungsblatt*, Juli 1936, S. 11–12, hier S. 11.

Abb. 15
Aharon Meskin als Shylock
in der Habima-Aufführung
von *Der Kaufmann von Venedig*, 1936.

> Die Figur des Shylock ist für einen jüdischen Zuschauer auf keine Weise machbar. Da helfen alle Spitzfindigkeiten und Besserwissereien nichts. Das Symbol der Verachtung und der Verspottung des jüdischen Typus kann nicht auf das Niveau eines anderen Symbols erhoben und völlig verkehrt werden zu einem Symbol der Selbstachtung und nationalen Genialität. Hier hilft auch alle Zauberei einer genialen Regie nichts.[67]

Im Yishuv brachte man sein Erstaunen darüber zum Ausdruck, dass ein jüdischer Künstler wie Jessner, der gerade ein Opfer des nationalsozialistischen Antisemitismus geworden war, ausgerechnet am hebräischen Theater ein Stück inszenierte, das seit Jahrhunderten als antisemitisch galt. Jessner brachte zu seiner Verteidigung vor:

> Als Theater, das im erneuerten Land Israel tätig ist, kann Habima sich nicht erlauben, eine Geschichte zu akzeptieren, in deren Zentrum Shylock als Leidender steht und aus diesem Leiden heraus sein tragisches Ende findet. Deshalb deutet man Shakespeare im Sinne des Hier und Jetzt. [...] Shylock der Kämpfer fällt zwar besiegt durch die Intrige seines Kontrahenten, aber er fällt als tragischer Held und nicht als Leidender.[68]

67 Y. Heftmann: 'וילהלם טל ב'הבימה [Wilhelm Tell an der ‚Habima']. In: *Ha-Boker*, 31.07.1936, S. 2.

68 Gershon Hanoch: שיילוק ברוח התיאטרון של א״י (שיחה עם הרג׳יסור פרופ׳ יסנר לקראת הצגת הבכורה של 'הבימה') [Shylock im Geiste des Theaters in Eretz Israel (Gespräch mit dem Regisseur Prof. Jessner zur Premiere von ‚Habima']. In: *Davar*, 13.05.19936, S. 3.

In einem eigenen Artikel zitiert Jessner aus Shylocks berühmtem Monolog „Hat nicht ein Jude Augen" aus dem dritten Aufzug und fügt hinzu:

> Wir erinnern uns an diese Worte und sagen: Und wenn trotzdem die Ankläger Shakespeare als Hasser Israels beschreiben wollen, so wünschten wir uns, wir wären schlimmere Antisemiten als er und die oben genannten Worte würden über den wichtigsten Blättern der antisemitischen Parteien in der ganzen Welt gedruckt, dann würden sich die Münder all der Antisemiten schließen.[69]

Der Höhepunkt der allgemeinen Debatte war ein öffentlicher Prozess, der am 23. Juni 1936 vom Habima-Kreis in Tel Aviv organisiert wurde. In diesem Prozess, bei dem wichtige Geistes- und Gesetzesgrößen mitwirkten, wurden angeklagt: William Shakespeare für das Verfassen eines antisemitischen Dramas, das Habima-Theater für dessen Aufführung und der Regisseur Leopold Jessner für die Inszenierung einer jüdischen Figur, die sich entgegen der Wirklichkeit und der Wahrheit selbst rechtfertig. Die Richter sprachen die Angeklagten schließlich von den Anschuldigungen frei. Shakespeare, weil er eine tragische Figur geschaffen habe, die das Mitgefühl des Publikums erregt; das Theater, weil es das Risiko der Aufführung eingegangen sei; und den Regisseur, weil er das Drama mithilfe der Erschaffung einer tiefergehenden und bedeutungsvollen Wirklichkeit ausgelegt habe, die der Gegenwart angemessen ist.[70]

Das zweite Drama zur Inszenierung durch Jessner wurde aus dem Kreis der deutschen Klassiker gewählt: *Wilhelm Tell* von Friedrich Schiller in der hebräischen Übersetzung von Chaim Nachman Bialik (Premiere am 26. Juli 1936). Wie bei den Pressereaktionen auf *The Merchant of Venice* kamen auch hier sehr unterschiedliche und teils gegensätzliche Meinungen über die Wahl des Stücks und seinen Bezug zur Gegenwart zum Ausdruck. Geis schrieb: „Analogien sind immer gefährlich. Das bedeutete natürlich nicht, daß es etwa nicht möglich sei, im ‚Tell' Beziehungen zur Gegenwart oder sogar zur gegenwärtigen jüdischen Situation zu finden."[71] Ganz eindeutig war die Meinung des Kritikers im *Davar*, der beeindruckt war über den Geist

> eines Volkes, das die Freiheit und die Gerechtigkeit liebt und bereit ist, dafür bis zum letzten Tropfen Blut zu kämpfen. Ein solches klassisches Freiheitsdrama passt zu allen Völkern und in allen Generationen. Auch zu uns in unserem Land und in unserer Situation. Natürlich, die Zeiten ändern sich, ebenso die Länder und jeder Freiheitskampf hat seine besondere Form und seine besonderen Bedingungen. Wer unbedingt den Charakterzug von „Hier"

69 Leopold Jessner: לפרשת שיילוק [Zur Shylock-Affäre]. In: *Davar*, 31.07.1936, S. 12.

70 Vgl. "הפרוטוקול המלא של "המשפט הספרותי על שיילוק [Das vollständige Protokoll des „Literarischen Prozesses über Shylock"]. In: *Bama* 1936, Heft 1–2, S. 23–41.

71 Manfred Geis: Habima-Premiere. „Wilhelm Tell". In: *Jüdische Rundschau*, 25.08.1936, S. 7.

und „Jetzt" will, kann eine vergleichende Linie zwischen der Rückkehr nach Zion und der Schweizer Eidgenossenschaft auf dem Rütli ziehen.[72]

Der Kritiker von *Ha-Boker* war da gänzlich anderer Meinung und schrieb, man solle „politische Angelegenheiten nicht mit künstlerischer Auffassung vermengen", um dann ironisch hinzuzufügen:

Wieder ließe sich mit Spitzfindigkeiten und Besserwisserei beweisen, dass hier die Rede von einem ‚Gedanken' ist, von der Idee der Gerechtigkeit und der Ehrlichkeit, und aus dieser Sicht habe der Aufstand der Schweizer doch eine Art Relevanz für die Idee des Zionismus.[73]

Einigkeit herrschte unter den Kritikern mit Blick auf die Regiearbeit. *Haaretz* lobte „die Regie Jessners, dessen Schlagwort die Treue gegenüber dem literarischen Werk ist"[74], und *Ha-Boker* schrieb: „Was die Aufführung selbst anbelangt, so muss man das besondere Talent Jessners hervorheben, mit wenigen Mitteln und kleinen Veränderungen auf der Bühne die Szenerie, die Veränderungen, die Stille und den Aufruhr zu bewerkstelligen."[75] Dennoch war die Produktion alles andere als ein Erfolg und wurde nach 19 Vorstellungen abgesetzt.

Jessner wollte sich Habima anschließen, aber das Kollektiv lud ihn nicht ein, wiederzukommen – geschweige denn, das Theater zu leiten. Zwei Jahre später veröffentlichte Geis aus Anlass des 60. Geburtstags von Jessner einen Artikel in *Haaretz*. Seinen Beitrag, in dem er die Arbeit Jessners mit Habima und dessen Pläne für das Theater in Palästina analysierte, beendete Geis mit der Naivität eines zionistischen Jecken.

Wir haben einige Male denselben Fehler gemacht und unsere besten Kräfte Fremden geopfert. Es ist an uns, zu verhindern, dass ein Mensch wie Jessner, dessen Talent, dessen Liebe zum Land Israel und dessen Willen, hier zu wirken, über jeden Zweifel erhaben sind, der jüdischen Kunst verloren geht. Wir beglückwünschen uns und hoffen, auch ihn dazu beglückwünschen zu dürfen, dass seine Arbeit in der zweiten Hälfte seines Lebens ihren hauptsächlichen Platz in Eretz Israel findet, zum Wohle des hebräischen Theaters.[76]

72 A. Sh. Yuris: ווילהלם טל [Wilhelm Tell]. In: *Davar*, 20.08.1936, S. 4.

73 Heftmann: ווילהלם טל ב'הבימה' [Wilhelm Tell an der ‚Habima'].

74 Shmu'eli: ווילהלם טל (להצגת 'הבימה') [Wilhelm Tell (Zur Aufführung von ‚Habima')]. In: *Haaretz*, 31.07.1936, S. 2.

75 Heftmann: ווילהלם טל ב'הבימה' [Wilhelm Tell an der ‚Habima'].

76 Manfred Geis: ליאופולד ייסנר למלאת לו 60 שנה [Leopold Jessner zum 60. Geburtstag]. In: *Haaretz*, 07.03.1938, S. 2.

Jeckes als Schauspieler auf der Bühne von Habima

In den Jahren 1933 bis 1944 nahm das Kollektiv von Habima, das damals 19 Personen umfasste, keine weiteren Schauspieler auf.[77] Die Protokolle der Theaterleitung aus diesen Jahren zeigen deutlich, dass diese Tatsache aus der kategorischen Ablehnung der Kollektivmitglieder entsprang, neue Schauspieler an ihrem Theater aufzunehmen, weder junge Schauspieler als Lehrlinge noch Schauspieler mit erwiesener Bühnenerfahrung am hebräischen Theater, obwohl die Gründergeneration von Habima, die sämtlich im 19. Jahrhundert geboren worden war, seit langer Zeit ihre Jugend hinter sich gelassen hatte. Die meisten Mitglieder taten mit der Ausrede, die Werte des Theaters bewahren zu wollen, alles in ihrer Macht Stehende, um die Möglichkeit der Konkurrenz durch eine neue Schauspielergeneration, die jünger und vielleicht sogar talentierter war, zu verhindern.

Wegen der vergleichsweise geringen Größe des Kollektivs sah sich das Theater immer wieder genötigt, für Produktionen mit vielen Mitwirkenden externe Schauspielerinnen und Schauspieler auf Zeit zu verpflichten. So kam Ende 1933 Helena Hariel für begrenzte Zeit zu Habima. Im Protokoll der Generalversammlung des Theaters vom 1. Oktober 1933 ist vermerkt: „In der Angelegenheit von Fräulein Arieli [Hariel], die am 26.9. geprüft wurde finden alle, dass sie würdig ist, ins Theater als Schauspielerin einzutreten. [...] Man entscheidet: sie wird prinzipiell bei Habima aufgenommen.“ Am 11. November 1934 kam die „Angelegenheit Hariel“ wieder zur Sprache:

> Da das erste Probejahr um ist, müssen wir die Frage ihres Verbleibs bei Habima und ihrer Arbeit klären. Tmima [Yudelvitz] denkt, dass wir letztes Jahr einen Fehler gemacht haben, sie aufzunehmen. Wir brauchen junge Mädchen, auf die wir in Zukunft hoffen müssen – aber nicht Hariel, die zwar im Vorsprechen erfolgreich war, aber im Verlaufe ihrer Anwesenheit bei uns unsere Hoffnungen enttäuscht hat.

Es bleibt fraglich, wie es Hariel möglich war, die Erwartungen zu enttäuschen, wenn man berücksichtigt, dass sie im Verlaufe des einen Jahres lediglich in zwei Aufführungen für kleine Nebenrollen besetzt worden war, die offensichtlich kein anderes Mitglied des Kollektivs zu übernehmen bereit war. Menahem Benyamini verteidigte Hariel in derselben Sitzung: „Alles hängt von uns ab, von unserer Beziehung zu allem, was uns umgibt. Es gibt bei uns eine falsche Einstellung ihr gegenüber und sie hat es schwer, sich an die Bedingungen und unsere Beziehungen zu gewöhnen.“ Hanna Rovina fügte hinzu: „Die Situation ermöglicht es ihr nicht, sich einzugewöhnen“, und zwar wegen „der Gespräche

77 Vgl. Emanuel Levy: *The Habima – Israel's National Theater 1917–1977. A Study of Cultural Nationalism*. New York: Columbia UP 1979, S. 176.

Abb. 16
Helena Hariel
in der Rolle der Mrs. Hardcastle
in *Love on the Dole* an der Habima, 1936.

auf Russisch“ zwischen den Schauspielern und des „fehlerhaften Hebräisch auf der Bühne und bei der Arbeit“. Rovinas Schlussfolgerung war, man müsse „Hariel beteiligen, damit sie lernen und beobachten und sich eingewöhnen kann.“ In der Reaktion von Hanina (Ina Govinska) lässt sich mehr als nur eine Andeutung auf den abweichenden künstlerischen und kulturellen Hintergrund von Hariel finden.

> Was die Sprache angeht – Hariel muss dennoch versuchen, Hebräisch zu sprechen, und nicht darauf achten, was wir sagen. Abgesehen davon hat sie einen falschen Begriff von Schauspiel und von der Beziehung des Schauspielers zu seinem Partner und dessen Verpflichtungen. [...] Man müsste ihr mal eine Rolle geben, um zu sehen.

Tamara Robins war die einzige, die es wagte, auf die Schwierigkeit der Umsetzung dieses Vorschlags hinzuweisen. „Jemand müsste sich trennen, oder richtiger: eine von uns müsste sich von ihrer Rolle trennen und Hariel einmal eine Rolle geben, um sie zu testen und zu wissen, inwiefern es sich lohnt, sie weiter bei Habima zu behalten.“ Dazu kam es nicht und im Laufe des Jahres 1935 spielte Hariel Nebenrollen in drei Produktionen. Eine etwas größere Rolle, wenngleich keine Hauptrolle, bekam sie in dem Stück *Love on the Dole* von Ronald Gow und Walter Greenwood (Premiere unter dem hebräischen Titel *Ahava She-Be-Kitsva* am 23. März 1936). Dies ist das einzige Mal, dass ihr Name und ihre Rolle in den Theaterkritiken Erwähnung finden. Lea Goldberg war skeptisch: „Hariel in der Rolle der Mutter bot die äußerliche Verkörperung aller Mütter in proletarischen Dramen, ohne Selbständigkeit, und die laute Aufdringlichkeit war übertrieben.“[78] Manfred Geis war noch schärfer: „Frau Hariel als Mrs. Hardcastle bleibt leider ziemlich farblos und äußerlich.“[79]

Danach wurde Hariel noch bei zwei weiteren Produktionen für kleine Rollen ohne jede künstlerische Herausforderung besetzt und im Mai 1937 entlassen.

Man kann davon ausgehen, dass Helena Hariel eine Jeckete[80] war und Erfahrungen aus dem deutschen Theater mitbrachte. Nicht nur Govinskas Andeutung, sie habe „einen falschen Begriff vom Schauspiel“ lassen darauf schließen. Die These wird von zwei weiteren Dokumenten gestützt. Zum einen ein professionelles Porträtfoto, aufgenommen von „Foto J.K. Tucholka, Berlin“[81], zum anderen ein Brief vom 31. Mai 1937, der in Reaktion auf ihre Entlassung geschrieben wurde, kurz bevor das Theater zu einer längeren Europa-Tournee aufbrach. Der handschriftliche Brief beginnt mit einem Satz auf Hebräisch, in dem sich Hariel dafür entschuldigt, in deutscher Sprache zu schreiben, aber die Angelegenheit gehe ihr zu nahe und es falle ihr leichter, sich auf Deutsch auszudrücken. Daraufhin schreibt sie auf Deutsch:

> Die Tatsache, dass man mir keine Rollen mehr gibt, zeigt mir, dass man die Absicht hat, mir zu kündigen! Über Gründe zu diskutieren ist zwecklos, aber jeder gerecht denkende Mensch wird mit mir darin übereinstimmen, dass es völlig verantwortungslos von der Habima war, mich 4 Jahre lang hinzuziehen. 4 Jahre bedeuten in meinem Alter viel, 4 Jahre, in denen ich versäumte, für eine neue Existenz zu sorgen! – Das ist nicht mehr gut zu machen, denn ich würde ja auch *niemals* da bleiben wollen, wo man mich nicht schätzt! Aber die Möglichkeit, mich moralisch zu entschädigen, hätte man, indem man mich mitnimmt auf die Europa-Reise. Ich denke und hoffe, dass jeder Kollege, der die Situation ernsthaft und unpersönlich bedenkt, einsehen muss, dass ich diese Genugtuung erwarten darf!![82]

Hariel, die einzige Jeckete, die es auf die Bühne von Habima geschafft hatte, wurde nicht mit auf die Europa-Reise genommen und ist auch später nicht zu Habima oder einem anderen Theater in Palästina oder Israel zurückgekehrt.

78 Log: במות. 'אהבה שבקצבה' ו'הבימה' [Bühnen. ‚Liebe und Arbeitslosengeld‘ und ‚Habima‘]. In: *Davar*, 24.03.1936, S. 9.

79 Manfred Geis: Habima-Premiere. In: *Jüdische Rundschau*, 03.04.1936, S. 18.

80 Anm. des Übers.: Jeckete ist die im Sprachgebrauch der Jeckes gebräuchliche weibliche Form von Jecke, wie sie in verschiedenen autobiografischen Texten dokumentiert ist. Sie wird in diesem Buch für die Übersetzung des hebräischen ‚yekit‘ dem ebenfall möglichen Terminus ‚Jeckin‘ vorgezogen.

81 Porträtfoto von Helena Hariel. IDCPA, Sign. 22.2.10.

82 Helena Hariel an die Mitglieder von Habima, 31.05.1937. IDCPA, Habima-Korrespondenz 1937, Sign. 82.3, Herv. i. O.

Einen ähnlichen Weg wie Hariel ging die Schauspielerin Rachel Marcus, die 1934 nach Tel Aviv kam.

> Ich wollte bei Habima angenommen werden. Ich reichte alle Dokumente für das Vorsprechen ein. An das Ohel habe ich mich nicht gewandt. Das Theater gefiel mir nicht. Für meinen Geschmack war es übertrieben russifiziert. Ich war eine Schülerin des deutschen und des Wiener Theaters. Ich wollte spielen. […] Die Leiter von Habima waren Margot Klausner und ihr Mann, Jehoschua Brandstatter. Sie empfingen mich sehr nett zu einem Vorgespräch. Sie freuten sich, dass ich mich in der klassischen Literatur prüfen lassen wollte. Ich las Passagen aus Goethes *Egmont*, etwas aus *Wilhelm Tell* von Schiller und ein Auszug von Schnitzler, aus *Einsame Menschen*. Aber ich erfuhr, dass sie nicht daran interessiert waren, junge Schauspieler zu beschäftigen. Sie behaupteten, dass bei mir der deutsche Einfluss zu stark zu spüren sei. In Wien hatten sie behauptet, ich stünde zu sehr unter russischem Einfluss.[83]

Nach mehr als zehn Jahren anerkannter Arbeit an verschiedenen Theatern und dank der Beziehungen ihres Ehemanns, dem Dichter Nathan Alterman, öffneten sich für Marcus endlich die Tore von Habima – allerdings nur für eine zweijährige Tortur, die in einer schweren Enttäuschung mündete. In den Sitzungsprotokollen taucht ihr Name einige Male auf. „Die Angelegenheit Rachel Marcus im Zusammenhang mit ihrer Bitte, am Theater aufgenommen zu werden, wird an die Generalversammlung weitergegeben." (4. November 1945); „Ein Gespräch mit Rachel Marcus wird für Dienstag um 12 Uhr vereinbart." (11. Februar 1946); „Rachel Marcus wird angeboten, ihre Arbeit bei Habima am 1. Oktober aufzunehmen." (4. Juni 1946); „Rachel Marcus wird in *Mishpahat Heine* für die Rolle der Mathilde besetzt." (12. Dezember 1946).
Zuletzt wurde Marcus zwar für *Mishpahat Heine* besetzt, aber nicht in der Rolle der Mathilde, sondern als Zweitbesetzung der Dienerin Christine, als Ersatz oder Double für die Erstbesetzung Bat Ami, die in der Premiere am 13. April 1947 und in den ersten Vorstellungen auftrat. Aus diesem Grund taucht der Name von Rachel Marcus auch nicht in den Kritiken in der Presse auf – mit einer Ausnahme: Der Kritiker von *Haaretz* ging nach der Premiere ein zweites Mal in das Stück und schrieb: „Rachel Marcus als Dienerin Christine formte eine charakteristische Figur mit einem simplen, menschlichen und gesunden Zug und man muss sie zu ihrem ersten Auftritt auf den Brettern von ‚Habima' beglückwünschen."[84] Marcus' Probezeit war sehr kurz und an deren Ende beschloss die Leitung des Theaters, „der Generalversammlung vorzuschlagen,

83 Rachel Marcus im Interview mit Menahem Dorman in Menahem Dorman: נתן אלתרמן. פרקי ביוגרפיה [Nathan Alterman. Biografische Kapitel]. Tel Aviv: Ha-Kibbutz Ha-Me'uhad 1991, S. 220–221.

84 Ya'akov Horovitz: ענין משפחתי שאינו כל כך משפחתי [Eine Familienangelegenheit, die nicht ganz so familiär ist]. In: *Haaretz*, 25.04.1947, S. 7.

den Vertrag mit Rachel Marcus nicht zu erneuern." (19. Mai 1947). Dieser Vorschlag wurde angenommen.
Rückblickend könnte man sagen, dass Hariel und Marcus Glück hatten, denn die meisten Zöglinge des deutschen Theaters mit beruflicher Vergangenheit in Palästina oder im Ausland, die um Aufnahme bei Habima ersuchten, kamen nicht einmal zu einer Probezeit, sondern wurden bereits auf der Schwelle abgewiesen. Die Spuren hiervon lassen sich in den erhaltenen Sitzungsprotokollen der Theaterleitung finden: „Der Berliner Schauspieler Jack Treuster – Ablehnung." (21. Oktober 1938); „Der Berliner Schauspieler Grünbaum – keine Möglichkeit, ihn aufzunehmen." (21. Oktober 1938); „Ruth Klinger – mit entschiedener Ablehnung auf die Bitte antworten, ins Theater einzutreten." (27. und 30. Juni 1939); „Avraham Sklarsch – gegenwärtig keine Möglichkeit, ihn aufzunehmen. Wenn das Theater etabliert ist, erneut diskutieren." (24. November 1939).
Zwei deutsche Schauspieler mit Erfahrung in Österreich versuchten noch vor ihrer Auswanderung, einen Weg an eine Bühne in Palästina zu finden. Der 1909 geborene Mario Gang schrieb am 14. April 1933 einen Brief an Dr. Leo Lauterbach, den Leiter der Organisationsabteilung der Jewish Agency in London, in dem er um Unterstützung bei der Kontaktaufnahme zu Theatern in Palästina bat. Neben seinem beeindruckenden beruflichen Hintergrund an österreichischen Theatern in den vorangegangenen Jahren fügte er hinzu:

> Wie die Dinge heute liegen und auch im Sinne meiner ursprünglichen Intentionen erwäge ich jetzt die Möglichkeit in Palästina zu arbeiten. Dass ich die hebräische Sprache in Wort und Schrift beherrsche und in der hebräischen Literatur heimisch bin, möchte ich in diesem Zusammenhang selbstverständlich anführen.[85]

Die Einwanderungsabteilung sandte eine Kopie des Briefes an die Leitungen von Habima und Ohel mit der hinzugefügten Bitte, „uns mitzuteilen, welche Meinung sie zu der Möglichkeit seiner Arbeit in Palästina haben."[86] Zwei Jahre später traf sich Gang mit Margot Klausner in Wien. Im Habima-Archiv befindet sich die Kopie eines Briefes an Gang in deutscher Sprache aus Wien vom 14. Oktober 1935 im Namen der Habima-Leitung. Da es sich um einen deutschen Text handelt, ist es wahrscheinlich, dass es sich bei der Verfasserin um Klausner handelte.

85 Mario Gang an Dr. Leo Lauterbach, 14.04.1933. Yehuda Gabbay Theaterarchiv, Sign. 089-07.

86 Kopie eines Briefes der Einwanderungsabteilung der Jewish Agency an die Leitung von Ohel, 16.05.1933. Yehuda Gabbay Theaterarchiv, Sign. 089-07. Ein Antwortschreiben der Ohel-Leitung war im Archiv nicht aufzufinden.

> Wir möchten kurz den Inhalt unserer hiesigen Verhandlungen niederlegen, wie folgt: Sie bewerben sich bie unserem Theater Habima als Schauspieler für das Fach des „jungen Liebhabers“, welches bei uns jetzt vakant ist. Wir sagten Ihnen darauf, dass Sie wohl Aussicht hätten, bei uns anzukommen, es aber unmöglich wäre, von hier aus eine Entscheidung zu treffen, da über Neuaufnahmen die gesamte künstlerische Leitung zu entschliessen habe. Um also Ihrem Antrage näherzutreten, wäre es unbedingt erforderlich, das Sie sich in Palästina selbst einer Prüfung bei der Habima unterziehen. Wir hoffen, dass Sie dazu die Möglichkeit haben werden und begrüssen Sie bestens. Die Habima-Leitung[87]

Gang kam nach Palästina. Ob er geprüft wurde, ist nicht bekannt. Bekannt ist, dass er nie bei Habima aufgenommen wurde.
Karl Guttmann, Jahrgang 1913, wandte sich am 1. Mai 1938 an das Theater, offensichtlich infolge seiner Entlassung nach dem ‚Anschluss‘ Österreichs an das Deutsche Reich. In seinem detaillierten Brief, dem auch ein Foto beilag, verweist er auf seine Ausbildung am Seminar von Max Reinhardt, führt seine Rollen an Wiener Theatern aus und betont seinen zionistischen Hintergrund sowie seine Kenntnisse des Hebräischen.[88] Es ist nicht bekannt, ob er jemals eine Antwort erhielt. Guttmann kam schließlich als Soldat der polnischen Armee im Jahr 1943 nach Palästina. Er hat nie bei Habima gespielt und wurde später am Kameri-Theater aufgenommen.

Habima und die Jeckes als Publikum

Die Haltung der Habima zu den Jeckes als Publikum lässt sich der zeitgenössischen deutschsprachigen Presse entnehmen. Die größte Bedeutung kommt hier dem *Mitteilungsblatt* der Vereinigung der Einwanderer aus Deutschland (später „aus Deutschland und Österreich“ und noch später „aus Mitteleuropa“) zu, das seit September 1932 erschien und dessen Aufgabe darin bestand, die Neueinwanderer im täglichen Leben in der unbekannten Umgebung anzuleiten. Die Zeitung enthielt auch kostenpflichtige Anzeigen und war zum überwiegenden Teil auf Deutsch, lediglich ein oder zwei Seiten jeder Ausgabe waren auf Hebräisch. Die Anzeigen der 1930er Jahre zeichnen ein recht genaues Bild von den Bedürfnissen der Einwanderer aus Mitteleuropa in der ersten Phase nach ihrer Ankunft in Palästina. Sämtliche Anzeigen beziehen sich auf existenzielle Angelegenheiten wie medizinische Versorgung, öffentlichen Nahverkehr, Bankwesen, Immobilien, Import- und Exporthandel, Maßschneiderei, Hotels und Pensionen, Hebräischstunden für Erwachsene, Schulen für Kinder und Jugendliche, ja sogar Cafés und Restaurants. Inmitten dieser Anzeigen fehlt das

87 Habima-Leitung an Mario Gang, 14.10.1935. IDCPA, Habima-Korrespondenz 1935, Sign. 82.3.

88 Karl Guttmann an Habima, 01.05.1938. IDCPA, Habima-Korrespondenz 1938, Sign. 82.3.

hebräische Theater. Kopf und Herz der Einwanderer aus Deutschland waren nicht frei dafür und das Theater selbst sah in ihnen kein potenzielles Publikum und von daher keine Notwendigkeit, seine Vorstellungen in der deutschsprachigen Presse anzukündigen.

In der Ausgabe des *Mitteilungsblatt* von Anfang Dezember 1934 taucht einmalig eine deutschsprachige Ankündigung auf, die das Programm von Habima für die nächsten zwei Wochen enthält. Was brachte das Theater dazu, eine kostenpflichtige Anzeige in einer Zeitung zu schalten, deren Leser sich von den Aufführungen kaum angesprochen gefühlt haben dürften? Die Antwort findet sich im redaktionellen Teil derselben Ausgabe: ein Artikel von Margot Klausner „Über die Habima", der sowohl auf Deutsch als auch auf Hebräisch abgedruckt wurde und sich mit der Kluft zwischen dem starken Eindruck, den die Aufführungen von Habima einst auf die Juden Westeuropas gemacht hatten, und der gegenwärtigen Situation auseinandersetzt, in der dasselbe Publikum, das nun nach Palästina gekommen ist, dem Theater völlig fremd gegenübersteht. Der verantwortliche Redakteur hat sich allerdings nicht die Mühe gemacht, darauf hinzuweisen, dass es sich bei der Verfasserin um die administrative Leiterin eben jenes Theaters handelt, von dem der Artikel handelt.

Vier Monate später erschien im hebräischen Teil des *MB* ein Aufruf von Nachum Levin, dem Leiter der Kulturabteilung der Vereinigung der Einwanderer aus Deutschland, der mit einem bewegenden Appell an die mitteleuropäischen Einwanderer endete:

> Wer wird der ‚Habima' ihr Haus bauen? Was ist die Adresse, an die wir uns wenden können? Wir haben ja keine Regierung, die es tun könnte! Wir haben nur eine einzige Adresse, an die wir uns stets wenden und diese ist – der hebräische Yishuv und jede seiner Straßen. Mögen wir auch dieses Mal nicht enttäuschen! Ein jeder erfülle seine Pflicht nach bestem Vermögen, ein jeder trage seinen Mauerstein bei zur Errichtung dieses, unseres Hauses, des Hauses für ‚Habima'.[89]

In derselben Ausgabe wurde auf Deutsch unter der Überschrift „Fuer den Bau eines Habima-Hauses" ein Text – halb Artikel, halb Ankündigung – veröffentlicht, in dessen Zentrum die Worte des hebräischen Nationaldichters Chaim Nachman Bialik standen, die mit der rhetorischen Frage endeten: „Wollen wir den Priestern unserer Kunst und ihren Nächsten dieses eine Haus versagen – das erste hebräische Theater in Erez Israel?"[90] Am Ende der Seite sind die Namen der Mitglieder des Ehrenkomitees für den Bau aufgelistet: Hanna Rovina, Meir Dizengoff, Chaim Weizmann und Schmarjahu Levin.

89 Nachum Levin: 'נקים בית ל'הבימה [Wir errichten ein Haus für ‚Habima']. In: *Mitteilungsblatt*, April 1935 (I), S. 28.

90 Fuer den Bau eines Habima-Hauses. In: *Mitteilungsblatt*, April 1935 (I), S. 14.

Derselbe Aufruf war zuvor schon in der hebräischen Presse veröffentlicht worden. Es bleibt ungewiss, ob die Idee, sich auf Deutsch an die Neueingewanderten zu wenden, von Klausner oder dem Ensemble von Habima stammte, die in der Vergangenheit mehrfach von der großzügigen Hilfe der deutschen Juden profitiert hatten. Vor dem Hintergrund der Ereignisse in Deutschland hatte sich die finanzielle Unterstützung von dort stark reduziert und vielleicht folgte die Leitung von Habima dem etwas naiven Gedanken, auch in Palästina könnten die deutschen Juden weiterhin eine Quelle wirtschaftlichen Beistands sein – ohne dabei die Veränderung von deren sozio-ökonomischer Lage zu bedenken, die mit der gewollten oder erzwungenen Auswanderung aus Europa einherging.

Offensichtlich glaubten diejenigen, die für die Spendensammlung im Yishuv verantwortlich waren, dass die wirtschaftliche Lage von zahlreichen Einwanderern aus Deutschland es ihnen erlaube, für das Bauvorhaben zu spenden, auch wenn die Mehrheit unter ihnen nicht zum Publikum des hebräischen Theaters zählte. Diese Ansicht stützte sich sowohl auf die Vereinbarungen des „Haavara-Abkommens“ als auch auf die Regelungen der britischen Mandatsregierung, die jenseits der sehr begrenzten Einwanderungsquoten lediglich „Kapitalistenzertifikate“ vergab, für die man den Besitz von mindestens 1.000 Pfund Sterling nachweisen musste. Es ist nicht bekannt, wie groß der Anteil der Jeckes bei der Finanzierung des Bauvorhabens war, aber es scheint, dass die Theaterleitung den Versuch, Jeckes als Publikum zu gewinnen, aufgab und beschloss, kein weiteres Geld zu diesem Zweck zu investieren. In der Leitungssitzung vom 31. März 1939 wurde zum Thema „Veröffentlichung von Artikeln und Heften auf Deutsch“ beschlossen, „der Neuen Jüdischen Rundschau, die in Jerusalem erscheint, nichts zur Veröffentlichung zu geben.“

Dennoch wurde zwei Monate später erneut der Versuch unternommen, aus den Kreisen der mitteleuropäischen Neueinwanderer neue Zuschauer zu rekrutieren. Manfred Geis lobte diese Bemühungen ausgerechnet im oben erwähnten Nachfolgeblatt der *Jüdischen Rundschau*, der *Jüdischen Welt-Rundschau*.

> Der Freundeskreis der „Habima“ unternimmt einen dankenswerten Schritt, um dem hebräischen Theater ein neues und wertvolles Publikum zu gewinnen. Da die aus westeuropäischen Ländern stammenden Einwanderer unsere hebräischen Bühnen bisher nicht in dem Masse besuchen, wie man es von diesem kunstinteressierten Kreis eigentlich erwarten könnte, werden von jetzt ab regelmässig *Einführungsvorträge* zu den einzelnen Repertoirestücken abgehalten, um die für Neueinwanderer etwa – in sprachlicher und ideologischer Hinsicht – vorhandenen Schwierigkeiten zu beseitigen.[91]

91 Manfred Geis: Konzerte und Theater. Chug Habima. In: *Jüdische Welt-Rundschau*, 26.05.1939, S. 9, Herv. i. O.

Der erste Abend dieser Art fand am 8. Mai 1939 im Jascha-Heifetz-Saal in Tel Aviv statt und begann mit einem deutschsprachigen Vortrag von Sammy Gronemann. Im Anschluss wurde ein kurzes Stück über das Leben der Juden in Osteuropa aufgeführt: *Yom Ha-Shishi Ha-Katsar* (*Der kurze Freitag*) von Chaim Nachman Bialik. Eine weitere Abendveranstaltung fand einige Wochen später statt und widmete sich der Aufführung von Max Zweigs Drama *Die Marranen*. Im ersten Teil sprach Max Brod auf Deutsch über

> die Parallelen zwischen den Judenverfolgungen zur Zeit Ferdinands, Isabellas und Torquemadas und den heutigen. Seine fein durchgeführte Analyse führt zu dem Ergebnis: Ein Leben in der Galuth, in Abhängigkeit und Minorität ist für die Juden selbst dann eine Unmöglichkeit, wenn sie noch so loyal und aufrichtig die Interessen ihrer Wirtsvölker wahren oder selbst wenn sie zu völliger Assimilation in diesen Gemeinschaften bereit wären.[92]

Im zweiten Teil des Abends wurde ein Akt aus dem Drama aufgeführt. Geis schreibt in seinem Artikel, der Saal sei wie beim vorigen Male „überfüllt" gewesen und es scheine, „dass die von ‚Habima' erstrebte Absicht, die Olim [Einwanderer] aus Mitteleuropa für unser hebräisches Theater stärker zu interessieren, durch diese Abende erreicht werden kann."[93]

Trotz dieser positiven Prognose von Geis wurden keine weiteren Abende dieser Art ausgerichtet. Anscheinend trugen diese Begegnungen in den Augen des Theaters nicht die erwünschten Früchte, nämlich die zusätzliche Gewinnung von Jeckes als ‚reguläres' Publikum. Das Scheitern von Werbemaßnahmen dieser Art überrascht nicht, denn es war lediglich der Versuch, das Jeckes-Publikum an die Werte und Vorstellungen von Habima anzunähern. Zugleich wurde seitens Habima fast nichts unternommen, sich selbst diesem Publikum anzunähern, etwa indem man ihre Probleme in Vergangenheit und Gegenwart auf die Bühne gebracht hätte. Es ist daher kein Wunder, dass ein Theater, dessen Sprache die meisten Jeckes nicht verstanden, auf dessen Bühne die eigenen Erfahrungen nicht verhandelt wurden und in dessen Ensemble kein Künstler mitteleuropäischer Herkunft zu finden war, auf dieses Publikum keine große Anziehungskraft ausübte.

Trotz der Schlussfolgerung, dass die *Jüdische Welt-Rundschau* nicht die Kraft hatte, Jeckes als Publikum ins Theater zu bringen, erhob die Habima-Leitung Einspruch gegen dort veröffentlichte Rezensionen, die sie als verletzend betrachtete. Aufgrund des Ansehens, das er im Bereich von Kunst und Literatur des deutschsprachigen Kulturkreises genoss, und als einziger Jecke bei Habima

92 M.G. [Manfred Geis]: Max Brod im Chug Habima. In: *Jüdische Welt-Rundschau*, 16.06.1939, S. 15.
93 Ebd.

חוג הבימה
HABIMAH CIRCLE

בנק: אשראי בע"מ
Bankers: Ashrai Ltd.

תל־אביב, ת.ד. 222, טל. 2742
TEL-AVIV, P.O.B. 222, TEL. 2742

25 לאפריל 1939

ה ז מ נ ה

למסיבה המיוחדת לעולים דוברי גרמנית שתתקים ביום 8 למאי, בשעה 8.30 בערב באולם "ישה חפץ" (ע"י "ויצו").

מבא ע"י הד"ר ס. גרונמן.

הצגת המערכון "יום ששי הקצר" לח.נ. ביאליק ע"י "הבימה".

כניסה לכסוי ההוצאות 35 מא"י.

כרטיסים להשיג בקופת "הבימה" כל יום משעה 11 - 1 לפנה"צ ו-4 - 6 אחה"צ.

25. April 1939

E I N L A D U N G

zu einer Sonderveranstaltung fuer die deutschsprechenden Olim

"Der kurze Freitag", heiteres Spiel von Bialik,

aufgefuehrt durch die Habimah.

Vorher Einfuehrung in deutscher Sprache durch Sammy Gronemann.

Am Montag, den 8. Mai 1939, 8 Uhr 30 im Jascha Heifetz-Saal,
Allenby 92 neben der "Wizo".

Eintrittspreis 35 Mils zur Deckung der Unkosten.

Karten sind zu haben in : der Kasse von "Habimah" jeden Tag
von 11-1 vormittags und von 4-6 nachm.

Chug Habimah.

Abb. 17: Einladung der Habima an die deutschsprachigen Einwanderer, 25. April 1939.

fiel es Max Brod mehr als einmal zu, in Streitfällen zwischen dem Theater und Personen oder Institutionen der deutschsprachigen Einwanderung als Vermittler tätig zu werden. Im Protokoll der Leitungssitzung vom 11. August 1939 ist festgehalten:

> Dr. M[ax] Brod wird mit R[obert] Weltsch über den Artikel von M[anfred] Geis in der Jüdischen [Welt-]Rundschau sprechen. Geis hat 1.) eine positive Rezension von ‚Mirele Efros' in der P[alestine] Post geschrieben und 2.) eine wirklich negative Kritik in der Jüdischen [Welt-]Rundschau – man soll sich bemühen, vernünftige Beziehungen zwischen der Redaktion und ‚Habima' herzustellen.

In der Tat hat der jeckische Theaterkritiker Geis zwei Rezensionen zur Inszenierung von Jakob Gordins *Mirele Efros* in zwei Zeitungen veröffentlicht, allerdings brachte er dabei keinesfalls zwei entgegengesetzte Meinungen zu derselben Aufführung zum Ausdruck. Im Gegenteil, er lobte die schauspielerische Leistung und die Regie gleichermaßen in beiden Zeitungen. Als Theaterkritiker und Journalist wandte er sich dabei allerdings an zwei verschiedene Zielgruppen. Gegenüber den englischsprachigen Lesern, hauptsächlich Beamte der britischen Mandatsregierung in Palästina, lobte er das professionelle Niveau des hebräischen Theaters und beließ es dabei.[94] Auch gegenüber den deutschsprachigen Lesern, mehrheitlich Neueinwanderer und einige Juden aus Mitteleuropa, lobte er die Darbietung, äußerte aber zugleich grundsätzliche Zweifel an der Entscheidung, das jiddische Drama *Mirele Efros* zu inszenieren.

> [B]esteht etwa wirklich seitens des Stammpublikums, seitens der Einwanderer aus Mitteleuropa, die man auch durch Mithilfe des Theaters „hebraisieren" will, seitens der palästinensischen Jugend, deren geistiges und kulturelles Interesse stärker als bisher geweckt werden soll, selbst seitens derer, die vielleicht noch Rachel Kaminski in ihrer Glanzrolle als Mirele Efros in der original-jiddischen Fassung erinnern, ein Verlangen danach, dieses sentimentale Milieustück mit Happy-End wieder aufgeführt zu sehen? Man kann die Frage mit ruhigem Gewissen verneinen.[95]

Es ist nicht dokumentiert, wie das Gespräch zwischen Max Brod und Robert Weltsch ausging. Dokumentiert ist nur, dass einige Jahre später die Leitung von Habima wiederum über die Beziehungen zur deutschsprachigen Presse diskutierte. Im Protokoll vom 19. April 1942 ist als Entscheidung Nummer 144 festgehalten: „Berichte in der deutschen Presse – man ist sich einig, allgemeine Berichte (ohne Anzeigen) über das existierende Repertoire herauszugeben."

94 Manfred Geis: Latest Habima Play. Gordin's ‚Mirele Efros'. In: *The Palestine Post*, 04.08.1939, S. 7.

95 Manfred Geis: Kunst und Kultur. Habima-Premiere: „Mirele Efros" von Jakob Gordin. In: *Jüdische Welt-Rundschau*, 28.07.1939, S. 8.

Abb. 18: Skizze von Michael Gottlieb für die Aufführung von *Der brave Soldat Schwejk* am Ohel, 1935.

3
Das Ohel-Theater zwischen Ost und West

In den 1930er Jahren gab es in Palästina eine gleichermaßen offene wie verdeckte Konkurrenz zwischen den Theatern Habima und Ohel. Beide Bühnen hatten denselben Ursprung – das russische Theater in den Tagen der Oktoberrevolution. Moshe Halevi, der Gründer und künstlerische Leiter von Ohel, gehörte zur Gründergeneration des Theaters Habima, das er Mitte der 1920er verließ, um in Palästina ein hebräisches Arbeitertheater zu errichten (erste Vorstellung am 21. April 1925). In den Augen des Habima-Ensembles war Halevi ein Deserteur und Verräter in gemeinschaftlicher wie in künstlerischer Hinsicht.[1] Der Unterschied im Ansehen der beiden Theater resultierte aus der Tatsache, dass die Schauspielerinnen und Schauspieler von Habima erfahrener und besser ausgebildet waren als diejenigen von Ohel. Zudem besaß Habima den Nimbus seines Ursprungsorts Moskau und das Renommee, das sich das Theater auf seinen internationalen Reisen erworben hatte. Beide Theater traten vor demselben Publikum im gesamten Land auf. Tatsächlich traten sie an den meisten Orten sogar in denselben Sälen auf. So diente etwa der Mugrabi-Saal in Tel Aviv den beiden Theater an jeweils anderen Wochentagen als Veranstaltungsort.[2]

Am Ohel-Theater hatte die Tradition des deutschen Theaters einen gänzlich anderen Stellenwert als bei Habima. Von Mitte der 1930er Jahre bis Ende der

1 Der Verrat erstreckte sich sogar in den Bereich des Privaten, denn Halevi war mit einer der Habima-Gründerinnen und der Berühmtesten unter den Schauspielerinnen verheiratet – Hanna Rovina. Sie trennten sich, als er nach Palästina einwanderte. Dort heiratete er Lea Deganit, die führende Darstellerin am Ohel-Theater.

2 Ohel bezog im Jahr 1940 sein eigenes Gebäude im Arlozoroff-Haus in Tel Aviv, während Habima erst 1945 ins fertiggestellte Habima-Haus ziehen konnte. Im selben Jahr wurde das Kameri-Theater (siehe Kap. 8) gegründet, das den Mugrabi-Saal bezog und diesen zu seiner festen Spielstätte in Tel Aviv machte.

1940er Jahre arbeiteten die Schauspieler des Ohel-Theaters abwechselnd mit zwei Regisseuren. Der Gründer und künstlerische Leiter des Theaters Moshe Halevi inszenierte in der Tradition von Habima und der Jecke Friedrich Lobe im Geiste des deutschen Theaters. Die Konsequenzen dieser Vermischung von Stilen finden ihren Ausdruck – positiv wie negativ – im Repertoire des Theaters, in der Arbeit der Schauspielerinnen und Schauspieler sowie in der persönlichen Beziehung der beiden Regisseure.
Während es bei Habima seit dem Bruch mit Nahum Zemach 1926 keinen künstlerischen Leiter mehr gab und das Kollektiv die Richtlinienkompetenz am Theater übernommen hatte, war die Situation bei Ohel eine etwas andere. Trotz der unglücklichen Erfahrung in jungen Jahren mit Habima, wo er zwischen den Hammer von Zemach und den Amboss des Kollektivs und seiner Gleichberechtigung geraten war, organisierte Halevi sein eigenes Theater nach demselben Muster. Halevi war nicht nur der künstlerische Leiter des Theaters, er war zugleich Mitglied im Kollektiv, derjenigen Institution, die in allen Fragen, die das Theater betrafen, die letzte Entscheidung traf. Diese Konstellation führte nicht selten zu ‚Uneinigkeiten' zwischen Halevi und dem Kollektiv, aus denen zumeist das Kollektiv siegreich hervorging. Aufgrund der Machtposition des Kollektivs mussten sich Regisseure, die am Theater arbeiteten und in Auseinandersetzungen mit den Schauspielern geraten waren, dem Willen des Kollektivs beugen und konnten nicht auf die Unterstützung des künstlerischen Leiters hoffen. Den endgültigen Beweis für die Macht des Kollektivs erbrachte die von den Mitgliedern im Jahr 1950 mehrheitlich getroffene Entscheidung, den Gründer und künstlerischen Leiter Moshe Halevi seiner Aufgabe und seiner Position zu entheben.

Ohel-Inszenierungen im Geist des deutschen Theaters

In einem ausführlichen Artikel über „Die Wege des hebräischen Theaters" rechnete Halevi 1937 mit seiner Ausbildungsstätte, dem Habima-Theater, ab und wirft ihm vor, durch das Engagement von Lindtberg und Jessner die eigene Tradition verraten zu haben.

> Beide sind ohne Zweifel Regisseure von großem Können und mit viel Erfahrung – aber aus einer anderen Welt, sie haben eine Methode, die für Habima und seine Schauspieler fremd und seltsam ist. Selbst die Moderne ist bei den deutschen Regisseuren eine andere als die Moderne bei den russischen Regisseuren. [...] Ich will hier nicht darüber sprechen, dass die deutschen Regisseure dem hebräischen Geist und der hebräischen Öffentlichkeit fern sind. Sie kommen sozusagen von außen und nicht von innen, sie stehen kühl an der Seite wie Philosophen in der Kunst, wie kalte Chirurgen und nicht wie mit Herz und Seele Beteiligte.

> Und wenn sie manchmal ihr Herz und ihre Gefühle zeigen, dann spürt man, dass diese nicht im Einklang mit den Gefühlen der hebräischen Schauspieler und des hebräischen Publikums schlagen, sondern ihr eigenes, individuelles Leben leben.[3]

Diese Worte Halevis verwundern, wurden doch bis zu dem Jahr, in dem der Artikel veröffentlicht wurde, am Ohel nicht weniger als acht Inszenierungen von drei verschiedenen im deutschen Theater ausgebildeten Regisseuren auf die Bühne gebracht: zwei von Yitzhak Moshe Daniel, eine von Alfred Wolf und fünf von Friedrich Lobe. Und tatsächlich geht Moshe Halevi im weiteren Verlauf des Artikels halb erklärend, halb entschuldigend auch darauf ein.

> Auch „Ohel" hat durch die Zusammenarbeit mit Gast-Regisseuren seine künstlerische Vollkommenheit eingebüßt und seine ursprüngliche Form wurde verwischt. Ihre Beteiligung an der Arbeit von „Ohel" hat das Repertoire vielleicht bereichert und nuanciert und den Ohel-Schauspielern ein gewisses Maß an Erfahrung mit Technik und Professionalität gegeben, aber es war eine Verlustrechnung. Es scheint mir, dass jede neue Inszenierung eines zweiten Regisseurs bei Ohel ein Sprung zur Seite ist – wenngleich auch erfolgreich, so doch zur Seite – und nicht auf dem geraden Weg, dem von Anfang an geplanten, gerichteten und skizzierten. Es liegt darin ein praktischer, aber kein absoluter Nutzen, kein geistiger. Und was den Schauspieler betrifft, auch er ist verwirrt von den Sprüngen zur Seite und trotz der Erfahrung und des Könnens, das er sich erwirbt – er verliert etwas von seiner Vollständigkeit, von seiner Methode, von seiner Loyalität. Die Angelegenheit gleicht einem Pianisten oder einem jungen Geiger, der gleichzeitig bei zwei Lehrern lernt, von denen ihn jeder auf eine andere Weise und nach einer anderen Methode unterrichtet.[4]

Yitzhak Moshe Daniel

Die erste Begegnung mit dem Geist des deutschen Theaters hatte das Ensemble von Ohel nicht durch einen jeckischen Regisseur, sondern durch einen bulgarischen Auswanderer, Yitzhak Moshe Daniel (1895–1945), der bei Max Reinhardt in Wien gelernt hatte. Anfang 1930 lud Moshe Halevi ihn als Gastregisseur an das Ohel, um die Möglichkeit zu haben, mit allen Schauspielerinnen und Schauspielern an zwei parallelen Produktionen zu arbeiten. Das Theater akzeptierte Daniels Vorschlag, das gesellschaftskritische Stück *R.U.R. – Rossum's Universal Robots* des tschechischen Dramatikers Karel Čapek zu inszenieren (Premiere am 13. April 1930). In einem Artikel voller Wertschätzung für Daniels Arbeit am hebräischen Theater sah der Kritiker Uri Keysari in dieser Aufführung einen Wendepunkt.

> Die Mitglieder von ‚Ohel', die zutiefst von den Ansichten, Absichten und dem Geschmack ihres klugen und talentierten Lehrmeisters durchtränkt sind, konnten in den Händen eines

3 Moshe Halevi: דרכי התיאטרון העברי [Die Wege des hebräischen Theaters]. In: *Davar*, 05.09.1937, S. 25.
4 Ebd., S. 25–26.

> Reinhardt-Schülers kein formbares Material sein. Dennoch hat Daniel sie auf den komplizierten Weg geführt. Zum ersten Mal haben sich die Leute des Ohel von der Art ihres Repertoires abgewandt.[5]

Moshe Halevi beurteilte den Beitrag von Daniel am Ohel ganz anders.

> Der Regisseur Daniel, der aus Bulgarien ins Land gekommen war und, nach seinen Worten, am deutschen Theater gelernt hatte, blieb der deutschen realistischen Schule auch in der Aufführung *R.U.R.* am ‚Ohel' treu. Meiner Meinung nach war es ein schwerer Fehler, dem Publikum die jüngsten und unerfahrensten Schauspieler ohne Maske vorzuführen, so wie sie sind, und ihnen in Sachen Eleganz fragwürdige Abendgarderobe anzuziehen mit der Absicht, beim Zuschauer mit diesen Mitteln den Glauben zu erwecken, dass er tatsächlich ‚fantastische und utopische Direktoren' vor sich hat.[6]

Ein Blick in die Kritiken zur Aufführung zeigt, dass zumindest A. Sh. Yuris nicht den Eindruck hatte, dass die Ohel-Schauspieler unerfahren wären, ganz im Gegenteil.

> Und was die schauspielerische Arbeit selbst angeht, habe ich so etwas hier im Land schon lange nicht mehr gesehen. Die Mitglieder des Ohel zeigten mir ein neues Gesicht. In anderen Dramen war es schwer, zwischen Talent und Fleiß, zwischen seelischen Qualitäten und trainierten Gewohnheiten zu unterscheiden. Der Enthusiasmus, der aus der Uniformität der Gruppe und dem Gleichklang der Stimmen gemacht ist, erstickt manchmal den individuellen Funken und die Charakterzüge des Einzelnen. In R.U.R. wurde jedem die Kraft gegeben, sein Talent zu entdecken.[7]

Aus der Art und Weise, wie sich Halevi weiter mit der positiven Rezeption der Aufführung beschäftigt, die nach seinem Dafürhalten ein Abfall von jenem Geist des Theaters war, den er zu formen versuchte, wird klar, dass er sich auch persönlich verletzt fühlte.

> Es fanden sich viele, besonders unter den unserem Theater Nahestehenden, die anfingen zu verkünden, dass hier endlich der Erlöser des „Ohel" gekommen sei! Da sei nun der Regisseur und der große Lehrer, der dem Publikum zum ersten Mal den Menschen auf der Bühne des „Ohel" gezeigt und die Talente der Schauspieler aufgedeckt habe, ohne sie mit dem Glanz von Regie und Stil zu überdecken.[8]

Anfang 1931, als Halevi davor stand, nach Europa aufzubrechen, um dort die erste Tournee des Theaters zu organisieren, wollte er einen Regisseur engagieren, der während seiner Abwesenheit mit dem Ensemble arbeiten würde. Trotz seiner Enttäuschung über die Arbeit von Daniel in der Vergangenheit lud er ihn – vermutlich unter dem Druck der Umstände – ein, zu Ohel zurückzukehren und

5 Uri Keysari: דניאל [Daniel]. In: *Do'ar Ha-Yom*, 05.01.1932, S. 3.

6 Halevi: דרכי עלי במות [Mein Weg auf den Bühnen], S. 147–148.

7 A. Sh. Yuris: R.U.R אגב [Apropos R.U.R.]. In: *Davar*, 12.10.1930, S. 3.

8 Halevi: דרכי עלי במות [Mein Weg auf den Bühnen], S. 148.

Regie zu führen. Das Drama, das ausgewählt wurde, war *Volpone* von Stefan Zweig (Premiere am 27. Mai 1931). Während der Proben kam es zum Bruch zwischen dem Regisseur und den Schauspielern und Daniel verließ das Theater noch vor der Premiere, sodass die Schauspieler die Vorstellung nach seinen Vorgaben selbst fertigstellten. Obwohl er die Arbeit nicht abgeschlossen hatte, war Daniels Handschrift, die dem Realismus des deutschen Theaters folgte, wohl in der Aufführung zu erkennen. Der Kritiker von *Davar* lobte seine Arbeit und seinen Einfluss auf die Veränderung des gewohnten Schauspielstils von Ohel.

> Der Aufbau des Dramas, seine Bearbeitung und die Darstellung waren perfekt. Mit großem Verständnis und gutem Geschmack vermochte es der Regisseur, die Hürden der Pikanterie in dieser Komödie zu nehmen und die problematischen Passagen zu entfernen. Im Verlaufe der Vorstellung war nicht ein Apostroph falsch gesetzt. Dasselbe lässt sich auch von den Schauspielern sagen, die dieses Mal makellos waren, es ‚nicht versalzen' haben, nicht übertrieben; Einheitlichkeit und eine gerade Linie, Zeichen der theatralischen Reife zeichneten alle gleichermaßen aus.[9]

Alfred Wolf

Auch das Engagement von Alfred Wolf auf Empfehlung von Halevi entsprang nicht der Ideologie des Theaters, sondern war das Resultat organisatorischer Umstände – Halevis Wunsch, für ein halbes Jahr nach Europa zu gehen, um sich im Bereich Filmregie weiterzubilden.[10] Es scheint, als habe Halevi ihn als Gastregisseur ausgewählt, weil Wolf sich weder mit biblischen noch mit jüdischen oder russischen Dramen befasste und daher in der Zukunft keine Konkurrenz für Halevi darstellen würde.

Alfred Wolf, der 1902 geboren wurde, arbeitete bereits im Alter von 20 Jahren als Regisseur und Dramaturg an verschiedenen Theatern in deutschen Kleinstädten. In den Jahren 1930 bis 1933 arbeitete er sowohl am Theater als auch bei Filmproduktionen in Berlin. Die Einladung durch die Leitung von Ohel erreichte ihn kurz vor dem politischen Machtwechsel in Deutschland. Der Plan sah vor, dass er im Laufe des Jahres 1933 zwei Dramen inszenieren sollte, über deren Auswahl entschieden würde, sobald er in Palästina sei. Nach monatelangen Gesprächen entschied man sich für zwei deutsche Dramen, die von den

9 B.Y.: הצגת 'וולפונה' ב'אהל' [Vorstellung ‚Volpone' im ‚Ohel']. In: *Davar*, 09.06.1931, S. 3.

10 Vgl. Protokoll der Leitungssitzung vom 17.03.1933. Die sämtlich handschriftlichen und nicht paginierten Protokolle der Leitungssitzungen und der Generalversammlungen des Ohel-Theaters aus den Jahren 1930–1936, 1938, 1941–1942, 1944, 1946–1947 befinden sich in mehreren Notizbüchern und -blöcken unter der Signatur 089-15 im Yehuda Gabbay Theaterarchiv in der Tel Aviver Stadtbibliothek Bet Ariela. Alle in diesem Kapitel zitierten Passagen werden direkt im Text mit dem jeweiligen Datum nachgewiesen.

nationalsozialistischen Behörden verboten worden waren und deren Verfasser ins Exil gehen mussten: *Die Dreigroschenoper* von Bertolt Brecht und Kurt Weill in der hebräischen Übersetzung des Dichters Avraham Shlonsky sowie *Karl und Anna* von Leonhard Frank.

Am 6. September 1933 kam die erste Inszenierung von Wolf auf die Bühne des Ohel-Theaters – *Die Dreigroschenoper* (hebr. *Opera Be-Grush*), die erst fünf Jahre zuvor, am 31. August 1928, ihre Uraufführung in Berlin erlebt hatte. Die Hauptfigur Mackie Messer, die die Londoner Unterwelt beherrscht, ist zugleich der beste Freund des Polizeichefs Brown, dessen Aufgabe offiziell darin besteht, das Gesetz zu hüten. Nach Ansicht von Mackie – d. h. von Brecht – ist der Überfall einer Bank ein kleineres Verbrechen als die Gründung einer solchen, weil die kleinen Betriebe von den großen Konzernen geschluckt würden, die wiederum von den Banken unterstützt würden. Brecht wollte dem satten bürgerlichen Publikum ins Gesicht spucken, das zur Vorstellung käme. Weill dagegen versuchte, eine wenig von der Spucke mithilfe leichter und eingängiger Musik wieder abzuwischen. Auf diese Weise verhinderte er nicht nur, dass Brecht sein Publikum schockierte und vielleicht sogar zu gesellschaftlichem Nachdenken anregte, sondern machte die Aufführung, der alle ein unrühmliches Scheitern prophezeit hatten, zu einem schwindelerregenden Erfolg und die eröffnende Moritat von Mackie Messer zu einem Welthit des 20. Jahrhunderts.

Ganz wie in Deutschland wurde *Die Dreigroschenoper* auch in Palästina ein sofortiger Erfolg. In der Gewerkschaftszeitung *Davar* erschien am 6. Oktober 1933 folgende Nachricht:

> ‚Ohel' ist von seiner Tour durch das Yezre'el-Tal, Galiläa und Samaria zurückgekehrt. An allen Orten wurde das Drama ‚Die Dreigroschenoper' aufgeführt. In Kfar Yehezkel, Haifa und Hadera wurden nach den Vorstellungen Feiern für die ‚Ohel'-Mitglieder abgehalten. [...] Bis jetzt wurde ‚Die Dreigroschenoper' innerhalb von drei Wochen 14 Mal vor einem Publikum von 15.000 Menschen gezeigt.[11]

Es scheint, dass der Grund für den Erfolg des Stücks in Tel Aviv derselbe war wie für den Erfolg in Berlin. Nicht die Gesellschaftskritik, sondern vielmehr ihr Fehlen bzw. richtiger: ihre Umwandlung in Unterhaltung. Eliezer Lubrani, einer der beiden Theaterkritiker von *Davar* nahm mit einer Mischung aus Schmerz und Zorn auf diesen Punkt Bezug.

> Von Anfang an hatte ich starke Zweifel. Ich erinnerte mich an den Eindruck, den die Worte auf das Publikum am Kurfürstendamm gemacht hatten. Vergeblich hatten sich damals der sozialistische Dichter Bert Brecht und der Musiker Weill bemüht, eine revolutionäre Bombe zu bereiten und sie den selbstzufriedenen Gesellschaftsschichten mitten ins Gesicht

11 'אהל' ממסעותיו [‚Ohel' von seinen Reisen]. In: *Davar*, 06.10.1933, S. 5.

Abb. 19: *Die Dreigroschenoper* am Ohel, 1933.

> zu schleudern. Das Gegenteil war das Ergebnis. Die Repräsentanten dieser Schichten, die sich in ihren Lehnsesseln wanden, leckten sich die Finger nach den pikanten Witzen, die in diesem Drama verstreut sind. Denn unter der aufrüttelnden Sozialsatire findet sich eine vergnügliche Parodie, die die verwöhnten Affekte kitzelt.[12]

Lubrani gehörte zu den wenigen, die das Fehlen einer wirklichen Gesellschaftskritik in dieser Oper erkannten. Die Mehrheit der Kritiker in Palästina pries die Aufführung wegen der Arbeit von Wolf und wegen des neuen Windes, den er in das hebräische Theater gebracht hatte. So wurde das Theaterstück, dass den Höhepunkt und das Ende der Blüte der Theaterkultur in der Weimarer Republik symbolisiert und erst ein halbes Jahr zuvor auf Anweisung der Behörden von den deutschen Bühnen verschwunden war, zu einem vielversprechenden Ausgangspunkt für die jeckischen Theaterkünstlerinnen und -künstler, die mit der fünften Aliya nach Palästina kamen und sich in das hebräische Theater integrieren wollten.

Es schien, als sei dies der erste Schritt des hebräischen Theaters auf dem Weg zur Emanzipation von seinen Wurzeln im osteuropäischen Theater hin zur Tradition des westeuropäischen Theaters. In seiner Kritik in *Haaretz* meinte Chaim Weiner: „Mit diesem Drama in der Inszenierung von Alfred Wolf hat sich das ‚Ohel' einen besonderen und ehrwürdigen Platz im hebräischen Theater in Palästina erworben."[13] Und dies vor allem dadurch, dass man es gewagt habe „dem eretz-israelischen Publikum ohne Rücksicht auf den Geschmack

12 Eliezer Lubrani: אופירה בגרוש [Dreigroschenoper]. In: *Davar*, 29.09.1933, S. 9.

13 Chaim Weiner: אופירה בגרוש [Dreigroschenoper]. In: *Haaretz*, 15.09.1933, S. 2.

des gewöhnlichen Theaterkritikers und seine traditionellen Gewohnheiten ein neues und modernes Drama zu geben …"[14] Zum ersten Mal kam in Palästina ein Drama auf die Bühne, das sich gesellschaftlichen Fragen nicht wie bisher aus einem tragischen oder militanten Blickwinkel näherte, sondern aus einem ironischen, und das zudem in der Tradition des mitteleuropäischen Kabaretts von Liedern durchsetzt war.

Den Löwenanteil des Lobes jedoch erhielt der dank Wolfs Anleitung veränderte Schauspielstil des gesamten Ensembles, wie die folgenden Passagen zeigen: „Mit diesem Drama hat sich das ‚Ohel' hinsichtlich des Schauspielerischen auf ein hohes Niveau gehoben, das selbst seine Gegner verwundet hat."[15] „Der Regisseur aus Deutschland fand schnell eine gemeinsame Sprache mit den Schauspielern, die bislang nach der Methode Stanislawski gearbeitet hatten."[16] Und in einem weiteren Beitrag in *Kolno'a* hieß es:

> Etwas bei ‚Ohel' ist erschüttert worden, die harte äußere Schale beginnt aufzubrechen. Lebendige Figuren treten auf. Die trockenen Knochen, die vorher nur als Rohstoff für das Ideen-Gebilde des Bühnengottes dienten, haben aufbegehrt. Siehe, sie setzen Fleisch an und bedecken sich mit Haut. Und plötzlich kommt lebendiger Hauch und bläst in die Figuren. Schauspieler stehen auf der Bühne, Schauspieler. Und dieser Hauch weht über die Rampe und streift den Zuschauer. Das Theater feiert einen großen Erfolg.[17]

Auch der zweite Kritiker von *Davar* war von dem Ergebnis von Wolfs Arbeit überzeugt.

> Es war in der Tat ein Wagnis, in ein neues Land zu kommen, in ein neues Seelenklima – hinsichtlich der Sprache und der Kultur – und mit einem einzigartigen Ensemble zu arbeiten, das weder aus Liebhabern noch aus Professionellen besteht, sondern eine Art wunderbaren Drang aus Pioniergeist und jugendlichem Enthusiasmus in sich trägt. […] Hier gab es einen Widerstreit zwischen der Zurückhaltung des Künstlers mit einer Leidenschaft deutscher Prägung und dem ausbrechenden Affekt des ostjüdischen Temperaments eretz-israelischer Prägung. Und das Ergebnis: Mir gefällt der Künstler und mir gefallen die Affekte, denn so kamen wir in den Genuss einer schönen Mischung von Gesetzmäßigkeit, Theatralität und Begeisterung.[18]

Der größte Enthusiast unter den Kritikern war Manfred Geis:

> Wenn hier gesagt wurde, daß diese Inszenierung für das palästinensische Theater von höchster Bedeutung sein könnte, so deshalb, weil man hier zum erstenmal auf der dramatischen Bühne Erez Israels den Mut hat, einen Stil anzustreben, der von der viereckigen Exzentrik

14 Weiner: אופירה בגרוש [Dreigroschenoper].

15 Ebd.

16 Esther Carow: אופירה בגרוש [Dreigroschenoper]. In: *Kolno'a* 12, 14.07.1933, S. 21.

17 Emanuel Harusi: אופירה בגרוש [Dreigroschenoper]. In: *Kolno'a* 19/20, 10.11.1933, S. 24.

18 A. Sh. Yuris: אופירה בגרוש [Dreigroschenoper]. In: Davar, 11.10.1933, S. 7.

eines nicht richtig verstandenen Expressionismus weit entfernt ist. Es ist zu hoffen, daß der riesige Erfolg, den „Ohel" mit dieser Aufführung im ganzen Lande erzielte, für die Zukunft die Wirkung hat, daß man diesen Weg weitergeht.[19]

Niemand von den lobenden Kritikern wusste etwas von dem bitteren Kampf, der zwischen den Schauspielern des Kollektivs und dem Regisseur geführt wurde, dessen Arbeitsmethoden sich gänzlich von den am Theater üblichen unterschieden. Zunächst fiel es ihnen schwer und später weigerten sie sich, sich der Disziplin eines deutschen Theaters zu unterwerfen, die Wolf von ihnen forderte. Dies führte dazu, dass die Leitung sich gezwungen sah, am 7. Mai 1933 eine Generalversammlung aller Kollektivmitglieder einzuberufen, auf der Wolf – mit dem Hebräisch eines Jecken – seine Auffassung vom Wesen eines Kollektivs darlegte:

> Es ist eine Tatsache – wenn ein, zwei die Arbeit stören, stört das alle Mitglieder. Ich glaube nicht, dass die Lage ernst ist, weil es kleine Unzufriedenheiten sind. Ich halte nichts vom Schwatzen und von Gesprächen vor der Arbeit. Die Mitglieder müssen wissen, dass ich vor meiner Ankunft wusste, dass es innere Reibereien gibt und dass das die Arbeit beeinflussen würde, denn ich denke, dass ich nicht kam, um die Atmosphäre zu säubern; ich kam, um zu arbeiten, und ich fordere die Mitglieder dazu auf, die Fragen selbst zu klären. Ich hatte auch gedacht, dass ich in ein Kollektiv im eigentlichen Sinne des Wortes komme. Ich hoffte, ein Kollektiv zu finden, wo einer dem anderen verbunden ist. Ich kam selbst nicht, um vor euch den Herren zu spielen, ich kam zu einem Kollektiv wie ein Mitglied. Das Schöne für mich war es, zu einem Kollektiv wie ein Mitglied zu kommen. Dass sich mir jeder nähert wie einem Mitglied. Ich hoffe trotzdem, dass ich mich nicht nur künstlerisch, sondern auch menschlich ausweisen kann. Ich möchte noch sagen, dass man dann arbeiten kann, wenn es Optimismus gibt.

Wie es scheint, verfehlten diese Worte bei manchen Kollektivmitgliedern ihre Wirkung und die unregelmäßige Teilnahme von Mitgliedern an den Proben setzte sich fort. Im Protokoll der Leitungssitzung vom 22. Mai 1933, die einberufen worden war „anlässlich der Verschiebung einer Probe und den Störungen bei der Arbeit", klingt Wolf wesentlich entschiedener und sachlicher: „Ich werde meine Arbeit nicht fortsetzen, bis diese Angelegenheit eine praktische Lösung erfährt. Auch ich bin keine Maschine. Bis mir die Leitung nicht mit ihrer ganzen Autorität garantiert, dass solche Fälle nicht mehr vorkommen, werde ich nicht an die Arbeit gehen." Um die Inszenierung dennoch fertigstellen zu können, beschloss die Leitung des Theaters noch in derselben Sitzung eine besondere Bestimmung für die Proben zu *Die Dreigroschenoper*: „Es ist den Mitglieder verboten, genau zum Ende der festgesetzten Uhrzeit die Arbeit einzustellen, wenn noch ein wenig Zeit für die Arbeit benötigt wird."

19 Manfred Geis: Die ‚Dreigroschenoper' bei ‚Ohel'. In: *Jüdische Rundschau*, 20.10.1933, S. 673.

Nicht der Erfolg der Aufführung, sondern die Spannung, die sich zwischen Regisseur und Ensemble aufgebaut hatte, besiegelte das Schicksal von Wolf. Die Theaterleitung setzte die Vereinbarung zur Inszenierung von *Karl und Anna* nicht um und Wolf wurde nicht erneut als Regisseur am Ohel-Theater engagiert – mit einer Ausnahme: 1952 wurde er ironischerweise mit der Neuinszenierung seiner ursprünglichen Produktion von *Die Dreigroschenoper* beauftragt.

Friedrich Lobe [20]

Als die Uraufführung von *Die Dreigroschenoper* Anfang September 1933 stattfand, waren sich die Ohel-Schauspieler bereits darüber einig, dass sie nicht weiter mit Wolf arbeiten wollten und dass man einen anderen Regisseur finden müsste, der den Platz von Halevi während dessen Abwesenheit einnehmen würde. Das Thema wurde auf der Generalversammlung des Kollektivs am 22. September 1933 diskutiert. Der Schauspieler Ze'ev Barban brachte dabei die bedauerliche Tatsache zum Ausdruck, dass „wir keinen russischen Regisseur haben und es ein deutscher Regisseur sein muss". Es scheint, dass die abschreckende Wirkung eines deutschen Regisseurs weniger künstlerische Gründe hatte als vielmehr die Befürchtung vor einer weiteren Begegnung mit einem Regisseur, der ein künstlerischer Diktator und kein gütiger, gnädiger Vater wäre, wie es die Schauspieler des Theaters in der ferneren Vergangenheit mit Y.M. Daniel und in der jüngsten Vergangenheit mit Alfred Wolf erlebt hatten. Zur sofortigen Wahl stand jedoch kein „russischer" Regisseur, sondern nur zwei aus Deutschland geflüchtete Regisseure, die gerade erst nach Palästina gekommen waren: Benno Fränkel und Friedrich Lobe.

Fränkel, der am 23. Dezember 1905 in Mannheim geboren wurde, machte eine doppelte, sowohl theoretische als auch praktische Berufsausbildung. Er erhielt einen Doktortitel von der Universität Marburg und lernte Schauspiel und Regie am Preußischen Staatstheater Wiesbaden. In den Jahren 1929 bis 1933 war er als Theater- und Opernregisseur im damals noch zu Preußen gehörenden Harburg-Wilhelmsburg (heute ein Stadtteil von Hamburg) angestellt. Nachdem er wie alle übrigen jüdischen Künstler aus dem öffentlichen Dienst in Deutschland entlassen worden war, wanderte er nach Palästina aus.

Friedrich Lobe wurde am 29. April 1889 in Frankfurt am Main geboren. Er nahm privaten Schauspielunterricht und begann im Alter von 17 Jahren, an

20 Eine ausführliche Darstellung von Friedrich Lobes Wirken am hebräischen Theater in Palästina, dem dieses Kapitel einen Großteil seiner Informationen verdankt, findet sich bei Schirrmeister: *Das Gastspiel*.

Theatern in deutschen Kleinstädten zu spielen. 1911 wurde er am Neuen Theater in Frankfurt engagiert und kam im Jahr 1920 als Schauspieler und Regisseur nach Berlin, wo er u. a. am Deutschen Theater unter Max Reinhardt sowie in kleineren Nebenrollen in einigen Stummfilmen mitspielte. 1932 übernahm er die Leitung des Kleinen Schauspielhauses in Hamburg, die er im Februar 1933 gezwungenermaßen niederlegte.

Für Fränkel sprachen vor allem seine Hebräischkenntnisse, allerdings hatte er vor den versammelten Idealisten des Ohel-Ensembles am 22. September 1933 verkündet, das „der Regisseur auch ökonomisch sein" müsse, um die Einnahmen des Theaters zu vergrößern. Lobe dagegen konnte kein Hebräisch. Für ihn sprachen aber sein im Vergleich zu Fränkel reiferes Alter, seine reiche Erfahrung als Schauspieler und Regisseur und sein Status als (ehemaliger) Theaterleiter in Deutschland. Ze'ev Barban meinte, Lobe sei „der Mensch, den unsere Mitglieder respektieren werden". Anscheinend gelang es Lobe zudem, den Ohel-Leuten zu schmeicheln und sich zugleich als schwer verfügbar darzustellen – zwei Punkte, die seinen Wert nur steigerten. „Lobe sagte, er habe es satt, ohne Arbeit herumzusitzen. Und es sei ihm sehr wichtig, wo und für wen er arbeite. Er habe viele Angebote. Wenn er keine Arbeit fände, würde er nach Wien fahren." Am Ende des Protokolls der Generalversammlung vom 5. Oktober 1933 steht dann schließlich folgende Zeile: „Der Vorschlag einer Verbindung mit Lobe für eine Aufführung wird einstimmig angenommen."

Im Verlauf von 17 Jahren Arbeit bei Ohel, in denen er 21 Dramen inszenierte, wurde Lobe nie die Mitgliedschaft im Kollektiv angeboten und er erhielt nicht einmal einen Vertrag als fester Regisseur. Er wurde jedes Mal für einen einmaligen Regieauftrag engagiert, sodass seine berufliche und wirtschaftliche Zukunft stets ungewiss blieb. Noch wenige Monate bevor er nach Palästina gekommen war, hatte er als Leiter eines angesehenen Theaters die alleinige Entscheidungsgewalt über das Repertoire des Theaters im Allgemeinen und über die Stücke, die er selbst inszenierte, im Besonderen. Nun befand er sich zum ersten Mal in der Situation, alle Mitglieder eines Kollektivs, und damit eben jene Schauspieler, die später seinen künstlerischen Anweisungen Folge leisten sollten, erst einmal von dem Drama überzeugen zu müssen, das er ihnen vorschlug.

Ein beinahe in jeder Betrachtung von Lobes Arbeit bei ‚Ohel' wiederkehrendes Charakteristikum ist seine Auffassung vom Regisseur als Vermittler zwischen den Intentionen des Dramatikers und dem Publikum, der sich objektiv auf den Text des Dramas als Grundlage der Inszenierung stützt und diesen nicht auf subjektive Weise zum Sprungbrett für die Darstellung seiner Imagination, um nicht zu sagen seiner willkürlichen, ‚kreativen' Fantasie zu machen. In einem kurzen Beitrag im Programmheft zu Georg Büchners Drama *Dantons Tod*,

seiner ersten Inszenierung am Ohel, die am 17. Februar 1934 unter dem hebräischen Titel *Mot Danton* Premiere hatte, beschrieb er seine Herangehensweise mit folgenden Worten: „Bewegung und Geste werden auf ein Minimum reduziert. Jedes Zeichen muss aus der geistigen oder psychologischen Notwendigkeit geschöpft sein. Jeder Ton darf einzig aus der Seele des Dichters aufsteigen."[21]
Viele Theaterkritiker, die an die expressionistische, erfindungsreiche Regie des hebräischen Theaters gewöhnt waren, sahen in Lobes Herangehensweise einen Mangel. In den Artikeln taucht immer wieder das Attribut „korrekt" auf, mit dem Lobes Regiearbeit beschrieben und zugleich angedeutet wird, die Arbeit des Regisseurs sei nicht kreativ, sei mechanische Umsetzung der Regieanweisungen des Dramatikers in Bezug auf die Charakterisierung der Figuren, ihre Handlungsweise, ihre Kostüme und das Bühnenbild, in dem sie auftreten.
So betont etwa A. Uri'el in seiner Kritik zur Aufführung einer Adaption von Ernest Hemingways *For Whom the Bell Tolls*, die am 27. November 1943 unter dem hebräischen Titel *Le-Mi Tsiltselu Ha-Pa'amonim* Premiere hatte:

> F. Lobe hat eine korrekte und kühle Inszenierung dieses Dramas gemacht, das aus endlosen Strömen von Blut geboren worden ist … Aber wir finden keinen Fleck auf der Darstellung der Dinge. Die Theaterkultur von Lobe rettet ihn oft vor dem Versagen, das zu seinen Füßen lauert, weil seiner Auffassung etwas Dynamisch-Originelles fehlt, und so erscheint uns seine neue Inszenierung als sauber und gut.[22]

Und der Kritiker Chaim Gamzu schrieb in seiner Kritik zu *Deep Are the Roots* von Arnaud d'Usseau und James Gow (Premiere unter dem Titel *Shorashim Amukim* am 26. Januar 1946): „Die Inszenierung ist im Allgemeinen angenehm, korrekt."[23] In seiner Kritik zur Inszenierung von Georges Rolands[24] Drama *Simone und der Friede* (Premiere unter dem Titel *Arba'at Ha-Gdolim* (Die vier Großen) am 11. Januar 1949) meinte Chaim Glückstein: „Eine hochwertige Inszenierung kann manchmal die künstlerischen Schwächen des Dramas vertuschen. Nicht so die Inszenierung von F. Lobe. Im Gegenteil, die ‚Korrektheit' seiner Regie, beinahe ohne jede Erfindung […] hat die Schwächen des Dramas über die Maßen hervorgehoben."[25] Die 21. und letzte Inszenierung

21 Friedrich Lobe: ציונים [Hinweise]. In: Programmheft zur Aufführung von מות דנטון [Dantons Tod] am Ohel 1934, S. 6. IDCPA, Katalognr. 230524, Sign. 26.3.8.

22 A.: 'אהל' מציג 'למי צלצלו הפעמונים' [‚Ohel' präsentiert ‚Wem die Stunde schlägt']. In: *Yedioth Ahronoth*, 17.12.1943, S. 3.

23 Chaim Gamzu: 'שורשים עמוקים' – ב'אהל' [‚Tiefe Wurzeln' am ‚Ohel']. In: *Haaretz*, 16.04.1948, S. 3.

24 Pseudonym von Adolf Schütz (1895–1974).

25 Chaim Glückstein: קומדיה של מורך-לב [Komödie der Feigheit]. In: *Ba-Mahane*, 27.01.1949, S. 13.

Abb. 20: Friedrich Lobe mit den Schauspielern von *Shorashim Amukim* (*Deep Are the Roots*) am Ohel, 1948.

von Lobe am Ohel war das Drama *De wereld heft geen wachtkammer* (Die Welt hat keinen Warteraum) des holländischen Dramatikers Maurits Dekker und wurde am 13. August 1950 unter dem hebräischen Titel *Ha-Olam Eyno Yakhol Lehakot* (Die Welt kann nicht warten) aufgeführt. Der Kritiker von *Davar Ha-Shavu'a* war der Meinung, „Der Regisseur F. Lobe hat korrekte und saubere Arbeit geleistet. Alles ‚tickt' wie eine funktionierende Maschinerie. Die Menschen erscheinen, laufen und handeln wie Räder eines Uhrwerks."[26] Und der Kritiker von *Davar* erklärte, wieso er diese Herangehensweise ablehnt.

> Der Regisseur F. Lobe hat korrekte, funktionierende Arbeit ohne jeden Defekt geleistet. Aber sie erhebt sich nicht zu kreativem Glanz. Und so ist es auch mit den Schauspielern. Sie sind geübt, tun alles was nötig ist und sein muss. Aber keiner von ihnen überrascht und fasziniert so sehr, dass er das Publikum elektrisieren und erfassen und zur Begeisterung hinreißen würde. Es fehlt das ‚Fluidum' – das Geheimnis der Anziehung beim Schauspiel. Hier ist Handwerk, nicht Kunstwerk.[27]

26 Y. M. Nayman: 'העולם אינו יכול לחכות' ב'אהל' [‚Die Welt kann nicht warten' am ‚Ohel']. In: *Davar*, 18.08.1950, S. 19.

27 Segol: העולם אינו יכול לחכות ב'אהל' [Die Welt kann nicht warten am ‚Ohel']. In: *Davar*, 18.08.1950, S. 5.

Nur wenige Kritiker, die sich des Geists des mitteleuropäischen Theaters bewusst waren, lobten die Herangehensweise von Lobe. In seiner Kritik zu *Dantons Tod* schreibt A. Sh. Yuris:

> Die Kunst der Regie kann heutzutage alles. Sie kann Weiß zu Schwarz machen, Helden zu Räubern. Aber wenn der Dichter sich bemüht hat – mit all seiner Kraft, seinem Wissen und seinem Gewissen – der Geschichte treu zu bleiben, so ist es ein großes Lob für den Regisseur, dem Dichter treu zu bleiben.[28]

Positiven Bezug auf Lobes Regieverständnis nimmt auch Uri Keysari, der in der französischen Kultur aufgewachsen war, in seiner Besprechung des Sozialdramas *Liliom* des ungarisch-jüdischen Dramatikers Franz Molnár, das am 26. Juni 1935 Premiere hatte.

> Friedrich Lobe hat Molnár in einem Ton und einem Stil auf unsere Bühne gebracht, die ihm alle Ehre machen. Lobes Inszenierung strotzt nur so vor Ernsthaftigkeit und Liebe zum Drama – Geste und Wort in einem – und der Künstler hielt sich offensichtlich an die bewährte Methode: Mehr Wahrheit und weniger Effekte![29]

Mit denselben Maßstäben bewertete Moshe Lifshits, der einige Jahre in Berlin verbracht hatte, die Herangehensweise von Lobe in der Inszenierung von Eugen Gürsters Komödie *Wetter veränderlich!* (Premiere unter dem Titel *Lefi Ruah Ha-Zman* (Nach dem Zeitgeist) am 24. Januar 1939).

> Es ist an der Zeit, offen zuzugeben, dass F. Lobe eine wichtige kulturelle Sendung für unser Theater darstellt. Mag seine Regiearbeit auch nicht „die Entdeckung neuer Länder" sein, so ist doch der feste Boden, den er unter den Füßen unserer Schauspieler bereitet, nachdem sie in den Wellen des unverständlichen Symbolismus geschwommen und im unreifen Expressionismus versunken sind, ein großes Verdienst von F. Lobe.[30]

Zu den beruflichen Merkmalen von Lobe gehörte seine Stärke in der Anleitung der Schauspieler, die sich auf die Tatsache gründete, dass er selbst ein erfahrener Schauspieler war. So erinnert sich der Schauspieler Zalman Lebiush, der einige Jahre bei Ohel gearbeitet hatte: „Es gelang ihm, alles aus dem Schauspieler herauszuholen, was zur Darstellung der Rolle nötig war."[31] Auch die verschiedenen Besprechungen von Lobes Inszenierungen, die der Analyse seiner Arbeit mit den Ohel-Schauspielern viel Platz einräumen, bestätigen diese Ansicht.

Schon in den Kritiken zu seiner ersten Regiearbeit, *Dantons Tod*, wurde die Art seines Umgangs mit den Schauspielern hervorgehoben. Dieser Umgang

28 A. Sh. Yuris: מות דנטון [Dantons Tod]. In: *Davar*, 14.02.1934, S. 3.

29 Uri Keysari: 'אהל' מציג את 'ליליאום' של פ. מולנאר [‚Ohel' zeigt ‚Liliom' von F. Molnár]. In: *Do'ar Ha-Yom*, 04.07.1935, S. 5.

30 M. Lifshits: 'לפי רוח הזמן' ב'אהל' [‚Mit dem Zeitgeist' am ‚Ohel']. In: *Turim*, 01.02.1939, S. 3.

31 גלגולו של שחקן [Wandlung eines Schauspielers]. In: *Davar Ha-Shavu'a*, 14.02.1958, S. 14.

erhielt deshalb besondere Aufmerksamkeit, weil das schauspielerische Niveau des Ohel-Ensembles im Allgemeinen als mittelmäßig angesehen wurde. Der Kritiker von *Davar*, der Zeitung der hebräischen Gewerkschaft, zu der Ohel als Arbeitertheater ebenfalls gehörte, sinnierte zunächst: „Vielleicht ist es die Stärke des Regisseurs, der gerade dieses Drama gewählt hat – und der Mut des ‚Ohel'. Vielleicht ist es ‚eine zu schwere Last'", lobte im Folgenden aber die schauspielerische Leistung:

> Jede Bewegung der einzelnen Schauspieler – ganz zu schweigen von der Massenszene – war bis ins letzte Detail abgemessen und genau erwogen. Besonders in der Massenszene stach diese Tatsache ins Auge. Hier sah man, wie mit erstaunlicher und zielstrebiger Hand Lebenshauch und Bewegung selbst bei den stummen Statisten geweckt wurde.[32]

Geis bemerkte allerdings, dass nicht alle Schauspieler den Anforderungen Lobes entsprechen konnten, dessen „Bemühen um die Schauspieler [...] während des ganzen Abends spürbar [bleibt]", und so kam er zu seinem abschließenden Urteil:

> Mit dieser Aufführung setzt „Ohel" den in der „Drei-Groschen-Oper" mit Erfolg begonnenen Weg fort. Mit natürlich geschminkten Gesichtern bewegen sich die Schauspieler ohne Exzentrik auf der Bühne. Man kann sie dazu beglückwünschen und ihnen raten, diese Linie beizubehalten. Bei intensivster Arbeit, die nicht zuletzt der Wiedergewinnung der natürlichen Stimmlage gewidmet sein muß, wird es ihnen vielleicht bald gelingen, sich über das Mittelmaß hinauszuspielen.[33]

Kurze Zeit nach der Premiere von *Dantons Tod* fuhr ein Großteil des Ensembles für ein halbes Jahr nach Europa. In dieser Zeit initiierte Lobe in Zusammenarbeit mit der Vereinigung für das Ohel die Aufführung einer Studio-Inszenierung mit fünf jungen Schauspielerinnen und Schauspielern, die im Land geblieben waren. Es war eine Art schauspielerische Fortbildung in Form einer Aufführung von zwei Einaktern, *Die letzten Masken* und *Paracelsus*, des Wiener jüdischen Dramatikers Arthur Schnitzler. Tatsächlich besaßen nur zwei der Mitwirkenden den Status von Ohel-Schauspielern: Haya Sankovska und Kalman Konstantiner. Die übrigen drei waren „Lehrlinge" (Hanikhim), die als solche im Dezember 1932 am Theater aufgenommen worden waren: Lea Einbinder, Ya'akov Einstein und Zvi Hermann. Zusätzlich zu den fünf jungen Darstellern holte Lobe den altgedienten und erfahrenen Schauspieler Hermann Heuser, der Hebräisch sprach und erst vor kurzem aus Deutschland angekommen war. Er diente als eine Art Beispiel und Ausbilder für die Jungen.

32 A. Sh. Yuris: מות דנטון [Dantons Tod]. In: *Davar*, 14.02.1934, S. 3.

33 Manfred Geis: ‚Dantons Tod' im ‚Ohel'. In: *Jüdische Rundschau*, 23.02.1934, S. 14.

Die Premiere der Schnitzler-Einakter am 21. August 1934 weckte großes Interesse bei Publikum und Kritik. Lubrani betonte in seinem Artikel:

> Mit Aufführungen dieser Art wird Regisseuren und Schauspielern die Gelegenheit gegeben, sich an unterschiedliche Formen des Theaters zu gewöhnen und sich so durch die Schule des europäischen Dramas zu arbeiten. Die Abkürzung, die unsere Theater genommen haben – der unbedachte Übergang von der Liebhaberei zur Moderne – ist überall spürbar. Deshalb zehren unsere Schauspieler hauptsächlich von ihrem natürlichen Talent und bedürfen einer vertieften Theaterkultur. Der Versuch hat gezeigt, dass dieser Weg der richtige ist und man in diese Richtung weitermachen sollte.[34]

Angesichts des großen öffentlichen Interesses veröffentlichte *Davar* eine zusätzliche Kritik eines anderen Rezensenten, der es ebenfalls für richtig hielt, Lobes Anleitung der Schauspieler und den Schlüssel zum Schauspiel zu diskutieren, den er für diese gewählt habe: „Kammerspiel. Es ist eine zarte Maske, die kulturelle Beobachtungsgabe, Gefühl für das Maß, Beschränkung der Mittel verlangt [...] – und in all diesem ist der Künstler Friedrich Lobe hochbegabt."[35]
Lobes intensive Arbeit mit den Schauspielern war eine direkte Folge seines Regieverständnisses in der Tradition des deutschen Theaters, was bedeutete: Anleitung zu realistischer Darstellung. Dies stand naturgemäß im Widerspruch zur sentimentalen, theatralischen Darstellung des hebräischen Theaters, die der – originalgetreuen oder verzerrten – Tradition von Vachtangov und Habima entsprang. Wenn man die Rezensionen der 21 Inszenierungen im Laufe der 17 Jahre, die Lobe bei Ohel arbeitete, verfolgt, zeigt sich die Verzerrung, die dadurch zustande kam, dass die ästhetischen Wertvorstellungen des osteuropäischen Theaters angewandt wurden, um Kunst zu beurteilen, die nach westlichen Maßstäben geschaffen worden war. Die Kritiker lehnten das Ziel ab, auf das Lobe mit den Schauspielern hinarbeitete, und fanden scheinbare Mängel im Ergebnis der Arbeit.
Lobe forderte von seinen Schauspielern eine andere Herangehensweise an ihre Arbeit, als sie es von Halevi gelernt und acht Jahre lang wohlbehalten umgesetzt hatten. Die Diskussion dieser Kluft taucht in den Kritiken derer, die Lobes Absichten begriffen, immer wieder auf. So schreibt Geis in seiner Kritik zu *Liliom*:

> Der Hauptanteil am Erfolg ist auf das Konto der hervorragenden Regie von Friedrich Lobe zu setzen. Was in der Danton-Aufführung (unter dem gleichen Regisseur) noch nicht erzielt wurde, wird hier erreicht: die Schauspieler haben wirklich das Letzte hergegeben. Man muß verstehen, was es bedeutet: Menschen, die, wie die Mitglieder dieses Arbeiter-Theaters,

34 Eliezer Lubrani: שני מערכונים של שניצלר [Zwei Einakter von Schnitzler]. In: *Davar*, 26.08.1934, S. 2.

35 Y. Bar-Nehama: מערכוני שניצלר [Schnitzler-Einakter]. In: *Davar*, 31.08.1934, S. 3.

früher an der Maschine standen oder den Boden bearbeiteten, schließen sich, ohne jemals eine Schauspielschule durchgemacht zu haben, zu einer Gruppe zusammen, versuchen sich jahrelang an einem Stil, der die dick aufgetragene Maske, das expressionistische Bühnenbild, die eckige Bewegung, das bis zum Kreischen übersteigerte Organ pflegt, also gleichsam seine Wirkung immer vom Aeußerlichen herholt [...] – diese Menschen werden heute dazu gebracht, auf einer realistischen Bühne mit ungeschminkten Gesichtern im natürlichen Sprachton innerliches seelisches Erleben zu vermitteln, und es gelingt ihnen![36]

In den Worten des Kritikers Sh. Sraya zu Lobes Inszenierung von *Hans Sonnenstößers Höllenfahrt* von Paul Apel, die am 5. Februar 1941 unter dem Titel *Ha-Masa La-Gehinom* Premiere hatte, manifestiert sich die Problematik. Die Kritik beginnt mit Superlativen über den Regisseur, wendet sich dann aber rasch der Kluft zwischen dem deutschen und dem eretz-israelisch-russischen Theater zu, die nach Ansicht des Kritikers die Aufführung verdorben hat.

Ich würde sagen, dass die Vorstellung von „Die Höllenfahrt" ein großer Erfolg für den Regisseur ist. Der Geist und Wille von Herrn Lobe dominieren auf der Bühne in jeder Hinsicht. Von dem Moment, in dem sich der Vorhang hebt, bis zu dem, in dem er fällt, ist klar, dass jede einzelne Bewegung des Schauspielers, jede Intonation, jeder Wechsel der Mimik ihren Ursprung in der Entscheidung des Regisseurs haben. Eine solche Disziplin auf der hebräischen Bühne ist eine seltene Erscheinung. Und wenn dem Regisseur diese Kontrolle gelungen ist, so ist allein das schon eine große Leistung. Aber der hebräische Schauspieler ist nicht an Disziplin gewöhnt. Wenigstens nicht an die eiserne Disziplin, die auf den professionellen Bühnen Europas üblich ist. Unser Schauspieler hat keine ordentliche Schauspielschule besucht, der größte Teil seiner Ausbildung besteht in ziemlich allgemeinen Gesprächen mit Regisseuren und Schriftstellern, die aus der Quelle der revolutionären Romantik in Russland schöpften. Stößt er auf die entschiedene Forderung nach Disziplin, verliert er seine kreative Kraft – und verschwindet. Sprechen wir also nicht von einzelnen Schauspielern in „Die Höllenfahrt". Fast alle erfüllen die Anweisungen des Regisseurs mit der Genauigkeit von Marionetten. Nur Frau Shlonsky und vielleicht auch Shkhori vermochten, etwas Leben in die steinerne Form zu bringen, die der Regisseur ihnen bereitet hatte. Gabbay gelang es in einer Nebenrolle, beim Zuschauer einige Ausbrüche echten Gelächters hervorzurufen – allerdings auf Kosten der Einheit des Stücks, indem er einen übertriebenen „russischen" Unterton in eine Aufführung einfügte, die ganz und gar europäisch war.[37]

Es scheint, als sei Lobe sich der Problematik zwar bewusst gewesen, habe aber geglaubt, sie überwinden zu können. In einer „Liebeserklärung an das hebräische Theater", die er im Kontext der Aufführung von Georg Bernard Shaws *The Doctor's Dilemma* (Premiere unter dem Titel *Ha-Rofe al Parashat Drakhim* (dt. *Der Arzt am Scheideweg*) am 20. Oktober 1945) in der deutschsprachigen jüdischen Zeitung *Aufbau* in New York veröffentlichte, schrieb er:

36 Manfred Geis: ‚Ohel' spielt Molnars ‚Liliom'. In: *Jüdische Rundschau*, 09.07.1935, S. 6.
37 Sh. Sraya: המסע לגהינום [Die Höllenfahrt]. In: *9 Ba-Erev*, 20.02.1941, S. 7.

> Gerade in der Arbeit zum „Arzt am Scheideweg“ war es den Schauspielern, die ja früher schon die Metamorphose vom biblischen Stiltheater zu modernem Drama und moderner Komödie durchgemacht hatten, möglich geworden, ihr wirkliches Menschenprofil auszuformen, aus dem ja allein alle schauspielerischen Kräfte entstehen.[38]

Der Unterschied, um nicht zu sagen der Gegensatz zwischen der Theaterauffassung von Halevi und der von Lobe hatte nicht nur Einfluss auf Lobes Position am Theater und die Tatsache, dass er nie ins Kollektiv aufgenommen wurde und stets als Gastregisseur ohne dauerhaften Vertrag beschäftigt wurde, sondern auch auf die persönliche Beziehung der beiden Regisseure

Der zweite Teil von Halevis Autobiografie, aus dem hier bereits zitiert wurde, widmet sich seiner Arbeit bei Ohel. Dort sticht die Tatsache ins Auge, dass er in seiner Erzählung der ersten 25 Jahre des Ohel kaum ein Wort über die Produktionen von Lobe verliert, sondern sich vor allem auf die persönliche Beziehung mit ihm konzentriert. Angeblich waren die zwei dazu da, um sich gegenseitig zu ergänzen, tatsächlich standen sie aber in einem nicht enden wollenden Wettbewerb – trotz der gegenüber Halevi untergeordneten Position von Lobe. Dessen Name wird in diesem Kapitel von Halevi nur drei Mal erwähnt.

Beim ersten Mal berichtet Halevi in einem Halbsatz, er habe „den Regisseur F. Lobe, der zu den ersten Flüchtlingen des in Deutschland aufsteigenden Nazismus gehörte und der den ‚Danton‘ von Büchner inszenieren sollte“[39], engagiert. Ein problematischer Halbsatz – gelinde gesagt. Einerseits ignoriert Halevi darin völlig die Vorzüge von Lobe und behauptet andererseits, er habe selbst über das Engagement und über die Wahl des Stücks entschieden – zwei Entscheidungen, die nachweislich von der Generalversammlung des Theaterkollektivs getroffen wurden.

Ein zweites Mal wird Lobe als derjenige erwähnt, der Halevi die Inszenierung der Bühnenfassung von Jaroslav Hašeks *Die Abenteuer des braven Soldaten Schwejk* ‚gestohlen‘ habe, die am 22. Dezember 1935 Premiere hatte. Tatsächlich hatte Halevi mit den Proben für die Aufführung begonnen, dann aber beschlossen, die Arbeit zugunsten einer Einladung aus London zur Inszenierung eines biblischen Dramas zu unterbrechen. Die von Halevis Entscheidung gekränkten Schauspieler baten daraufhin Friedrich Lobe, die Proben zu beenden. Lobe änderte das Konzept und brachte die Aufführung zum Abschluss, die zum größten Erfolg in der Geschichte des Theaters wurde. Diesem Ereignis widmet Halevi zwei Seiten, auf denen er sich selbst nicht als jemand, der seine persönlichen Interessen über die des Theaters gestellt hatte, sondern als jemand,

38 Friedrich Lobe: Liebeserklärung an das hebräische Theater. In: *Aufbau*, 03.05.1946, S. 13.

39 Halevi: דרכי עלי במות [Mein Weg auf den Bühnen], S. 152.

der von den Schauspielern unter Führung von Lobe betrogen worden war, darstellte. Schließlich fasst er den Vorfall folgendermaßen zusammen:

> Die Aufführung von ‚Schwejk' war schließlich ein großer Erfolg und wurde bis zum heutigen Tag nicht vom Spielplan genommen. Allerdings kommt die Hauptsache des Erfolgs nicht mir zu und nicht dem Regisseur F. Lobe, sondern dem Schauspieler M. Margalit, der die Rolle des Soldaten Schwejk in nie dagewesener Weise ausfüllte und so zum Gipfel seines Erfolgs kam.[40]

Man kann die Gefühle Halevis, der seinen Groll auf Lobe auch noch beim Schreiben seiner Memoiren ein Jahrzehnt später bewahrt hat, verstehen. Der Grund hierfür waren vermutlich diejenigen Rezensionen, die eine Verbindung zwischen Lobe und dem Erfolg der Aufführung herstellten. Besonders schwer zu verkraften war sicherlich die Kritik von Keysari, in der die Anleitung der Schauspieler durch Halevi mit der durch Lobe direkt verglichen wurde.

> Es war dies eine Ensemble, das auf den Prinzipien eines künstlerischen Kollektivs gegründet und aufgebaut worden war, „einer für alle und alle für einen" – und dieser eine war Moshe Halevi. Alle erinnern sich an die wundervollen Aufführungen, die unter dem Pinselstrich dieses Magiers entstanden. Die Schauspieler waren dabei nichts anderes als Material, genau wie die Musiker, das Bühnenbild und die Strahlen der Beleuchtung. Und er behandelte sie wie Marionetten und kein einziger individueller Zug war in der schauspielerischen Darstellung des Einzelnen zu erkennen. Und da kommt Lobe, dessen Niveau natürlich nicht an das von Halevi heranreicht. Und deshalb wollte er das menschliche Material der Schauspieler auch nicht zu sich heraufheben. Er stieg zu ihnen herab. Aber mit Liebe und Talent. Und da ist das Ergebnis: Individuelles Schauspiel in jedem einzelnen Stück, das er inszeniert, ausgezeichnetes individuelles Schauspiel.[41]

Zum dritten und letzten Mal taucht Lobes Name – keinesfalls positiv besetzt – in Halevis Erinnerungen auf, als dieser seinen eigenen Ansatz im Vergleich zum Ansatz von Lobe bei der Inszenierung von Molière erörtert. „Er zeigte das Stück auf althergebrachte Weise, die mich kein bisschen verzauberte. Meiner Meinung nach traf dieser Ansatz weder das Temperament unserer Schauspieler noch den Charakter des israelischen [sic!] Zuschauers."[42]
Zugunsten von Halevi sei erwähnt, dass er in einem Interview im November 1946 anlässlich der Verleihung des Yehoshua Gordon-Preises ein Resümee der zwanzigjährigen Geschichte von Ohel zog, in dem er – mit einer gewissen Distanziertheit – auf den Beitrag von Lobe verwies.

40 Ebd., S. 170.

41 Uri Keysari: 'אהל': 'החייל האמיץ שווייק' [‚Ohel': ‚Der brave Soldat Schwejk']. In: *Do'ar Ha-Yom*, 03.01.1936, S. 5.

42 Halevi: דרכי עלי במות [Mein Weg auf den Bühnen], S. 189.

> Die künstlerische Linie des ‚Ohel' – so wie ich es in den zwanzig Jahren meiner Arbeit im Land geleitet habe – führt vom Moskauer künstlerischen Theater über eine bekannte Modernisierung zu einer Annäherung an den Geschmack und das Gefühl der eretz-israelischen Öffentlichkeit. Gleichzeitig habe ich den Weg nicht für Gastregisseure versperrt. Häufiger als andere arbeitete der großartige Regisseur F[riedrich] Lobe am „Ohel", der allerdings in einer Weise arbeitete, die von meiner sehr verschieden war, aber er errang auch auf seinem Weg wichtige Erfolge und wirkte positiv auf die Entwicklung der Schauspieler am „Ohel".[43]

Ungefähr ein halbes Jahr zuvor hatte Lobe in seinem Artikel im *Aufbau* seine Liebe zum hebräischen Theater und zu den Ohel-Schauspielern erklärt und dabei die Arbeit von Halevi nicht vergessen. Er schrieb: „Ohel und sein Gründer Moshe Halevy haben in der Tat das Verdienst, zum ersten Mal hebräisches Theater in Palästina kulturvoll und zuverlässig organisiert zu haben."[44]
Während im Bereich des Schauspielerischen die Reibung zwischen den beiden, die nach unterschiedlichen Methoden mit denselben Schauspielern arbeiteten, unvermeidlich war, ergänzten sie sich im Bereich des Repertoires. Während Halevi die Inszenierungen von biblischen, russischen und osteuropäisch-jüdischen Dramen sowie einigen wenigen eretz-israelischen Dramen verantwortete, befasste sich Lobe hauptsächlich mit deutschen Klassikern, deutschen Dramen aus dem ersten Drittel des 20. Jahrhunderts und internationalen Dramen, die alle in den Jahren vor 1933 mit Erfolg an Berliner Theatern aufgeführt worden waren. Alle 19 Dramen, die Lobe bis 1948 am Ohel inszenierte, waren ihm als Regisseur, Schauspieler oder Zuschauer noch aus seiner Zeit in Deutschland vertraut. Es ist zu vermuten, dass die enge Bindung an ein bekanntes Repertoire seiner Unkenntnis des Hebräischen und dem Wunsch entsprang, nur Stoffe zu inszenieren, die er gut kannte. Dadurch entstand auf geradezu natürliche Weise eine Aufteilung des Repertoires zwischen ihm und Halevi, der sich für diese Stücke nicht interessierte.
Lobes Beitrag zum Repertoire von Ohel ist am deutlichsten zu erkennen, wenn man dieses mit dem Repertoire von Habima vergleicht. In den Jahren seines Wirkens bei Ohel kamen auf seine Initiative und unter seiner Regie neun klassische und moderne deutsche Dramen zur Aufführung, während bei Habima in derselben Zeit mit *Professor Mamlock* und *Wilhelm Tell* nur je ein zeitgenössisches und ein klassisches deutsches Drama aufgeführt wurden.

43 Moshe Halevi: לא לשוא עמלנו עשרים שנה [Nicht umsonst haben wir zwanzig Jahre geschuftet]. In: *Davar Ha-Shavu'a*, 29.11.1946, S. 7.

44 Lobe: Liebeserklärung an das hebräische Theater.

Jeckische Dramatiker im Repertoire von Ohel

In den 1930er und 1940er Jahren wurden am hebräischen Theater in Palästina die Stücke von sieben jeckischen Dramatikern aufgeführt, die auf Deutsch schrieben und ins Hebräische übersetzt wurden: Klara Boschwitz, Max Brod, Sammy Gronemann, Friedrich Lobe, Nomi Rubel, Martin Rost und Max Zweig. Ohel führte in dieser Zeit offiziell nur ein einziges Drama aus der Feder eines Jecken auf.

Der Weise und der Narr

Am 7. Januar 1943 fand die Premiere der „biblischen Komödie in acht Bildern" *Der Weise und der Narr* von Sammy Gronemann unter dem hebräischen Titel *Shlomo Ha-Melekh Ve-Shalmay Ha-Sandlar* (König Salomo und der Schuster Shalmai) statt. Die Übersetzung stammte von Nathan Alterman und Moshe Halevi führte Regie. Es ist nicht bekannt, wie lange sich das Drama in den Händen von Halevi und der Leitung von Ohel befand, bevor die Entscheidung zur Aufführung fiel. Im Katalog des Bühnenverlags Moadim von Januar 1941 ist das Stück unter dem Titel *He-Hakham Ve-Ha-Evil* (Der Weise und der Narr) mit einer Zusammenfassung der Handlung verzeichnet.

> König Salomo ist auf der Höhe seines Ruhms. Bald wird er den Bau des Tempels fertigstellen. Die Kunde von seiner Weisheit ist in allen Ländern verbreitet, aber er selbst versinkt in Einsamkeit. Was hat er nicht alles versucht und nicht erreicht? Da gelingt es einem einfachen Schuster, der dank einer Laune des Schicksals dem König im Aussehen gleicht, den Königsthron zu besteigen, die Herrschaft zu übernehmen und den wahren König aus seinem Schloss zu vertreiben. Salomo wandert als Bettler von Ort zu Ort und sein Ruf „Ich bin König Salomo" macht ihn nur zum Ziel von Hohn und Spott. Zuletzt gelingt es ihm, zurückzukehren und seinen Thron wiederzuerlangen, und nun weiß auch er, dass er wie die anderen nur ein Spielball in den Händen des Schicksals ist.[45]

In dem Drama wagte Gronemann es, drei verschiedene Quellen miteinander zu mischen: die hebräische Bibel, den babylonischen Talmud und die mitteleuropäische Komödie. Die überwiegende Mehrheit der Dramen über biblische Geschichten und Gestalten, die bis dahin von Habima und Ohel aufgeführt worden waren, befassten sich mit der Verherrlichung der Väter und Mütter des Volkes und dienten als Mittel zur Stärkung des Nationalbewusstseins und der Bindung des Volkes Israel an das Land Israel. Eine Verwechslungskomödie zwischen König Salomo und einem betrunkenen Schuster erschien manchem Kritiker als Entweihung. So empfahl Sh. Sraya in *Ha-Boker* den Lesern, „besser nichts Biblisches in dem Drama zu suchen."[46] Radikaler noch war Benzion

45 מחזות מועדים [Die Dramen von Moadim]. Tel Aviv: Moadim 1941, S. 11.

46 Sh. Sraya: 'הצגת בכורה שלמה המלך ושלמי הסנדלר ב'אהל [Premiere von König Salomo und der Schuster Shalmai am ‚Ohel']. In: *Ha-Boker*, 19.01.1943, S. 2.

Zangen in *Hege*: „Das Fehlen einer biblischen Atmosphäre spürt man im ganzen Stück. [...] Dies ist keine biblische Komödie, sondern bestenfalls eine Groteske über ein biblisches Thema. Und es ist sehr schade, dass ausgerechnet ein begabter Verfasser wie Gronemann sich seine Arbeit so leicht gemacht hat."[47]

Die zweite Quelle, aus der Gronemann schöpfte, war der Talmud. Die Handlung und die Figur des Schalmai basieren auf der talmudischen Erzählung von Salomo und Ashmodai, in der es dem Dämon Ashmodai gelingt, Salomo aus Jerusalem zu vertreiben und seinen Platz einzunehmen. Der direkte Zusammenhang mit dieser Quelle ist im deutschen Text des Dramas gut zu erkennen. Dort heißt der Schuster Schemadai. Nathan Alterman änderte in der Übersetzung den Namen in Shalmai und entsprechend auch den Titel des Dramas.

Der dritte und wichtigste Bezugspunkt, der Gronemann beim Schreiben leitete, war die Tradition der mitteleuropäischen Komödie. Zangen sah in dieser Tatsache ein Manko: „Sammy Gronemann nähert sich dem Thema nicht aus dem Blickwinkel der biblischen Komödie, sondern zuallererst aus der Perspektive von Witz, Humor, Groteske. Er hat sich der Figur von König Salomo mit dem Blick des kalten Wiener Humors genähert. Daher ist das Drama aus künstlerischer Sicht mangelhaft."[48] Gerade dieser „Mangel" fand das Lob anderer Kritiker, etwa von Lea Goldberg: „Die Erfindung ist nicht neu und gibt auch nicht vor, neu zu sein. Es gibt erprobte Dinge, die seit Plautus und bis in unsere Zeit stets in der Lage sind, Lachen hervorzurufen und aktuelle Assoziationen zu befördern."[49] Und Chaim Gamzu, der bissigste Theaterkritiker seiner Zeit, begann seine Besprechung voller Lob:

> Eine der wichtigsten Aufgaben des Theaters ist es, zu unterhalten und zu lehren. Deshalb werden auf den guten Bühnen in der Welt auch leichte Komödien gezeigt. Ihre Aufgabe ist es, das Publikum zu amüsieren. Manchmal fügt das Theater noch ein anderes Ziel hinzu: die kritische Erläuterung einer sozialen oder philosophischen Idee, indem sie die Peitsche der Satire schwingt oder die Verse mit Humor würzt. S. Gronemann hat all dieses in sein Drama gebracht.[50]

47 Benzion Zangen: בימות. שלמה המלך ושלמי הסנדלר ב'אהל' [Bühnen. König Salomo und der Schuster Shalmai am ‚Ohel']. In: *Hege*, 18.01.1943, S. 3. Es ist nicht klar, weshalb ausgerechnet *Hege*, eine Zeitung, die sich explizit an die deutschsprachigen Neueinwanderer richtete und schwierige Worte in ihren Artikeln in deutscher Übersetzung wiedergab, den jeckischen Dramatiker so abwertend darstellte.

48 Ebd.

49 Log: שלמה המלך ושלמי הסנדלר ב'אהל' [König Salomo und der Schuster Shalmai am ‚Ohel']. In: *Davar*, 15.01.1943, S. 4.

50 Chaim Gamzu: שלמה המלך ושלמי הסנדלר [König Salomo und der Schuster Shalmai]. In: *Haaretz*, 15.01.1943, S. 3.

Der Kritiker von *Ha-Boker* befand, dass die Betonung des komischen Aspekts durch Halevis Inszenierung eine Schwäche darstellte. Beim Vergleich der Aufführung mit dem Originaltext des Dramas, der gedruckt herausgegeben wurde, kam Sh. Sraya zu dem Schluss:

> Aus dem vollständigen Text des Dramas ist ersichtlich, dass ‚Ohel' fast ein ganzes Bild gestrichen hat. Der Zuschauer spürt schon während der Vorstellung, dass er nichts von Salomos Leiden in der Kleidung Schalmais zu sehen bekommt. Es kann natürlich sein, dass dieser Teil zu theoretisch für das Publikum war und so oder so nicht gut angekommen wäre.[51]

Der Erfolg der Aufführung brachte den Bühnenverlag Moadim dazu, den Text des Dramas nicht nur in der hebräischen Übersetzung von Nathan Alterman, sondern auch im deutschen Original drucken zu lassen. Im Vorwort zu dieser Fassung erläuterte Margot Klausner, die Leiterin des Verlags die Beweggründe.

> Die hebräische Übersetzung von Nathan Alterman ist in nicht weniger graziösen Versen geschrieben als das Original und dürfte auch jedem nicht ganz in die hebräische Sprache Eingeweihten nach Kenntnis des deutschen Textes von der Bühne her völlig zugänglich sein. So wird eine neue Brücke zum hebräischen Theater geschaffen.[52]

Es gab natürlich auch jemanden, der diese zu begrüßende Maßnahme des Verlags Moadim nutzte, um Gronemann in ein schlechtes Licht zu rücken. In der Zeitung *Iton Meyuhad* erschien ein Artikel mit der Überschrift „Der Vorsitzende des [zionistischen] Kongressgerichts veröffentlicht in Tel Aviv ein Buch auf Deutsch", der sich auf unschöne Weise dem „alten Mann" Gronemann zuwendet und fragt „Ist er nicht mehr in der Lage, noch die hebräische Sprache zu lernen, er ist doch erst seit vierzig Jahren Zionist – diese Zeit hat wohl nicht dafür gereicht, eine so schwere östliche Sprache zu lernen?"[53] Auch alle anderen Beteiligten, denen der Ruch des Deutschen anhaftete, wurden attackiert: „Wundert euch nicht, es ist eine Tatsache! Die Geschäftsfrau Margot (!) Klausner und Manfred (!) Geis, Besitzer des Verlags ‚Moadim', haben sich die Mühe gemacht und die Komödie in Versen auf Deutsch gedruckt … ‚Moadim' – auf Deutsch, meine Herren …"[54]

Das Drama von Gronemann ist das erfolgreichste hebräische Stück aller Zeiten. Die Inszenierung des Ohel-Theaters wurde mehr als 300 Mal

51 Sh. Sraya: אמנים וקרשים [Künstler und Bretter]. In: *Ha-Boker*, 13.01.1943, S. 3.

52 Margot Klausner: Vorwort. In: Sammy Gronemann: *Der Weise und der Narr*. Tel Aviv: Moadim 1942, S. 5–6, hier S. 5.

53 Sh. K.: יו"ר בי"ד הקונגרס פירסם ספר בגרמנית בת"א [Der Vorsitzende des Kongressgerichts veröffentlicht in Tel Aviv ein Buch auf Deutsch]. In: *Iton Meyuhad*, 15.01.1943, S. 8.

54 Ebd.

aufgeführt.[55] Im November 1964 führte das Kameri-Theater eine Neufassung des Stücks auf, die um Lieder von Nathan Alterman ergänzt worden war und mit mehr als 700 Aufführungen zur erfolgreichsten Produktion des israelischen Theaters wurde. Im Januar 2005 nahm Habima diese musikalische Fassung in das Repertoire auf, wo sie im Verlauf einiger Jahre wiederum mehr als 300 Mal gezeigt wurde.

Die Zwei

Es ist nicht klar, weshalb ein Theater, das 17 Jahre nacheinander mit einem jeckischen Regisseur gearbeitet hat, kein einziges Drama aufführte, das sich mit dem Schicksal der deutschen Juden in Vergangenheit oder Gegenwart befasst, während in derselben Zeit bei Habima vier Stücke zu diesem Thema inszeniert wurden. Tatsächlich stand Ohel kurz davor, ein solches Stück auf die Bühne zu bringen, zudem noch aus der Feder eines Jecken, aber die Proben wurden abgebrochen.

In der Wochenzeitung *9 Ba-Erev* erschien im April 1940 eine Anzeige über zwei neue Dramen, die demnächst von Ohel aufgeführt werden sollten: Leo Tolstois *Die Macht der Finsternis*, das am 18. August 1940 Premiere hatte, und *Die Zwei*, „ein aktuelles Drama aus dem Leben in Deutschland, geschrieben und inszeniert von F. Lobe, Hebräisch A[vigdor] Hameiri."[56] Noch am 8. Mai berichtete Sh. Sraya in seiner Rubrik „Bretter und Schauspieler" in der Tageszeitung *Ha-Boker*:

> Am ‚Ohel' bereitet Lobe ‚Die Zwei – Söhne einer Generation' vor, ein Drama, das er selbst geschrieben hat und dessen Thema aus der Wirklichkeit der letzten Jahre in Deutschland geschöpft ist. Aufstieg der Nazis zur Macht, und die Stellung eines jungen Juden (den Barban spielt) in Deutschland nach dem braunen Umsturz.[57]

Einen Monat zuvor hatte Sraya in seiner Rubrik Details über das Drama veröffentlicht.

> Soweit mir bekannt ist, handelt das Stück von der Freundschaft zweier Menschen, einem Juden und einem Christen, beides Deutsche, die gemeinsam die ereignisreiche Zeit zwischen dem Ende des Ersten Weltkriegs und dem Beginn des gegenwärtigen Weltkriegs durchleben. […] Unser professionelles Theater existiert inzwischen fast zwanzig Jahre, aber mir

55 Angesichts des Erfolgs von *Der Weise und der Narr* stand das Theater kurz davor, mit *Die Königin von Saba* ein weiteres biblisches Drama von Gronemann aufzuführen. Letztendlich kam der Plan nicht zur Ausführung und das Drama wurde einige Jahre später sehr erfolgreich am Kameri-Theater inszeniert (Premiere am 20. August 1951).

56 שני מחזות חדשים ב'אהל' [Zwei neue Stücke am ‚Ohel']. In: *9 Ba-Erev*, 18.04.1940, S. 22.

57 Sh. Sraya: קרשים ושחקנים [Bretter und Schauspieler]. In: *Ha-Boker*, 08.05.1940, S. 4.

scheint, dies ist das erste Mal, dass es ein Drama zeigt, das bewusst für dieses Theater geschrieben wurde, und ein Drama, das wirklich aktuelle Fragen behandelt.[58]

Das Stück spielt in Deutschland und die Handlung erstreckt sich über die Jahre 1919 bis 1939. Zwei Freunde, Siegfried Landauer und Sebastian Kern, kommen gerade aus den Schlachten des Ersten Weltkriegs zurück, wo Landauer einmal das Leben Kerns gerettet hat. Der jüdische Landauer ist glücklich, nach Hause und zu seiner Freundin Gertrud zurückzukehren, während Kern voller Ärger über die Novemberrevolution und die aktuelle Situation in Deutschland ist. Mit persönlichen Schmeicheleien und patriotischen Phrasen gelingt es ihm, Gertrud davon zu überzeugen, Landauer zu verlassen. Nachdem sie eine Rede Hitlers gehört haben, treten sie einer nationalistischen Untergrundzelle bei. Landauer, nunmehr allein, führt mit seiner Schwester Lotte eine erfolgreiche Druckerei. Eines Tages gerät er mit seinem Angestellten Müller in Streit, der seine Arbeit vernachlässigt, um an Versammlungen Hitlers teilzunehmen. Der Antisemit Müller denunziert Landauer bei der Stadtverwaltung. Am Tag der Boykotts jüdischer Geschäfte wird Landauer von Müller, der ein S.A.-Mann geworden ist, festgenommen. Kern, der unterdessen zum Gauleiter aufgestiegen ist, kann für Landauers Freilassung sorgen. Müller, der für die Arisierung der jüdischen Betriebe zuständig ist, erklärt sich bereit, dafür zu sorgen, dass Landauers Schwester für die Enteignung der Druckerei entschädigt wird, falls sie mit ihm schläft. Sie weigert sich. Während der Pogromnacht im November 1938 gewährt Kern Landauer in seinem Haus Zuflucht, wo er Gertrud wiedertrifft. Der Sohn von Kern und Gertrud liefert Landauer an die Gestapo aus und sein Vater kommt als Verräter nach Dachau. Im letzten Bild des Dramas, das im selben Biergarten spielt wie das erste Bild zwanzig Jahre zuvor, fassen Landauer und Kern ihre jeweilige Situation zusammen. Landauer steht kurz davor, nach Palästina auszuwandern, um dort ein neues Leben zu beginnen, während sich Kern, enttäuscht vom Nationalsozialismus, erschießt.
Es ist heute nicht mehr nachzuvollziehen, welche Umstände und Gründe dazu führten, dass die Proben zur Aufführung des Stücks abgebrochen wurden. Unter den weitestgehend erhaltenen Sitzungsprotokollen der Ohel-Leitung, die u. a. die Diskussionen über das Repertoire dokumentieren, fehlen ausgerechnet die Jahre 1939 und 1940, in denen möglicherweise eine Begründung für das Nichtzustandekommen der Aufführung eines aktuellen Stücks, in das bereits investiert worden war, zu finden wäre. War es von Anfang an das fehlende Vertrauen des Theaters in das Drama eines jeckischen Regisseurs ohne jede Stellung, der

58 Ebd.

bis dahin nur ein Drama (*Der Held*) geschrieben hatte, das unter dem Titel *Ha-Gibor* in verschiedenen jüdischen Siedlungen von Schülern aufgeführt worden war? Oder war jemand – mit großer Verspätung – zu dem Schluss gekommen, das Stück sei aus dramaturgischer Sicht nicht der Aufführung wert? Dass es vielleicht nur die Wirklichkeit darstelle und nicht die Gründe ihres Zustandekommens analysiere, dass seine Figuren aus psychologischer und sozialer Sicht eher flach seien, da es ihre einzige Aufgabe sei, die Handlung und die simple moralische Botschaft des Dramatikers voranzutreiben: Der Nationalsozialismus führt zum Tod und die einzige Lösung für die deutschen Juden ist Palästina. Wie auch immer, Lobe musste einsehen, dass er keine Chance hatte, als Dramatiker einen Weg auf die Bühne von Ohel zu finden.

Der Schneider von Groningen und *Seide und Brot*

Ein peinliches Kapitel in der Geschichte des Repertoires von Ohel war die Aufführung von zwei Dramen, die vermeintlich von einem holländischen Dramatiker namens Jan de Vriess stammten: *Der Schneider von Groningen* (Premiere unter dem Titel *Ma'ase Be-Hayat* (Geschichte eines Schneiders) am 8. Juli 1947) und *Seide und Brot* (Premiere unter dem Titel *Meshi Ve-Lehem* am 25. Juni 1949), jeweils in der Inszenierung von Friedrich Lobe. Tatsächlich war es Lobe selbst, der die beiden Stücke geschrieben hatte, zwei Komödien, mit deren Hilfe vor allem die wirtschaftliche Notlage ihres Verfassers gelindert werden sollte. Auf den ersten Blick war Lobes Integration im Land und im hebräischen Theater eine außergewöhnliche Erfolgsgeschichte. Und er war in der Tat dem Ohel-Theater seit 15 Jahren beruflich verbunden, allerdings war seine sozioökonomische Lage in jedem Jahr aufs Neue in Frage gestellt, da er bei Ohel lediglich als Selbstständiger für einzelne Regiearbeiten engagiert wurde, je nach Bedarf des Theaters. Aus diesem Grund war er neben seiner Beschäftigung bei Ohel auf weitere Gelegenheitsarbeiten als Regisseur, Dramatiker oder Verfasser von Zeitungsartikeln angewiesen.

Anfang 1947 war seine wirtschaftliche Lage offensichtlich besonders prekär. Seit der Premiere seiner letzten Arbeit für Ohel, George Bernard Shaws *Arms and the Man*, am 8. Oktober 1946 unter dem Titel *Giborim* (Helden) hatte er keine neuen Aufträge erhalten, weder am Ohel noch woanders. Im Sitzungsprotokoll der Ohel-Leitung vom 16. Februar 1947 ist folgende Passage notiert: „Darlehen für Lobe: es wurde entschieden ihm seiner Bitte entsprechend ein Darlehen von 150 Palästinensischen Pfund zu gewähren, um die Wohnung zu bezahlen, Auszahlung 10 Pfund monatlich." Es ist sehr wahrscheinlich, dass *Der Schneider von Groningen*, der in dieser Zeit geschrieben wurde, dazu dienen sollte, die wirtschaftliche Zwangslage zu beenden. Angesichts des Schicksals

Abb. 21: *Der Schneider von Groningen* am Ohel, 1947.

von *Die Zwei* in der Vergangenheit und seiner gegenwärtigen Stellung am Theater fürchtete Lobe wohl, dass die Tatsache, dass er der Verfasser des Stücks sei, zu dessen sofortiger Ablehnung führen würde. Ungefähr ein halbes Jahr, nachdem Lobe das Darlehen erhalten hatte, kam das Drama *Der Schneider von Groningen* von Jan de Vriess auf die Bühne von Ohel.

Die Handlung spielt in der kleinen holländischen Stadt Groningen in der Zeit der napoleonischen Besatzung. Der Schneider Hoopgen wird erwischt, wie er öffentlich Napoleon schlecht macht, und zu drei Wochen Haft verurteilt. Um sein Geschäft nicht schließen zu müssen, schickt er – gegen Bezahlung – seinen Gesellen, um die Strafe für ihn abzusitzen. Alles wäre gutgegangen, wenn der Geselle nicht plötzlich gestorben wäre und ein feierliches Begräbnis erhalten hätte, sodass der noch lebende Hoopgen verschwinden muss. Hier beginnt nun eine Komödie der Irrtümer. Hoopgen, dessen Frau als einzige von dem Schwindel weiß, verlässt sein Versteck und kommt als sein eigener Bruder in die Stadt zurück, um Hoopgen, den er lange nicht gesehen habe, zu treffen. Die Frau des „Verstorbenen" löst die Verwicklungen, indem sie ihren „Schwager" heiratet.

Lobes Text ist eine Adaption des deutschen Dramas *Schneider Wibbel* von Hans Müller-Schlösser, in dem er 1923 selbst als Schauspieler mitgewirkt hatte.

Beruflich erfahren, kannte Lobe die Situation und die Bedürfnisse von Ohel gut und war in der Lage, ein theatralisches Rezept zusammenzustellen, das diesen Bedürfnissen genau entsprach. Erstens – eine Sommerkomödie. Zweitens – eine Hauptrolle für Meir Margalit, den wichtigsten komischen Darsteller des Ensembles, Liebling des Publikums und der Theaterkasse. Drittens – der Einbau oder zumindest der Verweis auf soziale und Klassenfragen, passend für das Repertoire eines Arbeitertheaters. Hinzu kam, dass Lobe die Handlung aus Deutschland in ein von einer fremden Macht besetztes Land verlegte, das nach Freiheit und Unabhängigkeit strebt. Diese Aktualität – in Palästina kurz vor dem Ende des britischen Mandats – wurde nicht nur im Drama selbst, sondern auch in den einführenden Worten im Programmheft hervorgehoben.

> Schließlich hat sich auf diesem Feld seit Generationen nichts Grundlegendes geändert, nur die technischen Mittel der Unterdrückung wurden raffinierter. An die Stelle von Besatzungssteuern und sonstigen Einschränkungen und Strafen aus der Zeit Napoleons sind Konzentrationslager, Ausgangssperren, Kriegszustand, Stacheldraht, Panzer und Maschinengewehre der Zeit heutiger Herrscher getreten.[59]

Der Erfolg der Inszenierung übertraf alle Erwartungen. *Davar* lobte: „Das Drama ist ideal für ‚Ohel‘: volkstümlich, unterhaltsam und durchdrungen von sozialem Pathos.“[60] Und *The Palestine Post* ging noch weiter: „Ich möchte prophezeien, dass innerhalb der nächsten Monate jeder den Schneider von Groningen entweder gesehen haben wird oder sich wundert, wie sie es geschafft haben, es zu verpassen.“[61] Die Reaktionen des Publikums bei der Premiere waren derart enthusiastisch, dass *Davar* in einem ungewöhnlichen Schritt am nächsten Tag auf der ersten Seite darüber berichtete, oberhalb der Nachricht von Chaim Weizmanns Rede vor den Vereinten Nationen.

> Mit nicht enden wollendem Gelächter quittierte das zahlreiche Publikum die Premiere von ‚Der Schneider von Groningen‘ am ‚Ohel‘. Die flüssige hebräische Übersetzung von Lea Goldberg, die schöne Darstellung der Schauspieler, vor allem von M. Margalit, und das wunderschöne Bühnenbild des Malers Aroch schufen gemeinsam eine unterhaltsame und rührende Vorstellung. Das Publikum begegnete der Aufführung mit Begeisterungsstürmen.[62]

59 F. Lobe: המחזה 'מעשה בחייט' [Das Drama ‚Geschichte eines Schneiders‘]. In: Programmheft zur Inszenierung am Ohel 1947, S. 3. IDCPA, Katalognr. 230507, Sign. 26.3.8. Der Text wurde in nahezu identischer Form auch abgedruckt in Friedrich Lobe: 'מעשה בחייט' לקראת הצגת הבכורה ב'אהל' [‚Geschichte eines Schneiders‘. Vor der Premiere am ‚Ohel‘]. In: *Davar*, 27.06.1947, S. 7.

60 Segol: 'מעשה בחייט' ב'אהל' [‚Geschichte eines Schneiders‘ am ‚Ohel‘]. In: *Davar*, 18.07.1947, S. 5.

61 IDA: The Tailor of Groningen. In: *The Palestine Post*, 01.08.1947, S. 4.

62 מעשה בחייט [Geschichte eines Schneiders]. In: *Davar*, 09.07.1947, S. 1.

Glücklich über den Erfolg der Aufführung wollte die Ohel-Leitung ein weiteres Drama aus der Feder von Jan de Vriess aufführen. Lobe erfüllte die Mission und zwei Jahre später kam die sommerliche Gesellschaftskomödie *Seide und Brot* zur Aufführung. Auch dieses Mal gründete die Komödie auf einer Handlung aus Betrug und Verkleidung und den unerwarteten Folgen. Eine entlegene Kleinstadt in Frankreich 1835. Der Großvater der Familie Pateau bezieht weiter Rente vom Staat, obwohl er seit fünf Jahren im Jenseits weilt. Als ein Kontrolleur kommt, muss schnell jemand gefunden werden, der seinen Platz einnimmt. Die Verhältnisse verstricken sich, als sich der Kontrolleur in die Enkelin des lebenden Toten verliebt. Hinzu kommen Entdeckungen über Verbrechen in der Vergangenheit vor dem Hintergrund gesellschaftlicher Konflikte, die die Beziehungen der Figuren noch weiter verkomplizieren. Wie es scheint, lag dem Verfasser vor allem daran, sein Publikum zu unterhalten, und tatsächlich gehörte die Aufführung zu den erfolgreicheren des Theaters. Die Kritiker waren geteilter Meinung. Die meisten lobten die Aufführung, lehnten aber das Drama selbst ab, andere meinten, das Stück sei eine gute Komödie, dessen sozialen Aussagen aber die Hülle fehle. Ein berechtigter Einwand angesichts der Tatsache, dass der soziale Aspekt kein integraler Bestandteil, sondern eine Art Zusatz war, vielleicht sogar ein Lippenbekenntnis gegenüber der Leitung des Ohel, das die Form von Parolen annahm wie „Wer sich satt isst, kann es sich erlauben, ein reines Gewissen zu haben."[63] Keysari, Theaterkritiker von *Ma'ariv*, verwarf alle Elemente der Aufführung.

> Brot haben wir gestern an Lobes Tisch nicht gegessen. Aber das ist sicherlich der Bescheidenheit geschuldet ... Aber schlimmer ist die Tatsache, dass auch die Spiele gefehlt haben. Denn über die gesamte Dauer der Aufführung hat man Schwierigkeiten festzulegen, ist es das Drama einer These, ein scharfes Sozialstück oder das Drama einer Lebensweise oder einfach nur eine Komödie, die kitzeln und erfrischen will. Also sie kitzelt nicht und erreicht nichts. Warum sucht „Ohel" – das israelische Arbeitertheater – seine theatralische Inspiration bei einem holländischen Stückeschreiber, der seinerseits seine Inspiration bei der französischen Bourgeoisie des Jahres 1835 gesucht hat ...[64]

Die Presse begann sich auch dafür zu interessieren, wer dieser erfolgreiche „holländisch Stückeschreiber" wohl sein möge, den außerhalb von Israel niemand kannte. Der Kritiker Y. M. Nayman schrieb in *Davar Ha-Shavu'a*: „Wer etwas Fantasie besitzt – mag erraten und annehmen, dass der sehr talentierte Mensch J. de Vriess vielleicht im Lande sitzt, unter uns, und dass der Verfasser der

63 F. Lobe: משי ולחם [Seide und Brot]. In: Programmheft zur Inszenierung am Ohel 1949, [S. 4]. IDCPA, Katalognr. 237678, Sign. 124.1.6.

64 Uri Keysari: לאחר מסך ראשון [Nach dem ersten Vorhang]. In: *Ma'ariv*, 28.06.1949, S. 3.

erfrischenden Komödien auch mit den Kritikern ein wenig Komödie spielt."[65] Als sich die Gerüchte verdichteten, trat Lobe an die Öffentlichkeit.

> Nachdem ein paar eifrige Journalisten den Schleier des Decknamens „de Vriess" gelüftet haben, möchte ich Ihnen hiermit zur Kenntnis geben, dass ein Dramatiker namens „de Vriess" niemals existiert hat. [...] Es gab spezielle Gründe, die mich dazu nötigten, ein Pseudonym zu benutzen. Unter dem Druck der vielfachen Beweise verkünde ich also: Ich bekenne und gestehe, dass meine eigenen Hände die Tinte zur Niederschrift der Dramen „Der Schneider von Groningen" und „Seide und Brot" vergossen haben.[66]

Drei Tage nach der Veröffentlichung des Eingeständnisses schrieb der Kritiker Y.M. Nayman einen entrüsteten Artikel über den „Merkwürdigen Präzedenzfall am Theater", in dem er Lobe die Irreführung der Theaterleitung vorwarf und der Theaterleitung wiederum, dass sie sich nicht die Mühe gemacht habe, die Fakten zu überprüfen, und so die Öffentlichkeit irregeführt habe. Aber seine Hauptkritik richtete Nayman gegen die israelische Gesellschaft.

> Im Land existiert die Gefahr von Snobismus, von Enthusiasmus über jedes Ding, das einen Schein von Ausland hat. Das Ursprüngliche kämpft, bis es akzeptiert wird, jeder fremde Sproß wird blinden Glaubens aufgenommen. In der Diaspora traten jüdische Schriftsteller häufig unter Pseudonym auf, in der geborgten Maske eines Edelmannes. Wo kommen wir denn hin, wenn sich auch bei uns im Land ein Schriftsteller seinen Platz heimlich und versteckt erkaufen muss, um am hebräischen Theater angenommen zu werden, indem er sich hinter einem holländischen oder türkischen Namen verbirgt?[67]

Lobe entschloss sich, Naymans Worte nicht unbeantwortet zu lassen. Drei Wochen später veröffentlichte er in derselben Zeitung seine Replik. Tatsächlich bestätigte Lobe darin Naymans grundlegende Kritik.

> Ich habe ein Pseudonym gewählt, um eine neutrale, gerechte Bewertung meiner Stücke sicherzustellen. Es ist nichts Neues, dass der Prophet nirgends weniger gilt als in der Heimat. Tatsächlich begegnet man Stücken, deren Ursprung im Kreis der Angestellten des lokalen Theaters liegt, von vornherein mit Zweifeln [...].[68]

Die Töchter

Nomi Rubel, die 1902 in Magdeburg geboren wurde, erregte 1932 Aufmerksamkeit, als ihr politisches Zeitstück *Odette. Ein Spiel für den Frieden*, das sich für eine deutsch-französische Versöhnung einsetzt, von der Liga für

65 Y.M. Nayman: 'משי ולחם' ב'אהל' [‚Seide und Brot' am ‚Ohel']. In: *Davar Ha-Shavu'a*, 08.07.1949, S. 13.

66 מעשה בשם [Das Werk eines Namens]. In: *Davar*, 06.09.1949, S. 4.

67 Y.M. Nayman: תקדים מוזר בתיאטרון [Merkwürdiger Präzedenzfall am Theater]. In: *Davar*, 09.09.1949, S. 4.

68 Friedrich Lobe: דה פריז – על שום מה [De Vriess – weshalb]. In: *Davar*, 30.09.1949, S. 6.

Menschenrechte an der Karl-Marx-Schule in Berlin aufgeführt wurde. 1934 kam sie nach Palästina und begann, in Haifa als Erzieherin zu arbeiten. Zugleich schrieb sie weiter Theaterstücke auf Deutsch. Das psychologische Drama *Die Töchter* handelt von den Auseinandersetzungen zwischen Familienmitgliedern, die aus Deutschland nach Palästina eingewandert sind. Die Hauptfigur befindet sich in einer ehelichen Krise und hat zwei Töchter, von denen eine adoptiert ist und sich benachteiligt fühlt. Vergleichsweise naiv wandte sich Rubel Ende 1938 an einen der Schauspieler des Ohel-Theaters, als dieses eine Aufführung in Haifa hatte. Dieser, Ben-Zion Silberg, las das Manuskript und sorgte dafür, dass Rubel eingeladen wurde, das Stück vor der Repertoire-Kommission des Theaters in Tel Aviv auf Deutsch zu lesen. Angesichts des Beifalls am Ende der Lesung ging sie davon aus, dass ihr Text zur Inszenierung angenommen werden würde. Auf den Rat einer Freundin hin zog sie mit ihrer Familie im Winter 1938/39 nach Tel Aviv, ins Zentrum des Theaterschaffens in Palästina. Hier fand sie Arbeit als Schreibkraft in Margot Klausners Bühnenverlag Moadim. Den Weg, den währenddessen ihr Drama beim Ohel zurücklegte, bis es schlussendlich nicht zur Aufführung kam, beschreibt Rubel in ihrem zweiten autobiografischen Roman aus der Sicht ihres Alter Ego Jardena:

> Trotzdem das Ohel noch keine Entscheidung traf, ihr Stück auf die Bühne zu bringen, läßt Margot sich davon nicht beeinflussen. Sie hat ihren eigenen Eindruck und sprach auch eingehend mit den Mitgliedern der Kommission, die Jardenas Lesung anhörten. Jardena hat sich nicht getäuscht. – Sie waren alle interessiert, ja bewegt, aber wie Reuwen [Jardenas Mann] können auch sie sich nicht von ihren Aversionen gegen alles Deutsche lösen. Sie sagen Margot aufrichtig, daß sie ihren Zuschauern einfach nicht zumuten wollen, sich stundenlang mit diesen Jeckes zu beschäftigen. Außerdem fehlt es an Schauspielern, die diese Rollen wirklich spielen könnren. Margot kann die Richtigkeit dieser Argurnente nicht leugnen.[69]

Der Streit um den Sergeanten Grischa

Aus den Protokollen der Leitung von Ohel lässt sich ablesen, in welchem Maße wirtschaftliche und administrative Erwägungen die Repertoirepolitik des Theaters beeinflusst haben. So wandte sich die Leitung an den jeckischen Dramatiker Arnold Zweig, um eine Adaption seines bekannten Romans aus dem Ersten Weltkrieg *Der Streit um den Sergeanten Grischa* (1927) zu inszenieren, der bereits 1930 in hebräischer Übersetzung erschienen war. Die Verhandlungen über die Aufführungsrechte wurden über Margot Klausner geführt, die als Leiterin des Bühnenverlags Moadim eine Reihe von Dramatikern gegenüber

69 Nomi Rubel: *Jardena. Die Geschichte eines neuen Lebens in einem alten Land*. Magdeburg: Block 1996, S. 362.

Theatern im In- und Ausland vertrat. Obwohl das Stück bereits zur Aufführung angenommen worden war, wurde Ende 1941 erneut darüber diskutiert. Im Sitzungsprotokoll vom 23. Dezember 1941 ist vermerkt: „Sergeant Grischa: Frau Klausner wird angewiesen, an Arnold Zweig zu schreiben, dass er das Stück zu einer kleineren Personenzahl hin verändern soll." Von Zweigs Antwort ist nichts bekannt, aber letztendlich kam das Stück nie auf die Bühne.

Jeckische Schauspieler auf der Bühne von Ohel

Anders als Habima war Ohel gegenüber jeckischen Schauspielern nicht hermetisch verriegelt, aber diese kamen dennoch so gut wie nie auf die Bühne. Der Grund hierfür ist verständlich, wenn auch nicht befriedigend. Das Kollektiv von Ohel setzte sich ausschließlich aus Pionieren zusammen, die aus Osteuropa stammten und die Moshe Halevi von ihren Arbeitsplätzen in der Landwirtschaft und im Straßenbau versammelt und – mit einem sozialistischen Zusatz – zu einem professionellen Ensemble nach dem Vorbild von Habima geformt hatte. Ein neuer Schauspieler, wie hervorragend er auch sein möge, der aus einer anderen Gesellschaft und Theatertradition kam, hätte die künstlerische und soziale Einheit des Kollektivs beschädigen können. Man weiß von vier Schauspielern, die vom deutschen Theater kamen und vergeblich versuchten, bei Ohel Aufnahme zu finden.

Avraham Sklarsch

Avraham Sklarsch wurde für eine kleine Nebenrolle in *Dantons Tod* engagiert, mit ziemlicher Sicherheit aufgrund seiner Bekanntschaft mit Lobe. Aus dem Lob der Kritik zu seiner Darbietung lässt sich schließen, dass er die Techniken anwandte, die er in Deutschland gelernt hatte und die frei von russischer Sentimentalität waren. Der Kritiker von *Do'ar Ha-Yom* schrieb:

> Auch die Talentierten von „Ohel" glänzten dieses Mal nicht. Alle redeten mit falschem Pathos, deklamierten und ein provinzieller Hauch umwehte die Darstellung. Die Ausnahme – der neue Schauspieler Sklarsch, der eine kleine Rolle hatte (Bürger 1), aber seine Figur hat sich mehr ins Gedächtnis gebrannt als die Hauptfiguren. Seine Stimme war natürlich und überzeugend. Seine Figur farbig und nuancenreich.[70]

Auch der Kritiker in *The Palestine Post* war ähnlicher Ansicht. „Es ist dem Ensemble nicht gelungen eine durchgehende emotionale Spannung zu halten, weil sie zwischen reiner Rezitation und einer Tendenz zum übertriebenen Spiel fluktuierten. [...] Sklarsch, obwohl nur in der kleinen Rolle eines Bürgers, muss

70 Homo: מות דנטון [Dantons Tod]. In: *Do'ar Ha-Yom*, 16.02.1934, S. 6.

gelobt werden."[71] Yuris, dem im Gegensatz zu anderen Kritikern die Aufführung gefallen hatte, führte aus, „dass Sklarsch als Bürger 1 die anonyme Rolle mit einer interessanten Herangehensweise und einer herausragenden Umsetzung, vor allem in der Artikulation, spielte."[72]
Als Schauspieler von Ohel ging Sklarsch von März bis Oktober 1934 mit auf Europa-Tournee, wo er als Ersatz für einen Schauspieler, der das Theater verlassen hatte, u. a. die Rolle des Nahum in *Jeremias* von Stefan Zweig bekam. Als die Truppe nach Palästina zurückkehrte, endete seine Arbeit am Ohel. Seine Bitten, wieder am Theater zu arbeiten, wurden abgewiesen. In der Leitungssitzung vom 28. Mai 1938 fand eine Diskussion über die „Aufnahme von Schauspielern" statt. Im Protokoll ist die Ansicht des Schauspielers Simcha Zechoval festgehalten, der meinte: „Wir müssen das Ohel erweitern. Nicht einfach eine neue Strömung, sondern ihm eine neue Nuance verleihen. Sklarsch zum Beispiel ist so ein Schauspieler, den es bei uns nicht gibt und den wir haben wollten. Nur dass er aus sozialen Gründen nicht passte." Man kann vermuten, dass diese ‚Begründung' eine Folge dessen war, dass Sklarsch für seine Rolle in *Dantons Tod* in der Presse lobend erwähnt worden war, während der Vergleich mit der Leistung der altgedienten Kollektivmitglieder für diese wenig schmeichelhaft ausgefallen war. Sklarsch kehrte nicht auf die Bühne des Ohel zurück.

Hermann Heuser

Nur wenige Monate nach seiner Ankunft in Palästina im Frühjahr 1934 stand Heuser bereits in den Einaktern von Schnitzler unter Lobes Regie auf der hebräischen Bühne. Die Besonderheit der Tatsache, dass ein aus Deutschland eingewanderter Schauspieler auf der hebräischen Bühne steht, wird in der Überschrift, die Manfred Geis seiner Besprechung in der *Jüdischen Rundschau* gab, noch betont: „Zwei Einakter von Schnitzler. Ohel – Ein Kulturbund-Schauspieler auf der hebräischen Bühne". Im Artikel selbst schreibt Geis:

> Zum erstenmal auf der palästinensischen Bühne begegnen wir dem Schauspieler Hermann Häuser [sic!], von seiner Tätigkeit in Deutschland und am Theater des Berliner jüdischen Kulturbundes her bekannt. [...] Man wünscht, Häuser sehr bald in einer Aufgabe zu begegnen, die der Entfaltung seiner zweifellos vorhandenen großen Fähigkeiten noch größere Möglichkeiten gewährt.[73]

71 Vivalet: At the Theatre. In: *The Palestine Post*, 18.02.1934, S. 7.

72 A. Sh. Yuris: מות דנטון [Dantons Tod]. In: *Davar*, 14.02.1934, S. 3.

73 Manfred Geis: Zwei Einakter von Schnitzler. Ohel – Ein Kulturbund-Schauspieler auf der hebräischen Bühne. In: *Jüdische Rundschau*, 31.08.1934, S. 10.

Die Aufführung weckte bei Publikum und Kritik großes Interesse und Heuser erhielt besondere Aufmerksamkeit. Y. Bar-Nehama meinte in seiner Rezension:

> Eine Überraschung und eine Errungenschaft ist der Schauspieler Hermann Heuser aus dem deutschen Theater. Ein Künstler mit fortgeschrittenen Mitteln und voller Beherrschung des schauspielerischen Handwerkszeugs. [...] Mit seinem ersten Erscheinen auf der Bühne füllte sich der Raum zwischen den drei seit dem Mittelalter vorhandenen Wänden mit Spannung – und das Publikum spürte sofort, dass sich ein Schauspieler von Talent und großem Können vor ihm befindet. Und dieser Eindruck wurde später im zweiten Einakter bestätigt und verstärkt, als er in einer völlig anderen Figur auftrat.[74]

Eine Woche zuvor hatte Lubrani ebenfalls in *Davar* noch die Wahl der beiden Schnitzler-Einakter angezweifelt, aber in diesem Zusammenhang angemerkt:

> Die Aufführung dieser beiden Einakter durch die Vereinigung für das ‚Ohel' hat vielleicht mit Blick auf Heuser eine Berechtigung, sie gibt ihm so die Möglichkeit, vor die Augen des eretz-israelischen Publikums zu treten. [...] Heuser, in der Rolle des Cyprianus war überragend. Wir haben sofort gespürt, dass vor uns ein kultivierter Schauspieler aus der deutschen Schule steht. Das bedeutet: Betonung der Artikulation und des individuellen Spiels. Diese Anschauung entspricht nicht der Atmosphäre des eretz-israelischen Theaters, bei dem alles auf das Kollektiv zielt. Aber es besteht kein Zweifel, dass Heuser bei uns aufgenommen und ‚Ohel' bereichern wird.[75]

Die Aufführung der Schnitzler-Stücke war keine Produktion von Ohel, sondern des Freundeskreises „Vereinigung für das Ohel in Palästina". Trotz des Erfolgs wurde die Aufführung nicht in das Repertoire des Theaters aufgenommen. Alle Mitwirkenden waren – bis auf Heuser – Schauspieler oder Lehrlinge von Ohel, die in diesem Rahmen weiterarbeiteten. In einer besonderen Diskussion bei der Leitungssitzung des Theaters am 15. Dezember 1934 über die Erweiterung des Kollektivs kam auch die Frage einer Aufnahme von Heuser zur Sprache.[76] Man entschied, das Kollektiv nicht zu erweitern, sondern neue Schauspieler nur an Stelle ausscheidender Mitglieder aufzunehmen. Da entsprechend dieser Vorgabe nur ein Platz zu vergeben war, sollte „die Leitung eine Mitgliederbefragung wegen [Zvi] Hermann und [Hermann] Heusner [sic!] durchführen."
Auf den ersten Blick bestand nicht die Notwendigkeit einer „Mitgliederbefragung", denn Zvi Hermann war vielleicht talentiert, aber noch jung und

74 Y. Bar-Nehama: מערכוני שניצלר [Schnitzler-Einakter]. In: *Davar*, 31.08.1934, S. 3.

75 E. Lubrani: שני מערכונים של שניצלר [Zwei Einakter von Schnitzler]. In: *Davar*, 26.08.1934, S. 2.

76 Es entbehrt nicht der Ironie, dass die beiden von Ohel Abgewiesenen, Sklarsch und Heuser, sich zwei Jahre später auf der Bühne des Te'atron Ivri Haifa trafen und in der hebräischen Inszenierung von *Othello* die Hauptrollen übernahmen (vgl. Kap. 6).

unerfahren, während „Heusner" ein professioneller Schauspieler mit viel Erfahrung war. Allerdings war Hermann ein Lehrling von Ohel, Heuser dagegen brachte eine andere, wenn nicht gegensätzliche Schauspieltradition mit. Die Wahl zwischen einem Lehrling des palästinensisch-russischen Theaters und einem Vertreter des deutschen Theaters war nicht leicht. In den folgenden Protokollen gibt es keine Berichte über die Durchführung einer Mitgliederbefragung. Eine Durchsicht der Besetzungslisten dieser Zeit und auch späterer Jahre lässt allerdings erkennen, dass keiner der beiden am Theater angenommen wurde.

Im Mai 1935, nach der Beendigung seiner Beziehungen zu Ohel, veröffentlichte Heuser einen Artikel über die Situation des hebräischen Theaters aus der Sicht eines aus Europa kommenden Theaterkünstlers. Der Artikel erschien nicht zufällig in *Haaretz* und nicht in *Davar*, dem Organ der Gewerkschaft, unter deren Schirmherrschaft sich Ohel befand.

> Mein Taktgefühl als Berufsgenosse hindert mich daran, hier kritische Bemerkungen zum Können, zur Regie, zu einzelnen Errungenschaften oder zum Repertoire zu machen, obwohl es nötig wäre, darüber eine Menge zu sagen. [...] Mir ist die Hauptsache wichtig: Die Theaterkunst in Palästina insgesamt, und hier muss man anklagen und nachweisen, wenn die Theaterkunst im Yishuv nicht davon gelöst wird, eine Institution zur Unterstützung einzelner Familien oder ein Monopol von einzelnen Kollektiven zu sein – so wäre es eine falsche Liebe, wenn wir trotz Lob und Dank nicht lauthals rufen: Dies ist nicht der Weg.[77]

Walter Bach

Der Schauspieler und Regisseur Walter Bach wirkte nur an einer einzigen Aufführung am Ohel mit. Über seine Vergangenheit in Deutschland ist – abgesehen davon, dass er 1932 in dem Spielfilm *Ein Auto und kein Geld* mitspielte – nichts zu erfahren. Seine erste Arbeit in Palästina war die Inszenierung der Operette *Die lustige Witwe* von Franz Lehár an der Eretz-Israelischen Volksoper (Premiere am 18. Dezember 1941). Als Schauspieler trat er zum ersten Mal im Juli 1949 in *Seide und Brot* auf der hebräischen Bühne auf. Der einzige Grund für das Engagement eines externen Schauspielers war aller Wahrscheinlichkeit nach das Fehlen eines Schauspielers im Ensemble, da parallel zu *Seide und Brot* auch Theodor Herzls Drama *Solon in Lydien* mit zwölf Mitwirkenden, die meisten davon langjährige Ohel-Mitglieder, und zusätzlichen Statisten gezeigt wurde. Möglicherweise erfolgte die Auswahl eines jeckischen Schauspielers auf Anregung von Lobe.

77 Hermann Heuser: תיאטרון בתוך תיאטרון [Theater im Theater]. In: *Haaretz*, 31.05.1935, S. 9.

Bach weckte trotz der kleinen Nebenrolle, die er spielte, die Aufmerksamkeit einiger Kritiker. Chaim Gamzu schrieb in *Haaretz*: „Bach ringt um Natürlichkeit in der Aussprache des Hebräischen und um Leichtigkeit des Spiels; seine Darstellung des Argos war trotz der Übertreibung interessant."[78] Dov B. Malkin meinte in *Al Ha-Mishmar*:

> Unser Freund der Regisseur trat als Schauspieler auf, wurde so zu einem, der die Handlung in Bewegung setzt, selbst zum Handelnden – und er ist ein hervorragender Schauspieler. [...] W. Bach kennt das Geheimnis der Mischung zwischen der äußeren Erscheinung des Schauspielers und den schauspielerischen Erfordernissen der Rolle und benutzte dies, um das Gewünschte zu erreichen. Diese Premiere war also – wenn ich mich nicht irre – die Premiere des Schauspielers W. Bach im Land, und sie war erfolgreich und der Erfolgreiche hat Glückwünsche verdient.[79]

Und auch Emil Feuerstein schloss sich in *Ha-Tsofe* den Lobeshymnen an.

> Zuallererst muss die Hinzufügung einer neuen Kraft zum hebräischen Theater lobend erwähnt werden: W. Bach, ein in Europa bekannter Schauspieler, der seit einigen Jahren im Land wirkt, trat in der Rolle des Journalisten Henry zum ersten Mal auf der hebräischen Bühne auf. Sein Spiel ist kultiviert, seine Aussprache ausgezeichnet.[80]

Trotz seines Erfolgs oder gerade deswegen wurde Bach nicht eingeladen, sich dem Ohel anzuschließen.[81]

Mario Kranz

Mario Kranz, ein Schauspieler und Regisseur aus Österreich, schickte einen Brief an das „Arbeitertheater Ohel Tel Aviv", in dem er darum bat, die Möglichkeiten für seine Anstellung am Theater zu überprüfen. In dem auf Deutsch verfassten Brief vom 25. Juni 1935 weist er darauf hin, dass er seit einem Jahr im Land ist und bereits erfolgreich als Schauspieler in zwei Produktionen des Te'atron Hadash aufgetreten. Er fährt mit völliger Offenheit fort: „Als Regisseur, und das ist mein eigentlicher Beruf, bin ich im Lande noch nicht hervorgetreten, da mir bisher niemand Gelegenheit hierzu gab. Ich bin politischer Fluechtling aus Oesterreich, bin hier beschäftigungslos."[82]

78 Chaim Gamzu: 'משי ולחם' ב'אהל' [Seide und Brot am Ohel]. In: *Haaretz*, 01.07.1949, S. 7.

79 Dov B. Malkin: לא משי ולא לחם, אבל – הצגה טובה [Weder Seide noch Brot, aber – eine gute Vorstellung]. In: *Al Ha-Mishmar*, 01.07.1949, S. 4.

80 E. Feuerstein: 'משי ולחם' ב'אהל' [‚Seide und Brot' am ‚Ohel']. In: *Ha-Tsofe*, 01.07.1949, S. 6.

81 In den 1950er Jahren spielte und inszenierte er an den Bühnen Matate, Li-La-Lu und Do-Re-Mi.

82 Mario Kranz an die Leitung des Ohel, 25.06.1935. Yehuda Gabbay Theaterarchiv, Sign. 089-07.

In seinem Brief machte Kranz vier Fehler, wie sie nur ein Jecke begehen kann. Erstens schrieb er ihn auf Deutsch und gab damit indirekt zu, dass es ihm schwerfällt, sich auf Hebräisch auszudrücken. Zweitens verweist er zwar auf seine Erfahrungen auf der hebräischen Bühne, aber diese beschränken sich ausschließlich auf seine Arbeit mit dem Regisseur Alfred Wolf, der zwei Jahre zuvor mit der Leitung des Ohel in Streit geraten war. Drittens beschreibt er seine Erfolge am Theater in Österreich, wo doch der Leiter des Ohel, Moshe Halevi, diese Theatertradition abstoßend fand. Viertens betont er, dass er zuallererst Regisseur ist – zu einem Zeitpunkt, zu dem Ohel keinerlei Bedarf für einen zusätzlichen Regisseur hatte, schon gar nicht noch einen Jecken. Im Yehuda Gabbay Theaterarchiv findet sich keine Kopie eines Antwortschreibens vonseiten des Theaters. Es ist nicht klar, weshalb sich Kranz nicht persönlich an Lobe gewandt hat, auch wenn ihm das vermutlich nicht viel genützt hätte. Es gelang Lobe nicht, Einfluss auf die Zusammensetzung des Ohel-Ensembles zu nehmen, d. h. die Aufnahme von deutschsprachigen Schauspielern am Theater zu bewirken.

Die Jeckes als Publikum von Ohel

Obwohl das Repertoire von Ohel sich nicht mit dem Schicksal der Jeckes befasste, weder in Europa noch in Palästina, versuchte das Theater einige Male, neues Publikum auch unter den Jeckes zu gewinnen, die das Hebräische noch nicht beherrschten, indem man Einführungsabende in deutscher Sprache veranstaltete. Offensichtlich war Lobe bei dieser Initiative ein aktiver Mitstreiter, der an den wenigen Abenden dieser Art, die dokumentiert sind, auch mitwirkte. Der erste Abend fand im November 1933 in der Baracke von Ohel auf Initiative der Tel Aviver Sektion der Vereinigung für das Ohel vor ungefähr 200 Zuhörern statt. Der Abend wurde mit zwei kurzen Vorträgen über das Theater in Palästina und über den Werdegang von Ohel eröffnet. Im Anschluss sprach Lobe über den Einfluss des Publikums auf die Arbeit des Schauspielers. Der Abend endete mit Ausführungen von Hermann Badt, einem ehemals hohen preußischen Regierungsbeamten, über die Wichtigkeit der Beteiligung der Einwanderer aus Deutschland an der Theaterarbeit.

An den beiden Berichten von dieser Veranstaltung lässt sich der Unterschied zwischen der lobenden Herangehensweise der Gewerkschaftszeitung an das gewissermaßen ‚eigene' Theater und der objektiv-jeckischen Sichtweise von Geis ablesen. Der Artikel im *Davar* endet mit einem Zitat aus der Rede von Badt: „So wie das ‚Ohel' der Einwanderung aus Deutschland viel geben kann, indem es ihr eine Nische von erfreulicher und lehrreicher Kunst schafft, so ist das ‚Ohel' auch auf den Einfluss dieser Einwanderung angewiesen, die sich durch das Niveau ihrer künstlerischen Bildung auszeichnet."[83] Geis dagegen beendete seinen Bericht in der *Jüdischen Rundschau* mit dem Verweis auf einen anderen Aspekt in Badts Äußerungen: „Er kam dem eigentlichen Zweck des Abends insofern am nächsten, als er im Gegensatz zu den anderen Rednern es nicht verschmähte, an den Aufführungen des ‚Ohel' jene Kritik zu üben, die ein Theater vorwärts bringt."[84]

Ob sich der Anteil der Jeckes im Publikum von Ohel infolge dieses Abends vergrößerte, ist nicht bekannt. So oder so, ein weiterer Abend mit derselben Absicht wurde erst drei Jahre später, im August 1936, veranstaltet, nicht auf Initiative von Ohel, sondern der Vereinigung der Einwanderer aus Deutschland.

> Um einen regen Kontakt zwischen den Einwanderern aus Deutschland, deren Hebräischkenntnisse jämmerlich sind, und dem Theater in Palästina herzustellen, hat die Vereinigung der Einwanderer aus Deutschland den Kontakt zum Ohel im Zusammenhang mit bestimmten Veranstaltungen gesucht und es wurde entschieden, vor jeder Premiere eine Feier von Vertretern der Vereinigung mit den Regisseuren von Ohel zu organisieren, bei der letztere vor dem Publikum über das Drama referieren, dessen Inhalt und Konflikte vorgestellt werden.[85]

Der zweite Abend widmete sich dem Drama *Der Kreidekreis* von Klabund nach Li-Hsing-Tao. Lobe las als Regisseur und Bearbeiter des Stücks den Text auf Deutsch. „Das Publikum lauschte mit Interesse und Genuss dieser Lesung, die sich durch die große Kunst des Schauspieler-Vorlesers auszeichnete."[86] Geis, der auch über diese Veranstaltung berichtete, fügte die folgende Bemerkung hinzu: „Es wäre außerordentlich zu begrüßen, wenn eine solche Veranstaltung zu einer ständigen Einrichtung vor jeder Premiere würde."[87] Wie viele von den Anwesenden sich anschließend die Mühe machten, die hebräische Aufführung zu besuchen, ist nicht bekannt. Vermutlich waren es nicht viele. Tatsache ist, dass sich entgegen der Hoffnungen von Geis Zusammenkünfte dieser Art nicht wiederholten. Es war die zweite und letzte Aktivität von Ohel zugunsten der Einwanderer aus Deutschland.

83 ה'אוהל' בחוג העולים הגרמנים [Das ‚Ohel' im Kreis der deutschen Einwanderer]. In: *Davar*, 22.11.1933, S. 3.

84 Manfred Geis: Palästinensisches Theater und deutsche Alijah. In: *Jüdische Rundschau*, 24.11.1933, S. 851.

85 התאחדות עולי גרמניה והתיאטרון העברי [Die Vereinigung der Einwanderer aus Deutschland und das hebräische Theater]. In: *Haaretz*, 09.08.1936, S. 3.

86 Ebd.

87 Manfred Geis: Theater – Premieren. In: *Jüdische Rundschau*, 06.11.1936, S. 13.

Abb. 22: Skizze von Emanuel Luftglas für das Bühnenbild von *Prosperity* am Ha-Matate, 1934.

4 Das Theater Ha-Matate – versorgt oder verspottet es die Jeckes?

Die Premiere des ersten Programms von Ha-Matate (Der Besen), dem „satirischen eretz-israelischen Theater“[1], fand am 18. April 1928 statt. Während auf den Bühnen von Ohel und Habima das Heilige vorherrschte, war Ha-Matate vom Profanen beherrscht oder genauer gesagt: von der Kritik des Profanen, die in Form von Programmen aus Sketchen und Liedern oder abendfüllenden Komödien in alltäglichem Hebräisch dargeboten wurde. Im Jahr 1933 veröffentlichte die Zeitung *Do'ar Ha-Yom* einen Artikel zum fünfjährigen Jubiläum des Theaters.

> Fünf Jahre „Ha-Matate“. Ein anregendes Datum voller Möglichkeiten. Ein Zeichen für den Reifeprozess des hebräischen Yishuv, für die Kraft einer gefestigten breiten Zuschauerschaft. Denn „Ha-Matate“ ist ein Theater der Massen und nur das ist sein Stolz. In Momenten ästhetischer Sehnsucht wendet sich der Zuschauer an „Habima“; wenn sich sein Herz nach sozialen Bemühungen verzehrt, spült es ihn in die Vorstellungen des „Ohel“; aber wenn der Zuschauer sich auf sich selbst besinnen will, sich mit dem kollektiven „Ich“ verbinden will, das in ihm schlummert, ja dann strömt er zu „Ha-Matate“, wo er sich sicher sein kann, das Gewünschte zu finden; kein anderes Theater dient wie „Ha-Matate“ als getreues Barometer des Augenblicks und bringt die Empfindungen der Masse so feinfühlig zum Ausdruck.[2]

Als „getreues Barometer“ brachte Ha-Matate auch die Beziehung des Yishuv zu den Jeckes zum Ausdruck, die sich in der Realität wie auf der Bühne zwischen Sorge und Spott bewegte, je nach den Umständen und dem Standpunkt des Beobachters. In Bezug auf das Engagement jeckischer Theaterkünstler war

1 התיאטרון הסטירי הא״י war die offizielle Selbstbeschreibung des Theaters. Vgl. die Anzeige הערב הפרימיירה [Heute Abend Premiere]. In: *Davar*, 18.04.1928, S. 4.

2 Homo: המטאטא' בחג החמש' [‚Ha-Matate‘ am fünften Geburtstag]. In: *Do'ar Ha-Yom*, 19.10.1933, S. 3.

Ha-Matate, relativ gesehen, die offenste unter den hebräischen Bühnen. Im zur Debatte stehenden Zeitraum zwischen 1932 und 1948 wurde hier die größte Anzahl ursprünglich auf Deutsch von Jeckes in Palästina verfasster Stücke aufgeführt, vier jeckische Regisseure inszenierten insgesamt sechs Produktionen und fünf Schauspielerinnen und Schauspieler aus dem deutschen Kulturkreis traten bei Ha-Matate auf.

Figuren von Jeckes auf der Bühne von Ha-Matate

Figuren von Jeckes bildeten nur einen vergleichsweise kleinen Teil in der Gesamtmenge der zahllosen Figuren aus dem hebräischen Yishuv, die auf der Bühne von Ha-Matate auftraten. Nur in neun von 49 Programmen, die von 1932 bis 1948 aufgeführt wurden, finden sich Figuren von Jeckes. Von den zwölf Komödien, die in dieser Zeit aufgeführt wurden, befassten sich nur fünf mit dem Leben in Palästina, aber in keiner davon gab es die Figur eines Jecken oder einer Jeckete.

Ha-Matate hatte sich schon vor Hitlers Machtantritt mit den Nöten der deutschen Juden beschäftigt. Mit dem Beginn der fünften Aliya wurden sowohl die Nöte des Yishuv als auch die der Jeckes, die aus der Begegnung der beiden Seiten resultierten, auf die Bühne gebracht. Aus der Art und Weise der Charakterisierung jeckischer Figuren auf der Bühne von Ha-Matate lässt sich die Gefühlswelt des Yishuv gegenüber den Jeckes ablesen. Das erste Programm, in dem Figuren von Jeckes auftauchen, wurde von Einwanderern aus Osteuropa geschrieben. Erst später stießen auch jeckische Schreiber zu den Verfassern der Programme hinzu, und die Figur des Jecken war aus ihrer Sicht eine gänzlich andere als aus der Perspektive ihrer Vorgänger.

Die Figur des Jecken aus der Sicht osteuropäischer Einwanderer

Die Mehrheit des hebräischen Yishuv verfolgte die Ereignisse in Deutschland ab Beginn der 1930er Jahre mit großer Sorge. Noch vor Hitlers Ernennung zum Reichskanzler reagierte Ha-Matate auf die politische Entwicklung in seinem 28. Programm (Premiere am 6. Oktober 1932) mit dem Sketch „Kashe lehiyot Nazi“ (Nazi sein ist schwer), der mit dem Geständnis eines deutschen Juden beginnt: „Wenn ich an die Türen klopf‘ / sind alle mir verschlossen, / darf lernen nicht noch arbeiten / auch leben ist verboten. / Der einz'ge Ausweg heißt: / Nimm deinen Stock und geh‘. / Wie schwer ist es dem Juden, / ein Jude noch zu sein!“ Es zeigt sich jedoch, dass es noch viel schwerer ist, ein Nazi zu sein. Hitler selbst prüft einen Kandidaten. Die Bedingung, die dieser erfüllen soll, ist, stark zu sein, um „Juden zu schlagen, Fenster zu zertrümmern und zu brüllen *Juden raus*! Er soll nicht mit Juden verhandeln und nichts benutzen, das die Hand eines Juden berührt hat." Der zukünftige Nazi ist trotz aller Überzeugung nicht in der Lage, diese Bedingung zu erfüllen. Er verspricht Hitler, sich mit Hilfe der Psychoanalyse zu stärken. Aber Hitler lehnt diesen Schritt ab, denn „die Psychoanalyse hat der Jude Sigmund Freud erfunden." Darauf der Nazi: „*Mein Gott*! Aber mein Kopf, mein Kopf schmerzt mich, mein Herr, darf ich denn eine Tablette Vermidon nehmen?" Hitler: „*Ausgeschlossen*, das Vermidon ist eine Erfindung eines Juden aus Breslau." Der neue Nazi sucht einen anderen Weg, um sich stärker zu machen: „Aber ich brauche doch Heldenmut. Also nehme ich Kokain!" Hitler: „Bloß nicht! Das Kokain hat der Jude Salomon Stricker erfunden!" Der Nazi: „Mein Herr, meine Zähne klappern. Ich glühe. Vor lauter Angst hat mich das Fieber erwischt. Vielleicht gehe ich und lasse mir Salvarsan spritzen? Das ist ein Mittel gegen Fieber." Hitler: „Verboten! Das Salvarsan hat der Jude Ehrlich erfunden." Darauf der Nazi am Rande der Verzweiflung: „Was soll ich also machen? Ich möchte ein richtiger Nazi sein. Ich möchte schreien! Ich möchte der ganzen Welt im Radio verkünden ..." Aber auch dies erweist sich als unmöglich, da das Radio auf einer Erfindung des Juden Heinrich Hertz basiert. Und so kommt der Nazi auf der Bühne von Ha-Matate zu dem Schluss „Alles haben die Juden erfunden, / alles geht zum Teufel. / Oh, warum soll ich leben, / frage ich voll Not. / Nazi sein ist wirklich schwer, / ich wäre lieber tot!"[3]

Mit Hitlers Machtübernahme und dem Sichtbarwerden der vollen Grausamkeit des ‚Dritten Reiches' war kein Platz mehr, um Hitler lächerlich zu machen oder zu verspotten. Die Pfeile der Satire sind bekanntermaßen auf denjenigen gerichtet, bei dem noch die Möglichkeit der Besserung besteht. In diesem Sinne und mit diesem Ziel wurden von diesem Moment an die Pfeile der kritischen Satire ausgerechnet auf die Opfer des Nazi-Regimes gerichtet, auf die Jeckes, die nach Palästina kamen.

Das erste Programm, in dem Figuren von Jeckes auf der Bühne von Ha-Matate auftauchen, war zugleich das erste Programm, das von Yitzhak Nozyk verfasst und inszeniert wurde. Nozyk war ein Satiriker und Regisseur des jiddischen Theaters in Polen, der extra von Ha-Matate nach Palästina gebracht worden war und dort für fast zwei Jahrzehnte die doppelte Rolle eines Hausdramatikers und -regisseurs übernahm. Die Premiere des 31. Programms *Lekh Lekha* (Geh hinfort) von N. Yitzhaki (Pseudonym von Yitzhak Nozyk) in der Regie von

3 Emanuel Harusi: קשה להיות נאצי [Nazi sein ist schwer], 4. Bild im 28. Programm. IDCPA, Katalognr. 226687, Sign. 56.3.5. Kursiv gesetzte Passagen sind im hebräischen Original auf Deutsch.

Yitzhak Nozyk fand am 15. Mai 1933 statt. In dieser Zeit kamen die ersten Einwanderer aus Deutschland nach Palästina. Der Begriff „Jecke" war im Yishuv und auf der Bühne von Ha-Matate noch nicht üblich, und die Figur des Einwanderers aus Deutschland wird im Text und auf der Bühne als „der Deutsche" bezeichnet. Es verwundert nicht, dass der aus Osteuropa stammende Dramatiker und Regisseur Nozyk lächerliche und abstoßende „Deutsche" schuf.

Den Hintergrund für die Handlung von *Lekh Lekha*[4] bildet die Übernahme des öffentlichen Raums in Palästina durch die Einwanderer aus Deutschland. „Und die Einwanderer aus Deutschland Kindern gleich / schließen Frieden mit Sarona.[5] / Glückwunsch! Kein Hebräisch mehr im Land, / die offizielle Sprache ist nun Deutsch." Dies war eine scharfe Anklage gegen die Jeckes, und offensichtlich waren nicht alle Schauspieler damit einverstanden. In der Akte zur Aufführung im Nachlass des Schauspielers Jan Timen, der das Eröffnungslied sang, aus dem diese Verse stammen, finden sich noch zwei weitere, aus jeckischer Sicht etwas entschärfte Versionen, in denen auch den Alteingesessenen des Yishuv „Verdeutschung" und Scheinheiligkeit vorgeworfen wird. „Im deutschen Staat schlägt man die Juden / und bei uns läuft ein deutscher Film. / Das Publikum protestiert lautstark / und geht nach einer Weile selbst Karten kaufen." bzw. „Weh den Juden im deutschen Staat / doch bei uns – bitteschön – deutsche Filme. / Unser Publikum ist sehr empört / und geht dann heimlich Karten kaufen."[6]

In Tel Aviv herrscht Wohnungsmangel. Diese Tatsache nutzt ausgerechnet ein Ortsansässiger aus, der einige Häuser besitzt und die Mieter loswerden will, die Schwierigkeiten haben, die Miete aufzubringen, um die Wohnungen dann zu astronomischen Preisen an Deutsche vermieten zu können. Die wohlhabenden Deutschen ihrerseits würden moderne Geschäfte einrichten und so den Wert der Wohnungen steigern: „Vergessen Sie nicht, mein Herr, dass wir Ihr Haus in etwas erster Güte verwandeln werden. Luxus à la Berlin! Alle Kosmetikprodukte der besten deutschen Firmen."[7] Der Hausbesitzer arbeitet dabei nicht nur mit dem Deutschen Adolf Gutler zusammen, sondern auch mit dessen Schwester Susanne. Er hat kein Mitleid mit seinen gegenwärtigen Mietern und erhöht ihnen die Miete, um sie zu vertreiben.

4 Der Originaltitel לך לך ist ein Verweis auf die Aufforderung Gottes an Avraham, seine Heimat zu verlassen und ins Gelobte Land zu ziehen (vgl. Gen 12,1).

5 Sarona lag damals östlich von Tel Aviv und war eine landwirtschaftliche Siedlung der protestantischen Templer, von denen nicht wenige Nationalsozialisten waren. Heute befindet sich an der Stelle ein Wohn- und Geschäftsviertel sowie das israelische Verteidigungsministerium.

6 N. Yitzhaki (Yitzhak Nozyk): 31. Programm לך לך [Geh hinfort]. IDCPA, Katalognr. 226741, Sign. 15.1.9.

7 Ebd.

> Es gibt in der Welt kein Gesetz, dass es uns verbietet, für unsere Wohnungen die Summe zu verlangen, die wir zu verlangen für nötig halten... Allein in unseren Händen liegt das Recht, den Preis für unser Eigentum festzulegen! Die Einwanderung nimmt zu! Wie gut und angenehm! Gemeinsam mit der Einwanderung [aliya] kommt auch die Steigerung [aliya] der Wohnungsmieten. Es lebe die Aliya![8]

Zuletzt kommt die Geschichte zu einem ‚Happy End', als sich Susanne in einen eretz-israelischen Busfahrer verliebt, ihre Pläne zur Gründung einer Kette von Schönheitssalons aufgibt, zu Shoshana wird und den lokalen Bewohner heiratet. Es ist ihr zukünftiger Mann, der die moralische Botschaft der Aufführung formuliert: „In unserem Land im Allgemeinen und in unserer Stadt im Besonderen brauchen wir die Wohnungen für uns, für das arbeitende Volk, für die Erbauer des Landes."[9] Der enttäuschte Wohnungsbesitzer fasst ironisch zusammen: „Die Deutschke ist verdorben!"[10] Jenseits des Witzes kann man erkennen, dass nach Auffassung des Dramatikers der oder die Deutsche, bevor sie „verdorben" werden, taktlose Egoisten sind, die einen schlechten Einfluss auf die Alteingesessenen des Yishuv ausüben.

Trotz des harmonischen Endes dieser Geschichte treten auch im folgenden 32. Programm von Ha-Matate *Bi-Mhera Be-Yamenu* (Rasch in unseren Tagen, Premiere am 26. September 1933), ebenfalls von Nozyk verfasst, prominent „Deutsche" auf, die noch „unverdorben" sind und sich im neuen Heimatland nicht zugehörig fühlen. Der erste Satz des „Deutschen" im Programm lautet: „Also was, Tel Aviv – Berlin? Wenn in Berlin die Jugend singt ‚Berlin, ach Berlin'... dann haben sie etwas, wovon sie singen können!"[11] Während eines Streits mit einem Bewohner Tel Avivs über den Stellenwert der ersten hebräischen Stadt verkündet der Deutsche: „Ich möchte eine deutsche Zeitung kaufen. Es heißt, die Schwester von Hitlers Großmutter sei eine Jüdin aus Galizien gewesen, vielleicht wird Hitler sich jetzt, aus Ehrfurcht vor seiner Großtante, erheben und sein Herz den Juden im Guten zuwenden und ich kann nach Berlin zurückkehren."[12] Zu Beginn des zweiten Sketches gibt der Deutsche dann bekannt: „Es gibt keinerlei Hoffnung! Man schreibt, es habe sich endgültig herausgestellt, dass Hitlers Großtante keine Jüdin aus Galizien war, sondern zu einhundert Prozent Arierin. Und nun gibt es keinerlei Hoffnung. Nun müssen wir in Palästina bleiben."[13]

8 Ebd.

9 Ebd.

10 Ebd.

11 N. Yitzhaki (Yitzhak Nozyk): 32. Programm במהרה בימינו [Rasch in unseren Tagen]. IDCPA, Katalognr. 228772, Sign. 35.1.6.

12 Ebd.

13 Ebd.

Es fällt schwer, in der Figur dieses Deutschen aus der Feder von Nozyk stereotype Charakterzüge zu entdecken, die im Laufe der Zeit zum Erkennungszeichen der Jeckes wurden. Nozyks Deutscher ist ein Klatschmaul und ein Schwätzer, der jeden Blödsinn ernst nimmt. Das Einzige, was ihn interessiert, ist die Tatsache, dass er im Land Israel bleiben muss, obwohl er gehofft hatte, nach Deutschland zurückzukehren.
Die – nicht gerade als Kosename verwendete – Bezeichnung „Jecke" für die Einwanderer aus Deutschland taucht auf der Bühne von Ha-Matate zum ersten Mal am 16. Januar 1934 auf, und zwar in dem ebenfalls von Nozyk verfassten 33. Programm mit dem ironischen Titel *Ahava! Ahava! Ahava!* (Liebe! Liebe! Liebe!). In dem Sketch „Shkhunat-Hap" (Das Schluder-Viertel) treten Neueinwanderer aus verschiedenen Ländern auf, die alle obdachlos sind. Sie finden heraus, dass es in Tel Aviv viele freie Flächen gibt, deren Besitzer das Land verlassen haben. Es beginnt ein regelrechtes Wettrennen und jeder schnappt sich ein Stück Land, um darauf eine Hütte zu errichten. Der eine steckt einen Stock in die Erde, der andere stellt ein Möbelstück auf und einem gelingt es sogar, eine komplette Wand herbeizuschaffen und aufzustellen. Nur für den Deutschen bleibt nichts übrig, weil er nicht zugreift, sondern begreifen will.

Deutscher: *Aber sagen Sie doch, was ist es denn? Hier?* Wie viel Meter nimmt ein jeder? *Sagen Sie doch*, wie viel Meter? (holt ein Metermaß heraus)
Pole: Jecke, mach uns nicht verrückt mit deinem Meter!
Galizianer: Verschwinde Jecke! Genug herumgejeckt!
Russe: Lauf nicht mit deinen Maßstäben herum.
Deutscher: Aber wie geht das ohne *Ordnung*? Wie viel Meter für jeden Menschen? *Pro* Kopf?[14]

Die Wohnungsnot im hebräischen Yishuv betraf auch die Jeckes. Im Mittelpunkt des 36. Programms, das am 18. Dezember 1934 auf die Bühne kam, steht die tragisch-komische Konfrontation zwischen Dr. Friedrich Kant, einem jeckischen Einwanderer, und Frau Baltsya Krasnopolska, einer Alteingesessenen, die aus Polen stammt, im Kampf um die Eigentumsrechte an einem Grundstück in der Spinozastraße 15 in Tel Aviv, auf dem ein neues Gebäude entsteht, das entweder Herrn Dr. Kant oder Frau Krasnopolska gehört. Der Konflikt ist letztlich das Ergebnis eines Missverständnisses, das aus den Mentalitätsunterschieden zwischen den Vertretern des westlichen und des östlichen Judentums resultiert, und wird durch die fehlende Ordnung in den öffentlichen jüdischen

14 N. Yitzhaki (Yitzhak Nozyk): 33. Programm !אהבה !אהבה !אהבה [Liebe! Liebe! Liebe!]. IDCPA, Katalognr. 227412, Sign. 56.4.4. Kursiv gesetzte Passagen sind im hebräischen Original auf Deutsch.

Einrichtungen und dem völligen Unverständnis der britischen Verwaltung für die Belange des hebräischen Yishuv noch verstärkt. Der Titel der Vorstellung, die von dem aus Russland stammenden Hillel Avihanan geschrieben und von dem aus Polen stammenden Yitzhak Nozyk inszeniert wurde und deren Handlung das Ergebnis von privater wie öffentlicher Unordnung ist, passt zu einem satirischen Theater. Das Programm heißt *Ha-Kol Be-Seder* (Alles in Ordnung).

Dr. Kant, der Vertreter der Jeckes, zeichnet sich in der Auseinandersetzung durch übertriebene Selbstsicherheit und vor allem durch mangelhafte Hebräisch-Kenntnisse aus, sodass seine Worte – selbst wenn sie berechtig sind – ihn zum Gespött machen. Ähnlich ist auch die Figur eines weiteren Jecken gestaltet, die Nozyk erdichtet und inszeniert hat. Im Sketch „Do'ar Ha-Yom Ve-Do'ar Ha-Layla" (Tagespost und Nachtpost) im 37. Programm (Premiere am 25. Mai 1935) begegnet man einigen Bewohnern von Tel Aviv, die zu Opfern der Unzuverlässigkeit der Post geworden sind. Alle sind verbittert, und wie üblich findet jeder für sich einen Weg, die Post auszutricksen und sein eigenes Problem zu lösen. Im Gegensatz dazu versucht die Figur des „Deutschen" nicht, clever zu sein, um sein persönliches Problem zu lösen, sondern analysiert – in stark von Deutsch durchsetztem Hebräisch – das Phänomen und macht einen Vorschlag zur Effektivierung, von der alle profitieren.

> Ach, es ist schrecklich. In einem Land der *Kultur*, der *Zivilisation* gibt es so etwas nicht. Drei Mal bin ich schon zu spät für die *Luftpost* gekommen. Nur einen kleinen Zettel brauche ich. Das *„par avion"*. Und die ganze Woche komme ich zum *Postamt* und sehe eine *außergewöhnliche* Schlange. Es ist ganz unmöglich, zum Fenster zu kommen ... Aber das *Postamt* muss mehr Arbeiter nehmen. So eine Stadt. Jeden Tag gibt es neues *Publikum*. Man braucht mehr *Abteilungen. Donnerwetter*![15]

Auch nach mehr als einem Jahrzehnt der Arbeit in Palästina fuhr Nozyk fort, seine stereotypen Jecke-Figuren durch mangelnde Hebräisch-Kenntnisse, die übertriebene Verwendung der deutschen Sprache, Hartnäckigkeit, Willensstärke, überzogene Bürokratie und fanatischen, auch vom eigenen Nachteil nicht zu erschütternden Glauben an Ordnung zu charakterisieren. Im 64. Programm *Aliya Pnimit* (Innere Einwanderung), das am 18. Januar 1944 Premiere hatte, steht ein Jecke in der Schlange bei der Krankenkasse.

> Jecke: *Ja, ja*, Fräulein. *Geben Sie mir eine* Nummer zum Arzt.
> Rivka: Für welchen Arzt?

15 N. Yitzhaki (Yitzhak Nozyk): 36. Programm חג לידע [Fest des Wissens]. IDCPA, Katalognr. 226743, Sign. 15.1.9. Kursiv gesetzte Passagen sind im hebräischen Original auf Deutsch.

Jecke: *Ja*, eigentlich *brauchte ich* einen Chirurgen. Aber *die Leute* haben mich so verärgert, dass ich schon zum Nervenarzt muss.

Rivka: Für den Nervenarzt gibt es keine Nummern mehr.

Jecke: Aber *Menschenskind*. Gestern ging es nicht zum Chirurgen, vorgestern nicht zum Internisten und heute schon nicht mehr zum Nervenarzt. Man kann *hier in Palästina* noch *ganz* verrückt werden. (verlässt mit einem Schrei die Reihe) Aber *ich muss doch sofort einen Doktor haben*! (will wieder zurück in die Reihe)

Arbeiter: Verzeihung, Sie sind aus der Reihe gegangen. Jetzt bin ich dran.

Jecke: *Ja, ja, Sie haben Recht. Ordnung muss sein*, aber hier gibt es doch gar keine *Ordnung*.[16]

Dieses „Ordnung muss sein" war auch in der Realität ein Erkennungszeichen der Jeckes. Ob Hillel Avihanan im letzten Sketch des 56. Programms (Premiere am 11. Februar 1941) den realitätsfernen Jecken verspotten oder gerade dessen Selbstachtung loben wollte, muss offen bleiben. Die Situation ist eine Chorprobe

Dirigent: Also fangen wir an! Sind alle gekommen?

– : Beinahe!

– : Walter, der Würstchenverkäufer?

Walter: Ist nicht da.

Dirigent: Aber du bist doch hier!

Walter: Verzeihung, ich bin nicht Walter, der Würstchenverkäufer – ich bin Dr. der Philosophie.[17]

Die Figur des Walter war keine Erfindung. Jahrelang stand auf dem Mugrabi-Platz in Tel Aviv der Wiener Opernsänger Fritz Gerstmann, der seinen Lebensunterhalt mit dem Verkauf von heißen Würstchen bestritt.

Nicht alle Schriftsteller osteuropäischer Herkunft verspotteten die Jeckes. Eine der Ausnahmen war der Dichter Nathan Alterman, der das Theater Ha-Matate in den Jahren 1933 bis 1944 mit Liedern versorgte. Wie die Mehrheit des hebräischen Yishuv verwies auch er auf die Pedanterie, die Unterwerfung unter die Ordnung, und die Sturheit, vorhandene Gewohnheiten nicht zu ändern, um in der neuen gesellschaftlichen Umgebung aufgenommen zu werden. Bereits im August 1934 veröffentlichte Alterman in seiner wöchentlichen Kolumne *Skitsot Tel-Aviviyot* (Tel Aviver Skizzen) in der Tageszeitung *Davar* den Text „Smoking" – die Beschreibung des Publikums einer Premierenvorstellung im

16 N. Yitzhaki (Yitzhak Nozyk): פרו ורבו או אידיליה בקופת חולים [Seid fruchtbar und mehret euch oder Idylle bei der Krankenkasse], 1. Bild im 64. Programm עליה פנימית [Innere Einwanderung]. IDCPA, Katalognr. 228929, Sign. 35.1.5. Kursiv gesetzte Passagen sind im hebräischen Original auf Deutsch. Die Einfügungen der teilweise grammatisch fehlerhaften deutschen Wendungen erinnert eher an Jiddisch.

17 Hillel Avihanan: מקהלה [Chor], 9. Bild im Programm אי שם ... אצלנו [Irgendwo ... bei uns]. IDCPA, Katalognr. 229291, Sign. 16.4.8.

eretz-israelischen Theater. Der Saal ist bis auf den letzten Platz besetzt und weil es eine heiße Sommernacht ist, sind die Zuschauer nur mit dem Nötigsten bekleidet, manche sogar mit einem Pyjama. Im Publikum sitzt nur ein Jecke, er trägt einen Smoking, wie er es noch von Theaterpremieren in Deutschland gewohnt ist. Zur Ironie in Altermans Beschreibung gesellt sich ein gewisses Maß an Empathie, die in der letzten Strophe dann auch direkt zum Ausdruck kommt.

> Premiere um neun, die Reklame verspricht
> man kann Träume ganz nahe erleben.
> Welche Seele strömt da nicht zum Rampenlicht,
> dem festlichen Abend entgegen.
> Wer sitzt stumm im Saale und wartet nur,
> rundum Sprachgewirr bis zur Decke,
> er blickt auf die Bühne, er blickt auf die Uhr,
> – ein Jecke.
> Es gibt keine Schleppen am Abendkleid,
> Krawatten gibt's nicht an den Krägen,
> nur er trägt den Smoking, zum Opfer bereit,
> und erwartet dafür keinen Segen.
> Im Saal ist es schwül, und er bleibt Mann von Welt,
> leidet still und ganz ohne Drama,
> es ist nur ein Glück, dass ihm niemand erzählt,
> weiter vorn sitzt ein Jud' im Pyjama.
> Doch der Smoking ist schwarz, feierlich und bekennt:
> Die Premiere soll Ehrfurcht erwecken!
> Wie liebte ich dich in diesem Moment,
> oh Jecke, Sohn eines Jecken.[18]

Knapp drei Jahre später hatte sich Altermans Blick auf die Jeckes völlig verändert. Für die Purim-Feier von Ha-Matate im Jahr 1937 schrieb er das Lied *Purim Purimato* zur Melodie des französischen Chansons *Je cherche après Titine*. In der zweiten Strophe von Altermans Lied wird der Jecke in einem neuen Licht dargestellt: „Ordnung an allen Ecken: / der Honig ist im Gläschen / der Wein, der ist im Fässchen / und der Verstand im Jecken."[19] Ein weiteres Jahr später schrieb Alterman zwei Lieder für das 46. Programm *Hozrim Be-Tshuva* (Umkehrer, Premiere am 3. September 1938). In der 11. Nummer, dem Chanson „Karussell", tauchen Einwanderer aus verschiedenen Ländern auf, von denen jeder einzelne seine Erwartungen an das Land Israel vor einem

18 A.N. (Nathan Alterman): סקיצות תל-אביביות ט"ו – סמוקינג [Tel Aviver Skizzen 15 – Smoking]. In: *Davar*, 22.08.1934 (Abendbeilage), S. 2. Deutsche Übersetzung von Susanna Stern.

19 Nathan Alterman: פורים פורימאטו [Purim Purimato]. http://www.zemereshet.co.il/song.asp?id=277&artist=36 (Zugriff am 08.12.2015).

Abb. 23
Josef Ochsenberg als „Deutscher Jude" im 46. Programm von Ha-Matate *Hozrim Be-Tshuva* (Umkehrer), 1938. Zigarettenbild aus dem Sammelalbum *Bama Ivrit* (Hebräische Bühne) der Firma Maspero Bro. Ltd., Tel Aviv 1939.

Clown ausbreitet, der den hebräischen Yishuv darstellt. Folgende Worte legt Alterman dem Jecken in den Mund: „Schauen Sie sich einmal um – / dieser Ort ist wenig neu. / Und nun sagen Sie mir, bitte, / wo ist hier der Judenstaat. / Dort errichten wir Motoren, / riesige Maschinen – und / eine produziert Doktoren / und die zweite Würste satt."[20] In den Worten spiegelt sich die Kritik der osteuropäischen Juden an der ‚Viereckigkeit' und fehlenden Spontaneität des Jecken, bei dem jede Handlung der Planung bedarf und ihre Ausführung jener Genauigkeit und Ordnung, die den Jeckes nachgesagt wurde. Dann aber folgt auf die übliche ironische Charakterisierung des Jecken sein Hilferuf und Alterman lässt ehrliche Sorge um das Schicksal derjenigen erkennen, denen es nicht gelungen ist, aus Deutschland zu fliehen: „Großbritannien kommt verspätet – / meine Uhr geht auf den Punkt. / Und in Deutschland hofft ein Flüchtling, / dass er hierher fliegen kann –"[21]
Voller Empathie für das Schicksal des Jecken lässt Alterman die zynische, ausweichende Reaktion des Yishuv in Gestalt des Clowns folgen:

> Wozu fliegen, es brennt nicht, es brennt nicht!
> Noch ein Momentchen, nicht langsam, nicht schnell!
> Für Millionäre gibt's auch jetzt Platz,
> aber die kommen dort nicht raus!

20 Nathan Alterman: לאט-לאט, זה לא בוער! [Langsam, es brennt nicht!], 11. Stück im 46. Programm חוזרים בתשובה [Umkehrer]. IDCPA, Katalognr. 228375, Sign. 26.1.9.
21 Ebd.

Und der Flüchtling wandert von Tor zu Tor –
es hilft ihm im Normalfall nicht!
Auch die Welt fordert Gewissen – doch es ist vergangen!
Verständlich, denn dies ist die Zeit des Übergangs!
Wie auch immer, einerlei![22]

Der Yishuv – und nicht die Figur des Jecken – sind hier Gegenstand der Kritik des Dichters und des Theaters.

Dieser andere Blickwinkel auf den Jecken kommt in demselben Programm auch in dem Lied „Ani Ba-Mizrah Ve-Libi Ba-Ma'arav" (Ich bin im Osten und mein Herz im Westen) zum Ausdruck, ein Duett zwischen einem jemenitischen Mädchen und einem jeckischen Jungen. Es war Tradition von Ha-Matate, dass fast in jedem Programm eine jemenitische Sängerin auftrat, die in biblischer Sprache über die Landschaften und die Menschen des Landes Israel sang. Der Jecke dagegen, dem es nicht gelungen ist, sich im Lande niederzulassen und die Sprache zu beherrschen, behilft sich mit deutschen Wörtern. In diesem Fall – anders als in früheren Programmen – ist gerade sie es, die wegfahren oder sogar nach Europa fliegen möchte, während er nichts als im Land bleiben will ...

Sie: Ein neuer Brauch kam jüngst ins Land, oh Mama,
in jedem Jahr, in jedem Jahr, oh Mama,
hübsche Kleider und bunte Koffer
Koffer und Fahrkarten erblühen hier.
In die Ferne, heraus, nur heraus,
mein Herz ruft und wir rennen!

Er: He, Menschenskind, he Kind eines Menschen,
ich bin eben von dort geflohen.
Hast du denn kein Seitenstechen?
Was willst du in Karlsbad?
Hast du sonst keine Sorgen, Rina?
Weshalb rennst du denn nach Wien![23]

Inwieweit die Umkehrung der üblichen Charakterisierung der Figuren des Jecken und der Jemenitin einen Wandel in der eretz-israelischen Gesellschaft widerspiegelte oder ob es sich lediglich um einen ironischen Theatertrick handelte, der die traditionellen Sichtweisen der beiden Figuren auf der Bühne von Ha-Matate verkehrte, muss offen bleiben.

22 Ebd.

23 Nathan Alterman: אני במזרח ולבי במערב [Ich bin im Osten und mein Herz ist im Westen], 9. Stück im 46. Programm חוזרים בתשובה [Umkehrer].

Die Figur des Jecken aus der Sicht jeckischer Dramatiker

Anfang 1937 stieß mit Martin Rost der erste Jecke zu den Schreibern der Programme und Komödien für Ha-Matate und knapp zwei Jahre später, Ende 1938, mit Sammy Gronemann der zweite. Die beiden unterschieden sich sowohl in den Schreib- als auch in den dramatischen Techniken, derer sie sich bedienten. Rost entnahm seine Figuren vorgeblich dem täglichen Leben, allerdings überzeichnete er sie in der Tradition der Farce bis ins Absurde, sodass auch die Ereignisse, in die diese Figuren verwickelt wurden, überraschend und komisch gerieten. So machte er zum Beispiel im 42. Programm *Kulanu Amkha* (Wir sind alle einfache Leute, Premiere am 9. März 1937) aus einem schwarzen Sänger einen jeckischen Hazan (Kantor).

Gronemann, der von Beruf Jurist war, brachte die Wirklichkeit ohne jeden Versuch von Verzerrung oder Übertreibung auf die Bühne. Der komische Aspekt bestand bei ihm hauptsächlich in der Auswahl von Situationen, in denen sich die Figuren auf absurde Weise missverstehen. So zum Beispiel im mit aller Ernsthaftigkeit ausgetragenen Konflikt zwischen einem jeckischen Opernsänger, der gezwungenermaßen als Kantor für die hohen Feiertage arbeitet, und einem britischen Richter, der die Qualität seines Gebets beurteilen soll, in dem Sketch „Ma Inyan Goy Etsel Hasenes?“ (Was hat ein Goi mit der Hazanut zu schaffen?) im 47. Programm *Ham ve-Kar* (Heiß und kalt, Premiere am 16. November 1938). Im Gegensatz zu Rost, der seine berufliche Karriere als Schauspieler am Theater begonnen hatte – also an jenem Ort, der vom Künstler verlangt, die Wirklichkeit zu manipulieren –, war Gronemanns Hauptbeschäftigung das Justizwesen – ein Bereich, bei dem es darum ging, die tatsächlichen Absichten der Figuren, die er vor Gericht vertrat, zu verstehen. Während Gronemann als Anwalt Missverständnisse ausräumte, erschuf er sie als Dramatiker mit voller Absicht.

Beide Dramatiker waren bereits in Deutschland literarisch tätig gewesen und setzten ihr Schreiben in Palästina fort. Obwohl sie jedoch beide einen jüdischen und zionistischen Hintergrund hatten, gelang es ihnen nicht, sich das Hebräische in dem Maße anzueignen, das für eine literarische Tätigkeit nötig gewesen wäre. Ihre Dramen, die sich mit dem Leben in Palästina befassten, schrieben sie auf Deutsch, und es lag in der Verantwortung der Theaterleitung, deren Übersetzung für die Aufführung zu bewerkstelligen.[24] Die Verfasser hatten keinen Einfluss auf die Qualität des Endprodukts in Form des hebräischen Textes, der

24 Auf dieselbe Weise verfuhren die Theater auch mit den übrigen jeckischen Dramatikern dieser Zeit, deren Dramen auf Deutsch eingereicht und nach Annahme zur Aufführung ins Hebräische übersetzt wurden.

dem Publikum präsentiert wurde. Zu ihrem Glück kamen die beiden bei Ha-Matate in den Genuss der Dienste des Dichters Nathan Alterman, der manches Mal den Humor aus dem deutschen Original in der Übersetzung noch sprachlich verbesserte und verschärfte.
Trotz des künstlerischen Erfolgs bei Ha-Matate (und im Fall von Gronemann auch bei Ohel und Habima) war die finanzielle Lage der beiden Dramatiker erbärmlich. Beide konnten von den Einkünften als Dramatiker nicht leben. Rost gründete zur Sicherung seines Lebensunterhalts gemeinsam mit seiner Frau einen Betrieb für die Schnitzerei von Miniatur-Holzpuppen und Gronemann trat als Conférencier bei deutschsprachigen Kleinkunstabenden auf.

Die Figur des Jecken bei Martin Rost

In den Jahren 1937 bis 1943 wurden am Theater Ha-Matate fünf abendfüllende Programme aus der Feder von Martin Rost sowie eine Komödie und vier Sketche, die in verschiedenen Programmen eingefügt waren, aufgeführt. Die Figur des Jecken bei Rost ist weit von der entfernt, die die osteuropäischen Dramatiker erschufen. Bei ihm weiß der Jecke sich durchzusetzen und ist kein Sonderling, wie ihn etwa Nozyk gestaltet hat. Mehr noch, auch wenn die unaufhörlichen Versuche des Jecken (so wie auch Rosts eigene), im hebräischen Yishuv aufgenommen zu werden, scheitern, ist er dennoch bemüht, sich als Teil der eretz-israelischen Gesellschaft zu fühlen, und wird deshalb nicht zum Verschwörer oder Ausbeuter. Wenn sich der Jecke bei Rost entschuldigt, so entspringt dies nicht einer Schwäche, sondern der Rücksichtnahme auf sein Gegenüber, das anders ist. So entschuldigt sich Dr. Königsberger zu Beginn der Szene „Am Ha-Sefer" (Volk des Buches) im 59. Programm *Otsar Ayekha?* (Schatz, wo bist du?, Premiere am 23. Dezember 1941), als er eine Buchhandlung betritt:

> Ich erlaube mir … ich erlaube mir … Mein Herr, es stört Sie doch nicht, nicht wahr? Es stört Sie doch nicht? Wenn ich Bücher vor mir sehe, wem gleiche ich dann? – einem alten Kavalleriepferd, das die Ohren beim Schall der Trompete aufstellt; ich gehe vorbei und sehe Bücher … oh Bücher! Welten! Zeiten! Schätze![25]

Das 50. Programm *Me-Hodu ve-ad Kush* (Von Indien bis Afrika, Premiere am 1. August 1939) spielt in Jerusalem in der Zeit der Rückkehr aus dem babylonischen Exil unter der Führung von Ezra und Nehemia. Unter den Einwanderern ist auch ein Jecke, und Rost rechnet mithilfe der naiven Figur mit der Gesellschaft ab, in die er selbst gekommen ist.

25 Martin Rost: אוצר איך? [Schatz, wo bist du?]. IDCPA, Katalognr. 227659, Sign. 37.1.3.

Abb. 24: *Me-Hodu ve-ad Kush* (Von Indien bis Afrika) am Ha-Matate, August 1939.

Shimshon: Mein Name? Oh Gott! Mein Name? Den sage ich nicht.

Gelb: Na, na, ich muss deinen Namen wissen. Für die Gesundheitsstatistik.

Shimshon: Aber für meinen Namen habe ich Prügel bekommen.

Gelb: Von den Persern?

Shimshon: Nicht von den Persern und nicht von den Ammonitern, sondern von den Juden! Mein Name ... mein Name ... aber du tust mir nichts Böses? Nein. Mein Name ist Weißbuch. Siegfried Weißbuch. Aus dem babylonischen Exil bin ich ins Land der Teutonen gekommen und von dort ins Lande Judäa eingewandert.

Gelb: Weißbuch ... ah, pardon. Und warum änderst du deinen Namen nicht? Wenn Gott dich so gestraft hat?

Shimshon: Ich habe ihn geändert. Ich heiße jetzt Shimshon. Shimshon Weißbuch. Aber trotzdem stecke ich Prügel ein.[26]

Rosts Neigung, die Wirklichkeit ins Absurde zu ziehen, brachte einige merkwürdige Jeckes-Figuren auf die Bühne. Die Handlung von *Kulanu Amkha* basiert auf dem Haavara-Abkommen zwischen Vertretern des Yishuv und der deutschen Regierung, mit dessen Hilfe die Auswanderer aus Deutschland einen Teil ihres Besitzes nach Palästina hinüberretten konnten. Bei Rost dient

26 Martin Rost: מהודו ועד כוש [Von Indien bis Afrika], 6. Bild בשוק [Auf dem Markt]. IDCPA, Katalognr. 229620, Sign. 37.1.3.

das Abkommen jedoch nicht zur Überführung von landwirtschaftlichem Gerät oder Industrieerzeugnissen, sondern zur Überführung von zwei Juden aus Deutschland nach Palästina. Da das Publikum im Yishuv etwas Außergewöhnliches wollte, werden ein schwarzer Hazan (Kantor) und seine Frau „herübergebracht". Die Angelegenheit wird kompliziert, als die Frau im Moment der Ankunft verschwindet und sich herausstellt, dass sie gar keine Schwarze war, sondern eine jeckische Pionierin, die sich auf diese Weise ein Einreisezertifikat verschafft hat. Der schwarze Kantor feiert unterdessen große Erfolge und weckt damit den Neid der Kantorenvereinigung. Und das ist erst der Anfang...

Im 44. Programm *Hayinu Ke-Holmim* (Als ob wir träumten, Premiere am 30. November 1937) benutzt Rost die Technik der doppelten Umkehrung. Der Vertreter der deutschen Juden im zukünftigen jüdischen Staat ist August Müller, kein Jude, sondern ein Deutscher, der stellvertretende Vorsitzende der Gewerkschaft der Shabbes-Gois, Leiter vom „Zentralverein jüdischer Staatsbürger deutschen Glaubens", Abteilung Sarona. Um Entweihungen des Schabbat zu verhindern, muss Müller jeden Freitag den gesamten Staat kaufen und ihn nach Schabbat-Ausgang wieder an seine jüdischen Besitzer zurückgeben, natürlich gegen gutes Geld.

Eliezer Lubrani schrieb in seiner Kritik zu *Hayinu Ke-Holmim*: „Die Vorstellung war gut, eine der großartigsten in ‚Ha-Matate'. Diese Auszeichnung geht vor allem auf die Rechnung des Verfassers – M. Rost. Er hat theatralisches Gespür und ist reich an Bühnenfantasie." Gleich darauf folgt jedoch die Einschränkung: „Wäre er stärker mit unserem Leben in Palästina verbunden – sicher hätten wir aus ihm noch mehr Nutzen ziehen können."[27] Auch Uri Keysari eröffnete seinen Artikel mit Komplimenten: „Herr Rost hat Talent für Literatur und Bühne. Er kennt das Theater. Er beherrscht die Situationen, spürt die Kleinigkeiten und weiß, wo man die Replik platzieren muss." Doch für Keysari sind die anfänglichen Komplimente nur das Sprungbrett für einen scharfen Verriss: „Aber Herr Rost denkt nicht auf Hebräisch ... Und was noch schlimmer ist: Er denkt nicht auf Eretz-Israelisch."[28]

Im 57. Programm *Ha-Neshek Ha-Sodi* (Die Geheimwaffe, Premiere am 15. April 1941) treten drei verschiedene Jeckes auf, die jeweils auf unterschiedliche Weise auf die Geheimwaffe reagieren, eine Maschine, die die Leute zum Lachen bringt. Der erste ist Krusenberg, vielleicht der dramatischste und am ehesten zu Herzen gehende unter allen Jeckes von Rost.

27 Eliezer Lubrani: היינו כחולמים [Als ob wir träumten]. In: *Davar*, 03.12.1937, S. 9.

28 Uri Keysari: המטאטא מציג: 'היינו כחולמים ...' [Ha-Matate präsentiert: ‚Als ob wir träumten ...']. In: *9 Ba-Erev*, 09.12.1937, S. 4.

> Ich habe meinen Ohren nicht getraut. Lachen in diesen Zeiten? Ach könnte ich doch. Ach könnte auch ich lachen. Auch ich würde es wollen. Seht ihr, seit sieben Jahren habe ich nicht gelacht. Seit – in Deutschland. Ihr wisst doch. Ich kam gerade noch heraus, Gott sei Dank! Ich könnte lachen, aber meine Tochter blieb dort. Sie hat man nicht herausgeholt. Könnte ich denn lachen?[29]

Dem zweiten Jecken gab Rost nur einen einzigen Redepart, in dem sich der Charakter des Jecken konzentriert:

> Hier spricht Dr. Rosenkranz, Mitglied im Rat der Einwanderer aus Deutschland und Österreich. Natürlich war ich im Theater. Ob ich gelacht habe? Was für eine Frage. Ich habe zwar nicht ein halbes Wort verstanden und dennoch kugelte ich mich vor Lachen. Was sagst du? Eine Waffe gegen uns – diese Lachmaschine? In Gottesnamen![30]

Der dritte Jecke ist Dr. Ehrenfeld:

> Ein Fahrer? Ich sei ein Fahrer?! Verzeihung, das heißt… von einem gewissen Standpunkt aus vielleicht schon. Ich fahre zwar kein Auto, aber ich führe das Schicksal der Einwanderer aus Deutschland und Österreich. […] Ich stehe, weil du mich nicht bittest, mich hinzusetzen. Und ich bin nass, weil es draußen regnet. Strömender Regen. Mit einem Mal wie aus Eimern – ist das Ordnung? Ich frage euch! Es ist die eretz-israelische Ordnung. Neun Monate lang nicht ein Tropfen Wasser und drei Monate lang Flut. Ist das Ordnung?[31]

Die Figur des Jecken bei Sammy Gronemann

In allen Werken von Sammy Gronemann, die von Ha-Matate aufgeführt wurden – einem vollständigen Drama und sechs Sketchen –, taucht nur einmal die Figur eines Jecken auf, der infolge seiner Naivität in Schwierigkeiten gerät. Der Held des Sketches „Ma Inyan Goy Etsel Hasenes?" ist der Neueinwanderer Zvi Kaduri, der in Deutschland Harold Knaidler hieß, dort Opernsänger war, gelegentlich als Hazan (Kantor) gearbeitet hat und nun in Palästina arbeitslos ist. Gegen seinen Willen lässt er sich als Vollzeit-Kantor anstellen. Im Sketch verklagt er die Leitung der Synagoge, die ihn als Kantor für die Hohen Feiertage engagiert hat, ihm aber nur die Hälfte des vereinbarten Lohns bezahlt hat. Gronemanns Jecke ist naiv und derartig stur, dass er nicht bereit ist, den grundlegenden Unterschied in der Auffassung des Gebets bei den deutschen und den osteuropäischen Juden zu erkennen. Zudem hat der englische Richter keine Ahnung von dem Gegenstand und versteht noch nicht einmal Hebräisch.

> Der Richter: (zuckt mit den Schultern) Man kann nichts verstehen. Hast du den Gesang gehört?

29 Martin Rost: הנשק הסודי [Die Geheimwaffe], 2. Teil. IDCPA, Katalognr. 229621, Sign. 37.1.3.

30 Ebd., 2. Zwischenszene.

31 Ebd., 4. Teil.

Berl: Den Gesang? Der Gesang war überhaupt nicht schlecht, aber es war keine Hazanut.

Der Richter: Schon wieder! Was ist das?

Berl: Niemand hat geweint, niemand hatte den Wunsch zu beten. Ich hatte den Eindruck, das Publikum will applaudieren, ganz wie im Konzert.

Kaduri: Aber, Euer Ehren, bei uns in Deutschland ist das der höchste Gipfel des Gebets. Ich habe eine kulturelle-moderne Mission erfüllt, wie der Rabbiner, der eine Rede hält anstelle einer Predigt.[32]

Jeckische Dramatiker über nicht-jeckische Themen

Die dramatischen Texte von drei Jeckes wurden bei Ha-Matate aufgeführt: Martin Rost, Sammy Gronemann und Friedrich Lobe. Alle drei schrieben auf Deutsch und wurden von zwei der besten Übersetzer der Zeit ins Hebräische übertragen, den Dichtern Nathan Alterman und Lea Goldberg.

Zu Beginn seiner Zusammenarbeit mit Ha-Matate, im Programm *Kulanu Amkha*, entschied sich Rost, weder Jeckes im Speziellen noch Neueinwanderer im Allgemeinen auf die Bühne zu bringen, sondern die Alteingesessenen des Yishuv. Die Reaktion der Kritiker war gemischt. Lea Goldberg lobte:

> Eine neue Nuance in den Inhalten von Ha-Matate. Man will etwas aus dem Rahmen der festgelegen Typen ausbrechen, der in den letzten Jahren zur Tradition geworden ist. Eine Art Erweiterung des Horizonts. Dafür stand Ha-Matate das Können des Verfassers Rost und des Regisseurs Rosenheim zur Verfügung: Beide bemühten sich, hier eine Art europäische „Angemessenheit" einzuführen und hatten sichtlich Erfolg damit.[33]

Keysari sah allerdings gerade darin einen schweren Makel.

> M. Rost, der von außerhalb zu uns gekommen ist, hat in seiner Kleiderkammer viel von der Kultur des Westens mitgebracht. [...] Will sagen, das neue Programm von Ha-Matate strotzt vor Fremdheit. Größtenteils, und gerade in seinen guten Passagen, könnte es auf allen möglichen Bühnen aufgeführt werden. Wenn man die guten Teile des Programms ohne jede Veränderung auf den Bühnen von Wien, Paris oder Konstantinopel aufführen wollte – der Erfolg wäre derselbe wie in Tel Aviv. Es zeigt sich, dass Herr Rost, wenn er unser eretz-israelisches Leben zur Satire machen will, zunächst im eretz-israelischen Leben involviert sein sollte. Herr Rost hat diese Fortbildung noch nicht gemacht. Und daher steigt Fremdheit von diesem Programm auf und durchdringt es.[34]

32 Sammy Gronemann: מה עניין גוי אצל 'חאזאנעס' [Was hat der Goi mit der ‚Hazanut' zu schaffen], Hebräisch von Nathan Alterman. In: *Bama* 163, Band 35 (2001), S. 29–39.

33 Log: במות – 'כולנו עמך' במטאטא [Bühnen – ‚Wir alle sind dein Volk' am Matate]. In: *Davar*, 16.03.1937, S. 8.

34 Uri Keysari: 'המטאטא' – הצגת בכורה: 'כולנו עמך' – מ. רוסט [‚Ha-Matate'. Premiere: ‚Wir alle sind dein Volk'. M. Rost]. In: *9 Ba-Erev*, 18.03.1937, S. 10.

In Rosts zweiter Arbeit für Ha-Matate, dem 44. Programm *Hayinu Ke-Holmim* wird die Reaktion des Yishuv auf den Vorschlag der Teilung von Palästina zwischen Juden, Arabern und Briten, den die britische Peel Commission ausgearbeitet hatte, gezeigt. Schon im ersten Bild wird die Absurdität der Teilung des Landes hervorgehoben, indem die Grenze mitten durch eine Wohnung verläuft und die Bewohner voneinander trennt.

Dan: Ich stehe hier … und dort meine Braut …
Rivka: Weh ist mir! Ich stehe hier … und dort mein Mann.
Mendel: Und ich stehe hier … und dort mein Partner … und wir werden uns nie wieder vereinigen können?
Tom: Sie stehen auf der Erde des arabischen Königreichs, meine Herren! Und sie hier – in der jüdischen Republik.
Dan: Und wenn ich zu meiner Braut will?
Morris: Damn!! Und wenn ich zu meiner Frau will?
Tom: Also dann musst du eine Erlaubnis bekommen, um die Grenze zu überqueren.
Alle: Aber das ist doch … aber das ist doch … ist doch … unmöglich!
Tom: Oh … es ist möglich! Nach dem Teilungsplan des Landes, der von der königlichen Kommission vorgeschlagen wurde und von dem Beamten der Mandatsregierung für Jerusalem und die heiligen Stätten in der Umgebung umgesetzt wird.[35]

Keysari änderte seine Meinung nicht:

> Da wir wiederholen müssen, was wir bei anderen Anlässen gesagt haben: Es reicht nicht, Humor von außen an das Land anzupassen. Wir wissen den Import von Humor durchaus zu schätzen. Aber ein eretz-israelischer Gegenstand muss auf Eretz-Israelisch geschrieben werden. Und dafür muss man ihn auf Eretz-Israelisch denken und fühlen.[36]

Am 29. April 1948 fand in Tel Aviv die Premiere des 72. Programms *Medinatenu She-Tihye* (Es lebe unser Staat) statt, das eine Bearbeitung und Aktualisierung von Rosts zehn Jahre zuvor entstandenem *Hayinu Ke-Holmim* war. Damals träumten die Schauspieler von Ha-Matate von einem zukünftigen Staat und nun erfüllt das satirische Theater seine Aufgabe und warnt vor den Gefahren und Versuchungen, die den Führern des neuen Staates begegnen können. Zwei Wochen später, am 14. Mai 1948, verkündete David Ben Gurion die Gründung des Staates Israel. Am dritten Tag nach der Staatsgründung fiel Martin Rost bei der Verteidigung Jerusalems.

Die Zusammenarbeit des Theaters mit Gronemann war kürzer als die mit Rost. Die Manuskripte von zwei Sketchen sind verloren gegangen, lediglich die

35 Martin Rost: היינו כחולמים [Als ob wir träumten], 1. Bild, S. 2. IDCPA, Katalognr. 226949, Sign. 35.1.5.

36 Keysari: '… המטאטא מציג: 'היינו כחולמים [Ha-Matate präsentiert: ‚Als ob wir träumten …'], S. 4.

Namen der Figuren sind im Programmheft erhalten geblieben, darunter waren jedoch keine jeckischen Namen. Drei weitere Einakter sind regelrechte Sketche, Situationskomödien, die auf Missverständnissen zwischen den Figuren – nicht unbedingt Jeckes – basieren. Die Hauptfigur in „Hovev Ha-Nisu'im" (Der Heiratsschwindler) bringt Frauen durch falsche Heiratsversprechen um ihr Geld, bis diese sich zusammentun und die Wahrheit aufdecken; in „Shod Le-Or Ha-Hoshekh" (Raub in helllichter Nacht) klärt ein Polizeibeamter einen Raub auf und macht gleichzeitig ein Kreuzworträtsel, was zu Verwicklungen führt; in „Gutenmut and Company" horten zwei Familien, die auf dem Schwarzmarkt handeln, Lebensmittel und werden von einem Dieb beobachtet, von dem sich herausstellt, dass er für eine der Parteien arbeitet …

Im Gegensatz zu Rost hat Gronemann – mit einer Ausnahme – nicht versucht, in seinen Stücken das Leben im Yishuv auf die Theaterbühne zu bringen. Er befasste sich nicht mit dem Lokalen und dem Aktuellen, sondern mit allgemein menschlichen Situationen, die sich an jedem Ort und zu jeder Zeit ereignen können. Hierfür erhielt er das Lob der Kritik, vielleicht gerade weil er nicht vorgab, über die Ereignisse in einer Gesellschaft zu schreiben, die er selbst noch nicht gut kannte.

> In den zwei Szenen beschränkte sich Gronemann nicht auf den Witz, sondern strebte nach einer kurzen dramatischen Handlung, die in dem beschränkten Rahmen doch als Einheit konstruiert war. Der literarische Geschmack und die Kenntnis des Theater zeichnen diese Teile aus. „Der Heiratsschwindler" ist allerdings eine Ausnahme bezogen auf die Aktualität des Programms. Dieser Frauenheld folgt sicher keiner inneren Notwendigkeit, wenn er sich ausgerechnet Tel Aviv als Betätigungsfeld aussucht.[37]

Und über „Gutenmut and Company" schrieb man: „Der theatralischste Sketch ist sicher der von Dr. Sammy Gronemann. Man spürt die europäische Theaterkultur sofort mit dem Aufgehen des Vorhangs. Sammy Gronemann ist der einzige bei uns, der es vermag, einen Sketch zu schreiben, der nicht vom Geruch des Dilettantismus umweht ist."[38]

Ha-Matate führte nur ein einziges vollständiges Drama von Gronemann auf. Die Komödie *Jakob und Christian* (Premiere unter dem leicht modifizierten Titel *Jakob oder Christian* am 11. September 1937) ist ein Stück über Antisemitismus und Vorurteile. Wie sich aus einem Brief erkennen lässt, den Gronemann in leicht fehlerhaftem Hebräisch am 4. Januar 1937 an Habima schrieb, war das Stück ursprünglich für Habima geschrieben worden: „Das Drama *Jakob und*

37 A. Z.: אורות באפלה [Lichter im Dunkel]. In: *Davar*, 21.08.1940, S. 3.

38 S. Shraya: ... כי תצא למלחמה [Weil du in den Krieg ziehst ...]. In: *Ha-Boker*, 14.11.1939 (Abendbeilage), S. 2.

Christian habe ich anfangs für ‚Habima' geschrieben. Aufgrund des mangelnden Interesses vonseiten ‚Habima' habe ich es auch anderen Theatern angeboten, und daher besteht keine Verpflichtung, es Ihnen zu überlassen."[39] Noch im selben Jahr kam das Stück auf der Bühne von Ha-Matate zur Aufführung.
Die Handlung spielt in den 1920er Jahren in Deutschland und ist das Resultat eines Ereignisses, von dem niemand etwas weiß: 30 Jahre vor Beginn der Dramenhandlung wurden ein jüdisches und ein christliches Kind am Tag ihrer Geburt miteinander vertauscht. Im Laufe der Jahre hat das nichtjüdische Kind alle von den Antisemiten einem Juden zugeschriebenen Merkmale entwickelt, während das eigentlich jüdische Kind die Merkmale eines Nichtjuden entwickelt hat. Im dritten Akt kommt der Irrtum ans Licht, doch dann wird klar, dass die Kinder ein zweites Mal vertauscht wurden, sodass der Jude Jude ist, der Nichtjude Nichtjude und der Antisemitismus Antisemitismus. Das Stück spielt in Europa, sodass es keine Figuren von Jeckes gibt, sondern von Deutschen und Juden mit deutscher Staatsbürgerschaft und am Ende ist völlig unklar, wer eigentlich wer ist.
Lea Goldberg und Manfred Geis lobten in *Davar* bzw. in der *Jüdischen Rundschau* die Vorstellung auf Hebräisch und auf Deutsch. Ausgerechnet die englische Tageszeitung *The Palestine Post* hieß den Erfolg der Aufführung beim Publikum nicht gut. Das Hauptargument war, dass Ha-Matate sein eigentliches Ziel verraten habe, nämlich „nicht nur verspotten um des Spotts willen, sondern um mit einem Scherz unsere Schwächen zu betonen. [...] ‚Jakob und Christian' ist eine gute Produktion und selbst wenn es weniger gut inszeniert worden wäre, hätte man es an eine der anderen Truppen weitergeben sollen. Matate muss sich mit ernsthafteren Komödien befassen."[40]
Ungefähr einen Monat nach der Premiere von Ha-Matate wurde das Stück unter seinem ursprünglichen Titel *Jakob und Christian* am Jüdischen Kulturtheater in Wien aufgeführt, das von jüdischen Schauspielern gegründet worden war, die aus Deutschland geflohen waren und hofften, in Österreich Zuflucht zu finden. Außerdem produzierte das Jüdische Nationaltheater in Warschau eine jiddische Fassung in der Übersetzung von Yosef Tunkel, einem unter dem Pseudonym „Der Tunkeler" bekannten Verfasser von Humoresken, die sich durch den Sprachwitz des gesprochenen Jiddisch auszeichneten. Regie führte der bis 1933 in Berlin tätige Carl Meinhardt.[41]

39 Sammy Groneman an Habima, 04.01.1937. IDCPA, Habima-Korrespondenz 1937, Sign. 82.3.

40 REB: At the Theatre. In: *The Palestine Post*, 17.09.1937, S. 9.

41 Weitere Inszenierungen fanden an deutschsprachigen Exil-Bühnen in Montevideo (Uruguay) im März 1941 und im September 1948 statt.

Ebenfalls auf die Bühne von Ha-Matate kamen zwei Texte des Regisseurs und Gelegenheitsdramatikers Friedrich Lobe. Der erste war ein kurzer Sketch, „Ha-Ikar Hi Ha-Kupa!" (Hauptsache, die Kasse stimmt!), ein komisches Verwechslungsspiel zwischen einer berühmten Sängerin und ihrer Schwester, der Sekretärin eines Theaters, das im 46. Programm *Ey Sham ... Etslenu* (Irgendwo ... bei uns, Premiere am 11. Februar 1941) aufgenommen wurde. Der Kritiker P. Azai behauptete, der Sketch sei nichts anderes als „eine Intrige, deren kindischer Charakter zu sehr hervorstach."[42]

Am 14. Februar 1950 fand dann in Tel Aviv die Premiere von *Egel Ha-Zahav* (Das goldene Kalb) statt. Der ursprüngliche Titel *Ha-Dolar She-Yihiye...* (Der Dollar, er lebe hoch...) deutete noch direkt auf den imaginären Millionär aus Amerika, der die Handlung vorantreibt. Offensichtlich mit dem Ziel, eine einfache Komödie als Gesellschaftssatire zu markieren, wurde der Titel in *Das goldene Kalb* geändert, eine biblische Referenz auf die Unterwerfung unter Geld und Besitz. Trotz des Untertitels „Eine Komödie aus dem Leben des Landes [Israel] in 3 Akten" ist das Drama, ebenso wie der Sketch und die beiden Komödien von Lobe, die unter Pseudonym am Ohel aufgeführt wurden, eine Verwechslungskomödie, die auf Missverständnissen beruht, die aus einem Identitätswechsel resultieren. Abgesehen von Namen und Begriffen aus dem Staat Israel des Jahres 1950 hätte *Das goldene Kalb* mit geringfügigen Änderungen in jedem anderen Land spielen können, das Millionären huldigt. Es ist merkwürdig, dass der Jecke Lobe sich nicht die Mühe gemacht hat, die Figur eines Jecken in das Stück einzubauen. Immerhin ist im Manuskript neben dem Namen eines der auftretenden Industriellen, Ben-Nathan, in Klammern die Bemerkung hinzugefügt „Typus deutscher Jude". In seinen Worten, seinen Handlungen oder der Beziehung der anderen Figuren zu ihm findet sich jedoch kein Hauch von ‚Jeckischkeit'. Für die Aufführung wurde der Name der Figur in Dr. Alfred Ben-Shemen geändert – immerhin der typische Vorname eines deutschen Einwanderers.

Der Kritiker von *Davar* verwies auf die Schwächen des Dramas.

> Lobe, der – mit verborgenem Namen – sein Talent für die europäische Komödie gezeigt hat, hat der aktuellen, eretz-israelischen Komödie kein Leben eingehaucht. [...] Es hat es nicht vermocht, das Originelle auf die Bühne zu bringen, sei es Lokalkolorit, nationale Typen, eretz-israelische Volkstümlichkeit. Die Typen waren wie kopiert, ohne gesellschaftliche Lebendigkeit, Maß und Charakter.[43]

42 P. Azai: המטאטא [Ha-Matate], Quelle unbekannt. IDCPA, Katalognr. 229291, Sign. 16.4.6.

43 A. Z.: עגל הזהב ב'מטאטא' [Das goldene Kalb am ‚Matate']. In: *Davar*, 24.02.1950, S. 6.

Man darf annehmen, dass der Grund hierfür in der Tatsache zu finden ist, dass es Lobe nicht gelungen war, sich mit dem Leben des Yishuv zu verbinden; er war darin ein fremder Spross geblieben und konnte es daher auch nicht in seinen Werken widerspiegeln. Und in der Tat, ungefähr ein halbes Jahr nach der Premiere von *Das goldene Kalb* stand Lobe schon wieder als Schauspieler auf einer Theaterbühne – in Wien.

Jeckische Regisseure bei Ha-Matate

Während Habima in den Jahren 1933 bis 1948 nicht einen jeckischen Regisseur engagierte, am Ohel Alfred Wolf nur eine Inszenierung verantwortete und Friedrich Lobe der einzige Jecke war, der über den gesamten Zeitraum immer wieder engagiert wurde, war Ha-Matate – mit Blick auf die Anzahl der über die Zeit engagierten jeckischen Regisseure – das offenste der hebräischen Theater. Von 55 Produktionen (43 satirische Programme und 12 Komödien), die in diesen Jahren von Ha-Matate aufgeführt wurden, wurden insgesamt sechs von vier verschiedenen jeckischen Regisseuren inszeniert. Während am Ohel das Repertoire mehr oder weniger durch den jeckischen Regisseur ausgewählt wurde, wählte man bei Ha-Matate den jeweiligen Regisseur nach den Erfordernissen des Repertoires.

Hans Otto Norden

Der Regisseur Hans Otto Norden kam 1933 nach Palästina, nachdem ein von ihm gegründetes, durch ganz Europa umherziehendes Theater aus jüdischen Schauspielern, die aus Deutschland geflohen waren, bankrottgegangen war. Die Leitung von Ha-Matate erachtete ihn als geeignet, das Ensemble bei einem mitteleuropäischen Stoff und in einem den Schauspielern unbekannten Stil anzuleiten. Am 3. August 1933 hatte die Operette *Das Land des Lächelns* von Franz Lehár unter dem Titel *Eretz Ha-Hiyukhim* in Tel Aviv Premiere. Die Entscheidung erwies sich als richtig.

> Die erste Operette, die von der Bühne für Operette und musikalische Komödie von Ha-Matate aufgeführt wurde – ‚Das Land des Lächelns‘ von Franz Lehár –, erhielt anerkennenden Beifall vom Publikum, das zur Premiere am Donnerstag in den Mugrabi-Saal gekommen war. Wenn man nach dem ersten ‚Empfang‘ urteilen will, so wird ‚Das Land des Lächelns‘ von der Öffentlichkeit in Palästina ebenso wohlwollend aufgenommen werden, wie es im Ausland aufgenommen wurde.[44]

44 תל אביב – הצגת הבכורה של 'ארץ החיוכים' [Tel Aviv. Premiere von ‚Das Land des Lächelns‘]. In: *Davar*, 06.08.1933, S. 5.

Für die Regieführung gab es einerseits Lob: „Einen großen Fortschritt kann man in der Regie sehen. Die Mittel waren nicht zahlreich, aber die Anordnung war mit gutem Geschmack gemacht und hatte etwas von einer Neuerung."[45] Andererseits gab es auch Kritik an der „etwas kühlen Regie von Herrn Norden".[46] *Das Land des Lächelns* blieb die einzige Regiearbeit von Norden in Palästina.

Benno Fränkel

Zwei Jahre später engagierte die Leitung von Ha-Matate erneut einen jeckischen Regisseur: Benno Fränkel. In diesen zwei Jahren hatte Fränkel erfolglos versucht, bei Ohel aufgenommen zu werden. Gleichzeitig inszenierte er Verdis *Rigoletto* an der Eretz-israelischen Oper und gründete ein eigenes Opernhaus – die Kammer-Oper – sowie ein eigenes Theater – Ha-Mesahakim (Die Schauspieler). Letzteres spielte nur eine einzige Produktion.

Am 3. September 1935 hatte das 38. Programm von Ha-Matate *Business* unter seiner Regie Premiere. Fränkel brachte den Geist des westlichen Theaters auf die Bühne, die bis dahin von der osteuropäischen Tradition beherrscht war. „Man muss ihm zwei Faktoren zugutehalten: die bühnentechnischen Möglichkeiten, die er geschaffen hat (zwei Drehbühnen) und die Errungenschaften im Bereich des Schauspielerischen: menschliche Gesichter und ein so durchdachtes Spiel, wie wir es bei den Leuten von Ha-Matate noch nicht gesehen haben."[47] Auch Manfred Geis lobte die Arbeit von Fränkel und fügte hinzu: „Sein weiteres Zusammenarbeiten mit der Truppe wird aufmerksam zu verfolgen sein."[48]

Tatsächlich gab es nur eine weitere Zusammenarbeit zwischen beiden Parteien und zwar im darauffolgenden 39. Programm *Shma Kolenu* (Höre unsere Stimme). Am Premierenabend, dem 21. Dezember 1935, erlebte das Publikum eine künstlerisch-technische Neuheit – die Kombination eines lebendigen Schauspielers mit seinem gefilmten Abbild, das neben ihn auf die Bühne projiziert wurde.

> Uns wurde auch eine Neuerung in der Konstruktion der Bühne geboten, eine Projektion (hoch lebe Herr Nathan Axelrod!), die sich mit dem Aufgehen des Vorhangs mit der Wirklichkeit vermengte. Man sah den gefilmten Mustafa, d. h. den Schatten von Mustafa, auf der Leinwand und direkt daneben sah man Mustafa in Fleisch und Blut.[49]

45 Menashe Rabinovits: ארץ החיוכים [Das Land des Lächelns]. In: *Davar*, 18.08.1933, S. 8.

46 אמנות ואמנים – 'המטאטא' מציג את 'ארץ החיוכים' [Kunst und Künstler. ‚Ha-Matate' zeigt ‚Das Land des Lächelns']. In: *Do'ar Ha-Yom*, 25.08.1933, S. 5.

47 Eliezer Lubrani: במות – 'ביזנס' [Bühnen – ‚Business']. In: *Davar*, 04.07.1935, S. 8.

48 Manfred Geis: Matatè: Palästinensische Komödie. In: *Jüdische Rundschau*, 01.10.1935, S. 6.

49 Uri Keysari: 'שמע קולנו' ב'המטאטא' [‚Höre unsere Stimme' in ‚Ha-Matate']. In: *Do'ar Ha-Yom*, 30.12.1935, S. 2.

Der Regisseur der Aufführung wurde von der Kritik gelobt.

> Dirigiert wurde die Vorstellung von unserem Freund Benno Fränkel, der ein weiteres Mal seine große Kraft und seinen ausgezeichneten Geschmack bewies. Es wäre in der Tat eine Sünde, die Talente dieses begabten Künstlers nicht in größerem Maßstab auszunutzen. Er weiß, wie man Situationen Leben einhaucht und wie man die Entwicklung einer Szene schrittweise herbeiführt. Es gibt bei Fränkel keine entgleisten Handlungen. Alles bei ihm ist bedacht und im Voraus fertig; aber über dieser dramatischen Architektur weht ohne Zweifel die Inspiration eines Regisseurs, eines Künstlers, der an sein Werk glaubt.[50]

Trotz des Erfolgs auch dieser Aufführung wurde Fränkel nicht noch einmal von Ha-Matate engagiert.

Richard Rosenheim

Richard Rosenheim wurde 1883 in Frankfurt am Main geboren und verbrachte seine Jugend in Prag, wo er später an der deutschen Karls-Universität Geisteswissenschaften studierte und als Redakteur für die deutschsprachige Zeitung *Bohemia* arbeitete. Von 1908 an wirkte er als Regisseur in Hamburg und Berlin. In den Jahren 1916 bis 1917 diente er als Soldat im Ersten Weltkrieg. Nach seiner Entlassung aus dem Militärdienst übernahm er die Leitung eines Theaters in Königsberg und führte außerdem in Berlin und Zürich Regie. Mit der Machtübernahme der Nationalsozialisten ging er zurück nach Prag, wo er als Zeitungsredakteur und Dozent an der Masaryk-Universität seinen Lebensunterhalt verdiente. In den Jahren 1934 bis 1937 hielt er sich in Palästina auf. In den ersten zwei Jahren arbeitete er hier als Schreiner in Rehovot. Anfang 1936 gründete er gemeinsam mit Benno Fränkel das Te'atron Ivri Haifa und wurde dessen künstlerischer Leiter. Trotz langfristiger Pläne musste das Theater noch im selben Jahr nach nur zwei Produktionen schließen.

Die erste Produktion von Ha-Matate, bei der Rosenheim Regie führte, war im März 1937 das 42. Programm *Kulanu Amkha*, das erste Stück von Martin Rost, das in Palästina zur Aufführung kam. Möglicherweise wandte man sich an ihn, weil die Leitung von Ha-Matate annahm, dass ein jeckischer Regisseur das Stück eines jeckischen Dramatikers am besten inszenieren könne. Rosenheims Inszenierung traf auf gemischte Reaktionen. Goldberg lobte den neuen Geist des mitteleuropäischen Theaters, den Rosenheim erfolgreich auf die Bühne von Ha-Matate gebracht hatte.

> Das Programm ist dieses Mal keine politische Satire, die Hauptsache besteht in der inneren „Selbstkritik". Es ist voller Typen und voller Farben. Alles ist sehr zart, ohne Geschrei, ohne Übertreibung. Besonders gelungen ist die Szene vom ‚Roten Haus'. Eine inszenierte

50 Keysari: 'שמע קולנו ב'המטאטא' [‚Höre unsere Stimme' in ‚Ha-Matate'].

> Verfolgung, die vollständig durch Bewegung ohne begleitenden Text gezeigt wurde, beweist die Bühnenkultur und das Verständnis für das Schauspielerische von R. Rosenheim.[51]

Dagegen urteilte Keysari, wie auch im Fall von Rost, trotz der Professionalität gegen Rosenheim.

> Die Aufführung von R. Rosenheim ist ein Plädoyer für einen Künstler, der ohne Zweifel viel Erfahrung auf den Brettern hat. Es ist allerdings wünschenswert, dass er die Hälfte der Strafe, die wir über Herrn Rost verhängt haben, auf sich nimmt. Herr Rosenheim muss wissen, dass sich jenseits der Wände des Saals die Eliezer-Ben-Yehuda-Straße erstreckt und in ihrer Nähe die Galil-, Trumpeldor- und sogar Allenby-Straße. Es ist dies ein einzigartiges Milieu, und das kann auch von Drehbühnen nicht ersetzt werden.[52]

Trotz der Kritik war die Leitung von Ha-Matate offensichtlich zufrieden mit Rosenheims Arbeit, denn er wurde noch im selben Jahr engagiert, um an der „Bühne für Komödie und Operette von Ha-Matate" Sammy Gronemanns Komödie *Jakob und Christian* zu inszenieren. Die Arbeit wurde positiv aufgenommen. Goldberg führte aus: „Die Aufführung von Richard Rosenheim war sauber und verantwortungsvoll. Es gab darin einige Regiemittel, die feinfühlig und ohne Hervorhebung eingesetzt wurden, so als kämen sie direkt aus der Handlung."[53] Selbst Keysari, der Rosenheims erste Regiearbeit für Ha-Matate rundweg abgelehnt hatte, lobte:

> Mit besonderer Zufriedenheit müssen wir sagen, dass Herr Rosenheim dem Werk von Gronemann das ideale Gewand gegeben hat. Sein Zugang ist ernsthaft. Seine Arbeit wurde aus dem Gewissen eines verantwortungsbewussten Menschen heraus gemacht. Rosenheim geht gern auf sicherem Boden und es scheint, dass er keine Experimente sucht. Im Stück haben wir keine falschen Töne gespürt. Und so war es schön und soll es bleiben![54]

Es war die letzte Regiearbeit von Rosenheim in Palästina. Ende 1937 kehrte er nach Prag zurück. 1939 musste er seine Arbeit als Journalist und Dozent aufgeben und es gelang ihm ein Jahr später, in die USA zu emigrieren, wo er weiter als Regisseur wirkte.

51 Log: במות – 'כולנו עמך' במטאטא [Bühnen – ‚Wir alle sind dein Volk' am Matate]. In: *Davar*, 16.03.1937, S. 8.

52 Uri Keysari: 'המטאטא' הצגת בכורה: 'כולנו עמך'! [‚Ha-Matate'-Premiere: ‚Wir alle sind dein Volk'!]. In: *9 Ba-Erev*, 18.03.1937, S. 10.

53 Log: יעקב או כריסטיאן [Jakob oder Christian]. In: *Davar*, 17.09.1937, S. 3.

54 Uri Keysari: 'המטאטא' מציג: יעקוב או כריסטיאן? של סמי גרונימן [‚Ha-Matate' zeigt: Jakob oder Christian? von Sammy Gronemann]. In: *9 Ba-Erev*, 16.09.1937, S. 5.

Walter Bach

Walter Bach, der Anfang der 1940er Jahre nach Palästina kam, war hauptsächlich auf das Inszenieren von Opern und Musiktheaterstücken spezialisiert. Bei Ha-Matate führte er im hier besprochenen Zeitraum nur bei einer Aufführung Regie, *Ga'on Ba'al Korho* (Genie wider Willen, Originaltitel nicht ermittelt) des polnischen Dichters Anatol Stern (Premiere am 28. Oktober 1947).[55] Nach Ansicht des Kritikers von *Ha-Boker* hatte das Theater mit der Wahl des Regisseurs einen Fehler begangen.

> W. Bach, ein Regisseur der Wiener Schule mit Erfahrungen in der eretz-israelischen Oper, hat den jüdisch-ernsthaften Geist, von dem sich die Leute von ‚Ha-Matate' nicht für einen Moment befreien können, nicht erfasst. [...] Er versucht, die Ereignisse in schneller Folge, fast kino- oder operettenhaft, abzuspielen. [...] Der schnelle Rhythmus, den Bach in jedes Bild zu bringen versuchte, passt nicht zum Geist von ‚Ha-Matate' – dessen Leute bereits vom Alter gezeichnet sind.[56]

Auch dem Publikum missfiel die Vorstellung und sie wurde nach nur zwei Monaten vom Spielplan genommen.

Jeckische Schauspieler bei Ha-Matate

Die Politik bezüglich des Engagements jeckischer Schauspielerinnen und Schauspieler bei Ha-Matate entsprach der von Habima und Ohel – mit einer Ausnahme: dem Engagement der jeckischen Schauspielerin Rose Lichtenstein über einen Zeitraum von acht Jahren. Weitere jeckische Schauspieler traten je nach Bedarf vereinzelt auf der Bühne des Theaters auf. Aufgrund ihrer geringen Zahl – verglichen mit der Anzahl der Kollektivmitglieder und der fest angestellten Schauspieler des Theaters – weckten sie die Aufmerksamkeit des Publikums und der Kritik, mal positiv, mal negativ.

Rose Lichtenstein

Extrem und paradox war der Fall der Schauspielerin Rose Lichtenstein, die im Jahr 1937 bei Ha-Matate zu spielen begann, obwohl sie kein Hebräisch konnte. Lichtenstein wurde 1887 in der Nähe von Posen (Poznań) an der deutsch-polnischen Grenze geboren und im Alter von 18 Jahren am Meininger Hoftheater angenommen. Dort begann eine erfolgreiche Karriere an den wichtigsten deutschen Theatern. Sie trat auch bei Gastspielen in den USA auf.

55 Erst 1953 führte Bach ein weiteres Mal bei Ha-Matate Regie, kurz bevor das Theater geschlossen wurde.

56 Sh. Bar-Mordechai: קומדיה בעל כרחה [Komödie wider Willen]. In: *Ha-Boker*, 14.11.1947, S. 4.

Abb. 25 a & b: Rose Lichtenstein auf der Bühne von Ha-Matate, Ende der 1930er Jahre.

Im Großen und Ganzen war es eine ebenso berufliche wie private Erfolgsgeschichte, wie sie Ende der 1940er im Interview erzählt.

> Ich war zwanzig Jahre lang verheiratet. Mein Mann war ein bekannter und begabter Architekt. Er war ein guter und hingebungsvoller Ehemann. Er liebte mein Schauspiel und sammelte jede Kritik, die über mich geschrieben wurde, und die Schallplatten von den Lesungen im Radio. Er brachte mich ins Theater, in den Radiosender oder ins Filmstudio und wartete am Ende der Vorstellung auf mich. [...] Als Hitler kam, haben wir uns getrennt. Ich wollte nicht länger in Deutschland bleiben und bin ins Land [nach Palästina] eingewandert. Das war 1936. Meine erste Rolle war sofort nach meiner Ankunft in „Sturm im Wasserglas" in einem kleinen Theater unter der Regie von Benno Fränkel. Geld hatten wir keines und häufig war ich am Ende meiner Kräfte. Danach wurde ich am „Matate" engagiert, wo ich ungefähr zehn Jahre lang spielte. Es mag sein, dass meine Rollen dort keinen großen dramatischen Wert hatten, aber ich liebte viele davon sehr.[57]

Lichtenstein sprach kein einziges Wort Hebräisch, als sie nach Palästina kam, und es gelang ihr auch später nicht, mehr als ein paar Wörter des täglichen Gebrauchs zu erlernen. Ihre sämtlichen Rollen, zunächst am Te'atron Ivri, dann

57 Ofra Alyagon: האמן מאחורי הקלעים – אמא של התיאטרון הקאמרי – שיחה עם רוזה ליכטנשטיין [Der Künstler hinter den Kulissen. Die Mutter des Kameri-Theaters. Gespräch mit Rose Lichtenstein]. In: *Davar Ha-Shavu'a*, 01.06.1949, S. 12.

bei Ha-Matate und schließlich am Te'atron Kameri lernte sie auf der Grundlage von in lateinischen Lettern transkribiertem Text phonetisch auswendig. Dennoch klang ihr Hebräisch auf der Bühne – wenn auch mit deutlicher jeckischer Färbung – überzeugend und natürlich, ganz anders als bei vielen anderen jeckischen Schauspielern. Schon bei ihrem ersten Auftritt bei Ha-Matate 1937 (im 42. Programm *Kulanu Amkha*), der insgesamt erst ihr zweiter Auftritt auf einer hebräischen Bühne in Palästina war, erhielt sie Lob von der Kritik. Goldberg schrieb in *Davar*:

> Bei den Frauenrollen stach Rose Lichtenstein hervor, obwohl sie dieses Mal nur kleine Rollen bekommen hatte – Sicherheit des Spiels, ein warmes Temperament, Charakterdarstellung mit wenigen Bewegungen, und der Höhepunkt – das Tiroler Lied beweisen ein weiteres Mal, dass hier eine große Schauspielerin vor uns aufgetreten ist.[58]

Und Manfred Geis meinte:

> Rose Lichtenstein debütierte, die man nach ihrem Erfolg in ihrer ersten Rolle auf der hebräischen Bühne (im Theatron Ivri) sofort engagierte. Sie verleiht ihren Typen Umriß und Farbe und findet auch hier viel Beifall. Wir hoffen jedoch, daß wir dieser Schauspielerin, die fraglos über viel Begabung für das Komische verfügt, noch oft in ihrem eigentlichen Fach als Charakter- und Mütter-Darstellerin begegnen werden.[59]

In seiner Kritik des 44. Programms *Hayinu Ke-Holmim* schrieb Lubrani: „R. Lichtenstein verströmt stets etwas Menschlich-Mütterliches, selbst wenn sie gezwungen ist, in dummen Szenen mit billigen Effekten aufzutreten."[60] Geis wiederum schrieb über das 45. Programm *Eretz Zavat Halav … Ve-Neft* (Das Land, wo Milch und … Petroleum fließen, Premiere am 3. Mai 1938): „Rose Lichtenstein hat endgültig auf der palästinensischen Bühne Fuß gefaßt, muß sich aber vor einem ‚Zuviel' in Geste und Ton hüten."[61] Was brachte eine ausgezeichnete professionelle Schauspielerin wie Lichtenstein zu diesem „Zuviel"? Eine Antwort hierauf findet man in Lea Goldbergs Kritik zum 50. Programm *Me-Hodu Ve-Ad Kush*. Sie schreibt: „Die ‚hebräischste' Rolle entspricht nicht unbedingt den sprachlichen hebräischen Kräften von R. Lichtenstein. Es scheint, als ob die Überwindung der Schwierigkeiten mit der Sprache bei der Gestaltung der Figur stört."[62] Aus der Lektüre der Kritiken lässt sich die

58 Log: במות – 'כולנו עמך' במטאטא [Bühnen. ‚Wir alle sind dein Volk' am Matate].

59 Manfred Geis: Matate-Premiere: „Kulanu Amcha". In: *Jüdische Rundschau*, 06.04.1937, S. 10.

60 Eliezer Lubrani: היינו כחולמים [Als ob wir träumten]. In: *Davar*, 03.12.1937, S. 9.

61 Manfred Geis: Kunst in Tel Aviv. Matatė: „Das Land, wo Milch und … Petroleum fließt". In: *Jüdische Rundschau*, 10.05.1938, S. 7.

62 Log: 'מהודו ועד כוש' ב'מטאטא' [‚Von Indien bis Afrika' am ‚Matate']. In: *Davar*, 07.08.1939, S. 4.

Technik bestimmen, mit deren Hilfe die Schauspielerin die Schwierigkeiten mit der Sprache zu überwinden versuchte, und es wird verständlich, inwiefern diese Technik bei der Gestaltung der Figuren störend war. Es scheint, als habe das übertriebene Spielen, das ‚overacting', die Unsicherheit der Schauspielerin in der hebräischen Sprache verdecken sollen, und es ist klar, dass diese Übertreibung ihre kreative Freiheit auf der Bühne beeinträchtigt hat.
Offensichtlich setzte sich das übertriebene Spiel bei Lichtenstein lange Zeit fort. Der Kritiker von *Haaretz* Chaim Gamzu schrieb über sie in seiner Kritik zum 73. Programm *Ha-Met Ha-Hay* (Der lebende Tote, Premiere am 28. September 1943): „Frau Lichtenstein ist eine professionelle Schauspielerin, in Bezug auf die Selbstverständlichkeit, die sie auf der Bühne besitzt, in Bezug auf die absolute Freiheit, die sie darauf empfindet, aber sie muss ihre Lautstärke beschränken, muss aufhören, ‚bemüht zu sein' ..."[63] Obwohl es Lichtenstein niemals gelang, Hebräisch zu lernen, überwand sie zumindest die Notwendigkeit, ihre Unsicherheit in diesem Bereich auf der Bühne zu überspielen. In Gamzus Kritik zur Aufführung von Aharon Ashmans Komödie *Ha-Yeled Ha-Mushhat* (Das verwöhnte Kind, Premiere am 3. Juli 1945) gibt es keinen Hinweis mehr auf das „Bemüht sein": „Der kurze aber glänzende Auftritt von Frau Lichtenstein war ausgezeichnet; ein Beweis dafür, dass sie, wenn sie es nicht übertreibt mit der Betonung, eine Charakterdarstellerin ist, die den Namen verdient."[64]

Josef Schapira

Josef Schapira wurde 1901 in Ungarn geboren und begann an der Universität Wien Chemie zu studieren. Als Hobby und zum Gelderwerb arbeitete er wie viele Studenten in dieser Zeit als Statist am Theater – solange, bis er beschloss, sein Hobby zum Beruf zu machen und sich als Schüler am Deutschen Volkstheater Wien ausbilden zu lassen. In den Jahren 1921 bis 1933 trat er auf verschiedenen Bühnen in Europa auf, von der Provinz bis nach Berlin. Mit der Machtübernahme der Nationalsozialisten emigrierte er nach Frankreich und von dort Anfang 1934 nach Palästina. Hier verdiente er seinen Lebensunterhalt als Taxifahrer und wirkte als Schauspieler bei verschiedenen Theaterunternehmungen mit.
Es scheint, dass Schapira sein Engagement bei Ha-Matate Richard Rosenheim zu verdanken hat, mit dem er zuvor am Te'atron Ivri Haifa gearbeitet hatte. Rosenheim dachte vermutlich, dass ein dem Publikum unbekannter Schauspieler, der

63 Chaim Gamzu: 'הצגת בכורה ב'המטאטא [Premiere am ‚Ha-Matate']. In *Haaretz*, 28.10.1943, S. 2.

64 Chaim Gamzu: הילד המושחת [Das verwöhnte Kind]. In: *Haaretz*, 13.07.1945, S. 5.

sowohl ‚jüdisch' als auch ‚arisch' aussehen kann, die richtige Besetzung für den Christian in Gronemanns *Jakob und Christian* sei. Was Rosenheim nicht bedacht oder zumindest nicht als problematisch empfunden hatte, war die Tatsache, dass Schapira zwar Hebräisch sprach, aber nicht mit derselben Selbstverständlichkeit wie eine Muttersprache. Gerade das künstliche und angestrengte Sprechen in der ungewohnten Sprache stellte für viele jeckische Schauspieler zu Beginn ihres Weges auf der hebräischen Bühne ein Hindernis dar.

Seine Meinung zu *Jakob und Christian* fasste Keysari in den Worten zusammen: „Alles in allem: eine ausgezeichnete Vorstellung. Die Spielzeit beginnt mit einem Erfolg."[65] Gleichzeitig verwies er auf die Sprachschwierigkeiten der Hauptfigur.

> J. Schapira kämpft in der schwierigen Rolle des Christian mit dem Typus und mit dem … Hebräischen. Wir müssen allerdings feststellen, dass seine Aussprache Fortschritte gemacht hat. Er hatte sehr gute Momente (der erste Auftritt, das Gespräch mit dem Priester), aber gelegentlich ist da etwas, das sein Spiel hölzern macht.[66]

Weniger gnädig, geradezu grausam war Goldberg in ihrem Urteil.

> Es ist schwer über das Spiel von Schapira zu sprechen, der eine der Hauptrollen spielte – Christian Stockbrand. Rein äußerlich ist die Figur auf den ersten Blick gut und angenehm, ein Gesicht, das ebenso das eines Juden wie das eines Ariers sein kann, ganz wie es das Stück will, aber – der Schauspieler. Man weiß nicht, wie es in anderen Sprachen klingt, wenn er auf der Bühne spricht – aber dieses hebräische Sprechen war nicht nur Unkenntnis der Sprache. Es war etwas Außergewöhnliches. Der Schauspieler muss an der Verbesserung seiner Aussprache und seiner Stimme arbeiten. Sein Spiel war trocken, gewöhnlich, ohne wahren Ausdruck, das Gesicht war weder in Momenten der Erregung noch der Freude beteiligt. Wir sehen ihn und spüren, dass wir hier einen lebendigen Menschen verlieren – den lebendigen Menschen des Schriftstellers.[67]

Schapira wurde nicht noch einmal für weitere Rollen bei Ha-Matate engagiert. Nach mehr als zwanzig Jahren unregelmäßigen Wirkens in unterschiedlichen, nicht-etablierten Theaterunternehmungen auf Deutsch und auf Hebräisch, beschloss er, nach Deutschland zurückzukehren. Dort spielte er in Frankfurt am Main, München und Bochum. Von 1959 bis 1984 war er festes Ensemblemitglied am Staatstheater Hannover, wo er unter dem Namen Josef Schaper auftrat.

65 Keysari: 'המטאטא' מציג: יעקוב או כריסטיאן? של סמי גרונימן [‚Ha-Matate' zeigt: Jakob oder Christian? von Sammy Gronemann].

66 Ebd.

67 Log: יעקב או כריסטיאן [Jakob oder Christian].

Schauspieler mit Ausbildung am deutschen Theater

Das Schicksal der Schauspielerinnen und Schauspieler, die zwar keine Jeckes waren, aber am deutschen Theater ausgebildet worden waren, glich dem ihrer jeckischen Kollegen. Es ist sehr wahrscheinlich, dass Avraham Sklarsch, der einzige Sabre unter den Schauspielern in Palästina, der in Berlin Schauspiel studiert hatte und Anfang der 1930er Jahre erfolgreich in einigen Produktionen führender Theater mitgewirkt hatte, nur dank der beiden Jeckes, die *Jakob und Christan* verfassten bzw. inszenierten, für die Aufführung engagiert wurde. Obwohl er lediglich eine Nebenrolle spielte, wurde sein Name von einigen Kritikern positiv erwähnt. Lea Goldberg war beeindruckt, dass „A. Sklarsch in einer Nebenrolle das Maximum leistete."[68] Auch Manfred Geis meinte, Sklarsch habe erfolgreich eine Nebenfigur in gelungenster Weise auf die Bühne gebracht.[69] Trotzdem wurde Sklarsch nicht noch einmal bei Ha-Matate engagiert.

Rachel Marcus wirkte nur in zwei Produktionen des Theaters mit. Bei ihrer Arbeit am 75. Programm *Va-Yitrotsetsu…* (Und sie rannten…, Premiere am 25. Juli 1944), das von dem aus Polen stammenden Yitzhak Nozyk verfasst und inszeniert wurde, erlebte sie die Begegnung dessen, was sie in Wien gelernt hatte, mit den Methoden des Theaters in Tel Aviv.

> Da ich mit großen Lehrern (in Wien) gelernt hatte, wusste ich, was die Grundlagen des ernsthaften Spiels, der inneren Prozesse und der Figur sind. Wie beschreibe ich die Figur, die Motivation, wie man es heute nennt. Und er sagte mir auf Jiddisch – und ich übersetze: „Wenn der Vorhang aufgeht, fang an zu rennen". Ich habe gefragt: „Wohin?" Und er sagte: „Was soll das heißen? Vom Anfang der Bühne bis zum Ende…" Ich frage ihn: „Warum rennen?", und da hat er mir auf Jiddisch geantwortet, und das ist typisch: „Was fragst du Fragen? Man sagt dir rennen, also renne." Ich habe nicht viele Fragen gestellt. Ich bin nach Hause gegangen und habe über die Jahre des Hungers in Wien geweint.[70]

Junge Jeckes bei Ha-Matate

Zu Beginn des Jahres 1943 kam der junge Schauspieler Yosef Pasowski (später Milo) an das Theater. Er war 1916 in Prag geboren worden und bereits als Kind nach Palästina gekommen, aber nach sieben Jahren mit seiner Familie nach Prag zurückgekehrt, wo er auf das örtliche deutsche Theater traf, das seinen Lebensweg bestimmen sollte. Er hat nie in einem ordentlichen, professionellen Rahmen gelernt oder studiert, sondern war Autodidakt. Als er 1934 wieder nach Palästina kam, begann er, in verschiedenen Amateurgruppen zu spielen.

68 Ebd.

69 Vgl. Manfred Geis: Sammi Gronemann: ‚Jacob oder Christian?' In: *Jüdische Rundschau*, 24.09.1937, S. 14.

70 Rachel Marcus im Interview mit Menahem Dorman in Menahem Dorman: נתן אלתרמן. פרקי ביוגרפיה [Nathan Alterman. Biografische Kapitel], S. 59–60.

1939 begann er seine professionelle Arbeit beim Puppentheater Lahakat Ha-Ets (Die Hölzerne Truppe) von Paul Löwy, der ebenfalls aus Prag stammte. Für Löwy schrieb er Texte und arbeitete als Puppenspieler und Sprecher bei den Aufführungen.

Im Verlauf der zwei Jahre, die er auf der Bühne von Ha-Matate auftrat, wirkte er in kleineren Rollen in sieben Produktionen mit. Beim 64. Programm *Aliya Pnimit* (Premiere am 18. Januar 1944) erhielt er Komplimente von der Kritik. „Y. Pasowski war angenehm in der Rolle des jungen Arbeiters, flexibel, wach und flink und in seinem Spiel war dieses Mal etwas Scharfsinniges, das der simplen Rolle zusätzliche Anmut verlieh.“[71] Über seine Rolle in Samuel Jacob Harendorfs Komödie *Melekh Lampedusa* (jidd. Originaltitel: *Der Kenig fun Lampedisa*, Premiere am 14. November 1944) schrieb man: „Pasowski gab die treffende Karikatur eines Allrightniks.“[72]

Gegen Ende desselben Jahres wurden bei Ha-Matate zwei junge Jeckes, die als Jugendliche nach Palästina gekommen waren, als Schüler aufgenommen: Albert Ben-Zvi (Hirschhorn) aus Berlin und Meir (Theodor) Bikel aus Wien. Beide brachten die deutsche Sprache und Kultur mit sich, beherrschten aber auch das ganz alltägliche Hebräisch. Ihre berufliche Ausbildung hatten die beiden bei Zvi Friedland im Studio von Habima erhalten. Bikel hatte sogar eine kleine Rolle in der Adaption von Sholem Aleichems *Tevye, der Milchmann* erhalten, allerdings wurde sein Name ebenso wie die Namen der übrigen Schüler, die bei der Aufführung mitwirkten, im Programmheft nicht genannt. Dort stand lediglich: „Bauern und Bäuerinnen, Jungen und Mädchen – Schüler des Studios“.[73]

Ihren einzigen Auftritt bei Ha-Matate hatten sie in der bereits erwähnten Komödie *Melekh Lampedusa* und nur einer von ihnen wurde auch in der Presse erwähnt: „Eine angenehme Überraschung – das scheint mir in diesem Fall der angemessene Ausdruck zu sein – war der erste Auftritt von Bikel [...]. Mir scheint, dieses Mal wurde der Truppe ein Schauspieler mit Talent hinzugefügt.“[74]

Es ist möglich, dass hinter den Kulissen dieser Aufführung, an der auch Lichtenstein und Pasowski mitwirkten, in Gesprächen auf Deutsch und Hebräisch der Entschluss reifte, ein eigenes Theater zu gründen, in dem man sich auch mit dem Besten der dramatischen Literatur auseinandersetzen könnte.

71 Lea Goldberg: 'עליה פנימית' ב'מטאטא' [‚Innere Einwanderung‘ am ‚Matate‘]. In: *Davar*, 30.01.1944, S. 2.

72 Chaim Gamzu: 'מלך למפדוזה' ב'המטאטא' [‚Der König von Lampedusa‘ am ‚Ha-Matate‘]. In: *Haaretz*, 23.11.1944, S. 2.

73 Programmheft zu טוביה החולב [Tevye, der Milchmann]. IDCPA, Katalognr. 219512, Sign. 5.4.8.

74 A. Z.: מלך למפדוזה [Der König von Lampedusa]. In: *Davar*, 24.11.1944, S. 4.

Die Jeckes als Publikum von Ha-Matate

Gab es Jeckes im Publikum von Ha-Matate? Diese Frage ist aufgrund hierzu fehlender Dokumente schwer zu beantworten. Als Nathan Alterman einen eretz-israelischen Premierenabend beschrieb, fand er im Saal nur einen einzigen Jecken (im Smoking).[75] Die Hauptgründe für die Jeckes, nicht ins hebräische Theater zu gehen, waren vermutlich das hohe Niveau des Bühnenhebräisch und der starke russische Akzent. Der deutsch-jüdische Regisseur Leopold Jessner verweist in diesem Zusammenhang in seinen Ausführungen zum hebräischen Theater ausgerechnet auf Ha-Matate.

> Gegen die oft aufgestellte These, die hebräische Sprache sei zu sehr mit biblischer Wucht und Pathos erfüllt, als daß moderne Konversation von der Bühne her gelingen könnte – wodurch im Wahrheitsfalle eine automatische Einengung des Repertoires erfolgen würde – sprächen die Darbietungen der satirischen Bühne „Matate". Hier stelle man fest, daß bei Wahrung einer absolut eigenen künstlerischen Note, das Hebräische auf der Szene auch leicht gesprochen werden könne.[76]

Auch wenn das Hebräisch von Ha-Matate für die Jeckes leichter verständlich gewesen ist als das der anderen Theater, so muss man dennoch berücksichtigen, dass für jemanden, der sich in der lokalen Politik und der Lebensweise nicht auskannte, die meisten Sketche und Lieder von Ha-Matate jeglicher Bedeutung entbehrten. Vielleicht hat die Leitung von Ha-Matate von vornherein auf die Jeckes als Publikum verzichtet. Tatsache ist, dass sowohl Habima als auch Ohel jeweils vor bestimmten Aufführungen besondere Abendveranstaltungen für die Einwanderer aus Deutschland und Österreich organisiert haben – bei Ha-Matate gab es so etwas nie. Ausgerechnet Manfred Geis, der jeckische Kritiker, hat dies manches Mal versucht. In seiner Kritik des Programms *Ham Ve-Kar* wies er auf den Anteil der Jeckes Martin Rost und Sammy Gronemann am Erfolg der Aufführung hin und tadelte seine jeckischen Leser.

> Leider füllen die Zuschauerräume unserer Theater immer noch grösstenteils „die perfekten Hebräer". Es wäre sehr zu wünschen, dass aber gerade die neuen Olim [Einwanderer] die Vorstellungen aufsuchen, denn es gibt kaum ein besseres nicht-schulmässiges Annäherungsmittel zum hebräischen Wort als das Theater, wo ja die Sprache gepflegt und durch die Geste demonstriert wird.[77]

Als einziger Beweis für das Vorhandensein von zumindest einem Jecken oder einer Jeckete bei einer Vorstellung von Ha-Matate bereits im April 1933 lässt

75 A. N. (Nathan Alterman): סקיצות תל-אביביות ט״ו – סמוקינג [Tel Aviver Skizzen 15 – Smoking], S. 2.

76 Manfred Geis: Jeßner [sic!] über das Palästina-Theater. Ein Interview. In: *Jüdische Rundschau*, 16.09.1936, S. 19.

77 Manfred Geis: Kunstbericht. In: *Mitteilungsblatt* 5 (1938), S. 6.

sich möglicherweise die folgende Zeitungsnotiz verstehen: „Am Feiertag wurde bei der Vorstellung von ‚Ha-Matate' oder in einer der an das Bet Ha-Am angrenzenden Straßen ein deutsches Buch (über deutsche Philosophie) verloren. Bitte an ‚Davar' zurückgeben."[78]

78 Anzeige in *Davar*, 13.04.1933, S. 3.

Abb. 26: Plakat für die Aufführung von *Ha-Mekhashefa* (Die Hexe) an der Komediya Eretz-Yisra'elit, November 1935.

5
Fast kein Platz für die Jeckes an den Privattheatern

Parallel zu den kontinuierlichen Aktivitäten der etablierten Bühnen Habima, Ohel und Ha-Matate wirkten in den 1930er und 1940er Jahren in Palästina abwechselnd insgesamt 18 private Theater. Alle wurden von Künstlerinnen und Künstlern gegründet, denen die großen Theater mit der Begründung verschlossen geblieben waren, man wolle den ursprünglichen und besonderen Charakter der jeweiligen Truppe bewahren – ein Vorwand, wie er nur von einer Gründergeneration vorgebracht werden kann. Und in der Tat waren es die Schauspieler der Gründergeneration, die ihren eigenen Status durch die Aufnahme neuer Schauspielerinnen und Schauspieler gefährdet sahen und daher nicht bereit waren einzugestehen, dass die biologischen Umstände längst einen Generationswechsel forderten.
Im Gegensatz zu den etablierten Theatern, die aus ideologischen Beweggründen eingerichtet worden waren und als ideelle, künstlerische und ökonomische Kollektive funktionierten, waren die neuen Theater kleine Privatunternehmen, die von einem Menschen oder einer kleinen Gruppe von Menschen geleitet wurden, die zusätzlich zu ihren administrativen Funktionen in ihren Theatern auch als Regisseure und/oder Schauspieler wirkten. Alle Mitwirkenden, Künstler, ausführendes und technisches Personal, hatten den Status von Angestellten, ohne Recht auf Einflussnahme auf den Charakter oder den Weg des spezifischen Theaters, das ihre Dienste in Anspruch nahm.
Die gewissermaßen ‚obdachlosen' Theaterschaffenden, die sich in diesen Jahren eine private Bühne suchten, lassen sich in vier Gruppen unterteilen. Zur ersten Gruppe gehören diejenigen Theaterkünstlerinnen und -künstler, die bereits in den 1920er Jahren in Palästina aktiv waren, noch bevor die drei großen öffentlichen Theater ihre Arbeit aufnahmen. Die meisten spielten im doppelten Sinne zentrale Rollen in dieser Anfangsphase. Zur zweiten Gruppe zählen diejenigen,

die zu Beginn der 1930er Jahre aus den verschiedenen Ländern Osteuropas kamen. Die älteren unter ihnen besaßen bereits berufliche Erfahrung und die jüngeren erhielten ihre Ausbildung in Palästina. Die Angehörigen dieser beiden Gruppen spielten Theater in der Tradition, die im Yishuv üblich war, und fanden trotzdem keine Aufnahme an den etablierten Theatern, die sich vor der Konkurrenz fürchteten.

Die dritte Gruppe umfasst in Osteuropa oder schon in Palästina geborene, relativ junge Theaterkünstler Anfang dreißig, die zu Beginn der 1930er an den deutschen Theaterseminaren und -bühnen in Wien oder Berlin gelernt und manchmal auch dort gespielt hatten. Sie sprachen einwandfrei Hebräisch, beherrschten aber auch das Deutsche und waren mit der deutschen Theaterkultur vertraut. In ihrem Fall lautete die Ausrede für die Ablehnung, dass ihre deutsche Arbeitsweise nicht zu dem in Palästina üblichen Stil passen würde.

Zu einer vierten, separaten Gruppe gehörten die altgedienten Theaterschaffenden, die aus den Ländern des deutschen Kulturkreises kamen. Da sowohl ihr Art des Schauspielens als auch ihr Akzent im Hebräischen der Theatertradition in Palästina fremd waren, wurden sie sowohl von den etablierten Theatern als auch von den Privattheatern, an denen die Schauspieler der ersten drei Gruppen arbeiteten, ausgeschlossen. Aus diesem Grund stehen in diesem Kapitel ausschließlich die privaten Bühnen zur Diskussion, die von den Mitgliedern der ersten drei Gruppen gegründet wurden. Untersucht wird, in welchem Maße sie einem jeckischen Einfluss im Bereich des Repertoires und der Aufführungspraxis unterlagen.

Dramatische Privattheater

Elf dramatische Privattheater waren in den 1930er und 1940er Jahren in Palästina – jeweils nur für kurze Zeit – aktiv. Sieben davon waren von Jeckes gegründet worden (mehr zu diesen Bühnen in Kap. 6) und nur vier von den Mitgliedern der ersten drei Gruppen der arbeitslosen Schauspieler. Die erste dieser vier Bühnen, Komediya Eretz-Yisra'elit (Eretz-israelische Komödie), wurde von der Schauspielerin und Regisseurin Miriam Bernstein-Cohen gegründet und führte zwischen April 1935 und April 1936 zehn Stücke auf, die meisten davon aus dem populären Repertoire des osteuropäischen Theaters der 1920er Jahre. Die zweite Bühne, Sadan – Bama La-Am (Amboss – Bühne für das Volk), unter der Leitung von Yitzhak Moshe Daniel, dem das etablierte Theater die kalte Schulter gezeigt hatte, führte zwischen Oktober 1936 und Februar 1937 drei Dramen von literarischem Wert auf. Die dritte Bühne, Komediya Musikalit

(Musikalische Komödie), wurde von den Schauspielern Yosef Goland und Michael Gor geleitet und führte 1943 nur zwei populäre Komödien aus Europa und den USA auf. Die vierte Bühne nannte sich Te'atron Hadash Be-Hanhalat Hersh Hart (Neues Theater unter Leitung von Hersh Hart) und führte 1945 vier Dramen aus dem Repertoire des jiddischen Theaters auf.

Die Frage, die jeden einzelnen Leiter dieser Theater beschäftigte, war, ob sie sich an das Publikum, das ohnehin regelmäßig in die etablierten Theater ging, wenden oder sich ein anderes Publikum suchen sollten. Nur das Theater von Hersh Hart wandte sich bewusst an ein anderes Publikum, nämlich an die Liebhaber des jiddischen Volkstheaters. Die übrigen drei Bühnen richteten sich an das Publikum der Alteingesessenen im Yishuv. Nicht eine versuchte, sich an die Jeckes zu wenden.

Dieser Umstand kam vor allem im Repertoire zum Ausdruck, das in seiner Zusammensetzung dem der beiden großen Theater Habima und Ohel glich. Abgesehen von der Komödie *Nina* des deutsch-jüdischen Dramatikers Bruno Frank, die 1931 zum ersten Mal in Deutschland und fünf Jahre später bei der Komediya Eretz-Yisra'elit aufgeführt wurde – wahrscheinlich wegen ihrer großen Popularität an den osteuropäischen Theatern –, kamen keine deutschen Stücke zur Aufführung.

Ebenso wenig wurden Stücke gespielt, die sich mit dem Schicksal der Juden in Deutschland oder dem der Jeckes in Palästina beschäftigten. Nur in einer einzigen Aufführung, der Komödie *Hana Gitl Mehapeset Avoda* (Hana Gitl sucht Arbeit) von Yitzhak Landoberg (später Yitzhak Sadeh), die von der Komediya Eretz-Yisra'elit inszeniert wurde, tritt die Figur einer Jeckete auf: Lilly ist eine junge Einwanderin aus Deutschland, die als Hausmädchen im Haushalt eines Rechtsanwalts arbeitet. Sie versteht kein Wort Hebräisch und die wenigen Sätze, die ihr in den Mund gelegt sind, werden auf Deutsch gesprochen. Uri Keysari behauptete, es gäbe keine dramatische Rechtfertigung für die Existenz der Figur im Stück. „Das Drama hätte nicht eingebüßt, wenn die Verwicklungen ohne den Auftritt dieser Person vonstattengegangen wären. Aber warum glaubt der Schriftsteller – und vielleicht der Regisseur? –, dass diese Rolle ausgerechnet Deutsch sprechen muss, einzig und allein Deutsch!?“[1]

Ingsgesamt arbeiteten nur zwei jeckische Regisseure an den hier besprochenen Theatern. Der erste war Alfred Wolf, der bei drei der zehn Produktionen der Komediya Eretz-Yisra'elit Regie führte. Über die Inszenierung von *Nina* (Premiere am 24. Februar 1936) teilten sich die Meinungen entlang der Grenze

1 Uri Keysari: 'הצד החיובי שבהצגת 'חנה גיטל מחפשת עבודה [Die positive Seite an der Aufführung ‚Hana Gitl sucht Arbeit‘]. In: *Do'ar Ha-Yom*, 15.01.1936, S. 2.

zwischen der hebräischen und der deutschen Presse. Goldberg kritisierte die Anleitung der Schauspieler durch Wolf. „Die meisten schauspielerischen Mängel sind durch die ‚Verzierungen‘ des Regisseurs bedingt und so gehen einige davon auf seine Rechnung.“[2] Keysari meinte: „Das Stück wurde in der Regie von Alfred Wolf gezeigt, der dieses Mal offensichtlich keine geistige Schwerstarbeit geleistet hat und sich mehr auf Gott als auf seine Erfahrung verlassen hat. Hier und dort wurden uns gute Momente einer Kammerinszenierung geboten, aber die ganze Aufführung ist zu lau.“ Auch er verwarf Wolfs zusätzliche Ausschmückungen: „Wie kann ein eifriger Regisseur wie Herr Wolf nur glauben, dass wir bereit sind, die Witze der Pfeife und der Zigarre zu schlucken, die sich vom ersten bis zum letzten Akt wiederholten und dabei die Lippen wechselten!“[3] Geis dagegen meinte: „Die Aufführung als solche hält sich auf beachtlichem Niveau. Verdienst vor allem der umsichtigen und klugen Regie Alfred Wolfs.“[4] Zur Inszenierung von *Hana Gitl Mehapeset Avoda* (Premiere am 1. Januar 1936) bemerkte Goldberg: „Der Regisseur Wolf hat so ziemlich alles unternommen, was in dieser Primitivität möglich war. Die Mise-en-scène war nach einem klaren Plan gebaut und die Schauspieler wussten, wann sie stehen und wann sie sitzen sollen.“[5] Keysari war etwas großzügiger. „Das Drama präsentierte Herr Alfred Wolf mit einer großen Portion Geduld und Verständnis. Er hat alles getan, was in seiner Macht stand – und keiner hätte es in diesem Fall besser machen können – mit diesem Experiment.“[6] Die Worte von Geis waren dieses Mal zweideutig. „Alfred Wolf gelingt es, dem Ganzen so etwas wie Atmosphäre und dem Dialog dieses reinen Konversationsstücks natürliche Färbung zu geben.“[7] Die dritte Produktion unter Wolfs Regie war das Drama *Retsah* (Mord, Originaltitel nicht ermittelt, Premiere am 18. April 1936) des russischen Dramatikers V. Somin. Es kam nur zweimal zur Aufführung, bevor das Theater schließen musste.

2 Log: במות – 'נינה' בקומדיה הא"י [Bühnen – ‚Nina‘ in der Komediya Eretz-Yisra'elit]. In: *Davar*, 25.02.1936, S. 8.

3 Uri Keysari: הקומדיה הא"י מציגה את 'נינה' [Die Komediya Eretz-Yisra'elit zeigt ‚Nina‘]. In: *Do'ar Ha-Yom*, 28.02.1936, S. 2.

4 Manfred Geis: Palästinensische Komödie: „Nina“ von Bruno Frank. In: *Jüdische Rundschau*, 13.03.1936, S. 14.

5 Log: במות – 'חנה גיטל מחפשת עבודה' בקומדיה א"ית [Bühnen – ‚Hana Gitl sucht Arbeit‘ in der Komediya Eretz-Yisra'elit]. In: *Davar*, 02.01.1936 (Abendbeilage), S. 2.

6 Keysari: הצד החיובי שבהצגת 'חנה גיטל מחפשת עבודה' [Die positive Seite an der Aufführung ‚Hana Gitl sucht Arbeit‘].

7 Manfred Geis: Palästinensische Komödie: „Chanah Gitel sucht Arbeit“. In: *Jüdische Rundschau*, 28.02.1936, S. 15.

Abb. 27
Plakat für die Aufführung von *Hana Gitl Mehapeset Avoda* (Hana Gitl sucht Arbeit) an der Komediya Eretz-Yisra'elit, 1936.

Der zweite Regisseur war Walter Bach. Er war der Hausregisseur der Komediya Musikalit. Seine erste Produktion war die Wiener Operette *Bei Kerzenlicht* von Robert Katscher und Karl Farkas, die unter dem hebräischen Titel *Ahava Le-Or Ha-Ner* (Liebe bei Kerzenlicht) am 21. April 1943 Premiere hatte. Sie war in den 1930er Jahren ein Erfolg auf westeuropäischen Bühnen gewesen. Das Stück handelt von Missverständnissen zwischen Herren, Geliebten und Dienern in den Schlafzimmern der Aristokratie von einst. *The Palestine Post* lobte: „Die Produktion von Walter Bach ist auf unprätentiöse Weise gut und in den komischen Szenen am erfolgreichsten."[8]

Die zweite und letzte Produktion der Komediya Musikalit enthielt keine Musik. Es war die Komödie *Finkelstein Neged Hitler* (Finkelstein gegen Hitler, Premiere am 28. September 1943), eine Adaption von *Margin for Error* der amerikanischen Dramatikerin Clare Boothe Luce. Die Handlung, die in New York spielt, war eine Art Thriller-Parodie mit antinazistischen Elementen. Der

8 J. R.: Love by Candlelight. In: *The Palestine Post*, 02.05.1943, S. 4.

Kritiker von *Ha-Mashkif* stellte fest, dass die Aufführung zu einem Schlager werden würde, „vor allem anderen dank der perfekten, aus jeder Sicht sauberen Regie"[9]. Etwas zurückhaltender war der Kritiker von *Ha-Boker*: „Der Regisseur, W. Bach, hat wieder einmal gezeigt, dass er ein echter Bühnenmensch ist, auch wenn er nicht immer bereit ist, alle ihm zur Verfügung stehenden Möglichkeiten zu entwickeln."[10] Und Goldberg behauptete:

> Der Ton ist brutal-simpel, ohne Inspiration und ohne Humor. Auf der Bühne folgt Geschrei auf Geschrei und die ‚lustigen' Effekte sind nur mit großer Mühe lustig. Nein, das ist keine musikalische Komödie und ehrlich gesagt auch keine kriminalistische Komödie, wenn man es nicht als Verbrechen verstehen will, dass bei so einer Aufführung einige nicht untalentierte Schauspieler beschäftigt werden.[11]

Goldberg nennt die Namen der Schauspieler nicht, aber sie meint vermutlich die ‚Stars' der Vorstellung Yosef Goland und Michael Gor. An der Aufführung wirkten auch drei Jeckes in Nebenrollen mit: Nathan Neumann, Sch. Schreiber und Mario Kranz. Das meiste Lob erhielt Schreiber: „Hier wird die Figur des deutschen Konsuls in Stein gehauen, mit Dynamik und gleichzeitig ohne Anstrengung, ohne Schwere, mit Leichtigkeit, Natürlichkeit, Erfahrung und Eleganz. Wir dürfen neue und zahlreiche Erfolge von Herrn Schreiber erwarten."[12] „Sch. Schreiber, den wir zum ersten Mal hier auf der Bühne sahen, spielt mit wichtiger schauspielerischer Kraft, mit Können und Verständnis."[13] „Schreiber zum Beispiel ist so echt und es ist schade, dass wir ihn zuvor nicht gesehen haben."[14] Auch Kranz wird lobend erwähnt. „Herr Kranz ist gut in der Rolle des Arztes."[15] Es scheint, dass der Auftritt von Neumann etwas problematischer war: „Herr Neumann blieb in der Rolle des Journalisten etwas blass."[16]

Nur in drei der zehn Produktionen der Komediya Eretz-Yisra'elit wirkten Jeckes mit. Die Rolle der Lilly in *Hana Gitl Mehapeset Avoda* spielte die Schauspielerin Antigone Bing, die im Alter von sieben Jahren mit dem Schauspielen begonnen

9 Y. G.: במות – פינקלשטיין נגד היטלר [Bühnen – Finkelstein gegen Hitler]. In: *Ha-Mashkif*, 19.10.1943, S. 3.

10 Sh. Sraya: פינקלשטיין נגד היטלר [Finkelstein gegen Hitler]. In: *Ha-Boker*, 03.10.1943, S. 3.

11 Lea Goldberg: 'פינקלשטיין נגד היטלר' ב'קומדיה מוסיקאלית' [‚Finkelstein gegen Hitler' in der ‚Komediya Musikalit']. In: *Mishmar*, 05.10.1943, S. 2.

12 A. Uriel: 'הקומדיה המוסיקלית' מציגה: פינקלשטיין נגד היטלר [‚Komediya Musikalit' präsentiert: Finkelstein gegen Hitler]. In: *Yediot Ahronot*, 20.10.1943, S. 3.

13 Y. G.: במות – פינקלשטיין נגד היטלר [Bühnen – Finkelstein gegen Hitler].

14 Sraya: פינקלשטיין נגד היטלר [Finkelstein gegen Hitler].

15 Uriel: 'הקומדיה המוסיקלית' מציגה: פינקלשטיין נגד היטלר [‚Komediya Musikalit' präsentiert: Finkelstein gegen Hitler].

16 Ebd.

hatte. Ihr Vater war Benno Bing, der Leiter der Münchner Kammerspiele. Trotz der fehlenden Bedeutung der Figur im Drama erregte sie die Aufmerksamkeit des Kritikers Uri Keysari. „Diese Rolle spielte Frau Antigone Bing, die schön und phonetisch ist, wie die graziöse Phonetik ihres fremdsprachlichen Namens. Auch Bühnentalent fehlt ihr nicht, der Frau Bing. Allerdings ist das Maß ihres Talents nicht so gewaltig, dass es zur Erschaffung einer besonderen Figur reicht in der Sprache, die sie hört.“[17]

In der Produktion von Avraham Goldfadens Drama *Ha-Mekhashefa* (Orig.: *Di Kishufmakherin*, dt. *Die Hexe*), das am 17. November 1935 Premiere hatte, kam eine weitere jeckische Schauspielerin zum Einsatz. Die Rolle des Jungen, der Pfannkuchen verkauft, wurde von der jungen Hanna Meierzak gespielt, die zuvor bereits als ‚Wunderkind‘ in Theatern und in Filmen in Deutschland aufgetreten war. Lea Goldberg schrieb: „Das Mädchen Hanna'le Meierzak spielt wie vom Himmel begnadet“. Allerdings fügte sie (deren eigenes Hebräisch einen schweren russischen Akzent hatte) dem Lob eine Bemerkung an: „Es ist nur schade, dass sie nicht auf ihre hebräische Aussprache geachtet hat. Das deutsche ‚R‘ schrillt in den Ohren.“[18] Auch Keysari war von ihrem Auftritt beeindruckt.

> Insbesondere sollte man einige Worte sagen über das Mädchen Hanna'le Meierzak, die auf der Bühne herumspaziert wie im eigenen Schlafzimmer. Ein Mädchen von Talent und Liebenswürdigkeit, bei deren Anleitung man Vorsicht walten lassen muss. Die Zukunft eines lebenden und jungen Talents ist viel wichtiger, selbst wenn es um die Wiederbelebung des Repertoires eines vergessenen Schriftstellers geht. Man muss das Talent des Mädchens verstehen und nicht verzerren, dessen Schicksal – wie das Schicksal jeden jungen Talents – in Bildung und Unterricht besteht.[19]

Und in der Tat erhielt das jeckische Wunderkind in geeigneter Weise ‚Bildung und Unterricht‘ und wurde später am Kameri-Theater zu der bekannten Schauspielerin Hanna Maron.

Der Schauspieler Mario Gang, 1909 in Österreich geboren und 1936 nach Palästina eingewandert, spielte in der letzten Produktion der Komediya Eretz-Yisra'elit mit, dem Drama *Retsah* von Somin. Einer Ankündigung zufolge handelte es sich bei dem Stück um einen aktuellen Thriller vor dem Hintergrund des „Lebens der Arbeiter in den Zeiten des faschistischen Terrors in Europa“[20].

17 Keysari: הצד החיובי שבהצגת 'חנה גיטל מחפשת עבודה' [Die positive Seite an der Aufführung ‚Hana Gitl sucht Arbeit‘].

18 Log: 'המכשפה' בקומדיה א״י [‚Die Hexe‘ in der Komediya Eretz-Yisra'elit]. In: *Davar*, 21.11.1935, S. 4.

19 Uri Keysari: הקומדיה הא״י מציגה את 'המכשפה' מאת גולדפדן [Die Komediya Eretz-Yisra'elit zeigt ‚Die Hexe‘ von Goldfaden]. In: *Do'ar Ha-Yom*, 19.11.1935, S. 2.

20 תל אביב – 'רצח' [Tel Aviv – ‚Mord‘]. In: *Davar*, 16.04.1936, S. 6.

Abb. 28
Plakat für die Aufführung von *Ha-Shiga'on Ha-Gadol* (Der große Wahnsinn) am Sadan, 1936.

Das Drama wurde für zwei Personen geschrieben. Gang spielte den Arbeiter und trat neben der Frau auf, gespielt von Miriam Bernstein-Cohen. Lea Goldberg urteilte entschieden:

> Mario Gang, der zum ersten Mal vor dem hebräischen Publikum auftrat, war etwas monoton. Seine Figur war nicht vollständig. Es fiel schwer, zu entscheiden, wer vor uns steht – ein einfacher Arbeiter, dessen Kraft einzig in seinen Händen liegt, oder ein intellektueller Parteiführer. [...] Es bleibt zu hoffen, dass er sich, nachdem er weiter auf der hebräischen Bühne gespielt hat, von dem deutschen Akzent löst, der über die Maßen auffällig war.[21]

Entgegen der Hoffnung der Kritikerin blieb Gangs Rolle in *Retsah* sein einziger Auftritt am hebräischen Theater in Palästina. Gang emigrierte in die USA, wo er – Ironie der Geschichte – im Jahr 1946 auf Hebräisch die Hauptrolle in dem Stück *Bar-Kochba* im Theater Pargod in New York spielte.
Auch im Ensemble von Sadan wirkten drei Jeckes mit: A. Neumann, Heinz Sarnow, der in Berlin gespielt hatte, und die Schauspielerin Esther Taube, die bei

21 Log: רצח [Mord]. In: *Davar*, 17.04.1936 (Abendbeilage), S. 3.

Max Reinhardt im Theater in der Josefstadt in Wien gespielt hatte.[22] Bereits im Zusammenhang mit der ersten Aufführung, der Komödie *Topaze* von Marcel Pagnol, machte Goldberg in ihrer Kritik die Frage des Akzents der aus dem deutschsprachigen Kulturraum stammenden Schauspieler zum Thema.

> Positiv erwähnen muss man H. Sarnow, dem es in seinem sehr kurzen Auftritt gelang, zu beweisen, dass ein Schauspieler mit Erfahrung und Können vor uns steht. Schade, dass sein Akzent im Hebräischen dermaßen deutsch ist. Im Drama ‚Topaze' hätte der Regisseur die Möglichkeit gehabt, diesen mangelhaften Eindruck zu vertuschen. Hätte er Sarnow zu einem Fremdsprachenlehrer gemacht, hätte der Akzent in diesem Fall die Groteske noch verstärkt.[23]

Auch in ihrer Kritik zur zweiten Produktion, der Adaption des Romans *Ha-Shiga'on Ha-Gadol* (Der große Wahnsinn) von Avigdor Hameiri, machte sich Goldberg die Mühe, auf die Kluft zwischen Sarnows schauspielerischen Fähigkeiten und seinem Akzent hinzuweisen.

> Er ‚erscheint' fast nur, aber etwas von schauspielerischer Sicherheit, von Gestaltung eines menschlichen Antlitzes liegt in diesem Erscheinen. Die imaginären Bewegungen, die Blicke, das kurze Gespräch (das Hebräische ist in seinem Mund nicht im notwendigen Maße geläufig), all dies fordert uns auf: ‚Glaubt mir – so bin ich!' Und wir glauben es.[24]

In der dritten und letzten Produktion von Sadan, dem Stück *Sheli Shelakh – Shelakh Sheli* (Mein ist dein – dein ist mein; russ. Originaltitel: *Квадратура круга*, dt. *Die Quadratur des Kreises*) des russischen Dramatikers Valentin Katayev, spielte nur ein einziger Jecke mit. Und dieser war nach Meinung Goldbergs „völlig überflüssig. Die Figur des ‚Dichters' Neumann ist überhaupt nicht zu rechtfertigen. Wenn dies eine Groteske sein soll – so muss das Publikum das im Voraus wissen. Solch einen ‚Russen' haben wir auf der Bühne noch nicht gesehen. Die fehlende Sicherheit im hebräischen Akzent war ebenfalls störend."[25]

Privattheater für Humor und Satire

In den Jahren 1933 bis 1948 gab es in Palästina parallel zu Ha-Matate sieben private Theater, die sich in unterschiedlicher Weise auf Humor – mit oder ohne Satire – spezialisiert hatten. Drei davon wurden von Jeckes aus Berlin und Wien

22 Über Neumann sind keine weiteren Informationen zu finden.

23 Log: 'טופז' – במות [Bühnen – ‚Topaz']. In: *Davar*, 28.09.1936, S. 9.

24 Log: 'השגעון הגדול' ב'סדן' – במות [Bühnen – ‚Der große Wahnsinn' im ‚Sadan']. In: *Davar*, 21.12.1936, S. 10.

25 Log: 'שלי שלך – שלך שלי' ב'סדן' [‚Mein ist dein – dein ist mein' im ‚Sadan']. In: *Davar*, 08.02.1937, S. 8.

gegründet, vier von Einwanderern aus Osteuropa. Im Vergleich mit Ha-Matate befassten sich die privaten Bühnen weniger mit Satire, also mit aktueller Gesellschaftskritik, und mehr mit Humor. Zum einen gab es keinen ideologischen oder ökonomischen Grund für eine Konkurrenz zu Ha-Matate in dem Bereich, in dem es erfolgreich tätig war. Zum anderen wuchs mit der sich verschlechternden Sicherheits- (arabische Unruhen) und Wirtschaftslage sowie den Nachrichten von der größer werdenden Bedrängnis der Juden in Deutschland und in Europa im Yishuv der Wunsch nach Unterhaltung, die den Zuschauer – wenn auch nur für kurze Zeit – aus der schwierigen Realität entrückt. Trotzdem waren an diesen Theatern jeckische Dramatiker, Regisseure oder Schauspieler nahezu nicht repräsentiert. Dafür stand – mit einer Ausnahme – bei allen die Spottfigur des Jecken auf der Bühne.
Die Ausnahme war das Theater Gahlilit (Glühwürmchen), das von Juli 1946 bis Januar 1947 tätig war. Es wurde von einer Gruppe junger Männer gegründet, die gerade aus dem Militärdienst im Zweiten Weltkrieg zurückgekehrt waren. Ihr Ziel war nicht Unterhaltung im eigentlichen Sinne, sondern der Versuch, die Aufmerksamkeit des Publikums auf die Probleme zu lenken, auf die sie bei ihrer Rückkehr ins Zivilleben gestoßen waren. Das betraf die Bereiche Wohnung, Arbeit, tägliches Leben angesichts der Feindseligkeit der Briten – einstige Verbündete und jetzige Widersacher – und angesichts der Gleichgültigkeit des hebräischen Yishuv, der sie losgeschickt hatte, um in der Ferne zu kämpfen. Die Schöpfer und Darsteller von Gahlilit brachen mit einer jahrelangen Tradition – sie waren die erste Unterhaltungsbühne in Palästina, auf der die Figur des Jecken nicht auftrat.

Kol Ha-Ruhot (Bei allen Geistern)

Das Theater Kol Ha-Ruhot – Bama Le-Humor Ve-Havai (Bei allen Geistern – Bühne für Humor und Lebensart) wirkte mit Unterbrechungen von 1939 bis 1942. Seine Gründung war tatsächlich eine Herausforderung für Ha-Matate, das in dieser Zeit die einzige satirische Bühne in Palästina war, da der Gründer und Verfasser der Programme Josef Heiblum, der Lieddichter Nathan Alterman (unter dem Pseudonym A. Gam) und der Komponist Moshe Vilenski (der die Vorstellungen auch am Klavier begleitete) in der Vergangenheit bereits mit Ha-Matate zusammengearbeitet hatten.
Beim ersten Programm zählte das Ensemble vier Schauspieler und zwei Schauspielerinnen, von denen nur einer, Michael S. Wolff, ein Jecke war. Der 1909 in Berlin geborene Wolf stand am Beginn seiner beruflichen Karriere, als er die Bühne mit dem Machtantritt der Nationalsozialisten verlassen musste. Er kam mit seiner Frau im März 1934 nach Palästina, wo er von Gelegenheitsarbeiten

auf dem Bau und in Werkstätten lebte. Nebenbei trat er verschiedentlich auf Hebräisch und Deutsch bei Kulturveranstaltungen der mitteleuropäischen Einwanderer auf. Seine verschiedenen Rollen bei Kol Ha-Ruhot erhielten positive Kritiken. Im Bericht über das erste Programm hieß es in *Davar*: „Michael Wolff hat eine ausgezeichnete Chamberlain'sche Karikatur gegeben."[26] Und über das zweite Programm schrieb dieselbe Zeitung: „Auch M.S. Wolff war in diesem Sketch entsprechend angenehm."[27] Ebenso beim dritten Programm: „Angenehm und sehr herzlich war M.S. Wolff in der Rolle des Busfahrers."[28] Die Zusammensetzung des Ensembles änderte sich von Programm zu Programm. Nachdem Wolff die Gruppe verlassen hatte, gab es dort keine Jeckes mehr, sondern mit Avraham Sklarsch und Avraham Ben-Yosef nur noch zwei Schauspieler, die ihre berufliche Ausbildung in Berlin erhalten hatten.
Es gibt keine Dokumente über Figuren von Jeckes auf der Bühne von Kol Ha-Ruhot, da sich in den verschiedenen Archiven keine Texte zu den Programmen des Theaters finden ließen. Man darf allerdings annehmen, dass auf einer Bühne, die sich bewusst mit den verschiedenen Aspekten des hebräischen Yishuv befasste, auch solche Figuren auftraten. In seiner Kritik des fünften Programms *Anu Nish'arim Naytraliyim* (Wir bleiben neutral, Juli 1940) ist Geis von der Amateurhaftigkeit des Programms weniger angetan, vermerkt aber das große Vergnügen des Publikums. Sein Artikel enthält eine Bemerkung, die erkennen lässt, dass die Figur des Jecken ein fester Bestandteil der Programme von Kol Ha-Ruhot war: „Die Witze mit dem pedantischen, falsches Hebräisch sprechenden deutschen Oleh [Einwanderer] sind schon lange nicht mehr originell und sollten nun langsam von der hebräischen Bühne verschwinden."[29] Nach einer zweijährigen Pause nahm das Theater seine Tätigkeit mit dem sechsten Programm *Tahanat Ruah* (Windmühle) wieder auf. In diesem Programm gab es mindestens eine jeckische Figur namens Fritz Vogel. *Tahanat Ruah* wurde zur letzten Station des Theaters.

Af Al Pi ... (Obwohl ...)

Af Al Pi – Duhan Le-Hidud Ve-Satira (Obwohl – Podium für Witz und Satire) wurde im März 1940 durch die Zusammenarbeit von drei Berühmtheiten der leichten Bühne im hebräischen Yishuv gegründet. Der Ältere der drei war

26 A.Sh. Yuris: (במה להומור והוי) 'כל הרוחות' [‚Bei allen Geistern' (Bühne für Humor und Lebensart)]. In: *Davar*, 02.02.1939, S. 5.

27 Log: 'מפני חטאינו' ב'כל הרוחות' [‚Vor unseren Sünden' in ‚Kol Ha-Ruhot']. In: *Davar*, 09.04.1939, S. 4.

28 Log: הגפיר האמיץ יחיא [Der mutige Wächter Yihya]. In: *Davar*, 18.07.1939, S. 4.

29 Manfred Geis: Tel Aviver Kunstchronik. In: *Mitteilungsblatt*, 12.07.1940, S. 5.

Michael Gor (*1898), der 1921 ins Land gekommen war und als Schauspieler und Regisseur bei verschiedenen Theatergruppen mitgewirkt hatte, die in den 1920er Jahren in Palästina aktiv waren. Der zweite war Yosef Goland (*1907), der 1924 ins Land gekommen war und zu den ersten Mitgliedern von Ohel gehört hatte. In den Jahren 1930 bis 1932 hatte er in Berlin Gesang studiert und sich bei seiner Rückkehr Ha-Matate angeschlossen. Im Februar 1934 fuhr er erneut nach Berlin und nahm dort mit dem Orchester des Jüdischen Kulturbunds 30 eretz-israelische Lieder auf.[30] Zu den beiden gesellte sich Golands Frau Mia Arbatova (*1911), eine Tänzerin und Choreografin, die durch Soloauftritte im Stil des russischen Balletts berühmt geworden war.

Das neue Theater trat in Konkurrenz zu Ha-Matate und zu Kol Ha-Ruhot. In ähnlicher Weise wie bei diesen beiden spiegelte sich auch hier vom ersten Programm an die Lebenswelt des Yishuv auf humoristisch-satirische Weise auf der Bühne. Das Programm setzte sich aus Monologen, Sketchen und Liedern nach dem Vorbild von Ha-Matate zusammen. Dieses war zumindest den beiden Männern von Af Al Pi gut bekannt, die in der Vergangenheit dort auf der Bühne gestanden hatten, Goland in den Jahren 1933 bis 1936 und Gor im Jahr 1934. Im Gegensatz zu den Vorstellungen der beiden älteren Theater fanden die Aufführungen des neuen Theaters im Kaffeehaus des Hotels Ritz in Tel Aviv statt, wo das Publikum an Tischen saß und während der Vorstellung essen und trinken konnte. Außerhalb von Tel Aviv fanden die Aufführungen in den traditionellen Theatersälen statt.

In den ersten drei Programmen des Theaters tauchten keine Jeckesfiguren auf. Im vierten Programm *Hava Nishtakra, Hava Nezamra* (Lasst uns saufen, lasst uns singen, Oktober 1940) trat Goland dann in der Rolle des „Kammersängers Richard Getzel Ziegenstimme“ auf. Der Kritiker von *9 Ba-Erev* war verblüfft.

> Nicht nur der Gesang, nicht nur die komischen Fehler, sondern sein Spiel, seine Bewegungen und sein Gehen (richtiger: sein Stehen) – haben das wirkliche Talent von Goland als komischer Schauspieler bezeugt und dem Publikum unbeschreibliches Vergnügen bereitet. Und der Sänger Goland war glänzend wie immer.[31]

In einer weiteren Nummer in demselben Programm fand eine Begegnung zwischen einem Jemeniten und einem Jecken statt. „Obwohl uns die beiden Schauspieler in dem Sketch vom Jemeniten und vom Jecken an ein Bild erinnerten, das wir bei Ihnen schon gesehen haben, schmälert das unseren Gefallen nicht.

30 Die Schallplatten selbst wurden dann in Palästina von der Firma Achva hergestellt.

31 לילות תל-אביב – 'הבה נשתכרה' ב'אף על פי' [Tel Aviver Nächte. ‚Lasst uns saufen‘ im ‚Af Al Pi‘]. In: *9 Ba-Erev*, 22.10.1940, S. 16.

Eine gute Sache kann man auch zweimal sehen."[32] Im Juni 1942 schloss das Theater nach sieben Programmen seine Tore.

Li-La-Lo (Mir-ihr-ihm)

Li-La-Lo – Te'atron Le-Revyu Be-Eretz-Yisra'el (Mir-ihr-ihm – Revuetheater in Palästina) öffnete im November 1944, im letzten Jahr des Zweiten Weltkriegs, seine Tore. Initiator der Gründung des neuen Theaters und sein Leiter war Moshe Valin, ein ehemaliger Schauspieler, der in der ersten Hälfte der 1940er Jahre überall im Land Unterhaltungsabende veranstaltet hatte. Während Ha-Matate auch während des Krieges nicht auf gesellschaftliche Satire verzichtete, war die Politik von Li-La-Lo entgegengesetzt. Sein Ziel bestand darin, sowohl den Alteingesessenen des Yishuv als auch den Einwanderern der fünften Aliya, die, entgegen der verbreiteten Wahrnehmung derselben als ‚deutsche' Aliya, mehrheitlich aus Polen kamen, eskapistische Unterhaltung nach Warschauer Tradition mit einer zusätzlichen lokalen Färbung zu bieten, d. h. zum Zwecke der ‚Eretz-Israelisierung' überarbeitete Sketche aus dem polnischen Kabarett.
Trotz der Popularität von Ha-Matate wurde auch die künstlerisch-gesellschaftliche Ausrichtung von Li-La-Lo positiv aufgenommen. So eröffnete Benzion Zangen seine Kritik des ersten Programms *Ha-Sapar Mi-Tel Aviv* (Der Barbier von Tel Aviv, Premiere am 4. November 1944) mit den Worten:

> Als ich in der Premierenvorstellung des neuen Revuetheaters ‚Li-La-Lo' saß, sagte ich mir: Doch, so habe ich mir ein Theater dieser Art vorgestellt. Es ist eine Kleinkunstbühne, die ihren Namen verdient, in europäischem Stil. So eine Bühne hat bei uns gefehlt. Und sie sollte sich gerade auf diesen Rahmen und auf diese Form einstellen: Ohne scharfe Satire, ohne Politik und ohne jegliche sonstige Tendenz. Nur für Auge und Ohr.[33]

Auch der scharfzüngige Theaterkritiker Chaim Gamzu hielt es für richtig, ein Plädoyer für einen Schritt dieser Art zu halten, der angesichts des Zeitgeschehens leicht als Geschmacklosigkeit hätte ausgelegt werden können.

> Groß ist die Bedeutung der leichten Bühne in schweren Zeiten, in der Stunde der Katastrophen. In den letzten Jahren ist es so schwer, die ganze Trauer, die ganze Zerstörung zu verdauen, dass das Publikum das Bedürfnis hat, die Notwendigkeit und auch das volle Recht auf etwas Unterhaltung, etwas Vergessen.[34]

In den ersten fünf Jahren seines Bestehens (1944–1948) führte das Theater 14 verschiedene Programme auf, die von Sondervorstellungen ergänzt wurden,

32 Ebd.

33 Benzion Zangen: לי-לה-לו 'הספר מתל-אביב' [Li-La-Lo ‚Der Barbier von Tel Aviv']. In: *Hege*, 19.11.1944, S. 3.

34 Chaim Gamzu: הספר מתל אביב: רביו מאת זנון ורדן [Der Barbier von Tel Aviv: Revue von Zenon Verden]. In: *Haaretz*, 07.11.1944, S. 5.

bei denen eine Auswahl von Auszügen aus vorherigen Programmen gezeigt wurde. Alle Programme bestanden aus einer Reihe von Nummern aus den verschiedenen Bereichen der Unterhaltung: Gesang und Musik – Couplets, Stücke aus Operetten, eretz-israelische Lieder aus dem Munde einer jemenitischen Sängerin (diese Idee hatte man sich bei Ha-Matate abgeschaut), Kunstpfeifer-Einlagen mit leichter klassischer Musik, Begleitung und Zwischenspiele von zwei Pianisten; gesprochene Texte – Monologe, kurze Sketche, Momentaufnahmen, Überleitungen des Conférenciers; außerdem Balletteinlagen durch eine kleine Gruppe von Tänzern. Die meisten der Verfasser und Komponisten hatten zuvor für Ha-Matate und andere private Unterhaltungstheater gearbeitet. Darunter waren die Lieddichter Avraham Shlonsky und Nathan Alterman, die Verfasser der Sketche Josef Heiblum, Rafael Klatzkin und Miriam Bernstein-Cohen und die Komponisten Moshe Vilenski, Nahum Nardi und Shmuel Fershko. Ein zusätzlicher Verfasser wurde im Ensemble selbst entdeckt: der Schauspieler Shmuel Fisher.

Die ersten neun Programme inszenierte der aus Polen eingewanderte Zenon Verden, und die Wertschätzung seiner Arbeit wurde ausgerechnet von der Zeitung *Mishmar* formuliert, dem Organ der Linken und der Kibbuz-Bewegung, die dem bürgerlichen Kabarett eher fernstanden „Wir haben Z. Verden durch Li-La-Lo kennen gelernt, aber die Sympathie für Li-La-Lo kommt durch Z. Verden. Verden hat mit einem Handschlag die Kunst der kleinen Bühne im Land auf eine höhere Stufe gehoben und ihr das Geheimnis der Beschränkung und der Zurückhaltung aufgezeigt.“[35] Angesichts seines Erfolgs bleibt unklar, warum Valin die Regie für das zehnte Programm *Lo Yoter Mi-Day…* (Nicht zu viel…, Premiere am 18. März 1947) in die Hände eines anderen Regisseurs legte, des Jecken Walter Bach, der der Tradition des polnischen Revuetheaters fernstand. Das oben zitierte Lob von Dov B. Malkin für Verden wurde als Vorbemerkung zur Besprechung der Arbeit von Bach geschrieben. „Auch der Regisseur W. Bach ist im Land bekannt, von seiner Regiearbeit in Europa, und seine Arbeit für die neue Bühne bestätigt seinen Ruf als tüchtiger und erfahrener Theatermann, aber nach neun Programmen von Verden erscheint das Programm von Bach ein wenig fremd und befremdlich.“[36] Die beiden folgenden Programme elf und zwölf inszenierte wieder Verden.

Die Aufgabe des Conférenciers in den ersten Programmen übernahm Vanda Verden, die Frau des Regisseurs. Die Stars des ersten Programms waren Goland und Gor, während Mia Arbatova die Choreografie verantwortete. Hinzu kamen

35 Dov B. Malkin: האומנם לא יותר מדי?… [Ist es nicht zu viel?…]. In: *Mishmar*, 01.04.1947, S. 2.

36 Ebd.

fünf Unterhaltungsschauspieler, die aus Polen stammten und sich bereits einen Namen auf den Unterhaltungsbühnen in Palästina gemacht hatten. Die einzige im Land Geborene war eine junge jemenitische Sängerin, Shoshana Damari. Da abgesehen von Goland, Gor und Damari alle Schauspieler von Li-La-Lo Neueinwanderer waren, die mit der fünften Aliya aus Polen gekommen waren, hatte das Hebräisch auf der Bühne des Theaters eine starke polnische Färbung. Trotzdem dachten die Schauspieler auch nicht für einen Augenblick daran, dass sie es verdient hätten, selbst Gegenstand einer Parodie zu werden, und da die Minderheit dieser Einwanderungswelle Jeckes waren, wurde bei Li-La-Lo festgelegt, dass die Figur eines Neueinwanderers gleichzusetzen ist mit der des Jecken.

Der Jecke von Li-La-Lo unterschied sich von dem bei Ha-Matate. Letzteres brachte im Normalfall ein authentisches Abbild jeckischer Verhaltensweisen, die das Ergebnis von zwanghafter Ordnung und der Schwierigkeit waren, sich an neue Situationen zu gewöhnen. Und was das Hebräisch anbelangt, so enthielt es Fehler, die jeder normale Jecke machte oder machen könnte, indem er hebräische Satzteile, die nicht zusammenpassen, miteinander kombiniert und sich mit deutschen Worten behilft, die die Bedeutung des Satzes noch weiter verkomplizieren. Dagegen war der Jecke von Li-La-Lo eine Karikatur, um nicht zu sagen ein Spottbild. Sein gebrochenes Hebräisch, durchsetzt mit ebenfalls gebrochenem Deutsch, war ein Kunstwerk des Dramatikers, der wortspielerische Spitzfindigkeiten ersann, die die Bedeutung des Gesagten völlig verdrehten.

Diese Figur des Neueinwanderers kam – gespielt von Michael Gor – bereits im zweiten Programm des Theaters im Monolog „Ole Hadash" (Neueinwanderer) zum Einsatz. In nur schwer ins Deutsche zu übertragenden Worten reflektiert die Figur über ihre Sprachprobleme: „Kinder, ich Hebräisch das ist eine große Durcheinander. Ich in Stuttgart Professor Deutsch. Ich hier nur Hebräisch. Das Sprache ist Poesie. Ein Satz – ein Lied, aber ich – invalide. Ja, ein Satz – eine Strophe, ein ich – Katastrophe."[37] Malkin, der Kritiker von *Mishmar*, lobte diesen Monolog: „M. Gor, der dem eretz-israelischen Publikum gut bekannt ist, hat sich dem Rahmen und dem Rhythmus angepasst und sein ‚Neueinwanderer' (Text: Fisher, Klatzkin, Gor) hier war eine Art Kunstwerk, das großen Publikumserfolg verdient hat."[38] Auch der Kritiker von *The Palestine Post* meinte,

37 Shmuel Fisher / Michael Gor / Rafael Klatzkin: עולה חדש [Neueinwanderer], aus dem 2. Programm ראיון בלי-לה-לו [Rendezvous bei Li-La-Lo], handschriftlich aufgezeichnet von Michael Gor in seinem Textbuch. Yehuda Gabbay Theaterarchiv, Akte „Michael Gor – Hefte, Zeichnungen, Negative", Sign. 01-021. Das gebrochene Deutsch der Übersetzung ist lediglich eine Annäherung an das gebrochene Hebräisch im Original.

38 Dov B. Malkin: על התכנית השניה ב'לי-לה-לו' [Über das zweite Programm bei ‚Li-La-Lo']. In: *Mishmar*, 08.02.1945, S. 2.

Abb. 29
Michael Gor als Jecke in *Re'ayon Be-Li-La-Lo* (Interview am Li-La-Lo) am Li-La-Lo, 1945.

der Teil sei einer der besseren des Programms gewesen. „Der Monolog von Herrn Gor, der einen ‚Jecken' darstellt, der grammatisch korrektes Hebräisch zu lernen versucht, ist ein liebenswertes Stück Unsinn."[39]
Bestärkt durch den Erfolg trat Gor im folgenden Programm *Tshok Le-Lo Tnay* (Bedingungsloses Gelächter, Premiere am 29. Mai 1945) mit einem weiteren Jecken auf, dieses Mal aus der Feder von Shmuel Fisher. Im Monolog „Hartsa'a" (Vortrag) heißt es u. a.:

> Sie mich nicht kennen? Ich euch mich kennen. Ich mein Name Dr. Friedrich Perlsuppengrütz, aber ich jetzt auf Hebräisch Dr. Gemüsesuppe. Ja, verschwertes Publikum, wir Emigration, Namen nur Hebräisch. Ich ein Freund, Dr. Franz von Tomatensalzfisch. Jetzt er Name Hebräisch: Dr. Franz von Tomatensaft.[40]

39 S. S.: Rendezvous at Li-La-Lo. In: *The Palestine Post*, 07.02.1945, S. 2.

40 Shmuel Fisher: פרופ׳ פרלזופנגריץ (הרצאה) [Prof. Perlsuppengrütz (Vortrag)], aus dem 3. Programm צחוק ללא תנאי [Bedingungsloses Gelächter], handschriftlich aufgezeichnet von Michael Gor in seinem Textbuch. Yehuda Gabbay Theaterarchiv, Akte „Michael Gor – Hefte, Zeichnungen, Negative", Sign. 01-021.

Es verwundert nicht, dass die Jeckes diesen ‚Vortrag' nicht besonders mochten. So schrieb Walter Levy im *Mitteilungsblatt*: „Herr Gor ist ausserordentlich talentiert – aber wozu wieder diese Perlsuppengrütz-Serie! [...] – warum dann noch die abgedroschenen Perlsuppen-Witze?"[41]
Das Theaterpublikum jedoch liebte Gors Darstellung des Jecken, der auch im fünften Programm *Zehirut, Tseva Tari* (Vorsicht, frisch gestrichen, Premiere am 6. Dezember 1945) wieder auftrat. Dieses Mal nicht in einem Monolog, sondern in der Szene „Meshek Bayit" (Haushalt) mit einer weiteren Figur. Malkin verfolgte weiterhin aufmerksam die Entwicklung der Figur des Jecken bei Li-La-Lo.

> M. Gor, der ausgezeichnete Komiker spielte, nachdem er seine ‚äußerlichen Mittel' gezügelt hatte, den ‚Jecken' dieses Mal mit derartiger ‚Ernsthaftigkeit', dass man nicht anders konnte, als bei jeder Bewegung und jedem Mucks von ihm vor Vergnügen zu lachen. Und A. Stranitzka als Jemenitin hat ihn unterstützt, auch sie in der Darstellung des lärmenden Temperaments mit großem Erfolg. Die Kombination des ‚Jecken' und der ‚Jemenitin' in ‚Haushalt' von Heiblum war gelungen.[42]

Nach mehr als einem Jahr kehrte Gors Jecke 1947 im zehnten Programm *Lo Yoter Mi-Day...* auf die Bühne zurück, dieses Mal in dem Sketch „Mishpatim Alekha" (Prozesse gegen dich) von Rafael Klatzkin. Es scheint, als habe sich Malkins Begeisterung inzwischen etwas abgekühlt, denn er schreibt: „Der ‚jemenitische Gerichtsdiener' und der ‚jeckische' Intelligenzler – mir scheint, es ist an der Zeit, sie von den Witzbühnen herunterzunehmen."[43]
Ein weiteres halbes Jahr später brachte Gor seinen Jecken im zwölften Programm *Artsenu Ha-Ktantonet* (Unser klitzekleines Land, Premiere am 10. September 1947) erneut auf die Bühne. Dieses Mal trat er in dem Monolog „Likrat Behirot" (Vor den Wahlen) als Hauptredner bei einer Wahlkampfveranstaltung der Partei Aliya Hadasha[44] auf. Etwa einen Monat nach der Premiere wurde in *Haaretz* der Leserbrief einer Studentin an der Pädagogischen Hochschule veröffentlicht. Sie schrieb:

> Deutschland, das Land meiner Herkunft, habe ich fast vergessen, und es war hauptsächlich diese Vorstellung, die mich plötzlich daran erinnerte, dass ich hier nicht wie all die anderen Jugendlichen bin und dass meine Eltern nicht wie all die anderen Eltern sind – sondern

41 Walter Levy: Theater. In: *Mitteilungsblatt*, 29.06.1945, S. 5.

42 Dov B. Malkin: בתיאטרון [Im Theater]. In: *Mishmar*, 28.12.1945, S. 2.

43 Malkin: ...?האומנם לא יותר מדי [Ist es nicht zu viel?...].

44 Die liberale Partei Aliya Hadasha (Neue Einwanderung) wurde 1942 von Einwanderern aus Deutschland und Österreich gegründet und bis zu ihrem Aufgehen in der Miflaga Progresivit (Progressive Partei) im Jahr 1948 als deren politische Interessenvertretung wahrgenommen. Zu ihren Gründern gehörte der spätere israelische Justizminister Pinchas Rosen (Felix Rosenblüth).

einfach dumme „Jeckes", Erfolglose ... Fremde. [...] Ich frage: Ist es wirklich gerecht, auf Kosten der Einwanderer aus einem bestimmten Land zu lachen? Sind wir denn nichts, wir Einwanderer aus Deutschland, sind wir hier Stiefsöhne und -töchter? Es fällt mir schwer, mir vorzustellen, dass in dieser Weise zum Beispiel auf Kosten russischer Einwanderer gelacht wird.[45]

Auch Malkin, der aus Minsk stammte und an den Universitäten Charkow und St. Petersburg studiert hatte und der bei den ersten Programmen von Li-La-Lo noch von der Figur begeistert gewesen war, sah sie dieses Mal aus einer anderen Perspektive.

Michael Gor weiß, wie man Leute zum Lachen bringt. Er selbst liebt offensichtlich das Burleske und benutzt es mit großem Geschick. Man kann ihn nicht sehen und nicht lachen. Aber bei einem altgedienten Schauspieler wie ihm, der zu den Erbauern der hebräischen Bühne im Land gehört, wäre es angemessen, dass er sein Verhalten nicht nur auf das Publikum hin denkt, sondern auch von sich selbst aus. Kann man wirklich so lange Zeit einen einzelnen Teil unserer Diaspora so „verdammen"? Man muss doch einen kurzen Moment auch an das Maß an Wahrheit denken, das im Gelächter steckt! Und diese „Jeckischkeit" hat keine Wahrheit! Gor weiß ganz sicher genauso gut wie ich, dass wir jedem dieser „Jeckes" gemeinsam (aus dem Kreis unser Bekannten) einen „Russen" oder gerade einen „russischen Zionisten" derselben Sorte gegenüberstellen könnten ... Und überhaupt – gibt es in unserem Yishuv eine Gemeinschaft, die man nicht dem Spott und dem Hohn anheimstellen könnte, wenn man sich „typische" Individuen herausgreift? Dies ist nicht der Weg, auf dem ein Theater – jedes Theater – als sammelnde Kraft bei der Versammlung der Zerstreuten dienen kann.[46]

Es war der letzte Auftritt von Gors Jecken auf der Bühne von Li-La-Lo. Am 12. April 1948, ungefähr einen Monat vor der Gründung des Staates Israel, stellte das Theater nach zwei weiteren Programmen seine Arbeit ein. Wegen der gesellschaftlichen und wirtschaftlichen sowie der Sicherheitslage im Yishuv war das Publikum immer weniger geworden. Ein Teil der Schauspieler begann nun, in Unterhaltungsprogrammen für die Soldaten zu arbeiten, andere wurden zur Armee eingezogen. Li-La-Lo blieb bis zum Ende des Unabhängigkeitskrieges für eineinhalb Jahre geschlossen.

45 Yael Fürst: לצחוק מה זה עושה? [Lachen, was macht das?]. In: *Haaretz*, 08.10.1947, S. 2.
46 Dov B. Malkin: ארצנו הקטנטונת [Unser klitzekleines Land]. In: *Mishmar*, 12.10.1947, S. 2.

פפליון
תיאטרון זעיר - אנפין

הנך מוזמן בזה לראות בהצגות תיאטרוננו
שיפתח ביום שני כ״ם אדר ב׳ ת״ש (8.4.1940), בהצגותיו היום־יומיות
בפפיליון, תל־אביב, רחוב ביאליק 4 (על יד „שלושה כושים״)

ההנהלה: ס. קרמון, ם. רוסם.
הבמוי: ם. רוסם.
הצייר: ם. סוקרי.
המוסיקה: ם. לברי
הסופרים: נ. אלתרמן, ל. גולדברג, ס. גרונמן, פ. גוטליב, א. הרומי, א. המאירי, י. הורוביץ, ם. רוסם.
המשחקים: ם. ברנר, ס. קרמון, א. שקלרש, י. שפירא, ם. שטיינר.
ע״י הפסנתרים: נ. בונדי, ם. דיני.

ההתחלה בשעה 9 בערב (בשבתות גם בשעה 7). אחרי ההצגה רקודים

Abb. 30: Einladung der Kleinkunstbühne Papillon, 1940.

6
Jeckes machen hebräisches Theater

In den Jahren 1934 bis 1942, von der Zunahme des Einwandererstroms der fünften Aliya bis zu den bedrohlicheren Tagen des Zweiten Weltkriegs und dem Vorrücken der deutschen Armee in Richtung Palästina, gründeten aus dem deutschen Kulturkreis ausgewanderte Regisseure und Schauspieler, die trotz ihrer Hebräischkenntnisse von den öffentlichen und privaten Bühnen in Palästina abgewiesen worden waren, insgesamt zehn hebräische Theater.[1] Keines dieser Theater konnte sich über längere Zeit behaupten, da sie bemüht waren, sich gleichzeitig dem jeckischen Publikum und dem Publikum der Alteingesessenen des Yishuv zuzuwenden, zwei Publikumsgruppen mit verschiedenem, beinahe gegensätzlichem kulturellem Hintergrund. Die Mehrheit der hebräischsprachigen Theaterliebhaber des Yishuv war mit dem hebräischen Theater osteuropäischer Prägung aufgewachsen und fühlte sich vom Repertoire und vom westeuropäischen Stil der Aufführungen, die so sehr von dem Bekannten und Geschätzten abwichen, wenig angezogen, wenn nicht sogar abgestoßen. Viele der Neueinwanderer aus Zentraleuropa dagegen konnten nicht genügend Hebräisch, um in der Lage zu sein, einer Aufführung zu folgen. Es wurden zahlreiche Versuche unternommen, die beiden sehr verschiedenen Publikumsgruppen an die neuen Theater heranzuführen. Für die Alteingesessenen wurden in der hebräischen Presse und manchmal in den Programmheften erklärende Artikel über die Ziele des westeuropäischen Theaters veröffentlicht. Und für die Jeckes stellte man zusätzlich zur detaillierten Beschreibung der Handlung im Programmheft gelegentlich einen deutschsprachigen Conférencier bereit, der zwischen den Akten auftrat und das Geschehen erläuterte. Trotz all dieser Bemühungen hat keines der jeckisch-hebräischen Theater lange überlebt.

1 Gemeint ist hier die letzte der vier Gruppen, die zu Beginn von Kap. 5 beschrieben wurden.

Dramatische Bühnen

Im hier besprochenen Zeitraum gab es in Palästina zwei etablierte dramatische Bühnen, Habima und Ohel. Daneben wurden elf private dramatische Bühnen eröffnet und wieder geschlossen, sieben davon durch jeckische Schauspieler und Regisseure. Sie waren gekennzeichnet durch ein Repertoire, das sich vollständig oder mehrheitlich aus dem deutschen Theater der 1920er und frühen 1930er Jahre speiste, und durch Ensembles, die vollständig oder mehrheitlich aus Jeckes mit auffallendem deutschen Akzent bestanden und ein zurückhaltendes, naturalistisches Spiel pflegten.

Te'atron Hadash (Neues Theater)

Am 25. Oktober 1934 fand in Tel Aviv die erste Aufführung des Te'atron Hadash statt, das vom Regisseur Alfred Wolf gegründet und geleitet wurde. Auf den ersten Blick bestand der Zweck des Theaters lediglich darin, die Einkommensprobleme der jeckischen Künstler zu lösen, denen die hebräischen Bühnen verschlossen geblieben waren, und für das jeckische Publikum, das kein Interesse an Inhalt und Stil des eretz-israelischen Theaters fand, ein neues, zentraleuropäisches Repertoire aufzuführen. Tatsächlich waren die Pläne des Theaters um vieles bedeutsamer. In dem mehrsprachigen Programmheft (Hebräisch, Englisch und Deutsch) zu den beiden ersten und einzigen Produktionen wandte sich die Theaterleitung (nur auf Hebräisch) in einer Art Manifest zur Erläuterung der Ziele des hebräischen Theaters an das alteingesessene Publikum.

> Wir glauben, dass die Errichtung eines vierten Theaters neben den drei heute in Eretz Israel existierenden Theatern notwendig und wichtig ist. Wir sehen deutlich, dass es im hiesigen Theaterleben Raum gibt, und diesen Raum wollen wir versuchen zu füllen. Eretz Israel hat in den letzten zwei Jahren eine enorme Entwicklung durchgemacht. Das Theater, das der aktuellste Spiegel seiner Zeit ist, hat die Pflicht, diesen Wandel zu bedenken und seine Schlüsse aus ihm zu ziehen: Das Eindringen der westlichen Einwanderung in das bestehende Gebäude, mit all ihren Bemühungen, der geistigen und materiellen Sphären des hiesigen Lebens habhaft zu werden, mit ihrem natürlichen Willen, die kulturellen Errungenschaften und die Lebensweise zu bewahren, die sie sich angeeignet und durch die sie in langen Jahren der Galut geformt wurden und in denen viel Gutes liegt, das dem Volk dabei helfen kann, sein Leben nunmehr hier im Land zu gestalten.[2]

Noch bevor das Theater überhaupt auf sein Publikum traf, arbeitete dessen Leitung bereits daran, ihm das Image einer dauerhaften Institution zu verschaffen. Erstens, indem man ein festes Ensemble einrichtete, bei dem nicht alle

2 Dr. Esther Carow: תיאטרון ארץ ישראלי [Eretz-israelisches Theater]. In: Programmheft des Te'atron Hadash zu den Inszenierungen *Journey's End* und *Begebenheiten*. IDCPA, Katalognr. 249565, Sign. 33.1.1.

Schauspieler, deren Namen und Fotos im Programmheft der ersten beiden Produktionen abgedruckt sind, in diesen auch mitwirkten. Zweitens, indem man den Eindruck eines Repertoire-Theaters vermittelte und gleich zu Beginn zwei sehr unterschiedlichen Produktionen aufführte: *Journey's End*, ein englisches Anti-Kriegs-Drama von Robert Cedric Sherriff (Premiere unter dem Titel *Sof Ha-Masa* am 25. Oktober 1934), und *Begebenheiten*, drei leichte Einakter des deutschen Dramatikers Curt Goetz (Premiere unter dem Titel *Mikrim* am 7. November 1934). Drittens, indem man Nathan Alterman, einen der hochrangigen Übersetzer jener Zeit, mit der Übersetzung der Stücke beauftragte. Viertens, indem man die Vorstellungen des Theaters im Mugrabi-Saal in Tel Aviv ansetzte, in dem regelmäßig die Produktionen von Habima und Ohel sowie angesehene Opern- und Tanzveranstaltungen aufgeführt wurden.[3]
Die Kritik war dem neuen Theater nicht wohlgesonnen und distanzierte sich mehrheitlich von der Wahl der Stücke. Aus heutiger Sicht ruft die Meinung einiger Kritiker Erstaunen hervor. Weniger als fünf Jahre vor Ausbruch des Zweiten Weltkriegs hielten sie die Auswahl des Anti-Kriegs-Dramas *Journey's End* für einen Fehler – aufgrund von mangelnder Aktualität. Nach Ansicht des Kritikers von *Kolno'a*

> hat die pazifistische ‚Vernunftmoral', die in allen Stücken verborgen ist, die vom Krieg handeln, bereits ihre Frische verloren. Und wenn hier keine Aktualität ist und auch das theatralische Problem fehlt, das die Aufführung rechtfertigen würde, so folgt daraus, dass der Auftakt des neuen Betriebes verwundert und enttäuscht.[4]

Dieser Ansicht schloss sich auch Miriam Bernstein-Cohen in der *Haaretz* an: „Das Drama wurde uns mit Verspätung geliefert und die Fragestellung scheint nicht drängend oder zeitgemäß."[5] Selbst Manfred Geis vertrat in seinem regelmäßigen Bericht über das Theater in Palästina für die Berliner *Jüdische Rundschau* die Ansicht, dass „das Ende des Weltkrieges sechzehn Jahre zurück[liegt]." Es verdient allerdings Anerkennung, dass ausgerechnet Geis, der Neueinwanderer aus Deutschland, sein distanzierte Haltung gegenüber der Auswahl des Dramas vor allem damit begründete, „daß von einer Beziehung zu Palästina oder zum Judentum keine Rede sein kann [...]."[6]

3 Die Wichtigkeit, die der gute Ruf des Aufführungsortes besaß, lässt sich an der Anzeige für die Premiere des Te'atron Hadash in der Zeitung *Haaretz* vom 19.10.1934, S. 6, erkennen: Die Worte „im Mugrabi-Saal" sind in derselben Größe gedruckt wie der Name des Theaters; nur der Titel des Stücks, *Journey's End*, ist noch größer gedruckt.

4 בתיאטרון – תיאטרון חדש [Im Theater – Neues Theater]. In: *Kolno'a* 21, 01.11.1934, S. 20.

5 Miriam Bernstein-Cohen: סוף המסע [Ende der Reise]. In: *Haaretz*, 30.10.1943, S. 2.

6 Manfred Geis: Neues Theater in Palästina. In: *Jüdische Rundschau*, 06.11.1934, S. 5.

Am Ende seines Artikels geht der Kritiker von *Kolno'a* von der Diskussion der künstlerischen Fragen zu einem Angriff auf die jeckischen Theatermacher über.

> Was ist das Ziel? In solchen Fällen stellt sich stets die ewige Frage: Was wollten der Regisseur, die Schauspieler, das ganze Theater, was wollten sie mit dieser Aufführung zum Ausdruck bringen? Was war ihre Absicht? Sie haben schließlich feierlich versprochen (im Programmheft), sie würden tendenziös sein, das heißt Gesicht zeigen und ihre klare Neigung offenlegen. Und nun zeigen jene, die tendenziöser sind als alle bestehenden Theater und die Kunst um der Kunst willen ablehnen, ihre völlige Unfähigkeit. Und der Grund ist klar: Sie wussten nicht und wissen auch heute nicht, was sie wollen. Worin ist ihr Theater neu und wozu ist es da?[7]

Die kritische Haltung der meisten Rezensenten in der hebräischen Presse gegenüber dem Te'atron Hadash verschärfte sich mit dessen zweiter Produktion. *Kolno'a* übte scheinbar ironische Nachsicht, aus der das Echo der Auseinandersetzung zwischen den Einwanderern aus Ost- und Westeuropa ertönte.

> In der Tat, das neue Theater hat die charakteristische Linie der europäischen Einwanderung erfasst, die dem neuen, äußeren Schein der ‚Prosperity' entspricht. Die neue Bühne darf sich als Theater der Epoche bezeichnen. Die Bürger der Prosperity fordern vom Theater keine Ziele, sondern lediglich Unterhaltung. Die künstlerische Ausrichtung – Ruhe und stilles Vergnügen.[8]

Noch wesentlich schärfer äußerte sich Lubrani im *Davar*. Seine Worte verließen den Rahmen theaterkritischer Gepflogenheiten und waren eine Spitze im Kulturkampf.

> Das Neue Theater hat, im Programmheft wie gesagt, einen eigenständigen Weg skizziert und versprochen, das Fehlende im eretz-israelischen Theater zu ergänzen. Glauben die Leute des Neuen Theaters ernsthaft, dass sie auf diesem Weg „das Fehlende ergänzen" werden? Und gerade weil es auch bei uns ein Kurfürstendamm-Publikum gibt (diese Straße erstreckt sich bis nach Berdichev [Stadt in Osteuropa, kulturelles Zentrum des dortigen Judentums]), das sich nach Fräcken und Bettgeschichten sehnt, muss man äußerste Vorsicht walten lassen. Man kann schließlich nicht einfach so das Berliner Theater nach Eretz Israel verfrachten und damit die Probleme der hiesigen Bühne lösen. Insbesondere, da diese Form des Theaters, die uns diesmal geboten wurde, lediglich eine geringe Schicht von Menschen repräsentiert, die auf künstliche Emotionen angewiesen sind und diese im Salontheater einfordern. „Journey's End" hatte wenigstens ein Niveau, über das man streiten konnte. Hier dagegen steigen der Staub von Banalitäten und ein fauliger Geruch von der Bühne auf. Ein Repertoire dieser Art ist jenseits jeder Diskussion.[9]

7 בתיאטרון – תיאטרון חדש [Im Theater – Neues Theater].

8 מקרים [Begebenheiten]. In: *Kolno'a* 22, 15.11.1934, S. 20.

9 Eliezer Lubrani: במות – 'מקרים' מאת קורט גץ [Bühnen – ‚Begebenheiten' von Curt Goetz]. In: *Davar*, 18.11.1934, S. 3.

Es scheint, dass die Kritiker angesichts von Wolfs erster Regiearbeit in Eretz Israel größere Erwartungen an ihn hatten. Keysari konstatierte: „Insgesamt war es eine Enttäuschung. Der Regisseur Wolf hat uns ‚Die Dreigroschenoper' geschenkt und wir durften zu Recht etwas Gutes und Ehrliches von ihm erwarten. Er hat ein schweres Stück gewählt und die Aufführung war armselig und alles andere als ermutigend."[10] Lubrani war kategorischer: „Die ganze Aufführung war ‚ordentlich'. Aber muss man dafür ein neues Theater gründen?"[11] In der Zusammenfassung seiner negativen Kritik zur zweiten Produktion des Theaters milderte er diese Schlussfolgerung etwas ab: „Mit Alfred Wolf müssten wir ein ernstes Wörtchen reden, aber zweifellos handelt es sich lediglich um anfängliche Wehen. Und die Besorgnis über die Verirrung sollte den Respekt vor den Anstrengungen nicht vermindern."[12]

Das Ensemble des Theaters bestand aus zwölf Mitgliedern: fünf ‚Alteingesessene' aus Eretz Israel, die zwar Erfahrung, aber kein festes Engagement hatten (Ari Ariel, Wolf-Ze'ev Berlinski, Eliezer Donat, Rachel Marcus und Kalman Konstantiner), und sieben Neueingewanderte, die auf deutschen und österreichischen Bühnen aufgetreten waren und denen das hebräische Theater daher verschlossen blieb (Antigone Bing, Friedel Lobe-Harms, Michael S. Wolff, Esther Taube, Ernst Ceiss, Mario Kranz und Josef Schapira).

An den Rezensionen der Theateraufführungen lässt sich die Meinung der Kritiker und ihrer Leserschaft über die Schauspielkunst ablesen. Der Kritiker des *Davar*, Eliezer Lubrani, distanzierte sich von der Darstellung in *Journey's End*, indem er sie mit dem verglich, was im hebräischen Theater üblich war:

> Man hat erkannt, wie groß die Kraft eines Kollektivs selbst bei einer Aufführung im individualistischen Stil ist. Wir haben es in allen Szenen gesehen, in denen die Dialoge zwischen mehr als zwei Schauspielern stattfanden. Wenn es Wolf gelungen wäre, seine Schauspieler – und nicht nur in einzelnen Momenten – zu einem straffen Kollektiv zu vereinen, wären diese Dialoge ohne jeden Zweifel überzeugender gewesen.[13]

Ton und Formulierung in der Bewertung der Schauspieler durch Uri Keysari waren selbst im Fall eines Lobes noch arrogant.

> Josef Schapira, den das Programmheft als professionellen Schauspieler mit Vergangenheit vorstellt, passt überhaupt nicht für die Rolle des Stanhope. Schapira hat keine Stimme, die zu Herzen geht. Mit einer solchen Stimme lässt sich kein Heldenmut darstellen, nicht einmal

10 Uri Keysari: 9 בערב – 'תיאטרון חדש' מציג: 'קץ המסע' [9 Uhr abends – Das Neue Theater präsentiert: ‚Journey's End']. In: *Do'ar Ha-Yom*, 30.10.1934, S. 3.

11 Eliezer Lubrani: במות – 'סוף המסע' [Bühnen – ‚Journey's End']. In: *Davar*, 31.10.1934, S. 3.

12 Lubrani: במות – 'מקרים' מאת קורט גץ [Bühnen – ‚Begebenheiten' von Curt Goetz].

13 Lubrani: במות – 'סוף המסע' [Bühnen – ‚Journey's End'].

der eines gequälten Trinkers. Es reicht eben nicht, hohe Stiefel anzuziehen, zu brüllen und auf der Bühne herumzurennen.[14]

Auch nach der Aufführung von *Begebenheiten* änderte er seine Meinung über Schapira nicht.

> Josef Schapira hat schöne weiße Zähne und leuchtende Augen und ist gut gebaut. So etwas nennt man einen hübschen Burschen, und wenn er mit normaler Stimme redet, ist auch seine Stimme recht angenehm. [...] Er sollte sich vom Bereich der Tragödie fernhalten. Das niedrige, profane Register passt zu ihm. Die Tragödie, das Geschrei – sie lassen völlig in Flammen aufgehen. Ich würde mir überdies erlauben, ihn darauf hinzuweisen, dass er deutlicher sprechen muss. Ich saß in der zweiten Reihe und viele seiner Sätze kamen nicht oder nur in entstellter Form bei mir an.[15]

Miriam Bernstein-Cohen, gelegentliche Theaterkritikerin sowie anerkannte Schauspielerin und Regisseurin, teilte kräftig aus: „Bei M. Schapira (Captain Stanhope) sahen wir Bühnenerfahrung und Technik, es gelang ihm nicht, eine klare Linie zu finden, und so baute die Rolle lediglich auf einzelnen Effekten auf. [...] Außerdem ist der Klang seiner Stimme kehlig und schmeichelt nicht gerade dem Ohr, vor allem in den Momenten äußerer Erregung."[16] Auch die Zeitschrift *Kolno'a* griff zur Ironie.

> Aus dem Programmheft des Theaters erfuhren wir, dass der Schauspieler J. Schapira, der die Rolle des Stanhope spielt, einer der besten Schauspieler Deutschlands sei. Also was ist ihm hier widerfahren? Weshalb ist sein ganzes Spiel nichts weiter als eine Aneinanderreihung von Geschrei, die nichts ausdrückt und nur den Zuschauer verärgert? Womöglich fällt ihm die Sprache noch schwer und hemmt seine verborgenen Talente?[17]

Geteilt waren die Meinungen der Kritiker in Bezug auf die Arbeit von Mario Kranz in *Journey's End*. Lubrani lobte im *Davar*: „Viel Können und Erfahrung brachte Mario Kranz (Koch). Der Erfolg einiger Momente in der Aufführung geht auf seine Rechnung. Seine Mittel sind einfach und klar und lassen keine künstlerische Nötigung erkennen. Ohne Zweifel stehen wir hier vor einem vollkommenen Schauspieler."[18] Der anonyme Kritiker von *Kolno'a* sah die Dinge jedoch anders: „Kranz zeigt in der Rolle des Kochs den Versuch, eine Schwejk-Figur zu gestalten. Aber er klebte sich einen einzigen Ausdruck ins Gesicht und beschränkte sich auf wenige Gesten, sodass er monoton erschien und die

14 Keysari: 9 בערב – 'תיאטרון חדש' מציג: 'קץ המסע' [9 Uhr abends – Das Neue Theater präsentiert: ‚Journey's End'].

15 Uri Keysari: 9 בערב – 'מקרים' מוצג ע״י 'תיאטרון חדש' [9 Uhr abends – ‚Begebenheiten' wurde vom ‚Neuen Theater' aufgeführt]. In: *Do'ar Ha-Yom*, 12.11.1934, S. 3.

16 Bernstein-Cohen: סוף המסע [Journey's End].

17 בתיאטרון – תיאטרון חדש [Im Theater – Neues Theater].

18 Lubrani: במות – 'סוף המסע' [Bühnen – ‚Journey's End'].

gesegnete Rolle voller Möglichkeiten schwächte. Heraus kam nur eine blasse Parodie auf Schwejk."[19] Zwei weitere Jeckes, die in *Journey's End* mitwirkten, kamen ebenfalls nicht ungeschoren davon. Keysari schrieb, dass „Michael Wolff in der Rolle des Hardy auf uns den Eindruck machte, als verstünde er nicht, was er sagt… Es ist also kein Wunder, dass auch wir seine Worte nicht verstanden haben."[20] Lubrani dagegen spürte, dass „man bei Ernst Ceiss (Trotter) viel zu sehr die Routine fühlt. Sein Spiel ist leicht, bleibt aber oberflächlich. Er hat eine gute Aussprache, aber er begnügt sich damit, und sein Spiel beschränkt sich nur auf den sprachlichen Rahmen."[21]

Zwei der Schauspielerinnen des Ensembles wirkten lediglich in *Begebenheiten* mit. Esther Taube erhielt Lob aus der Feder von Keysari: „Die Hervorragendste des Ensembles war Esther Taube, die in der kleinen Rolle der Minna mit einem Minimum an Strichen ein Maximum an Können und Talent zeichnete."[22] Lubranis lobende Worte waren in einem überheblichen Ton verfasst: „Einen glaubhaft menschlichen Moment gab Esther Taube. Aber selbst sie gilt es vor allem vor der Charge zu bewahren und sie so einfach und natürlich wie sie ist auf die Bühne zu stellen."[23] Antigone Bing widmete sich Keysari in einem Satz: „Gina Bing ist momentan nicht mehr als liebenswürdig. Ihr Akzent und ihre Intonation sind zu deutsch."[24]

Die Kritik schrieb das Ihre und das eretz-israelische Theaterpublikum blieb fern. Ebenso das Jeckes-Publikum, dem die detaillierten Zusammenfassungen der Handlung jedes Stücks auf Deutsch und Englisch keine Hilfe waren. Das Theater spielte de facto von Ende Oktober bis Mitte Dezember 1934 und führte in dieser Zeit zehn Mal *Journey's End* und sieben Mal *Begebenheiten* auf. Nichtsdestotrotz erschienen Mitteilungen in der Presse über die Fortsetzung des Theaterbetriebs.

> Das ‚Te'atron Hadash' ist im Begriff, einige Originaldramen über das Leben in Eretz Israel vorzubereiten. Unter den ersten eines von Avigdor Hameiri und das Stück ‚Ba-Kibbutz' [Im Kibbuz] von Yitzhak Landoberg. Gleichzeitig wird das ‚Te'atron Hadash' eine Reihe von Kammerspielen u. ä. aufführen. Zurzeit stehen Shakespeare, Strindberg, Ibsen, Büchner auf dem Programm. Außerdem haben die Vorbereitungen zu ‚Voruntersuchung' des

19 בתיאטרון – תיאטרון חדש [Im Theater – Neues Theater].

20 Keysari: 9 בערב – 'תיאטרון חדש' מציג: 'קץ המסע' [9 Uhr abends – Das Neue Theater präsentiert: ‚Journey's End'].

21 Lubrani: במות – 'סוף המסע' [Bühnen – ‚Journey's End'].

22 Keysari: 9 בערב – 'מקרים' מוצג ע״י 'תיאטרון חדש' [9 Uhr abends – ‚Begebenheiten' wurde vom ‚Neuen Theater' aufgeführt].

23 Lubrani: במות – 'מקרים' מאת קורט גץ [Bühnen – ‚Begebenheiten' von Curt Goetz].

24 Keysari: 9 בערב – 'מקרים' מוצג ע״י 'תיאטרון חדש' [9 Uhr abends – ‚Begebenheiten' wurde vom ‚Neuen Theater' aufgeführt].

Rechtsanwalts Max Alsberg begonnen, der vor kurzem in der Schweiz verstarb. Die Leitung des Theaters liegt in den Händen von Alfred Wolf.[25]

Noch Anfang Februar 1935 wurde im *Davar* eine Meldung über die Aufnahme des Schauspielers Avraham Sklarsch ins Ensemble des Theaters veröffentlicht, der in den Produktionen *Ba-Kibbutz* und *Voruntersuchung* erscheinen werde.[26] Es ist unklar, was das Ziel dieser Veröffentlichungen war. Obwohl Wolf wenig später (November 1936) mit dem Te'atron Ivri erneut ein eigenes Theater gründete, führte er dort keines der angekündigten Stücke oder etwas von den Werken der Dramatiker auf, die in den sicher von Wolf lancierten Mitteilungen genannt wurden.

Beinahe alle ehemaligen Schauspieler des Te'atron Hadash versuchten, in unterschiedlichem Rahmen am Theater Aufnahme zu finden, und waren zuletzt gezwungen, ihren Beruf aufzugeben. Nur zwei von ihnen, Ze'ev Berlinski und Rachel Marcus, gelang es, sich auf der professionellen Bühne in Eretz Israel zu behaupten. Diese beiden waren keine Jeckes, sondern stammten aus Osteuropa und hatten beschlossen, sich im deutschen Theater fortzubilden, Marcus bei Max Reinhardt in Wien und Berlinski bei Leopold Jessner in Berlin. Mehr als zehn Jahre später sollten sich die beiden auf der Bühne des Kameri-Theaters wiedertreffen, das zu Beginn seiner Bestehens bemüht war, das westeuropäische Theatererbe nach Eretz Israel zu bringen und den jeckischen Theaterkünstlern, denen der Weg an das hebräische Theater jener Zeit versperrt war, eine Bühne zu bieten (siehe Kap. 8).

Ha-Mesahakim (Die Schauspieler)

Die erste Aufführung von Ha-Mesahakim, das realistische Drama *Oktobertag* des im eigenen Land verbotenen deutschen Dramatikers Georg Kaiser, fand am 8. April 1935 unter dem Titel *Yom Be-Oktober* im Saal der Evelina de Rothschild-Schule in Jerusalem statt. Initiator und Regisseur war der deutsche Neueinwanderer Benno Fränkel, der zwei Jahre zuvor ins Land gekommen war und bereits eine theatralisch-musikalische Unternehmung, die Kammeroper, gegründet hatte. Die Errichtung des Theaters in Jerusalem war nicht von der Bekanntmachung eines langfristigen Programms begleitet, und in der Tat blieb *Oktobertag* die einzige Produktion von Ha-Mesahakim. Vier jeckische Schauspieler wirkten darin mit: Esther Taube, die bereits im Te'atron Hadash aufgetreten war, Hermann Heuser, der bei der Produktion der beiden Schnitzler-Einakter durch die Vereinigung für das Ohel unter der Regie

25 תל אביב [Tel Aviv]. In: *Davar*, 25.01.1935, S. 7.
26 תל אביב [Tel Aviv]. In: *Davar*, 05.02.1935, S. 3.

Friedrich Lobes mitgewirkt hatte, sowie zwei Schauspieler, für die es die erste Gelegenheit war, in Eretz Israel aufzutreten – Miriam Ben-Gavriêl und Chaim (Horst) Ladendorf. Zu diesen vier gesellte sich der eretz-israelische Schauspieler Nisan Shmu'eli.

Geis lobte die Aufführung und wies darauf hin, dass sie „einen Versuch dar[stellt], dem palästinensischen Publikum einen ihm neuartigen Dramentyp nahezubringen."[27] Lubrani dagegen widerstrebte die Wahl des Stücks, er lobte aber die theatralische Herangehensweise des Regisseurs und seiner Schauspieler, die vom Gewohnten abwich.

> Über die Wahl des Stücks zur Aufführung ausgerechnet bei uns kann man geteilter Meinung sein. Aber es scheint, als habe es diese Gruppe von Schauspielern auf ein Kammerspiel abgesehen und nicht mehr. Von dieser Warte aus muss man sagen, dass sie gefunden haben, was sie suchten. Diese Gruppe hat den Versuch unternommen, das Theater an seinen Ursprung zurückzuführen – das Spiel. Die Gruppe verzichtete auf alle Hilfsmittel, keine schmucken Kulissen, keine leuchtenden Farben, keine Magie von Musik und Tanz – nichts als das spielerische Können. Der Versuch ist geglückt.[28]

Lubranis Einzelkritik der jeckischen Schauspieler ist voller Empathie. Esther Taube – „ließ einen authentischen Ausdruck hören, überraschte uns dieses Mal sowohl durch ihr Können als auch durch die Fähigkeit der Anpassung. [...] Sie ist immer noch ein wenig verschlossen und wenn sie von der Welle des Gefühls ergriffen wird, sucht sie – manchmal vergeblich – den angemessenen Ausdruck." Miriam Ben-Gavriêl – „demonstriert eine wundervolle hebräische Aussprache. Nur dass diese Aussprache, solange sie nicht zu einem organischen Bestandteil derer wird, die sie benutzen, die Sprache mumifiziert und das nicht gesprochene Hebräisch demonstriert." Chaim Ladendorf – „Dieser Mensch reduziert seine Mittel bis auf ein Minimum und die Inspiration bleibt sich gleich. [...] Eine wichtige Erwerbung für unser Theater."[29]

Allerdings sprach Fränkels kammertheaterhafte Herangehensweise das Publikum des hebräischen Theaters nicht an. Die Produktion wurde im April einige Male aufgeführt und danach gab es im Dezember desselben Jahres noch einmal ein paar Vorstellungen. Ha-Mesahakim setzten ihre Zusammenarbeit nicht fort, obwohl einige von ihnen, darunter der Regisseur Benno Fränkel, von Jerusalem nach Haifa gingen.

27 Manfred Geis: Eine neue Theater-Gruppe. In: *Jüdische Rundschau*, 26.04.1935, S. 15.

28 E. Lubrani: במות [Bühnen]. In: *Davar*, 21.04.1935, S. 3.

29 Ebd.

Te'atron Ivri Haifa (Hebräisches Theater Haifa)

Das Te'atron Ivri Haifa wurde zu Beginn des Jahres 1936 gemeinsam von Benno Fränkel und Richard Rosenheim gegründet. Letzterer war als Regisseur an zentralen Theatern in Deutschland aktiv gewesen, kam 1934 ins Land und war gezwungen, sich seinen Lebensunterhalt zwei Jahre lang als Schreiner in Rehovot zu verdienen. Die Aufgabenverteilung zwischen den beiden entsprach dem, was im deutschen Theater dieser Zeit üblich war: Rosenheim war der künstlerische Leiter (Intendant), Fränkel der Regisseur. Das Ensemble setzte sich hauptsächlich aus neueingewanderten Schauspielern aus Deutschland und Österreich sowie drei eretz-israelischen Schauspielern zusammen.

Die erste Vorstellung war *Othello* (Premiere am 12. März 1936 im Kino- und Theatersaal Ora). Hinter dieser Wahl steckte vermutlich der Gedanke, dass die Alteingesessenen des Yishuvs ein Stück von Shakespeare sehen wollten, dessen Werke bislang kaum am hebräischen Theater gespielt wurden. Zudem würden die Einwanderer aus dem deutschen Kulturkreis, da ihnen das Stück bekannt war, die Vorstellung besuchen wollen, auch wenn ihre Kenntnisse des Hebräischen noch bei Weitem nicht vollkommen waren. In einem Artikel in *Haaretz* erklärte Richard Rosenheim, dass das Stück nicht nur gewählt worden war, weil es „das Werk des größten Genies ist, der als Erzengel an der Wiege der Theaterkunst überhaupt gestanden hat", sondern wegen der Übersetzung.

> Ich habe gesagt, dass der Weg zur Nationalliteratur zwangsläufig über hervorragende Übersetzungen fremder Werke führt. Die ‚Othello'-Übersetzung von Salkinson ist das Werk eines Künstlers, das gibt jeder zu, eine Sprachschöpfung, die sich an Größe und Wert mit der deutschen Bibelübersetzung von Luther und den Shakespeare-Übersetzungen von Schlegel und Tieck messen kann.[30]

Aus unerfindlichen Gründen veröffentlichte die Gewerkschaftszeitung *Davar* im Abstand von vier Tagen zwei bewundernde Kritiken zu der Aufführung. War es die Qualität der Vorstellung oder die Tatsache, dass das neue Theater die Unterstützung des Kulturrates der Gewerkschaft in Haifa genoss? Die Ansichten der beiden Rezensenten waren nur in Bezug auf die Auswahl des Stücks geteilt. Während Lea Goldberg die Wahl lobte, weil „die Tragödie ‚Othello' seit hunderten von Jahren zu den besten Tragödien der Welt gezählt wird"[31], fragte Lubrani, „wozu ermüdet man uns drei Stunden lang mit der Mentalität eines Affen? Schließlich ist der Mohr Ethiel [Othello], trotz seiner sympathisch

30 Richard Rosenheim: להצגה הראשונה של ה'תיאטרון העברי' [Zur ersten Aufführung des ‚Hebräischen Theaters']. In: *Haaretz*, 08.03.1936, S. 3.

31 Log: במות – 'אותילו' בתיאטרון עברי בחיפה [Bühnen – ‚Othello' am Hebräischen Theater in Haifa]. In: *Davar*, 15.03.1936, S. 9.

Abb. 31
Plakat für die Aufführung von *Othello* am Te'atron Ivri Haifa, April 1936.

menschlichen Nöte, nicht dazu geschaffen, in uns Mitgefühl zu wecken. Seine Jugend liegt in der Steinzeit, seine Reaktion ist die eines Waldbewohners."[32] Beide Kritiker betrachteten die Aufführung wohlwollend. Goldberg ging so weit, die Aktualität von Fränkels Interpretation der Othello-Figur zu betonen, die aus der ambivalenten Situation eines Jecke-Künstlers in Eretz Israel entspringe: „Dieser Othello, den wir in Haifa in Fränkels Inszenierung zu sehen bekamen – ist nicht einfach ein alternder Neger, der sich zufällig in ein schönes Mädchen einer anderen Rasse verliebt hat. Es ist ein Mensch, dem die Kultur des Ostens und die Kultur des Westens gleichermaßen nahe sind."[33] Diese Worte passten zur Persönlichkeit von Othello-Darsteller Avraham Sklarsch, der ein Sabre war, der seine Schauspielkunst in Deutschland fortgebildet hatte und dort sogar auf

32 Eliezer Lubrani: במות – 'אתיאל הכושי' בתיאטרון חדש [Bühnen – ‚Der Mohr Othello' in einem neuen Theater]. In: *Davar*, 19.03.1936, S. 9.

33 Log: במות – 'אותילו' בתיאטרון עברי בחיפה [Bühnen – ‚Othello' am Hebräischen Theater in Haifa].

professionellen Bühnen aufgetreten war. Goldberg lobte auch die Leistungen der übrigen Schauspieler, die sämtlich neue Einwanderer aus Deutschland und Österreich waren: Hermann Heuser (Jago) – „interessanter Zugang zur Rolle", Esther Taube (Desdemona) – „mit überzeugendem Ton, dass wir nicht zögerten, ihr jedes Zögern abzunehmen", Hertha Wolff (Emilia) – „ein großer Auftritt auf der hebräischen Bühne", Sonja Zahava (Bianca) – „ihr Spiel war gut, aber die Unsicherheit in der Sprache störte etwas" und Josef Schapira (Cassio) – „gut war sein maßvolles Spiel in der Wahl bescheidener Mittel". Goldberg schloss ihre Kritik mit ermutigenden und zugleich warnenden Worten: „Der erste Versuch des neuen Theaters war erfolgreich. Und mit dem Erfolg wachsen auch die Anforderungen."[34]

Lubrani betonte den menschlich-kulturellen Kontext des neuen Theaters.

> Wir sahen: kärgliche, geradezu lächerliche Mittel, viel Hingabe und überzeugendes Können in Hülle und Fülle. Trotz aller Zurückhaltung in Bezug auf das Existenzrecht eines neuen Theaters gilt es, sich über den Anblick dieser Unternehmung zu freuen, der es gelang eine Reihe von Künstlern höchsten Ranges zur versammeln und zu engagieren, die ohne Arbeit und ohne Zuflucht unter uns weilten. [...] Insgesamt: eine bereichernde Überraschung. Viel Können. Guter Geschmack und Hingabe.[35]

Die Meinung des Publikums war eine andere. Die Alteingesessenen aus Haifa hatten Schwierigkeiten, das archaische Hebräisch von Yitzhak Salkinson zu verstehen, das mit starkem ‚jeckischen' Akzent ausgesprochen wurde, und die Jeckes umso mehr. Die Einschätzung von Salkinsons Übersetzung und ihr Vergleich mit den klassischen Übersetzungen ins Deutsche bezeugen lediglich, wie wenig der Jecke Rosenheim von den Sprachschichten des Hebräischen und ihren Bedeutungen wusste. Der Saal blieb leer.

Fränkel gab nicht auf und beschloss, neben dem schweren Drama in hochliterarischem Hebräisch – de facto aber stattdessen – mit *Marius* von Marcel Pagnol (Premiere am 18. April 1936) eine leichte Komödie in alltäglichem Hebräisch auf die Bühne zu bringen. Das Stück war den aus Deutschland Ausgewanderten bekannt, da es einige Jahre zuvor mit großem Erfolg unter dem Titel *Zum goldenen Anker* in Berlin aufgeführt worden war. Auch in Haifa gab man dem Drama einen anderen Titel, um das lokale Publikum anzulocken, und führte es als *Ahava Ba-Namal* (Liebe im Hafen) auf.

Um nicht ein weiteres Mal in die Falle des blumigen Hebräisch zu tappen, das den Schauspielern das Sprechen und dem Publikum das Verstehen erschwert,

34 Log: במות – 'אותילו' בתיאטרון עברי בחיפה [Bühnen – ‚Othello' am Hebräischen Theater in Haifa].

35 Lubrani: במות - 'אתיאל הכושי' בתיאטרון חדש [Bühnen – ‚Der Mohr Othello' in einem neuen Theater].

wie es bei *Othello* geschehen war, wurde extra für die Bühne eine Übersetzung angefertigt, die die Atmosphäre der französischen Hafenstadt vermitteln sollte. Allerdings scheint es, als sei sich die jeckische Leitung des Theaters der Tatsache nicht bewusst gewesen, dass in dieser Zeit die Theaterbühne in Eretz Israel als Tempel der Kunst galt, in dem alles erhabener und schöner sein musste als im Alltagsleben. Es wundert daher nicht, dass sich jemand fand, der den Versuch einer Aufführung in gesprochenem Hebräisch für untauglich erklärte.

> Das Erfolgsgeheimnis dieser Komödie in Frankreich liegt durchaus nicht in der Handlung, sondern im Abbild des Milieus und seiner Menschen, in der Magie des Stils, die aus der besonderen Sprache des Volkes in Marseille entspringen. Der Übersetzer D. Marani hat diese Tatsache anscheinend berücksichtigt und legte den Schauspielern Ausdrücke in den Mund, die aus dem Rahmen der hebräischen Sprache fallen. […] Mir erscheint dieser Weg gefährlich und falsch. Gefährlich, weil unsere Öffentlichkeit nicht die Fähigkeit besitzt, zwischen Ausdrucksweisen, die dazu dienen, ein Milieu und seine Sprache zu realisieren, und dem Hebräischen zu unterscheiden, das sie selbst benutzen sollten. Und falsch, weil man kein volkstümliches Idiom einer fremden Sprache realisieren kann, indem man lediglich das Hebräische entstellt.[36]

Goldberg war da anderer Ansicht.

> Das Te'atron Ivri hat einen ernsthaften Zugang zum Drama gefunden. Trotz der Grobheit, die der Wirklichkeit und der Atmosphäre von Marseille geschuldet sind, wie sie Pagnol beschreibt, ist die Aufführung nicht billig, und es ist etwas Feines und sogar etwas Edles in der Inszenierung von Benno Fränkel. Der besondere Geist, die Mischung aus Freude, ausgelassener Albernheit und leichter Düsternis, die einer ernsthaften Komödie angemessen ist – wird dargestellt, wie es sich gehört. Durch die Mittel der Inszenierung entsteht eine feine, realistische Skizze.[37]

Hinsichtlich des Schauspielerischen hob die Kritikerin die darstellerischen Leistungen von Avraham Sklarsch – „sein Spiel ist dynamisch, pulsiert lebendig und wahrhaftig, beinahe perfekt" – und Hertha Wolff – „spielt auf europäischem Niveau" – heraus. Weniger überzeugt war sie von der Arbeit der jungen Ensemblemitglieder Josef Schapira – „kein einziger herzlicher Ton" – und Zipora Bernheim – „ihr Spiel hat keine Sicherheit". Bei Hermann Heuser, dem erfahreneren Schauspieler des Ensembles, der viel Lob für die Rolle des Jago erntete, fand sie, er leide an derselben Schwäche, die für die Mehrheit der aus Deutschland und Österreich kommenden Künstler typisch sei: „Hermann Heuser erfüllte die Rolle des Panis glaubhaft, aber erneut muss darauf hingewiesen werden, dass sein falsch betontes Hebräisch in den Ohren brennt."[38]

36 Zvi Rotmiller: 'אהבה בנמל' בתיאטרון העברי [‚Liebe im Hafen' im Hebräischen Theater]. In: *Davar*, 03.06.1936, S. 3.

37 Log: במות – 'אהבה בנמל' בתיאטרון עברי חיפה [Bühnen – ‚Liebe im Hafen' im Hebräischen Theater Haifa]. In: *Davar*, 03.07.1936, S. 20.

38 Ebd.

Das Theater erhielt wirtschaftliche Unterstützung durch den Arbeiterrat in Haifa, der sich um den Verkauf von Abonnements für jeweils vier Vorstellungen kümmerte. Im Juli verkündete der *Davar*, dass „das Theater mit der Vorbereitung einer neuen Produktion, ‚Der Blumenweg' von Katayev, begonnen hat."[39] War die Wahl eines russischen Dramas der verzweifelte Versuch, sich den Alteingesessenen des Yishuvs zuzuwenden, die aus Osteuropa eingewandert waren? So oder so, aufgrund des mangelnden Zuspruchs des Publikums und der schwierigen Sicherheitslage durch den arabischen Aufstand von 1936 musste das Theater seine Türen nach den ersten beiden Produktionen schließen. Rosenheim und Fränkel kehrten nach Tel Aviv zurück. Im folgenden Jahr inszenierte Rosenheim noch zwei Stücke am Ha-Matate, wonach er jedoch arbeitslos blieb und nach Prag zurückging. 1940 gelang es ihm, in die USA auszuwandern. Auch Fränkel blieb in Tel Aviv, wo er sich mit einigen seiner Schauspieler dem Te'atron Ivri anschloss, das dort unter der Leitung von Alfred Wolf seine Arbeit aufgenommen hatte und dessen Schauspieler ebenfalls mehrheitlich Jeckes waren. Fränkel inszenierte hier lediglich Bruno Franks *Sturm im Wasserglas*. Ohne weitere Arbeit in Palästina emigrierte auch er 1938 nach New York.

Te'atron Ivri (Hebräisches Theater)

Anlässlich des Zusammenschlusses der Flüchtlinge des Te'atron Ivri Haifa mit dem Te'atron Ivri in Tel Aviv erschien in *The Palestine Post* ein Artikel, der die Vereinigung lobte.

> Das „Te'atron Ivri", das sich in Tel Aviv neu organisiert hat, hat sich selbst die Pflicht auferlegt, neu ankommende europäische Schauspieler zu begrüßen und sie für die Arbeit auf der lokalen Bühne zu trainieren. Alle Darsteller und Produzenten der gegenwärtigen Truppe sind europäische Bühnenberühmtheiten und zwei der Schauspieler haben unter Max Reinhardt gespielt.[40]

Anscheinend war sich der Verfasser der Tatsache nicht bewusst, dass das Theater, das sich in Tel Aviv neu organisierte, ebenso wie seine Vorgänger, die kurz nach der Eröffnung wieder geschlossen worden waren, überhaupt nur errichtet wurde, weil sich die lokalen Theater weigerten, den Neueinwanderern den Zugang zu ihren Bühnen zu ermöglichen. Nicht nur, dass in den neuen Theatern der Jeckes keinerlei ‚Vorbereitung' der Schauspieler und Regisseure für den Übergang von ihrer Arbeitsweise in Europa zum Stil der lokalen Theater stattfand. Auf allen neuen Bühnen folgte der Stil von Schauspiel und Regie sowie die Mehrheit des Repertoires bewusst und gezielt dem Geist des mitteleuropäischen Theaters und nicht dem von Eretz Israel.

39 תיאטרון עברי חיפה [Hebräisches Theater Haifa]. In: *Davar*, 11.07.1936, S. 2.
40 Maurice Dudley: Backstage. In: *The Palestine Post*, 19.10.1936, S. 6.

Im weiteren Verlauf des Artikels deutet der Verfasser auf den „interessanten Zufall", dass die treibende Kraft hinter dem neuen Theater, ebenso wie in Haifa, Avraham Sklarsch sei, „der einzige Theaterkünstler von Bedeutung, der in diesem Land geboren wurde."[41] Was der Verfasser nicht erwähnt, ist die Tatsache, dass Sklarsch von den etablierten Theatern mit der Behauptung abgelehnt wurde, aufgrund seiner Ausbildung und seines Engagements in Berlin passe er nicht zu ihnen.

Zwischen Oktober 1936 und Dezember 1939 brachte das Theater sieben Produktionen auf die Bühne (inklusive einer Wiederaufnahme von *Ahava Ba-Namal* aus dem Te'atron Ivri Haifa mit veränderter Besetzung) sowie eine weitere im Mai 1942. Der Kern des Ensembles bestand aus einer Gruppe Jeckes und einer Gruppe in Palästina oder Osteuropa Geborener, die ihre berufliche Ausbildung in Berlin oder Wien erhalten hatten. Die jeckischen Ensemblemitglieder waren (in Klammern die Anzahl der Produktionen, in denen sie mitwirkten): Michael S. Wolff (2), Rose Lichtenstein (1), Chaim Fisch (3)[42], Ruth Klinger (3), Josef Schapira (3). Die Nicht-Jeckes mit einer Ausbildung am deutschen Theater waren: Ze'ev Berlinski (1), Rachel Marcus (4), Aharon Freitag (7)[43], Kalman Konstantiner (2)[44] und Avraham Sklarsch (6).

Das Te'atron Ivri öffnete seine Pforten am 1. September 1936 mit der Komödie *Ani Hashuv Ke-Akhbar* (dt. *Arm wie eine Kirchenmaus*; Orig.: *A templom egere*) des ungarischen Dramatikers Ladislaus Fodor. Goldberg spottete darüber, dass das Theater seine Vorstellung „eine soziale Komödie" nannte und dass der Regisseur Alfred Wolf dem Stück Lieder im Stil der *Dreigroschenoper* von Brecht und Weill hinzugefügt hatte. Ihrer Meinung nach war das Drama nichts weiter als eine Farce mit einem einfachen bis einfältigen Plot. „Die Geschichte einer arbeitslosen Stenotypistin voller Tatendrang, die einen ordentlichen Job bekommt, den Bankdirektor verzaubert und zuletzt in den heiligen Stand der Ehe erhoben wird."[45] Vermutlich wählte Wolf das Drama, weil es mit Grete

41 Ebd.

42 Chaim Fisch wurde 1913 in Deutschland geboren und wanderte 1933 nach Palästina ein. Er lebte in Haifa und arbeitete als Kellner und gehörte dann zu den Schülern von Alfred Wolf. Im Mai 1941 meldete er sich zur britischen Armee und fiel am 6. August 1942 an der Front bei El Alamein.

43 Aharon Freitag wurde 1896 in Polen geboren und ging 1928 nach Berlin, wo er bei Erwin Piscator Schauspiel lernte und in verschiedenen Produktionen mitwirkte. 1933 wanderte er nach Palästina ein.

44 Kalman Konstantiner wurde 1900 in Warschau geboren und kam 1921 nach Palästina. 1929 lernte er am Theater in Wien.

45 Log: במות – עני חשוב כעכבר ב'תיאטרון עברי' [Bühnen – Arm wie eine Kirchenmaus am ‚Hebräischen Theater']. In: *Davar*, 05.10.1936, S. 9.

Mosheim in der Hauptrolle ein großer Erfolg auf Berliner Bühnen gewesen war. Mosheim war auch der Star in der deutschen Verfilmung von 1931.[46] Geis deutete an, das Stück sei veraltet, und meinte, „einige Striche [wären] dem Ganzen noch förderlich."[47] Beide Kritiker widmeten der Darstellung der einzelnen Figuren des Stücks jeweils ein, zwei Sätze. Die Schlussfolgerung von beiden war mehr oder weniger identisch: Aufgrund der Eigenschaften der Schauspieler oder aufgrund ihrer Anleitung war das Spiel mangelhaft. Die bezeichnenden Unterschiede zwischen den beiden lagen in der Tendenz der Formulierung. Während die im Yishuv als Dichterin und Kritikerin anerkannte Goldberg auf die Mängel hinwies, betonte der Jecke Geis, was seiner Meinung nach zu verbessern wäre.

Am 25. September 1936 hatte als zweite Produktion des Theaters die Komödie *Sturm im Wasserglas* des deutsch-jüdischen Dramatikers Bruno Frank unter dem hebräischen Titel *Se'ara Be-Kos Mayim* Premiere. Regie führte Benno Fränkel. Die Komödie war 1930 in Dresden uraufgeführt worden und ihr war ein außergewöhnlicher Erfolg in ganz Europa beschieden. Der Held des Stücks, der für das Bürgermeisteramt kandidiert und bei jeder Gelegenheit betont, wie sehr sein Herz an den Bewohnern der Stadt hängt, wird von einem jungen Journalisten als unverbesserlicher Egoist entlarvt, als er von Amts wegen anordnet, den geliebten Hund der „Frau aus dem Volk" zu beschlagnahmen, die es versäumt hat, die Haustiersteuer zu bezahlen. Wie Fodors Drama wurde auch Franks Stück durch die nationalsozialistischen Machthaber von den deutschen Bühnen verbannt. Auch in diesem Fall konnten nur die Berliner Juden das Stück in einer Produktion des Kulturbundes sehen – mit Rosa Valetti in der Hauptrolle (Premiere am 15. August 1934). In Tel Aviv spielte Rose Lichtenstein, die erst wenige Wochen zuvor Deutschland verlassen hatte, diesen Part. Über ihre rasche Aufnahme in Eretz Israel schrieb Geis:

> Rose Lichtenstein, den Berlinern noch in bester Erinnerung, erst wenige Wochen im Lande, hat sich überaus schnell und mit bewundernswerter Energie den Weg zu den hebräischen „Brettern" gebahnt und bewährte sich auch auf diesem, ihr noch fremden Boden als Darstellerin von Qualität, mit der von nun ab das palästinensische Theater zu rechnen haben wird.[48]

46 Da Fodor Jude war, wurde die Aufführung seiner Stücke im ‚Dritten Reich' verboten. *Arm wie eine Kirchenmaus* wurde vom Jüdischen Kulturbund in Berlin im August 1938 in einer geschlossenen Vorstellung nur für Juden aufgeführt.

47 Manfred Geis: Arm wie eine Kirchenmaus. In: *Jüdische Rundschau*, 06.11.1936, S. 13.

48 Manfred Geis: Theatron Ivri ‚Sturm im Wasserglas' von Bruno Frank. In: *Jüdische Rundschau*, 15.12.1936, S. 6.

Ausgerechnet der jeckische Theaterkritiker einer deutschen Zeitung, die sich zuvorderst an die Juden Westeuropas wandte, widmete den letzten Teil seines Artikels dem Problem der unterschiedlichen Akzente der Schauspieler in Eretz Israel.

> Der Titel dieses Kollektivs, „Theatron-Ivri" allein, würde schon dazu verpflichten, der hebräischen Sprache größte Aufmerksamkeit zuzuwenden, wenn dies nicht für alle Bühnen an sich eine generelle Forderung wäre. Leider jedoch muß festgestellt werden, daß die verschiedenen Dialekte der Ursprungsländer in einem derartigen Maße hörbar sind, daß die Grenze dessen, was unter Berücksichtigung aller Schwierigkeiten geduldet werden kann, weit überschritten wird. Wenn das „Theatron-Ivri" Wert darauf legt, über die Kreise der jüngsten Immigranten hinaus ein palästinensisches Publikum zu gewinnen, dann muß es seine allernächste Aufgabe sein, für eine einwandfreie Diktion unter Anleitung eines Sachverständigen Sorge zu tragen.[49]

Die dritte Produktion des Theaters (Premiere am 6. Januar 1937) war eine Wiederaufnahme der Produktion *Ahava Ba-Namal* des Te'atron Ivri Haifa mit in Teilen geänderter Besetzung und geringen Abweichungen in der Inszenierung. Goldberg betrachtete diese Veränderungen eher skeptisch.

> Die Rolle der Fanny wurde von Ruth Klinger rhythmisch und geschmackvoll gespielt, die jugendliche Unbeschwertheit war natürlich und ging zu Herzen. [...] Bei aller Feinheit und gutem Geschmack blieb die Figur streckenweise (insbesondere in der ersten Szene mit Panisse) oberflächlich. Freitag war in der Rolle des Panisse über die Maßen jüdisch. Diese diasporische Schlumiel-Figur passt nicht zur Atmosphäre im Hafen von Marseille. [...] Die Kulissen von Wachtel, die für eine größere Bühne gemacht sind, reduzieren den Bühnenraum im Jascha-Heifetz-Saal (der nicht gerade der kleinste ist) unverhältnismäßig, sodass die Schauspieler keine Bewegungsfreiheit haben. Ganz allgemein weckt diese Aufführung in ihrer erneuerten Form Interesse und Sympathie.[50]

Erst die vierte Produktion des Theaters brachte einen Umschwung im Repertoire mit sich. Das avantgardistische Stück *The Emperor Jones* des US-amerikanischen Dramatikers und Nobelpreisträgers Eugene O'Neill war eine Mischung aus fantastischem Expressionismus, Musik und primitiven afrikanischen Tänzen (Premiere am 3. April 1937). Der Schwarze Brutus Jones, der die Moral des weißen Mannes gelernt hat, nutzt die erworbenen Techniken, um seine schwarzen Brüder auszubeuten. Diese lehnen sich gegen ihn auf, allerdings nicht mit den Methoden des weißen Mannes, sondern mittels Voodoo und afrikanischer Zauberei. Jones wird hineingesogen in eine Welt der Magie, der er glaubte, entkommen zu sein, und kehrt gegen seinen Willen zu seinen Wurzeln zurück, bis er vollends zusammenbricht.

49 Ebd.

50 Log: 'אהבה בנמל' בתיאטרון העברי [‚Liebe im Hafen' im Te'atron Ivri]. In: *Davar*, 11.01.1937, S. 9.

Abb. 32
Plakat für *The Emperor Jones*
am Te'atron Ivri, 1937.

Es war das erste Mal, dass ein Stück von O'Neill in Eretz Israel aufgeführt wurde, und zugleich das erste Mal, dass eine Theateraufführung mit Pantomime, Tanz, Gesang und Musik nicht als Verzierung, sondern als zentrale dramatisch-theatralische Mittel arbeitete. Die Choreographie verantwortete die jeckische Tänzerin Gertrud Kraus, die im Stück auch in der Rolle des Medizinmanns auftrat. Der Redakteur und Theaterkritiker der Zeitung *9 Ba-Erev* Uri Keysari, der mit der französischen Kultur aufgewachsen war, lehnte die Aufführung ab.

> Wir sind nicht überzeugt davon, dass O'Neill den Nobelpreis erhalten hätte, wenn dieses Werk „The Emperor Jones" ausschlaggebend und typisch für sein gesamtes Schreiben wäre. Nicht nur sein Kaiser Jones ist primitiv, sondern das ganze Werk ist überaus primitiv. „Viel Lärm um nichts" – sagt ein altes französisches Sprichwort. Dieses Urteil trifft auch den Kaiser Jones, insbesondere wenn man an den Lärm und das „Tam-Tam" denkt, die die ganze Vorstellung begleiten.[51]

51 Uri Keysari: הערות להצגת 'תיאטרון עברי': קיסר ג'ונס [Anmerkungen zur Aufführung des ‚Te'atron Ivri': Emperor Jones]. In: *9 Ba-Erev*, 08.04.1937, S. 3.

Das Te'atron Ivri ergriff zwei Maßnahmen, um das Publikum der Jeckes in die Vorstellung zu holen. Die erste war ein vorbereitender Abend in deutscher Sprache.

> Am Samstagabend um 8.30 Uhr im Jascha-Heifetz-Saal, literarisch-künstlerischer Abend für die deutschsprechenden Neueinwanderer: Im Vorfeld der Aufführung ‚Emperor Jones' von E. O'Neill. Mitwirkende: Gertrud Kraus, Alfred Wolf, Avraham Sklarsch, Esther Lurie, die Gruppe ‚Ha-Rakdaniyot Ha-Tse'irot' [Die jungen Tänzerinnen] aus der Schule von Gertrud Kraus.[52]

Die zweite Maßnahme war eine ausführliche deutschsprachige Zusammenfassung des Dramas im Programmheft. Es scheint nicht das erste Mal gewesen zu sein, dass das Theater zu diesen Mitteln griff, um dem jeckischen Zuschauer eine Aufführung in hebräischer Sprache schmackhaft zu machen. Keysari sah in diesem Schritt des Theaters einen Schwachpunkt. „Und wir dürfen wiederum die Leitung des Te'atron Ivri fragen, warum ein Programmheft auf Deutsch zum Verkauf stand? Eine Menge Seiten und Material – zu welchem Zweck? – dies ist bitte nicht zu wiederholen, denn wir wollen unsere Federn nicht mit der Sprachverwirrung befassen."[53]

Mit seiner nächsten Aufführung kehrte das Te'atron Ivri zum wohlbekannten deutschen Repertoire zurück, einem Drama über eine Frau und zwei Männer, zwischen denen sie sich nicht entscheiden kann: *Der Weibsteufel* von Karl Schönherr in der Inszenierung von Wolf (Premiere unter dem Titel *Ha-Bayt Al Ha-Gvul* (Das Haus an der Grenze) am 19. Oktober 1937). Goldberg begrüßte die Aufführung: „Allgemein ist es eine wichtige Errungenschaft für das hebräische Theater. Geschmackvoll, ein Drama ohne äußerliche Effekte. Nur drei Schauspieler. Es hat etwas von einer Studioarbeit und weckt Interesse und Anerkennung."[54] Alle drei Schauspieler des Dramas, Rachel Marcus, Aharon Freitag und Kalman Konstantiner, stammten aus Osteuropa, waren aber Schüler des deutschen Theaters gewesen. Rachel Marcus (die Frau) „gibt erfolgreich eine starke, stürmische Figur", Aharon Freitag (der Ehemann) „gibt seine Rolle mit Abstufungen. Er übertreibt nicht und hat ein paar Momente, die zu Herzen gehen", und Kalman Konstantiner (der Grenzposten) „betont durch sein Spiel den Konflikt."[55]

52 תל אביב – 'תיאטרון עברי' [Tel Aviv – ‚Hebräisches Theater']. In: *Davar*, 05.03.1937, S. 7.

53 Keysari: הערות להצגת 'תיאטרון עברי': קיסר ג'ונס [Anmerkungen zur Aufführung des ‚Te'atron Ivri': Emperor Jones].

54 Log: הבית על הגבול [Das Haus an der Grenze]. In: *Davar*, 22.10.1937, S. 3.

55 Ebd.

Mit dieser Produktion setzte das Theater seine Bemühungen um die Annäherung der Jeckes an die Aufführung fort. Erstens wurde wiederum eine deutschsprachige Zusammenfassung im Programmheft abgedruckt. Zu Beginn der Zusammenfassung erschien der deutsche Titel des Stücks und danach (vielleicht als Reaktion auf Keysaris Kritik), noch vor dem deutschen Text folgende Anmerkung auf Hebräisch: „Die folgenden Zeilen sollen den neuen Einwanderern das Verständnis des Geschehens auf der Bühne erleichtern und sie an das hebräische Theater heranführen."[56] Zusätzlich wurde für die Jeckes, die kein Hebräisch verstanden, eine Sondervorstellung organisiert, bei der vor Beginn jedes Akts ein Conférencier auftrat, der die Handlung auf Deutsch erläuterte.[57]

Die sechste Produktion des Theaters war schon mehr als eine simple Neuerung. Im April 1938 initiierte Wolf die Aufführung eines hebräischen Originaldramas, dessen Helden keine Bezwinger der Wüste waren, sondern aus der Tel Aviver Bohème stammten. Das Drama *Yam Ba-Halon* (Meer im Fenster) war von Lea Goldberg geschrieben worden, deren literarische und dramatische Persönlichkeit in den Jahren 1930 bis 1933 geformt wurde, als sie in Deutschland lebte und an den Universitäten Berlin und Bonn studierte. Die fünfte Produktion des Theaters war nicht nur eine Neuerung, sondern ein Weckruf für die etablierten Bühnen, die nahezu keine hebräischen Originaldramen spielten – und jene, die aufgeführt wurden, befassten sich nicht mit der Gegenwart in Tel Aviv.

Die Hauptfigur des Stücks, die Tänzerin Helena Wyk, eine moderne, hysterische, liebende und abstoßende Frau, opfert das Leben ihrer kleinen Tochter zugunsten ihrer Karriere. Der Vater des Kindes, der Maler Yohanan Meram, ist einer ihrer Liebhaber und begeht Selbstmord. Auch zwischen den Nebenfiguren bestehen komplizierte Beziehungen. Auf die symbolischen Intentionen verweist der Titel des Stücks, der auf der Bühne durch den Meerblick aus dem Fenster der Hauptfigur und ein Gemälde des Liebhabers mit dem Titel *Meer im Fenster* illustriert wurde.

Die Kritiker – der eine sanfter, der andere schärfer – verrissen das Stück mit dem Argument, es würde nicht die Wirklichkeit widerspiegeln.

> Das Eretz Israel der ‚Bohème' existiert in Wirklichkeit nicht, und all diese genialen Künstler, die betrunkenen Maler, die sich dem leidenschaftlichen Dialog mit dem Mond hingeben, die ‚dämonischen' Frauen, die unter der Last ihres großen Talents zerbrechen, die unschuldigen,

56 Programmheft zur Inszenierung von הבית על הגבול [Das Haus an der Grenze]. IDCPA, Katalognr. 251705, Sign. 14.2.8.

57 Hans Zamory: Die deutschen Olim und das Theater. In: *Mitteilungsblatt*, November 1937, S. 11.

> hübschen Mädchen, die sich verlieben wie in alten Romanen – sie erscheinen wie ‚Gastrollen', die aus fremden Dramen eingeladen wurden, um ihre Parts nach dem Gutdünken der jungen Dramatikerin zu erfüllen, die selbst bemüht ist, die Rolle einer hebräischen Stückeschreiberin zu spielen.[58]

Keysari, der seine Kritikerkollegen um Nachsicht gegenüber dem hebräischen Drama bat, zögerte nicht, sich direkt an die Dramatikerin zu wenden, die nur zwei Jahre zuvor *Hanah Gitl Mehapeset Avoda* verrissen hatte.

> Die junge Verfasserin, die in ihren ausgezeichneten und mahnenden Kritiken häufig mit so großem Eifer den Finger auf die Schwachstellen der Stücke legte, die bei uns gezeigt werden, zeigte sich nicht sehr souverän, als sie daran ging, selbst ihr Haus zu bauen. ‚Meer im Fenster' war noch unreif, man hätte es nicht pflücken dürfen, meine junge Dame![59]

Es scheint, dass nicht nur die Kritiker, sondern auch das Publikum vor der Aufführung zurückschreckten, die im Juni 1938 lediglich drei Mal im kleinen Jascha-Heifetz-Saal auf die Bühne kam. Aus den Pressenotizen der Zeit wird deutlich, dass das Theater daraufhin seine regulären Aktivitäten für eineinhalb Jahre einstellte. Der Grund für die Wiederaufnahme der Arbeit lag vermutlich in der Rückkehr des Schauspielers Avraham Sklarsch aus den Vereinigten Staaten. Sklarsch kehrte gemeinsam mit seiner neuen Partnerin zurück, einer Schauspielerin, die nur unter ihrem Vornamen Elisheva bekannt wurde.

Trotz des Misserfolgs von *Yam Ba-Halon* wurde auch für die nächste Produktion ein in Palästina spielendes Drama ausgewählt: *Hamsin* (Wüstenwind), dem Anschein nach ein Stück von Nomi Rubel. Tatsächlich schrieb Rubel lediglich die Dialoge zu einer fertigen Handlungs- und Figurenskizze, die ihr Esther Carow, die Frau des verantwortlichen Regisseurs Alfred Wolf, vorgegeben hatte, wie sich Rubel erinnert:

> Was das Ehepaar als „Idee" bezeichnet, ist allerdings eine fertige Synopsis. [...] Es handele von einem Siedler, der mit seiner Frau einen kleinen Moshav [landwirtschaftliche Siedlung] bearbeitet. Während diese mit Hingabe ihre Aufgabe erfüllt, findet ihr Mann sich nicht damit ab, daß er sein großes musikalisches Talent nicht weiter entwickeln kann. Eines Tages, während eines heftigen Chamßins (Sandsturms), sind Autobusinsassen gezwungen, das Ende des Unwetters in der Siedlung abzuwarten. Unter diesen Gestrandeten ist eine amerikanische Pianistin, die im Hause des Ehepaares untergebracht wird. Es kommt, was zu erwarten ist: die Pianistin erkennt das Talent und bietet ihre Hilfe an. Der Mann gerät in Konflikt. Darf er seine Frau verlassen, die unter keinen Umständen ihr Land aufgeben und sich von ihren Verpflichtungen lösen will. Darf er sie und das Land im Stich lassen, darf er sich selbst und seine Kunst verraten? Jardena [das autobiografische Alter Ego von Nomi Rubel] hat keine

58 Sin (Y. Sa'aroni): הפחד מפני המציאות. לויכוח על ה'ים בחלון' [Die Angst vor der Wirklichkeit. Zum Streit um ‚Meer im Fenster']. In: *Ha-Boker*, 08.07.1938, S. 4.

59 Uri Keysari: הצגות בכורה – 'תיאטרון עברי' מציג: ים בחלון [Premieren – ‚Te'atron Ivri' präsentiert: Meer im Fenster]. In: *9 Ba-Erev*, 23.06.1938, S. 7.

> Zweifel, wie sie das Problem lösen möchte, das Ende wird ihr jedoch mitgeteilt – der Mann folgt der Fremden, seine Frau nimmt das Gewehr von der Wand und geht an seiner Stelle aus dem Haus, die Siedlung und ihre Felder zu bewachen.[60]

Es liegt eine gewisse Ironie in der Parallelität zwischen den persönlichen Biografien der mitwirkenden Schauspieler und den Figuren, für die sie besetzt wurden. Die Rolle des unschlüssigen Mannes spielte Sklarsch, der sein schauspielerisches Glück in den USA gesucht hatte, die Rolle der Pianistin übernahm seine amerikanische Frau Elisheva und die loyale Frau, die den Idealen des Yishuv treu bleibt, wurde von Rachel Marcus gespielt, die trotz aller Widerstände den Kampf um ihren Platz im hebräischen Theater nicht aufgab.

In den Ankündigungen der Inszenierung versuchte Wolf, die Einschränkungen zum Vorteil umzudeuten. Die wirtschaftliche Lage des Theaters, die keine Investition in ein Bühnenbild erlaubte, wurde verkauft als

> ein neuer Regie-Versuch – eine kleine Gruppe von Schauspielern spielt ohne großes Bühnenbild, auf realistische Art in einem begrenzten Bühnenraum in hebräischer Sprache. [...] Bühnenabende dieser Art können in jedem Speisesaal im Kibbuz und in jedem öffentlichen Gebäude im Dorf ohne die Notwendigkeit einer großen Bühne abgehalten werden. Die Absicht der Initiatoren ist es, die Vorstellung hauptsächlich auf die Kraft des Schauspiels zu gründen, ohne Hilfsmittel.[61]

Ganz offensichtlich war das Drama von Anfang an für den Geschmack des Publikums in den kleineren Ortschaften konzipiert worden. Die Handlung basiert auf einer Variante der ewigen Dreiecksgeschichte von einem Mann, der zwischen zwei Frauen steht. Die Erwägungen des Mannes in *Hamsin* finden allerdings nicht zwischen zwei Frauen mit unterschiedlichem Charakter statt, sondern zwischen zweien, die jeweils eine entgegengesetzte Verpflichtung symbolisieren: die individuelle und die nationale. Seine Entscheidung macht den Mann im Drama letztlich zur negativen Figur, seine Frau dagegen zur wahren Heldin im doppelten Sinne. Das Publikum der Premierenvorstellung am 15. Dezember 1939 in Nes Ziona reagierte begeistert.

> Der Saal war voll mit Arbeitern aus dem Ort und der Umgebung. Im Verlauf von eineinhalb Stunden sah das Publikum auf der Bühne seine eigene Zerrissenheit; mit jedem Wort und jeder Geste der Schauspieler atmete es das Erlebnis unserer Tage. [...] Man kann den Initiatoren nur wünschen, dass sich ihre Unternehmung verstetigt, die Präsentation von Originaldramen für das hebräische Publikum, die sich den Themen unserer Tage widmen.[62]

60 Rubel: *Jardena*, S. 369.

61 תיאטרון עברי [Hebräisches Theater]. In: *Davar*, 13.12.1939, S. 5.

62 M. Menaker: הצגת בכורה של 'חמסין' [Premiere von ‚Hamsin'']. In: *Davar*, 20.12.1939, S. 3.

Trotz der spannenden Handlung und der der zionistischen Moral entsprechenden Botschaft der Inszenierung war die Produktion nicht sonderlich erfolgreich und wurde nur zwei Monate lang bis Februar 1940 vornehmlich in verschiedenen Arbeitersiedlungen im Land aufgeführt.

Erneut stellte das Te'atron Ivri seine Aktivitäten für mehr als zwei Jahre ein. Am 23. April 1942 fand dann die Premiere von *Gestapo Be-Moskva* (Gestapo in Moskau) von Julius Hay statt. Der Autor (eigentlich Gyula Háy) stammte aus Ungarn und schrieb in deutscher Sprache. Seit Ende der 1920er Jahre lebte und arbeitete er in Berlin und musste Deutschland 1933 aufgrund seiner kommunistischen Überzeugung verlassen. Gemeinsam mit anderen exilierten Schriftstellern verbrachte er den Zweiten Weltkrieg in Moskau, wo er 1937 das Drama unter dem Originaltitel *Tanjka macht die Augen auf* schrieb.

Es scheint, dass Wolf, der selbst Kommunist war, das Stück nicht nur wegen der Aussicht auf einen finanziellen Erfolg wählte, sondern auch – und vielleicht vordergründig – weil es sich um ein Loblied auf die neue Generation sowjetischer Staatsbürger handelt. Diese wird im Drama von Tanjka repräsentiert, einer Bauerstochter, „unwissend und unbefangen, die sich ihren Platz kraft ihrer natürlichen Begabungen erkämpft".[63] Goldberg konnte der Ansicht Wolfs nicht in letzter Konsequenz folgen und kritisierte:

> Es ist schwer, ernsthaft über das Stück zu sprechen und es ist ebenfalls schwer zu verstehen, warum man es ausgewählt hat. Die gegenwärtige ‚Mode', sich mit russischen Angelegenheiten zu befassen, bietet keine zufriedenstellende Ausrede, denn schließlich hätte man ein besseres russisches Drama wählen können. Und alles macht den Eindruck von Zufall und Eile.[64]

Die Meinung des Publikums war eine andere und führte dazu, dass

> auch bei der vierten Aufführung der sowjetischen Komödie ‚Gestapo in Moskau' viele ohne Karten von der Kasse zurückkehrten, was vielleicht ein gutes Zeichen dafür sein mag, dass die Aufführung interessant und begehrt ist. Keinesfalls aber kann man die Verantwortlichen dafür loben, dass sie eine Menge Leute mit oder ohne Karten hereinließen, die weder Sitz- noch Stehplätze hatten. Das Gedränge war groß und das Durcheinander noch größer.[65]

In einer Anzeige zu den Aufführungen von *Gestapo Be-Moskva* Anfang Juni erscheint neben den kommenden Aufführungsterminen der Komödie in Tel Aviv, Netanya und Haifa auch folgende Ankündigung: „In Kürze: a) *Die fünfte*

63 גסטאפו במוסקוה [Gestapo in Moskau]. In: *Davar*, 28.04.1942, S. 2.

64 Log: 'גסטאפו במוסקוה' ב'תיאטרון עברי' [‚Gestapo in Moskau' am ‚Te'atron Ivri']. In: *Davar*, 20.05.1942, S. 2.

65 תל אביב – הצלחה ואי-סדר בהצגת 'גאסטאפו במוסקוה' [Tel Aviv – Erfolg und Unordnung bei der Vorstellung ‚Gestapo in Moskau']. In: *Davar*, 01.05.1942, S. 4.

Kolonne, b) *Arm wie eine Kirchenmaus* c) Premiere eines hebräischen Dramas“[66]. In der Tat ein weitreichendes Programm: Fortsetzung der Arbeit des Te'atron Ivri als Repertoiretheater, wobei die ungarisch-deutsch-russische Komödie um weitere drei Produktionen ergänzt wird: ein neues Stück (vermutlich *The Fifth Column* von Ernest Hemingway), die Wiederaufnahme der Komödie, mit der das Theater vier Jahre zuvor eröffnet wurde, und zusätzlich noch ein hebräisches Drama. Keines dieser Vorhaben wurde in die Tat umgesetzt. Stattdessen stellte das Te'atron Ivri unter der Leitung von Alfred Wolf bereits zwei Wochen nach der Veröffentlichung dieser Anzeige seine Tätigkeit endgültig ein.

Lehakat Sahkanim Tse'irim (Gruppe junger Schauspieler)

Ungefähr ein Jahr nach Benno Fränkels einziger Inszenierung am Te'atron Ivri gründete er in Tel Aviv die künstlerisch-pädagogische Gruppe Lehakat Sahkanim Tse'irim. Es war der erste Versuch, in Palästina ein dokumentarisch-gesellschaftliches Theater zu schaffen, das ‚authentische' Laiendarsteller gemeinsam mit professionellen Schauspielern auf eine Bühne brachte. Das Ensemble brachte nur eine Produktion heraus, *Yalde Hefker* (Verlassene Kinder) von Ben-Ze'ev Liber (Premiere am 17. November 1937). In der Wochenzeitung *9 Ba-Erev* fasste Manfred Geis die Absichten des Dramatikers zusammen.

> Liber möchte uns in sechs Bildern einen Eindruck vom Leben der ‚verlassenen Kinder' geben, von ihrer seelischen Situation, von ihrer Neigung und der inneren Notwendigkeit zur Kriminalität, von ihrer Bereitschaft oder ihrer Weigerung, das Arbeitsleben zu beginnen, von den pädagogischen Mitteln, die es gibt, um ihrer habhaft zu werden und die Kinder zu ‚nützlichen Mitgliedern der menschlichen Gesellschaft' zu erziehen.[67]

Die Erwachsenenrollen in der Aufführung spielten professionelle Schauspieler, während die Rollen der Jugendlichen von 15 Kindern aus dem Städtischen Heim für arbeitende Jugendliche in Tel Aviv übernommen wurden.

Nur wenige Theaterkritiker nahmen die Aufführung wahr und ihre Ansichten waren gemischt. Geis sah darin mehr eine Art Reportage und weniger ein theaterkünstlerisches Werk. Als solches war es zu lang, da „der Regisseur Benno Fränkel bedauerlicherweise davon abgesehen hat, Kürzungen vorzunehmen.“ Die jugendlichen Laiendarsteller „geben sich mit großer Begeisterung dem Spiel hin und ohne jeden Zweifel gibt es unter ihnen schauspielerische Talente, die man fördern und entwickeln sollte.“ Dagegen war der Kritiker von der Arbeit der erwachsenen Schauspieler nicht überzeugt. Das Hauptproblem bestand „in

66 Anzeige in *Davar*, 04.06.1942, S. 3.

67 Manfred Geis: להקת שחקנים צעירים: 'ילדי הפקר' של ב.ז. ליבר [Gruppe junger Schauspieler: ‚Verlassene Kinder' von B. Z. Liber]. In: *9 Ba-Erev*, 02.12.1937, S. 4–5.

Übertreibungen der professionellen Schauspieler, die der Regisseur, statt sie zu unterdrücken noch verstärkte."[68] Die Theaterkritikerin des *Davar* lobte die Inszenierung von Fränkel. „Die Massenszenen sind herzerwärmend, die Organisation der Kinder auf der Bühne ist bewundernswert. [...] Dagegen stört das fehlende theatralische Tempo in den Szenen mit wenigen Mitwirkenden, wenn keine Kinder auf der Bühne sind."[69]

Die Aufführung verursachte einen öffentlichen Skandal – allerdings nicht wegen ihrer Werte oder wegen künstlerischer Mängel.

> Am zweiten Tag der Vorstellung (24. November) hat der Stadtrat beschlossen, den Heimkindern die Teilnahme zu verbieten und der Vorstellung die Schirmherrschaft der Stadtverwaltung zu entziehen. Alle Versuche des Heimleiters, die Verordnung rückgängig zu machen und einen großen moralischen und materiellen Verlust von der Gruppe und den Veranstaltern abzuwenden, waren erfolglos.

Die Bitte des Ensembles, eine geschlossene Vorführung durchzuführen „für eine Gruppe geeigneter Zuschauer – Künstler, Lehrer, Schriftsteller und Journalisten –, die anschließend für oder gegen die Vorstellung befinden"[70], blieb ohne Antwort und die Stadtverwaltung bei ihrer Entscheidung. In der Presse erschienen Artikel und Leserbriefe für und gegen die armselige Entscheidung. Eine der Lehrerinnen, die einen Leserbrief zugunsten einer Fortsetzung der Aufführung schrieb, war Gert Kaufmann (später Gurit Kadman), jeckische Lehrerin für Leibesübungen und eine Pionierin des Volkstanzes in Eretz Israel. Sie schrieb:

> Also wer hat beschlossen, den Verfasser, den Regisseur, die Schauspieler und die 15 Heimkinder der Früchte ihrer langen und mühsamen Arbeit zu berauben? Die Öffentlichkeit, die Kritiker und jeder, der den sozialen Begebenheiten und der Theaterkunst in dieser Stadt verbunden ist, hat das Recht, auf diese Frage eine Antwort zu fordern. Leuten aus dem Erziehungswesen und aus der Kunst sollte die Möglichkeit gegeben werden, sich ihre Meinung zu dieser interessanten und bedeutsamen Aufführung zu bilden und ein Urteil zu fällen.[71]

Trotz des Sturms öffentlicher Entrüstung und vielleicht gerade deswegen wurde die Vorstellung abgesetzt. *Yalde Hefker* war Benno Fränkels letzte Regiearbeit in Eretz Israel.

68 Ebd.

69 Log: ילדי הפקר [Verlassene Kinder]. In: *Davar*, 26.11.1937, S. 3.

70 M. Pnimi: לענין 'ילדי הפקר' [In der Sache ‚Verlassene Kinder']. In: *Davar*, 13.12.1937, S. 3.

71 Gert Kaufmann: בענין איסור 'ילדי הפקר' [In der Sache des Verbots von ‚Verlassene Kinder']. In: *Davar*, 09.12.1937, S. 6.

Sahkane Yerushalayim (Schauspieler Jerusalems)
Der erste und einzige Versuch eines Jecken, ein professionelles hebräisches Theater in Jerusalem zu gründen, wurde von dem Schauspieler Mario Kranz unternommen, der 1907 in Lemberg (Lwiw) in Galizien geboren worden war. Er hatte mit 17 Jahren in Wien begonnen, Theater zu spielen, und wanderte 1934 nach Palästina ein. Da er bereits seit seiner Jugend Hebräisch sprach, trat er schon im November desselben Jahres auf der hebräischen Bühne im Te'atron Hadash auf. Vermutlich aus wirtschaftlichen Gründen verließ er Tel Aviv und gründete im Dezember 1941 die Sahkane Yerushalayim, ein Theater westeuropäischer Prägung in hebräischer Sprache, dessen sämtliche Mitglieder jeckische Schauspieler waren, die sich in Jerusalem niedergelassen hatten, nachdem sie gezwungen gewesen waren, ihre beruflichen Tätigkeiten im Ausland zu beenden. Das erste – und auch das einzige – Drama, das aufgeführt wurde, war Henrik Ibsens *Gespenster* (Premiere im Dezember 1941). Kranz war nicht nur Begründer, Leiter und Regisseur, sondern stand auch in der Nebenrolle des Tischlers Engstrand selbst auf der Bühne.
Soweit bekannt, wurde in der hebräischen Presse keine Nachricht oder Kritik über die Aufführung veröffentlicht. Die deutsche und englische Presse dagegen begrüßten das neue Theater in hebräischer Sprache. In *The Palestine Post* erschien ein lobender Leserbrief über die Vorstellung, der es zweifellos gelungen war, das Publikum im Saal des YMCA zu rühren, „wie es jeder bezeugen kann, dem die Anteilnahme und die Aufmerksamkeit des Publikums nicht entgangen ist und der die positiven Bemerkungen in der Pause gehört hat."[72] Das *Mitteilungsblatt* begrüßte das Ensemble und wies darauf hin, dass der Erfolg der Vorstellung der Beweis dafür sei, dass der erste Schritt unternommen wurde, um die erklärten Ziele des Theaters zu erreichen und

> dem überwiegend russisch orientierten Stil der grösseren Bühnen im Land westliche Auffassungen von Bühne und Bühnenwirksamkeit zur Seite und entgegenzustellen, dem expressionistischen Pathos der „Habima" etwa ein Kammerspiel aus der grossen Tradition Otto Brahms.[73]

Die Zeitung brachte einen Einwand vor, wie ihn nur ein Organ mitteleuropäischer Einwanderer vorbringen konnte: „Alle Darsteller haben bei einem Publikum europäischer Herkunft zu leiden unter dem unwillkürlichen Vergleich mit grossen Vorgängern. Wenn man sich davon befreit, wird man die Leistungen freundlicher beurteilen."[74]

72 Friedrich Korner: Ibsenist. In: *The Palestine Post*, 03.12.1941, S. 4.
73 P. R.: Ibsen's ‚Gespenster'. In: *Mitteilungsblatt*, 21.11.1941, S. 6.
74 Ebd.

Schalom Ben-Chorin, Kritiker der deutschsprachigen *Jedioth Chadaschoth*, schloss seinen Artikel mit den Worten:

> Trotz mancher Mängel war diese hebräische Erstaufführung der „Gespenster“ (Schedim) ein verheissungsvoller Anfang. Es ist zu wünschen, dass die Truppe ihre Aufführungen fortsetzt, und wir geben uns der nicht unberechtigten Hoffnung hin, dass gerade die „Sachkanej Jeruschalajim“ die Kreise der mitteleuropäischen Alijah dem hebräischen Theater näher bringen werden.[75]

Diese Hoffnung wurde enttäuscht. Die erste Produktion dieses Theaters war zugleich seine letzte.

Te'atron Komediya (Theater Komödie)

Im September 1942, ungefähr drei Monate nach der endgültigen Schließung des Te'atron Ivri versuchte Alfred Wolf erneut, ein Theater zu gründen, das Te'atron Komediya. Der Name des Theaters verweist sowohl auf das Repertoire als auch auf die Zielgruppe, und in der Tat war das erste und einzige Drama, das zur Aufführung kam, eine Komödie des ungarischen Dramatikers Ladislaus Fodor: *Ha-Ramai Ha-Hagun* (Der anständige Hochstapler, Originaltitel nicht ermittelt). Auf den ersten Blick war es die richtige Entscheidung zur richtigen Zeit und der Erfolg sicher. Dem Empfinden nach bestand in diesen schwierigen Tagen, in denen die deutsche Armee unter General Rommel in Richtung Ägypten marschierte und im Begriff war, nach Palästina vorzudringen, die Notwendigkeit, für die jüdische Bevölkerung eine Komödie zu spielen, die die täglichen Sorgen vergessen machte. Zudem war wichtig, dass es sich dabei um eine Komödie handelte, die eine gesellschaftliche Botschaft vermittelt, und um einen Regisseur mit der dazu passenden Herangehensweise – genau wie die von Alfred Wolf. Nach dem Ende des Te'atron Ivri standen ihm zudem die arbeitslos gewordenen jeckischen Schauspieler zur Verfügung, mit denen er persönlich und beruflich bereits gut vertraut war.

Auf den ersten Blick hätte die Aufführung alle Erwartungen erfüllen müssen, aber der Fall lag anders, obwohl das eretz-israelische Publikum die Dramen von Fodor liebte. Das Te'atron Ivri unter Wolfs Leitung hatte seine Tore im Oktober 1936 mit großem Erfolg mit Fodors Komödie *Arm wie eine Kirchenmaus* geöffnet und einer der Kassenschlager der Habima im Jahr 1941 war ebenfalls von Fodor: *Bagrut* (Orig.: *Matura*). Dennoch scheiterte *Ha-Ramai Ha-Hagun* gerade an Wolfs Versuch, Fodor dem eretz-israelischen Publikum noch näher zu bringen, indem er dem Stück seiner kommunistischen Überzeugung entsprechende gesellschaftliche Kommentare und aktuelle Bezüge hinzufügte. Entsprechend kritisierte Goldberg:

75 Schalom Ben-Chorin: Ibsens ‚Gespenster‘ in Jerusalem. In: *Jedioth Chadaschoth*, 04.12.1941.

Abb. 33
Rachel Markus als Stenotypistin in *Ha-Ramai Ha-Hagun* (Der anständige Hochstapler) am Te'atron Komediya, 1942.

> Fodors Komödie „Der anständige Hochstapler" gibt nicht vor, eine tiefgründige gesellschaftliche Ohrfeige zu sein. Das gesellschaftliche Thema dient ihr lediglich als bequemes Podest für theatralische Tricks und vergnügliche und scharfsinnige Clownerien. [...] Es gab daher keinen besonderen Grund für die tendenziös-soziale Anmaßung. Die sozialistischen Repliken passen nicht gerade zum Charakter dieser sportlichen, niedlichen Tochter eines Bankers. Man hätte die Sache besser auf sich beruhen und sie sein lassen, was sie ist: ein unterhaltsames Stück, mehr nicht.[76]

Goldberg war auch der Ansicht, dass der Versuch, das Drama zu ‚konvertieren' und den Bedingungen in Eretz Israel anzupassen, gescheitert sei:

> Schade nur, dass der Regisseur A. Wolf und der Übersetzer Emil Feuerstein aus irgendeinem Grund versucht haben, der Sache eine eretz-israelische Färbung zu geben (ein jemenitischer Türsteher, Silikat und noch allerlei Tel Aviver Beilagen), die doch so gänzlich von der Atmosphäre eines europäischen Landes durchdrungen ist.

Auch die Darstellung des Dramas missfiel Goldberg. „A. Wolfs Inszenierung hat das Timing nicht unter Kontrolle. Am Ende verwischt er die letzte Pointe viel zu sehr, sodass wir nicht im notwendigen Maße überrascht sind."[77]

76 Log: 'הרמאי ההגון' ב'קומדיה' [‚Der anständige Hochstapler' in der ‚Komödie']. In: *Davar*, 23.10.1942, S. 4.
77 Ebd.

Der Kritiker von *The Palestine Post* Franz Goldstein (Frango), selbst jeckischer Abstammung, sah auch Schwächen in der Zusammensetzung der Gruppe und im Spiel.

> Dieses Stück stützt sich auf die Schauspieler, da die Hauptfigur in allen drei Akten auf der Bühne ist. Herr Arieli, der ein schönes Auftreten hat, spielte diese Figur elegant und mit modernem Gleichmut. Die übrigen Schauspieler sind Amateure, und die beiden Schauspielerinnen müssen noch eine Menge lernen. Besonders Frau Taube in der Rolle der Ronny hat nur eine geringe Ahnung vom Verhalten auf der Bühne.[78]

Die Aufführung wurde nach kurzer Zeit abgesetzt, und damit beendete das Te'atron Komediya unter Wolfs Leitung sein kurzes Dasein.

Theater für Humor und Satire

Im dokumentierten Zeitraum gab es in Palästina ein etabliertes satirisches Theater, Ha-Matate. Daneben wurden sieben private Theater für Humor und Satire eröffnet und wieder geschlossen, drei davon durch jeckische Schauspieler und Regisseure. Jeckische Theaterkünstler gründeten ihre Bühnen noch bevor ähnliche Privatprojekte von den Alteingesessenen des Yishuv in Angriff genommen wurden. Sie hatten die Tradition des Kabarett und der Kleinkunst aus Europa mitgebracht. Der Begriff „Kleinkunstbühne" bezieht sich auf eine Form der Kabarettvorstellung, die sich zu Beginn des 20. Jahrhunderts, insbesondere nach dem Ende des Ersten Weltkriegs entwickelt hat, eine literarisch-politische, subversive und kämpferische Form des Kabaretts. Der Begriff verweist auf die „Kleinheit" der künstlerischen Mittel im Vergleich zu großen unterhaltsamen Produktionen. Der Schwerpunkt liegt auf dem Vortragenden und gerade nicht auf dem beeindruckenden Bühnenbild, dem Kostüm oder der Beleuchtung. Statt zahlreicher Musiker wird die Vorführung lediglich von einem Pianisten begleitet. Er verweist auch auf die geringe Größe der Bühne, die in kleinen und intimen, nicht notwendigerweise geeigneten Räumen untergebracht ist und ein Gefühl der Nähe und Beteiligung zwischen Künstler und Publikum erzeugt. Ein Gefühl, das nicht selten zu Zwischenrufen und ungeplanten Dialogen zwischen erregtem Zuschauer und engagiertem Künstler führte. Die Verfasser und Darsteller der Kleinkunst befassten sich in den meisten Fällen auf ironische bis sarkastische Art mit der Kritik des sozialen und kulturellen Verfalls der Gesellschaft und ihrer eskapistischen Unterhaltungskultur. Mit scharfen Monologen, Sketchen und Chansons reagierten sie auf aktuelle Fragen und ihre politische Haltung war links und antifaschistisch. Viele unter ihnen waren Juden und

78 Frango (Franz Goldstein): The Gallant Bluffer. In: *The Palestine Post*, 10.02.1943, S. 4.

so ist es kein Wunder, dass ihre Tätigkeiten unter der nationalsozialistischen Herrschaft verboten wurden und die meisten gezwungen waren, das Land zu verlassen. Wie fremd das Konzept in Palästina war, lässt sich daran erkennen, dass es unterschiedliche Varianten gab, den Begriff „Kleinkunstbühne" ins Hebräische zu übersetzen.
Die drei Kleinkunstbühnen, die in Palästina von Jeckes gegründet wurden, waren in gewisser Weise eine Fortsetzung der vorherigen künstlerischen Arbeit ihrer Begründer in Berlin und Wien. Sie bemühten sich, in Eretz Israel die Techniken des Schreibens, Inszenierens und Spielens fortzuführen, die sich in der Vergangenheit bewährt hatten. Der Anteil an Satire in den Programmen war vergleichsweise beschränkt, da satirisches Schreiben eine tiefe Kenntnis der kritisierten Gesellschaft und des Publikums, das zu den Vorstellungen kommt, voraussetzt. Diese Kenntnis fehlte den Jeckes, die gerade erst nach Palästina gekommen waren.

Te'atron Intimi (Intimes Theater)

Im März 1934 fand in Tel Aviv die Premierenvorstellung eines scheinbar neuen Theaters statt, des Te'atron Intimi unter der Leitung von Maxim Sakashansky und Ruth Klinger. Scheinbar neu deshalb, weil es sich tatsächlich um das Theater Kaftan aus Berlin handelte, das nach Palästina eingewandert, hier aber auf Schwierigkeiten gestoßen und daher gezwungen war, seine Identität, seinen Charakter, seine Sprache und nicht zuletzt seinen Namen zu ändern.
Benannt nach dem typischen langen schwarzen Mantel, den die osteuropäischen Juden zu feierlichen Anlässen trugen, war der Kaftan ein jüdisches Kabarett, das in den Jahren 1930 bis 1933 in Berlin spielte und sich mit Themen aus dem Leben der osteuropäischen Juden befasste. Die verschiedenen Nummern wurden selten auf Deutsch oder Hebräisch, sondern in den meisten Fällen auf Jiddisch gespielt. Der Star der Vorstellungen war Maxim Sakashansky, der 1886 in einem kleinen Dorf in Weißrussland geboren worden und bis zu seinem 18. Lebensjahr Schüler einer Yeshiva war. Nach den Pogromen von Kischinew 1905 floh er nach Westen. In seiner Autobiographie behauptet er, dass er in der Schweiz Schauspiel studiert und am Städtischen Jüdischen Theater in Riga unter der Leitung von Julius Adler gespielt habe.[79] Er trat als Schauspieler, Sänger, Alleinunterhalter und Conférencier in jiddischer Sprache in ganz Europa auf. Ende der 1920er Jahre arbeitete er in diversen Kontexten in Berlin, wo er die 20 Jahre jüngere Ruth Klinger traf.

79 Vgl. Sakaschansky, Maxim. In: *Art and Artists in Palestine. Comprises Theatre, Music, Dance, Painting and Sculptural Art*, hrsg. v. Ruth Klinger. Tel Aviv: Yavne 1946, S. 27.

Klinger (*1906) stammte aus dem deutschsprachigen Kulturkreis in Prag. Sie begann ihre Schauspielkarriere auf der Bühne des dortigen Neuen deutschen Theaters und trat Ende der 1920er Jahre auf Berliner Bühnen auf. Ihre Begegnung mit Sakashansky besiegelte ihr künstlerisches und persönliches Schicksal. Die beiden verliebten sich, heirateten und beschlossen, in Berlin ein jüdisches Kabarett zu gründen. Solange Klinger das Jiddische noch nicht beherrschte, arbeitete sie als Kassiererin und administrative Leiterin.

Am 14. Februar 1930 fand die erste Premiere des Kaftan statt. Das Programm war so gemischt wie Herkunft und Charakter der Mitwirkenden. Den ganzen Abend über war ein Pianist auf der Bühne, der die Lieder und Tanzeinlagen begleitete und außerdem zwischen den einzelnen Teilen jüdische Volksweisen spielte. Einer der Schauspieler erzählte auf Deutsch Geschichten von der Weisheit der Rabbiner, ein anderer trug auf Jiddisch Passagen aus Texten von Sholem Aleichem vor und ein dritter (der spätere Theaterkritiker Manfred Geis) las auf Hebräisch aus dem Buch Kohelet. Alle traten in einer Szene auf, die bei einem jüdischen Schneider spielte. Der Höhepunkt des Abends war der Auftritt von Sakashansky, der singend und deklamierend auf Jiddisch eigene Texte vortrug, in denen er sowohl mit den jüdischen ‚Assimilanten' als auch mit den jüdischen ‚Schnorrern', die gerade aus Osteuropa gekommen waren, abrechnete. Der große Erfolg und ein treues Publikum nötigten das Ensemble des Kaftan, nahezu Monat für Monat ein neues Programm zu entwerfen. Nach einigen Monaten war Klinger in ihren Jiddisch-Studien weit genug fortgeschritten, um singend und lesend an den Programmen mitzuwirken.

Die verschiedenen Programme beschäftigten sich nicht ausschließlich mit dem Leben der osteuropäischen Juden, sondern nahmen auch aktuellen Bezug auf die politischen Ereignisse in Deutschland. Die zunehmend antisemitische Atmosphäre in Berlin zwang das Paar mehrfach dazu, ihren Spielort zu wechseln. Als sich die wirtschaftliche Situation verschlechterte, waren Vorstellungen für das Berliner Publikum nicht mehr ausreichend und der Kaftan war gezwungen, regelmäßig auf Tournee durch die jüdischen Gemeinden Europas zu gehen. Mit der Verschlimmerung der Lage verkleinerte sich das Ensemble des Theaters zusehends, bis am Ende nur noch Klinger und Sakashansky auf der Bühne standen, er auf Jiddisch und sie auf Jiddisch und Deutsch, sowie wechselnde Pianisten, die jeweils für eine Vorstellung engagiert wurden. Gelegentlich reichte das Geld selbst hierfür nicht und Klinger begleitete die Darbietung zusätzlich zu ihren Auftritten auf dem Klavier.

Im Januar 1932 spielte der Kaftan in Antwerpen. Im Publikum saß auch der hebräische Dichter Chaim Nachman Bialik, der von der Aufführung begeistert war und dem Künstlerpaar nahelegte, mit dem Theater nach Eretz Israel

einzuwandern.[80] Ein Jahr später musste das Theater mit der Machtübernahme der Nationalsozialisten schließen. In der Hoffnung, die Tätigkeit des Kaftan entsprechend Bialiks Empfehlung fortsetzen zu können, kamen seine Gründer und Betreiber nach Palästina. Dort erwies sich Bialiks Vorschlag allerdings als alles andere als umsetzbar.
Die erste Aufführung im neuen Heimatland fand ungefähr sechs Wochen nach der Ankunft statt. Am Donnerstag, dem 1. Juni 1933, im Mugrabi-Saal in Tel Aviv. Der erste Teil in hebräischer Sprache rief Begeisterung hervor. Der zweite Teil in jiddischer und deutscher Sprache dagegen führte zu derart wütenden Reaktionen, dass die Vorstellung unterbrochen werden musste. Ein Bericht in der Zeitung *Do'ar Ha-Yom* vom 8. Juni 1933 beginnt mit den Worten „Die erste Vorstellung von M. Sakashansky und Ruth Klinger vom jüdischen Kabarett Kaftan machte großen Eindruck auf das Publikum, das den Mugrabi-Saal am Donnerstag bis auf den letzten Platz füllte."[81] Der Artikel lobte die künstlerischen Leistungen der beiden Darsteller und endete mit der Beschreibung ihrer Bemühungen, die hebräische Sprache zu meistern, sowie der Publikumsreaktion hierauf.

> Teilnahmsvoll folgte das Publikum Sakashanskys Bestreben, hebräische Worte, die er noch nicht verdaut hatte, vom Blatt zu lesen. Er bat daher um Erlaubnis, einige Teile zum letzten Mal auf Jiddisch und Deutsch vorzutragen, oder wie er selbst sagte, „Lassen Sie mich dieses Mal mein Jiddisch begraben'. Ein Teil des Publikums widersetzte sich heftig und die Vorstellung endete mit Jubelrufen, nachdem die Künstler einwilligten, ausschließlich auf Hebräisch vorzutragen.[82]

Die Gewerkschaftszeitung *Davar* hingegen, die die Meinung der politischen Führung des Yishuv vertrat, veröffentlichte einen Artikel, der schon der Idee, ein Programm nach Tel Aviv mitzubringen, das Bezüge zum Berliner Publikum aufwies, eine klare Absage erteilte.

> Wie schon der Name – „Kaftan" – dieses „Kabaretts" bezeugt, pflegten diese beiden Schauspieler, jüdische Themen vor Nichtjuden zu zeigen, oder vor Halb-, Drittel- und Vierteljuden. [...] Ich weiß nicht, ob die jüdische Bücher verbrennenden Teutonen ein großes ästhetisches Vergnügen an diesem Schauspiel von kabarettistischem Kaftanjudentum empfunden haben. Es ist jedoch eine Tatsache, dass die Leute dieses „Licht" unter die Völker trugen und – offensichtlich – davon leben konnten. Vielleicht hat man in den Zeitungen auch vor Lob überbordende Rezensionen über sie veröffentlicht, wie es in den Anzeigen geschrieben stand. Mag sein. Jetzt sind sie zu uns gekommen und haben ihre Kunst mitgebracht: Die eretz-israelischen Kana'aniter fordern Hebräisch – lasst uns für sie einen Teil

80 Vgl. Ruth Klinger: *Die Frau im Kaftan*. Gerlingen: Bleicher 1992, S. 110.
81 בתל אביב – על הבמה [In Tel Aviv – Auf der Bühne]. In: *Do'ar Ha-Yom*, 08.06.1933, S. 4.
82 Ebd.

der Kunst in ihre Sprache übersetzen. Der Vollständigkeit halber würzen wir das Programm mit einer „Nummer" auf Jiddisch und einer „Nummer" auf Deutsch, denn an diesem Abend ist die Sprachvermischung ein wesentlicher Teil des Kabaretts, das in Europa den Gefallen der Betrachter findet. So ungefähr gingen die Gedanken. So hat es Sakashansky mit seinem „Kaftan" auf unserer Bühne getan.[83]

Das Ehepaar Sakashansky entschied sich dennoch dafür, weiterhin mehrsprachig mit ihrem Repertoire auf der hebräischen Bühne aufzutreten, allerdings nicht unter der Marke Kaftan, sondern unter der Bezeichnung „Künstlersoirée mit dem berühmten Paar M. Sakashansky und Ruth Klinger aus Berlin".[84] Keysari, der Kritiker von *Do'ar Ha-Yom*, reagierte zurückhaltend.

> Das Repertoire von Sakashansky verwundert uns. Es liegen Perlen direkt neben groben Kieseln. Das Auf und Ab erzeugt ein Durcheinander. Und aus den tiefsten Tiefen betrachtet, verliert auch der Aufstieg an Höhe. [...] Aber sobald diese beiden Künstler von unserem Theaterleben hier im Lande verdaut worden sind, habe ich keinen Zweifel, dass ihre nächste Reinkarnation die Ohren und Herzen unserer Zuschauer finden wird.[85]

Die nächste ‚Reinkarnation' ereignete sich im Januar 1934, als das Te'atron Intimi, das „Intime Theater für Humor, Folklore und Satire unter der Direktion von Sakashansky und Ruth Klinger" mit seinem ersten Programm auftrat. Dieses bestand aus acht verschiedenen Teilen in der hebräischen Übersetzung von Nathan Alterman. Unter den Verfassern waren der deutsche Dramatiker Curt Goetz sowie Sakashansky, der in seinem eigenen Sketch mit dem Titel „Yehudi Germani Al-Yad Ha-Kotel Ha-Ma'aravi" (Ein deutscher Jude an der Klagemauer) auch selbst auftrat. Neben den beiden Theaterleitern wirkten drei weitere Schauspieler, einer davon Ze'ev Berlinski, sowie der Komponist Nahum Nardi am Klavier mit. Die Premiere fand im relativ großen Mugrabi-Saal (ca. 600 Plätze) statt. Danach wurde das Programm regelmäßig „jeden Mittwoch und Samstagabend um 8.30 Uhr im Jascha-Heifetz-Saal"[86] (ca. 200 Plätze) aufgeführt. Ende März desselben Jahres kündigte das Theater bereits ein neues Programm an, dieses Mal „gemeinsam mit dem Rina-Nikova-Ballett".[87] Einen Monat später wurde die Ankündigung für ein „reichhaltiges Programm" veröffentlicht, in dessen Mittelpunkt das kurze Drama *Der rote Strich* von Armin Friedmann stand. Der Hinweis „Unter-15-Jährigen ist der Zutritt verboten"[88]

83 Yatsiv: אמנות מבוהלת [Erschrockene Kunst]. In: *Davar*, 09.06.1933, S. 4.

84 Anzeige in *Davar*, 04.10.1933, S. 4.

85 Uri Keysari: אמנות ואמנים – זקשנסקי וקלינגר [Kunst und Künstler – Sakaschansky und Klinger]. In: *Do'ar Ha-Yom*, 03.12.1933, S. 3.

86 Anzeige in *Davar*, 09.03.1934, S. 4.

87 Anzeige in *Davar*, 23.03.1934, S. 5.

88 Anzeige in *Davar*, 13.04.1934, S. 4.

lässt etwas vom Wesen des Stücks erahnen. Von den Ereignissen während der Vorführung berichtete Oreah [ein Gast] in *Do'ar Ha-Yom*: „Das verehrte Publikum hatte sein Abendessen mit ins Theater gebracht (und nicht alle Sandwiches waren ‚frisch' …), es intervenierte mitten im Stück, machte seiner Meinung lautstark Luft usw. usf."[89]

Etwa ein Jahr später berichtete Keysari von einem weiteren Programm des Theaters.

> Das Programm bestand aus einigen Teilen, darunter gelungene und missratene, und bewies uns erneut, was wir bereits hervorgehoben haben – dass Sakashansky eine komische Wucht ist, der man nicht spotten sollte, und dass er eine willkommene Ergänzung unseres satirischen Theaters wäre. Das Programm enthielt eine schöne Neuerung: „Bilder aus dem Leben in Eretz Israel". Es waren nichts anderes als Witze und Scherze, sehr kurz in einer Minute oder weniger dramatisch dargestellt. Die Bilder „Begegnung", „Übereinkunft", „Kontakt", „Versicherungsvertreter", „Kunst" waren alle gut. Jedes auf seine besondere Art. Aber dieselbe Art der Darstellung im zweiten Teil des Programms, das die Bilder „Versuch im Kibbuz" u. a. enthielt war völlig misslungen. „Jecke" hätten wir noch ertragen können, wenn es um einige Scheffel Unrat bereinigt worden wäre, der sich darin befand. Überhaupt, es kommt vor, dass Sakashansky das Maß verliert … man muss sich im richtigen Moment zurückhalten können.[90]

Aus Klingers Autobiografie und den Anzeigen des Theaters in der Tagespresse lässt sich schlussfolgern, dass die verschiedenen Programme des Te'atron Intimi die gesamten 1930er Jahre hindurch aufgeführt wurden. Gelegentlich gelang es dem Theater dabei, den Zorn des hebräisch-affinen und kultivierten Publikums auf sich zu ziehen. So zum Beispiel im August 1939 in Hadera.

> Wir bitten hiermit darum, die Verbreitung des Gerüchts zu unterbinden, dass der Auftritt des „Te'atron Intimi" von Maxim Sakashansky und seiner Truppe in Hadera auf unsere Einladung hin erfolgte. Ihr Auftritt geschah auf eigenes Bestreben und damit nicht genug – bei eben jener „Soirée" wurden wir Augenzeugen eines großen Aufstands unseres Publikums gegen den Anblick dieser Darbietung, die keiner kultivierten Öffentlichkeit angemessen ist, insbesondere die üblen Versuche, mit Jiddisch die billigen Witze des „Alleinunterhalters" aufzupolieren. Es wäre überhaupt zu wünschen, dass die breitere Öffentlichkeit ihre Meinung zu diesen Aufführungen äußert, die unser kulturelles Niveau niederdrücken. Wir sind verwundert über den Bedarf an solcher „Intimität" in der Stadt Tel Aviv. Aber sicher ist, dass unsere Gemeinde bequem auf sie und ihre verkommenen Aktivitäten verzichten kann.[91]

89 Oreah: מה שאני רואה ושומע בתל-אביב [Was ich in Tel Aviv sehe und höre]. In: *Do'ar Ha-Yom*, 15.04.1934, S. 2.

90 U. K.: 9 בערב – מקסים זקשנסקי [9 Uhr abends – Maxim Sakaschansky]. In: *Do'ar Ha-Yom*, 19.02.1935, S. 3.

91 Kulturausschuss des Arbeiterrates von Hadera: מכתבים למערכת – מניעת שמועה ותמיהה בצדה [Leserbriefe – Unterbindung eines Gerüchts und Verwunderung dazu]. In: *Davar*, 13.08.1939, S. 5.

Anscheinend gab es – auch wenn eine Minderheit mit auserlesenem Geschmack wie der Kulturausschuss des Arbeiterrates Hadera das kulturelle Niveau des Te'atron Intimi in Zweifel zog – im Yishuv eine große Zahl von Zuschauern, die sich amüsierten und die wieder und wieder die Programme des Theaters besuchten. Dank ihnen gelang es dem Theater, mindestens fünf Jahre lang zu bestehen.

Die Partnerschaft von Sakashansky und Klinger kannte Höhen und Tiefen, physische Gewalt und melodramatische Romantik. Sie ließen sich scheiden, arbeiteten dennoch weiter zusammen und entschieden sich kurze Zeit später, ein zweites Mal zu heiraten. Anfang der 1940er Jahre ließen sie sich erneut scheiden und brachen jeden Kontakt ab – beruflich wie privat.

Tevat Noah (Arche Noah)

Die Mehrheit der deutschsprachigen Theaterflüchtlinge, die mit den ersten Wellen der fünften Aliya ins Land kamen, ließen sich in Tel Aviv nieder, der Hauptstadt des hebräischen Theaters, in der die drei damaligen Repertoire-Theater Habima, Ohel und Ha-Matate ansässig waren. Das Schauspielerpaar Hedda und Hans Behal, die 1936 aus Wien gekommen waren, ließen sich dagegen in Haifa nieder. Vielleicht rührte ihre Entscheidung von einem zionistischen Bewusstsein in Sinne der Vision ihres Landsmannes Theodor Herzl her, der in seinem utopischen Roman *Altneuland* Haifa zum Zentrum des Theaters gemacht hatte, mit einer Oper, einem Nationaltheater und hebräischen Theatern mit einem Repertoire, „was sie ebensogut in London, Berlin oder Paris genießen können", und außerdem „einigen Volkstheatern[, in denen] Possen im Jargon aufgeführt" werden.[92] Wahrscheinlicher ist jedoch, dass die beiden um die Tatsache wussten, dass die Tel Aviver Theater den jeckischen Einwanderern verschlossen waren und diese zur selben Zeit im Begriff waren, in Haifa ein eigenes Theater zu gründen, das Te'atron Ivri Haifa.

Hedda und Hans Behal lernten sich bei ihrer Arbeit auf der Theaterbühne kennen. Beide traten in den 1920er Jahren auf den bedeutenden Wiener Bühnen auf und wechselten in der zweiten Hälfte des Jahrzehnts nach Deutschland, zunächst nach Frankfurt und danach nach Berlin. Hans Behal (*1893), ein junger und vielversprechender Schauspieler, spielte nicht nur auf der Theaterbühne, sondern wirkte zwischen 1929 und 1933 in Nebenrollen in deutschen Spielfilmen mit. Mit der Machtübernahme der NSDAP und dem Auftrittsverbot für jüdische Künstler kehrte er nach Österreich zurück. In Wien gründete er das politische Kabarett Der Regenbogen, das in der ersten Hälfte des Jahres

92 Theodor Herzl: *Altneuland*. 10. Aufl. Wien: Löwit 1902, S. 104–105.

1935 aktiv war und drei Programme zeigte. Über das letzte Programm *Der Mai ist gekommen* schrieb das *Neue Wiener Tageblatt*: „Von der aktuellen Tagesglosse und allgemein zeitkritischen Margination über das heitere Dramolett bis zum lyrisch-musikalischen Stimmungsbild reicht die abwechslungsreiche Fülle des Programms, das fast durchweg von begabten jungen Leuten geschrieben und dargestellt wird."[93] Noch bevor die Kritik veröffentlich wurde, musste Behal den Regenbogen aufgrund der politischen Atmosphäre schließen.

Im Frühjahr 1936 kam das Paar Behal nach Haifa. Möglicherweise war der Regenbogen – das Wiener Kabarett ebenso wie das biblische Zeichen des Bundes, den Gott mit Noah geschlossen hat – Inspiration für die Gründung der Tevat Noah, ein „Theater für Miniaturen" in Eretz Israel. Das erste Programm, das Anfang Juli 1936 in Haifa aufgeführt wurde, bestand aus „10 satirischen Bildern".[94] Abgesehen von einem einzigen Lied stammten alle Texte der Lieder, Monologe und Sketche von Hans Behal und wurden von den besten Übersetzern der Zeit ins Hebräische übersetzt, unter ihnen Avraham Shlonsky und Nathan Alterman.

Nach dem ersten Bild, dem „Marsch der Arche Noah", vorgetragen vom gesamten Ensemble, trat Hans Behal mit einem satirisch-aktuellen Lied aus eigener Feder und in der Übersetzung von Alterman auf, das den Titel „Eyn davar" (Macht nichts) trug und Haifa gewidmet war. Zu den lokalen Aktualia gehörte auch eine Parodie auf *Othello* von Shakespeare, der zur gleichen Zeit vom Te'atron Ivri Haifa aufgeführt wurde. Der letzte Programmteil „Im Emek" hatte das deutlichste eretz-israelische Lokalkolorit – ein Gespräch unter Freunden nach einem Hora-Tanz im Kibbuz. Das einzige Werk des Abends, das nicht von Behal stammte, war das Lied *Ballade von der Hanna Cash* von Bertolt Brecht in der Übersetzung von Alterman.

Die Haltung des Yishuv zu dem neuen Theater und seinen Schöpfern lässt sich an den Formulierungen eines Artikels ablesen, der im *Davar* veröffentlicht wurde:

> Eine Gruppe Schauspieler unter der Leitung von Hans Behal und seiner Gattin, die viel Erfahrung auf den Bühnen des Auslands besitzen, haben gemeinsam mit einigen jungen Kameraden in Haifa ein Theater für Kleinkunst gegründet mit dem Namen: Arche Noah. Anhand der ersten Aufführung lässt sich noch kein Urteil über die Fähigkeit der Truppe fällen. [...] [D]ie Absicht der Mitwirkenden ist gut und die meisten haben Talent, aber sie tasten sich noch etwas vor. Wir hoffen, dass sie diese Anlaufschwierigkeiten überwinden werden.[95]

93 Kabarett Regenbogen. In: *Neues Wiener Tageblatt*, 06.06.1935, S. 10.

94 תכנית 10 תמונות סטיריות [Programm aus 10 satirischen Bildern], Programmheft von Tevat Noah, Juli 1936. IDCPA, Sign. 84.2.3.

95 תיבת נוח [Arche Noah]. In: *Davar*, 19.07.1936, S. 9.

TEWAT NOACH

THEATRE OF MINIATURES

DIRECTION & MANAGEMENT H. BEHAL

PROGRAMME

10 SATIRICAL SCENES

TRANSLATION: SCHLONSKY, ALTERMANN, BEN SCHEFER

1.	TEVAT NOACH MARCH	
2.	NEVER MIND Song about Haifa	by H. Behal H. Behal
3.	RUTH! QUICKLY! A society woman can't get through dressing. Everything turns out well. They escape the belated train's accident.	by Charle Remi Ruth: Mrs. Weinshall Husband: Mr. Berger
4.	IN LOVE - ENGAGED - MARRIED Song, what is the difference	by H. Behal & Pflanzer Mrs. Hirth
5.	AT THE DENTIST Three patients meet in the waiting room	by H. Behal Mr. Behal Mr. Berger Mr. Berlinsky
	INTERVAL	
6	ANNA CASH Song — Life and Death Anna Cash	by Berth Brecht Mrs. Weinshall Mrs Hirt, Mr. Behal, Mr. Berger
7.	ESKIMO... ESKIMO... Song of an eskimo seller	by H. Behal Mr. H. Behal
8.	OTHELLO A Parody	by H. Behal She: Mrs. Hirth He: Mr. Berlinsky
9.	S. O. S.	By H. Behal Mrs. Hirth Mr. Berger
	INTERVAL	
10	IN A KIBUZ Simple discussion after a hora dance	Mrs. Traumann Mr. Behal „ Weinshall „ Berger „ Hirth „ Berlinsky

Regie:	H. BEHAL	Administration:	E. KOHN
Decoration:	I. BASS	Dresses:	Atelier LANDE
Music & Composition:	Dr. ALSBERG	Hats:	CHARLOTTE
Dance:	Mrs. TRAUMANN	Electr. arangement:	Eng. Lateiner & Willy Weiss

Abb. 34: Programmzettel für das erste Programm von Tevat Noah, Juli 1936.

Der Verfasser des Artikels weist zwar darauf hin, dass Hans Behal und seine Gattin Erfahrungen von ausländischen Bühnen mitbringen, ignoriert aber die Tatsache, dass sie aus Wien kommen und Jeckes sind, die auch in Deutschland gearbeitet haben. Er benennt das Ziel des Theaters als „Kleinkunst", behauptet aber, dieses sei nicht erreicht worden, obwohl die meisten Ensemblemitglieder talentiert seien. Der Artikel gipfelt in einem Satz voller Paternalismus und vielleicht sogar Hohn, denn welche Schwierigkeiten genau es zu überwinden gelte, diese Erklärung bleibt der Schreiber schuldig.

Eine abweichende bis gegenteilige Meinung zu Behal äußerte Uri Keysari im Rahmen eines Artikels, der jener Kunst gewidmet war, „die man klein nennt": „Da nun dieses Genre zu uns gekommen ist und an uns haftet, stellt sich die Frage, ob sich unter uns, zwischen unseren Künstlern gerade Künstler dieses Genres befinden?"[96] Keysaris Befund lautet, dass zwar viele Künstler in diesem Feld auftreten, aber nur wenige das passende Talent besitzen.

> Erlauben Sie mir, Ihre Aufmerksamkeit auf einen Künstler zu lenken, Herrn Behal, einen deutschen Juden, der kein Wort Hebräisch konnte – gehen Sie und lauschen Sie heute seinem Programm. Ein Sänger ist er nicht – aber er vermag es, ein Lied zu „sprechen". Und Behal ist zweifellos eine Wucht in diesem Zweig der Kunst.[97]

Das erste Programm war kein übermäßiger Erfolg. Das mag daran gelegen haben, dass ein Großteil der Texte, obgleich auf Hebräisch vorgetragen, dem Geist des Wiener Kabaretts entsprachen. Bereits einen Monat später, am 4. August, brachten die Behals ein zweites Programm heraus, dieses Mal „12 satirische Bilder", erneut hauptsächlich eigene Texte. Wiederum hatte Wien seinen Platz im Programm. Zwischen den Sketchen wurde eine Passage aus Arthur Schnitzlers *Anatol* gespielt, außerdem ein Stück von Dr. Königsgarten aus dem letzten Programm des Regenbogen in Wien, der Sketch „Der Tee ist serviert" über einen Theaterschauspieler, der nur einen einzigen Satz hat und dem es mit diesem einen Satz gelingt, den übrigen Darstellern die Schau zu stehlen.

Die wichtigste Veränderung im Programm war Behals Versuch, eigene Texte über das gegenwärtige Leben in Eretz Israel zu schreiben, wenn auch aus der Perspektive eines Neueinwanderers. So findet man im dritten Teil den Sketch „Ein Traum… ein Traum… ein Traum… ein Traum, der sich leider nicht in Eretz Israel erfüllt… A) Ein Mann kauft nur Produkte aus Eretz Israel. B) Ein Jude kommt nach Eretz Israel und findet die Einwanderungsgesetze abgeschafft. C) Negos [König von Äthiopien] verschenkt sein Gold an Juden. D) Es gibt

96 Uri Keysari: מלצר! כוס קפה עם… אמנות! [Kellner! Einen Kaffee mit… Kunst!]. In: *9 Ba-Erev*, 01.09.1938, S. 9.

97 Ebd.

nur eine Partei in Eretz Israel." Der siebte Teil des Programms „Sa'adya und der Satan (Jemenitisches Puppenspiel)" war eine nahöstliche Fantasie aus jeckischer Perspektive: „Sa'adya, ein armseliger Jemenite, sucht einen Weg nach Eretz Israel. Auf seinem langen Weg trifft er den Satan, der ihn und seine Frau direkt ins Gefängnis wirft. Der gerechte Richter jedoch befreit sie. Glücklich gelangen sie in ihr Heimatland." Behal schrieb auch die Texte für die meisten Lieder des Programms selbst. Der fünfte Teil befasste sich selbstironisch mit den Jeckes: „Vielen Dank, Trauergesang eines ‚grünen' Neueinwanderers aus Europa, der sich leicht von der Grippe anstecken ließ, nicht jedoch von der hebräischen Sprache."[98]

Zusätzlich zu Behals Liedern enthielt das Programm nur ein hebräisches Lied von Alterman. Es handelte sich um ein Lied, das Alterman zwei Jahre zuvor für die Purim-Feierlichkeiten in Tel Aviv geschrieben und nun zur „erneuten Aufführung" an Behal gegeben hatte, der daraus einen Schlager machte.

Der *Ha'aretz*-Artikel zum zweiten Programm von Tevat Noah begann mit ermutigenden Worten: „Ich weiß nicht, ob dies die passende Saison ist, um ein neues Theater zu eröffnen, und sei es auch ein Kleinkunsttheater in Haifa. Jedoch kann man davon ausgehen, dass das Programm dieser künstlerischen Unternehmung, wenn schon nicht zur rechten Zeit, so doch auf jeden Fall am rechten Ort ist." Und er endete mit dem Satz „Der allgemeine Eindruck: Eine satirische Kleinkunstbühne, die es mit dem richtigen Einsatz noch weit bringen kann."[99]

Trotz der Veränderungen und Erneuerungen sowie der positiven Aufnahme in der Presse hielt sich das zweite Programm nicht länger als einige Wochen. Möglicherweise war das Problem kein kulturell-künstlerisches, sondern ein wirtschaftliches. Jedes der beiden Programme wurde von einem Ensemble aus drei Schauspielerinnen und drei Schauspielern, begleitet von einem Pianisten und mit Bühnenbild und Kostümen aufgeführt. Es scheint, als sei die Einwohnerzahl Haifas und seiner Umgebung noch immer zu gering gewesen, um ein festes Theater dieser Größenordnung halten zu können – ganz zu schweigen von zwei Theatern. Das Te'atron Ivri Haifa, das um einiges größer war, ging bekanntermaßen im Juli desselben Jahres pleite. Um zu überleben, war Behal gezwungen, die Anzahl der Mitwirkenden drastisch zu reduzieren. Die neue Konstellation erhielt einen neuen Namen: Lehakat Behal (Gruppe Behal) oder Kabarett Behal. Das neue Ensemble bestand aus dem Ehepaar Behal, einem

98 תיבת נוח. תכנית 12 תמונות סטיריות [Arche Noah. Programm aus 12 satirischen Bildern], Programmheft, August 1936. IDCPA, Sign. 84.2.3.

99 P. Gil'adi: תיבת נוח [Arche Noah]. In: *Haaretz*, 14.07.1936 (Abendbeilage), S. 7.

Pianisten und gelegentlich, aber nicht immer, einem/r weiteren Schauspieler/in oder Sänger/in.

Im Februar 1937 eröffneten die beiden den Moʿadon Omanim Behal (Künstlerclub Behal) in der Hehalutz-Straße in Haifa. Im ersten Jahr konnte man dort lediglich Limonade und Kaffee trinken und den Klängen eines kaputten Klaviers lauschen, dass die künstlerischen Programme des Kabarett Behal begleitete. Zu Beginn waren es Programme in deutscher Sprache für ein Publikum aus Jeckes. Nach einiger Zeit ging man zu Hebräisch über und auch die Zusammensetzung des Publikums änderte sich. Im *Davar* wurde die Veränderung gelobt: „Es ist Unterhaltungskunst in bescheidenem Rahmen, die aber nicht in die Tiefen verdorbener Kunst herabsteigen will. Gutmütiger Humor und aktuelle Satire über den Snobismus der Kinokritiker, über Fragen des Lebens usw."[100]

Im Jahr 1939 erhielt der Club die Erlaubnis, Alkohol auszuschenken und wurde zu einem Nachtclub.[101] Die Aufführungen der Lehakat Behal fanden nicht nur im eigenen Club statt, sondern in Cafés überall im Land. Der Kritiker der *Palestine Post* schätzte zwar die Akklimatisierungsversuche der Einwanderer aus Wien sehr, deren Ergebnisse allerdings weniger.

> Die Gruppe besteht aus einem Mann und einer Frau als Sprecher, unterstützt von einem Pianisten, eine verkleinerte Varieté-Gruppe, wie sie zu bestimmten Zeiten in Mitteleuropa beliebt war. Tatsächlich ist diese Art der Unterhaltung alles andere als leicht zu produzieren. Sie benötigt einen Humor von hoher Qualität und eine Menge Originalität. Die Sketche des Behal-Trios sind beinahe zu harmlos in ihrer Darstellung des Lebens in Palästina und recht oberflächlich im Vergleich mit dem Matate.[102]

Ein Jahr später schrieb derselbe Kritiker:

> Herr und Frau Behal sind Überlebende der berühmten Wiener Schule des Kabaretts, die Eisenbach und Grünbaum hervorgebracht hat, und nach viel Mühe und Nachdenken haben sie es gelernt, ihre Art des Humors ins Hebräische zu übersetzen und an die Bedingungen in Palästina anzupassen.[103]

Das Kabarett Behal tat sich schwer damit, Publikum für eine abendfüllende Veranstaltung zu finden. Im Jahr 1939 trat das Paar in unterschiedlichen Rahmen überall im Land auf und führte eine begrenzte Anzahl von Programmteilen an Abenden auf, an denen auch noch andere Künstler mitwirkten. So verkündete zum Beispiel das Café Smadar in Tel Aviv am 10. Juli 1939 die Eröffnung der

100 Z. R.: בתחומי האמנות, קלוב אמנותי בהל [Aus der Kunst. Der Künstlerclub Behal]. In: *Davar*, 03.07.1937, S. 4.

101 Anzeige in *The Palestine Post*, 20.02.1944, S. 2.

102 R. da C.: Three-Man Theatre. In: *The Palestine Post*, 21.01.1938, S. 9.

103 R. da C.: Jerusalem Summer Fare. In: *The Palestine Post*, 04.08.1939, S. 7.

Sommersaison mit „einem neuen, reichhaltigen und vielseitigen Programm". Unter den verschiedenen Künstlern war auch die Lehakat Behal.[104] Am 3. März 1940 veranstaltete das Technion in Haifa ein Abendprogramm „Walter's Ball". Das Programm bestand aus acht Teilen, von denen der 4. Teil von „Behal's Band" und der 8. Teil von „Behal and Behala" bestritten wurden.[105]
Ab demselben Jahr konzentrierte sich die Aktivität der beiden Behals auf Haifa. In ihrem Nachtclub wurden Speisen und erlesene Getränke serviert, man spielte Tanzmusik und nur gelegentlich trat das Paar mit Stücken aus ihren vergangenen Programmen auf. Die Popularität des Ortes spiegelt sich in einer Anzeige wieder, die am 24. Dezember 1940 in der Zeitung erschien: „Behal Haifa. 24., 25., 26. Dezember – offen bis 6 Uhr früh"[106]. Die Anzeige bezog sich auf das Restaurant und den Nachtclub – von künstlerischen Programmen war keine Rede mehr. Ganz ähnlich klingt eine Anzeige vom 25. August 1942: „Verzeihen Sie! (mir und meiner Frau) für eine 3-tägige Pause vom 25.–27. August, in der Behal's geschlossen sein wird."[107] Die Zusammensetzung des Publikums im Nachtclub lässt sich aus der Tatsache ableiten, dass die Mehrheit seiner Anzeigen in der englischsprachigen *Palestine Post* veröffentlicht wurde. So auch diese von Februar 1943: „Heute Abend bleibt das Behal's geschlossen wegen einer privaten Veranstaltung zur Unterstützung des britischen Roten Kreuzes"[108].
„Morgen, am Montag, ein Behal-Abend mit der Band von Alex Albert, Vorbestellung notwendig, Abendgarderobe obligatorisch, Telefon 3912, Haifa."[109] – Dies war der Wortlaut einer Anzeige in der *Palestine Post* am 21. April 1946. Es ist schwer zu sagen, ob der Club tatsächlich so exklusiv geworden war oder ob es sich um den Verkaufstrick einer Einrichtung handelte, der das Publikum ausgegangen war. Dreieinhalb Monate später, am 7. August desselben Jahres, erschien in der *Palestine Post* folgende Anzeige: „Günstig abzugeben: Blüthner Konzertflügel, Kühlschrank und Flaschenkühler. Behal Café, Haifa. Telefon 3912, Besichtigung mittags 10–12, abends 5–10 Uhr."[110]
Und so endete der Versuch, in Haifa ein Wiener Kabarett zu betreiben.

104 Anzeige in *Davar*, 09.07.1939, S. 7.
105 Anzeige in *The Palestine Post*, 01.03.1940, S. 10.
106 Anzeige in *The Palestine Post*, 24.12.1940, S. 2.
107 Anzeige in *The Palestine Post*, 25.08.1942, S. 3.
108 Anzeige in *The Palestine Post*, 02.02.1943, S. 3.
109 Anzeige in *The Palestine Post*, 21.04.1946, S. 2.
110 Anzeige in *The Palestine Post*, 07.08.1946, S. 3.

Papillon

Der dritte Versuch, in Palästina eine Kleinkunstbühne nach mitteleuropäischem Vorbild zu begründen, wurde von Stella Kadmon unternommen. Die Schauspielerin und Sängerin war in Wien bekannt geworden, nachdem sie am 7. November 1931 im Hinterzimmer eines typischen Wiener Gasthauses das Kabarett Der liebe Augustin eröffnet hatte. Mit Kadmon als Leiterin und Hauptdarstellerin brachte das Kabarett Lieder, Monologe und Sketche, die eine linksgerichtete, satirische Gesellschaftskritik zum Gegenstand hatten. Der Erfolg war ihr hold, solange sich die politische Atmosphäre in Österreich nicht änderte. Aber schon in den ersten Wochen des Jahres 1938 war es gefährlich, sich im Lieben Augustin blicken zu lassen, geschweige denn dort auf der Bühne zu stehen. Die letzte Vorstellung des 35. Kabarettprogramms *Der Durchschnittsmensch* fand am 9. März 1938, drei Tage vor dem ‚Anschluss' Österreichs, vor nahezu leeren Reihen statt.

Dies ist nicht der Ort, um die Schrecken zu beschreiben, die Kadmon und ihrer Familie widerfuhren, als sie versuchten, ihre Heimat zu verlassen, und sich illegal auf den Weg durch zahlreiche europäische Länder machten.[111] Erst nach mehr als einem Jahr gelangten sie, ihre Mutter und einer ihrer Brüder im Juli 1939 nach Palästina. Ihr jüngerer Bruder Otto ging in die Vereinigten Staaten. Ihr Vater Moritz wurde 1942 nach Theresienstadt deportiert und 1944 in Auschwitz ermordet.

Kadmons Situation in Palästina war kompliziert. Einerseits traf sie hier auf zahlreiche ihrer Anhänger aus Wien, die ungeduldig darauf warteten, sie wieder auf der Bühne zu sehen. Auf der anderen Seite waren mit Beginn des Zweiten Weltkriegs deutschsprachige Aufführungen in Palästina ohne Ausnahme verboten. Kadmon begann, Hebräisch zu lernen, und gründete mit Hilfe des jeckischen Dramatikers Sammy Gronemann ein eigenes Theater, die Kleinkunstbühne Papillon. Es gelang ihr, eine Reihe der aus Osteuropa stammenden Theatergrößen, die sich an den etablierten Bühnen einen Namen gemacht hatten, für ihr Projekt zu gewinnen: Die Schriftsteller Nathan Alterman, Lea Goldberg, Avigdor Hameiri und Ja'akov Cohen, den Komponisten Marc Lavry und den Bühnenbildner Moshe Mokadi. Als Regisseur und Co-Autor engagierte sie den jeckischen Dramatiker von Ha-Matate Martin Rost. Auch die Mehrzahl der Mitwirkenden, zuallererst natürlich sie selbst, waren Jeckes. Ein passender Raum, ganz ähnlich dem in Wien, fand sich im hinteren Teil des Tel Aviver Cafés Shlosha Kushim (Drei Afrikaner).

111 Ausführlicher dazu siehe Henriette Mandl: *Cabaret und Courage. Stella Kadmon – Eine Biographie.* Wien: WUV 1993, S. 87–118.

Am Montag, dem 8. April 1940, erschien im *Davar* eine kurze Notiz: „Premierevorstellung im ‚Papillon' Kleinkunsttheater, heute Abend in der Bialik Straße 4; erstes Programm: ‚Tel Aviver Film – ein Bild aus dem Leben unserer Stadt'."[112] Die Premiere war ein Erfolg, aber zu den folgenden Vorstellungen kamen immer weniger Leute. Die Jeckes konnten noch nicht genug Hebräisch, um das Programm genießen zu können, und die Alteingesessenen sahen sich zur selben Zeit mit einem ungewöhnlichen Angebot satirischer Unterhaltung konfrontiert. Allein an einem Abend spielte das alte satirische Theater Ha-Matate im Bet Ha-Am, das neue satirische Theater Kol Ha-Ruhot im Jascha-Heifetz-Saal, das Unterhaltungstheater Af Al Pi im Café Ritz und es gab ein Varieté-Programm im Café San Remo.

Um das wenige Publikum, das ins Papillon gekommen war und sich amüsiert hatte, nicht zu verlieren, beeilte sich Kadmon, ein neues Programm vorzubereiten. *Hayo Haya* (Es war einmal) kam schon am 21. Mai 1940 auf die Bühne. Der Theaterkritiker der Zeitung *Ha-Boker* lobte das Ergebnis:

> Eine wichtige und erkennbare Veränderung des zweiten gegenüber dem ersten Programm – Veränderung der Leute, Veränderung des Stoffes, Veränderung der Aufführung. Von den fünf Mitwirkenden dieses Programms sind drei ‚reine Eretz-Israelis'. [...] Während das erste Programm des ‚Papillon' im Zeichen der künstlerischen Vergangenheit der Mitwirkenden stand, weht vom neuen Programm ein neuer Geist, eine selbständigere, realistischere Suche.[113]

Die Kritikerin des *Davar* definierte diesen „neuen Geist": „Ein intimes Kabarett, ohne Vulgarität, lebhaft und unprätentiös, wie es bisher in Eretz Israel noch nicht existiert hat. Dazu aktuell und geschmackvoll gemacht." Wie bei vielen Vorstellungen von jeckischen Schauspielern, fügte Goldberg den unvermeidlichen Satz an: „Es ist sehr schade, dass Stella Kadmon, die zweifellos Kabarett-Erfahrung hat, mit einem Lied auftritt, dessen Sprache sie noch nicht auszusprechen weiß und dessen Inhalt nicht verständlich genug ist."[114]

Auch die Wochenzeitung *9 Ba-Erev* wies darauf hin, dass

> uns das zweite Programm des ‚Papillon' eine angenehme Überraschung bereitet hat. Die Anfänge dieses ‚Kleinkunsttheaters' hatten uns nicht sehr ermutigt. Das erste Programm zwang uns dazu, mit voller Überzeugung zu sagen, dass diese Bühne noch keine Rechtfertigung hat ... Dieses Mal verlassen wir den Miniatur-Saal in der Bialik Straße in völlig anderer Stimmung; nachdem sie sich im Weg geirrt hatten, haben Leitung und Regie des Theaters ihn nun gefunden, und dieses Mal kann man sagen: mit großem Erfolg.

112 תל אביב – תיאטרון ומוסיקה [Tel Aviv – Theater und Musik]. In: *Davar*, 08.04.1940, S. 5.
113 במות קטנות – פפיליון [Kleine Bühnen – Papillon]. In: *Ha-Boker*, 04.06.1940, S. 6.
114 Log: 'היה היה' ב'פפליון' [‚Es war einmal' im ‚Papillon']. In: *Davar*, 06.06.1940, S. 3.

Nach einer detaillierten Diskussion der Qualität der Texte und der Aufführung der verschiedenen Programmteile endet die Kritik mit einem Lob der Gründerin und Hauptdarstellerin.

> Wie ein Fisch im Wasser fühlt sich auf dieser Bühne Stella Kadmon, die von den leichten Bühnen aus dem Wien des Vorgestern, dem Wien der blauen Donau, dem Wien des Praters zu uns gekommen ist. Stella Kadmon singt, tanzt, spielt und spricht mit ihrer Zunge, ihren Augen, ihrer ganzen Persönlichkeit. Sie entbrennt hier auf der Bühne wie die elektrischen Buchstaben, die überall auf der Welt über den Eingängen zum Theatersaal verkünden, dass drinnen im Haus die Sterne und großes Licht leuchten. Mit einem Minimum an theatralischem Aufwand gibt Kadmon uns viel Atmosphäre und verschafft uns Vergnügen. Hier sieht man eine Mischung aus Erfahrung und Talent.[115]

Am 4. Juni 1940 wurde das Ensemble vom Verdunklungsbefehl getroffen. Wegen der Kriegslage mussten im gesamten Mandatsgebiet Palästina ab 21 Uhr alle Lichtquellen verdunkelt werden. Die Inhaber des Cafés weigerten sich, in die Verdunklung der Räumlichkeiten zu investieren, in dem die Schauspieler des Papillon auftraten, ein weit offener Hinterhof, den das Café lediglich tagsüber zum Kartenspielen benutzte. Das Papillon musste seine Pforten schließen.
Am Sonntag, dem 1. September 1940, wurde ein Versuch unternommen, das Theater wiederzubeleben. Um 2.30 Uhr nachmittags wurde ein besonderes Programm, *We're Here Because We're Here*, in englischer Sprache vor Soldaten aufgeführt. Alle Einnahmen wurden zugunsten des Fighter Aircraft Fund gestiftet.[116] Am Freitag, zwei Tage vor der Aufführung, druckte *The Palestine Post* eine Anzeige, die „die einzige fröhliche und vergnügte Vorstellung in Tel Aviv, die ganz in englischer Sprache ist", ankündigte, und zwar „ab Sonntag, dem 1. September, jeden Tag um 14.30 Uhr"[117]. Weitere Ankündigungen ließen sich nicht finden und es scheint, als hätten keine weiteren Vorstellungen stattgefunden. Es liegt eine Art dramatischer Ironie in der Tatsache, dass das Papillon, ein hebräisches Theater nach Vorbild des Wiener Kabaretts, sein Abschiedslied im Mandatsgebiet Palästina auf Englisch sang.

Exiltheater in fremder Sprache oder hebräisches Theater?

Der Begriff ‚Exiltheater' beschreibt in der deutschen Forschung die Tätigkeiten von Theaterkünstlern aus dem deutschen Kulturkreis in den Ländern, in die sie aufgrund der nationalsozialistischen Machtübernahme und Verfolgung

115 לילות תל אביב – הצגות בכורה ב'פפליון' [Tel Aviver Nächte – Premieren im ‚Papillon']. In: *9 Ba-Erev*, 30.05.1940, S. 16.

116 Still short of £ 23,000. In: *The Palestine Post*, 29.08.1940, S. 1.

117 Anzeige in *The Palestine Post*, 30.08.1940, S. 2.

geflohen waren. Beim Versuch, die Frage zu beantworten, ob die theaterkünstlerischen Tätigkeiten der Jeckes in hebräischer Sprache ‚Exiltheater' waren und die jeckischen Theaterkünstler dementsprechend als Exilanten zu gelten haben, entsteht ein semantisches Problem. Die Bedeutung der Begriffe „Heimat" und „Exil" ist aus jüdischer (und nicht nur aus zionistischer) Perspektive genau entgegengesetzt zur Bedeutung derselben Begriffe in der deutschen Exiltheaterforschung, derzufolge alle Theaterkünstler, die Deutschland aus politischen Gründen in den Jahren 1933 bis 1945 verlassen mussten, Exilanten sind.
Die meisten jüdischen Theaterkünstler, die seit Beginn des 20. Jahrhunderts an deutschen Bühnen arbeiteten, sahen sich als „deutsche Staatsbürger mosaischen Glaubens". Als Deutsche war ihnen Deutschland Heimat, und als sie gezwungen waren, es zu verlassen, war es ein Gang ins Exil. Als Menschen „mosaischen Glaubens" jedoch, die jedes Jahr zu Pessach den Satz „Nächstes Jahr in Jerusalem" wiederholten, war Deutschland – zumindest theoretisch – Exil.
Das Verhältnis des Grads des ‚Jüdischseins' zum Grad des ‚Deutschseins' war bei jedem einzelnen der Theaterkünstler, die in den 1930er Jahren nach Palästina kamen, individuell bestimmt und daher verschieden. Je mehr Gewicht der jüdische Identitätsanteil erhielt, umso besser war häufig die Kenntnis des Hebräischen, von grundlegendem Verstehen bis zu vollständiger Beherrschung der Sprache; ebenso wuchs die Kenntnis der jüdischen Tradition von einem grundlegenden Bewusstsein bis hin zu einem orthodoxen Lebensstil. Je geringer der jüdische und je stärker der deutsche Identitätsanteil war, desto eher wuchs das Gefühl, sich im Exil zu befinden, selbst in Eretz Israel. Angesichts dessen können die individuellen Lebensgeschichten der einzelnen jeckischen Künstler, ihre Gefühle und die persönlichen Ansichten jedes Einzelnen nicht als Schlüssel dienen, um die Gesamtheit ihrer theaterkünstlerischen Aktivitäten zu charakterisieren. Nur das Repertoire, der Stil von Schauspiel und Inszenierung sowie das Zielpublikum sind als Kriterien geeignet, um zu bestimmen, ob eine Aufführung als „Exiltheater" gelten kann oder nicht.
Die Theatersprache der hebräischen Produktionen durch Jeckes folgte dem Vorbild des deutschen Theaters der 1920er Jahre, das sich, wie bereits ausgeführt, wesentlich von der Ästhetik unterschied, die in Palästina üblich war. Ein Großteil des Repertoires spiegelte die Theaterkultur der Weimarer Republik wider, mit einem besonderen Schwerpunkt auf Dramen, deren Stellenwert sich im Nationalsozialismus verändert hatte: Dramen jüdischer Dramatiker, deren Aufführung an deutschen Theatern verboten worden war, und deutsche Dramen, deren Aufführung durch Juden verboten worden war.
Auffällig abwesend im Repertoire des hebräischen Theaters der Jeckes waren zwei Sorten von Dramen, die im Rahmen des ‚Exiltheaters' in den verschiedenen

anderen Ländern normalerweise gespielt wurden. Zum einen Dramen, deren Aufführung im Dritten Reich verboten war, weil sie zum Widerstand gegen das Regime aufriefen und zur Aufklärung und Warnung vor der neuen Situation in Deutschland dienten. Zum anderen Dramen, die sich mit dem Schicksal deutscher Auswanderer in Vergangenheit und Gegenwart beschäftigten.
Zusätzlich fehlte das wichtigste Charakteristikum des ‚Exiltheaters', die Bewahrung der eigenen Sprache der Exilanten. Die Bedeutung dieses Charakteristikums liegt darin, dass sich Vorstellungen in deutscher Sprache ausschließlich an die Gemeinde der Exilanten richteten. Die in diesem Kapitel dokumentierten Theatergruppen hatten sich, trotz individueller Schwierigkeiten, dazu entschieden, auf Hebräisch zu spielen – mit dem Ziel, sich nicht nur an die Gemeinde der Jeckes, sondern auch an die Alteingesessenen des Yishuv zu wenden. Eine mutige Entscheidung, wenn man bedenkt, dass die meisten Schauspieler einen schweren deutschen Akzent hatten, der Abneigung und Widerstand beim hebräischen Publikum hervorrief, nicht nur weil er an die verbotene deutsche Sprache erinnerte, sondern weil er das Verstehen des auf der Bühne Gesagten erschwerte.
Das übergeordnete Ziel der hebräischen Theatergruppen, die von Jeckes gegründet wurden, entsprach nicht den Zielen derjenigen des ‚Exiltheaters', also die Kultur des Heimatlandes zu schützen und zu bewahren, bis der Sturm vorübergezogen ist, und bei der ersten Gelegenheit zurückzukehren und die künstlerische Arbeit an dem Punkt wieder aufzunehmen, an dem sie gewaltsam unterbrochen worden war. Noch im Oktober 1934, kurz vor der Gründung des Te'atron Hadash, dem ersten von Jeckes betriebenen hebräischen Theater, veröffentlichte die Dramaturgin und Redakteurin des Programmhefts Dr. Gretel Carow einen Artikel im *Mitteilungsblatt*, in dem sie eine Art Glaubensbekenntnis des neuen Theaters vorstellte. Sie bat darum, in der Neugründung keine Kampfansage der Jeckes an das hebräische Theater zu sehen, sondern ein Mittel zum interkulturellen Ausgleich.

> Es ist wohl selbstverständlich, daß die neue Bühne nicht einfach eine europäische, deutsche Theaterform hierher verpflanzen und mechanisch übernehmen darf, – im Gegenteil: Sie muß gerade umgekehrt den Weg zum Bodenständigen weisen, sie muß Vermittlerin werden zwischen den hiesigen Kulturkreisen, indem sie versucht, den Westjuden Verständnis der ostjüdischen Lebensform zu vermitteln, dem Ostjuden aber zeigt, daß auch in der westjüdischen Art große und für ihn wertvolle Kulturwerte enthalten sind.[118]

118 Dr. Gretel Carow: Theatron Hadash. In: *Mitteilungsblatt*, Oktober 1934 (II), S. 1–2, hier S. 1.

In der Tat war das das erklärte Ziel aller hebräischen Theater, die von Jeckes gegründet wurden, die Schaffung einer Synthese zwischen der deutschen und der eretz-israelischen Theaterkultur für eine gemeinsame Zukunft in der neuen Heimat.
Aus gesellschaftlicher Sicht gelang es schließlich der Mehrheit der Jeckes, die hebräische Sprache zu meistern und so auch in den Schoß des hebräischen Yishuv aufgenommen zu werden. Dagegen scheiterten alle Versuche, eine Synthese zwischen den beiden entgegengesetzten Theatertraditionen herzustellen, da sich in dem künstlerischen Gemisch, das entstanden war, die einzelnen Teile nicht ergänzten, sondern miteinander kollidierten und so ihre Gegensätzlichkeit hervorhoben. Darüber hinaus stießen die hebräischen Theater der Jeckes im Endeffekt ihre beiden Zielgruppen ab: Die Jeckes wegen der ungenügenden Kenntnis der hebräischen Sprache und die Alteingesessenen wegen der fremdartigen Theatertradition. Keines der hebräischen Theaterprojekte, die von Jeckes gegründet wurden, konnte sich halten. Alle mussten ihre Aktivitäten früher oder später wegen Publikumsmangels einstellen.

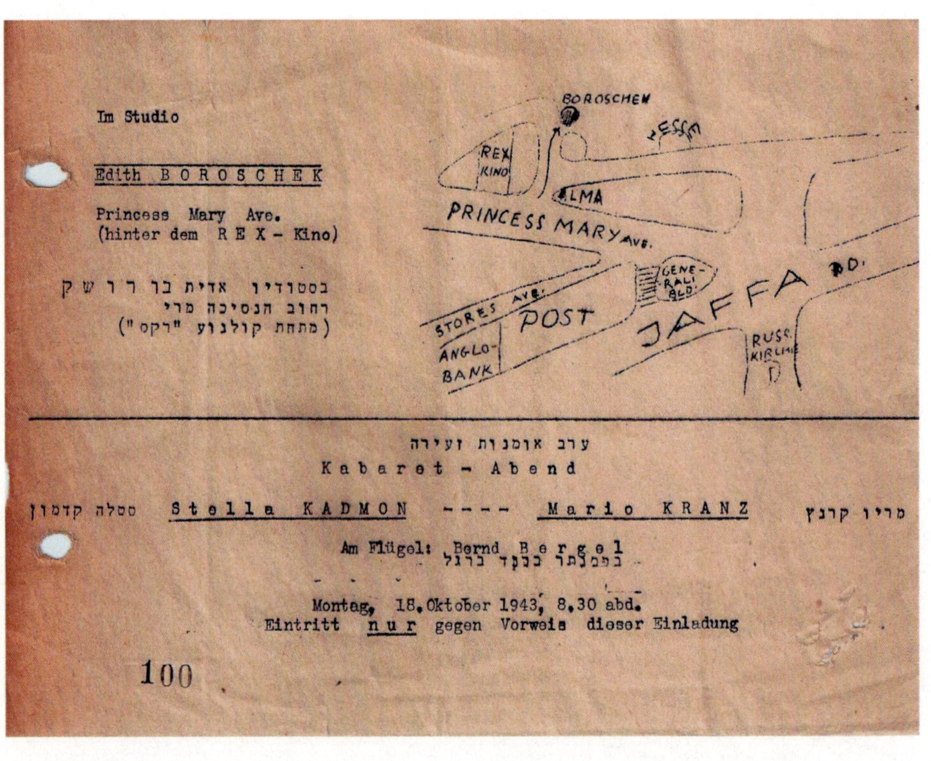

Im Studio

Edith B O R O S C H E K

Princess Mary Ave.
(hinter dem R E X - Kino)

בסטודיו אדית בר ר ש ק
רחוב הנסיכה מרי
(מתחת קולנוע "רקס")

ערב אומנות זעירה

K a b a r e t - A b e n d

סטלה קדמון S t e l l a K A D M O N ---- M a r i o K R A N Z מריו קרנץ

Am Flügel: Bernd B e r g e l
בפסנתר בנקד ברגל

Montag, 18. Oktober 1943, 8.30 abd.
Eintritt n u r gegen Vorweis dieser Einladung

100

Abb. 35: Einladung zu einem Kabarettabend von Stella Kadmon und Mario Kranz im Studio Boroschek, Oktober 1943.

7
Deutschsprachiges Exiltheater in Palästina

Neben den Versuchen jeckischer Theaterkünstlerinnen und -künstler, deutsche und hebräische Theatertraditionen miteinander zu verbinden und sich dabei auf Hebräisch an ein Publikum aus Jeckes und aus Alteingesessenen zu wenden, gab es in Palästina auch einige Unternehmungen, die auf die gewissenhafte Bewahrung der Werte des deutschen Theaters bedacht waren. Produktionen in deutscher Sprache richteten sich ausschließlich an diejenigen Jeckes, denen es noch nicht gelungen war, sich von der Sprache und Kultur ihres Heimatlandes, das sie verlassen mussten, zu lösen, und nicht an die Alteingesessenen des Yishuv, von denen die Mehrheit davon überzeugt worden war, jede andere Sprache als das Hebräische zu boykottieren. In diesem Zusammenhang führten jeckische Künstler Theaterveranstaltungen unterschiedlicher Art durch, von Lesungen bis hinzu vollständigen Aufführungen, die sich als ‚Exiltheater' bezeichnen lassen. Es muss noch einmal betont werden, dass sich diese Bezeichnung auf die Vorstellung und nicht auf die Darsteller bezieht. Viele der jeckischen Schauspieler in Palästina spielten sowohl auf Hebräisch als auch auf Deutsch. Gelegentlich taten sie dies gleichzeitig und manchmal nacheinander, insbesondere, wenn der Versuch, auf Hebräisch zu spielen, gescheitert war und sie gegen ihren Willen zur Sprache und zum Repertoire einer vertrauten Vergangenheit zurückkehrten. Die Theaterkünstler, die in deutscher Sprache spielten und inszenierten, empfanden sich nur zum Teil als Exilanten ihrer geografischen Heimat und hatten nicht nur die Absicht, die Theatertradition der Weimarer Republik zu bewahren, in der sie in der Vergangenheit tätig gewesen waren, sondern verfolgten auch das Ziel einer zukünftigen Rückkehr in die Heimat und auf die Positionen, von denen sie vertrieben worden waren. Andere unter den jeckischen Theaterleuten, die in deutscher Sprache auftraten, taten dies, weil es ihnen nicht gelungen war, die hebräische Sprache und Kultur zu beherrschen, sahen sich aber in Palästina trotzdem nicht als Exilanten.

Das deutschsprachige Repertoire, das in Palästina aufgeführt wurde, umfasste die folgenden Kategorien: nichtjüdische deutsche Dramen, deren Aufführung durch Juden im Dritten Reich verboten worden war; Dramen jüdischer Dramatiker, die im ‚Dritten Reich' verboten waren; Zeitstücke, die das Ziel hatten, über die neue Situation in Deutschland, die durch den Machtwechsel entstanden war, aufzuklären bzw. davor zu warnen, und deren Aufführung auf dem Gebiet des ‚Dritten Reichs' ebenfalls verboten war; Dramen und Texte, die sich mit dem aktuellen, täglichen Leben der Jeckes in Palästina befassten und in die gelegentlich auch einzelne hebräische Worte eingeflochten wurden, die die Schwierigkeiten beim Verständnis der hebräischen Sprache und der eretzisraelischen Mentalität betonten.

Satan – eine deutsche Vorstellung in Jerusalem

Am 16. November 1935 wurde in Jerusalem der Versuch unternommen, eine Theatervorstellung in deutscher Sprache aufzuführen. Im Bewusstsein um die öffentliche Sensibilität gegenüber der Sprache wählte man als Veranstaltungsort den Saal des Kinos Orient in der deutschen Kolonie – ein Kino, in dem ohnehin deutsche Filme gezeigt wurden. Das Stück *Satan* aus der Feder des französischen Dramatikers Louis Verneuil (Originaltitel: *Monsieur Lamberthier*) wurde von zwei Schauspielern aufgeführt, beides Neueinwanderer aus Deutschland: Friedel Lobe-Harms, die kein Hebräisch konnte, und Josef Schapira, der zwar Hebräisch konnte, aber keine Anstellung an einer hebräischen Bühne fand. Die Vorstellung fand auf Initiative des Direktors und Besitzers des Kinos Orient statt, dem deutschen Architekten Gottlob Bäuerle. Aus der Werbung im Vorfeld der Aufführung wird deutlich, dass sie sich an das Stammpublikum des Kinos Orient, an eine deutsche Zuhörerschaft richtete. Am Tag nach der Veranstaltung druckte *Davar* folgenden Bericht unter der Überschrift „Den Teufel gestört":

> Die Vorstellung des Dramas „Satan", die gestern im Kino „Orient" in der deutschen Kolonie stattfand und von jüdischen Einwanderern aus Deutschland in deutscher Sprache aufgeführt wurde – ist von Beginn an von einigen Anwesenden mit Rufen gestört worden, die Schauspieler sollten Hebräisch sprechen. Die Rufe wiederholten sich und die Polizisten, Araber und Briten, wurden gebeten, die Protestierenden zu entfernen. Gleichzeitig stieg der Regisseur des Stücks auf die Bühne und verkündete den Anwesenden, dass die deutschen Schauspieler sich ausdrücken müssten und dass die hebräischen Bühnen sie nicht aufnehmen wollten, auch wenn das nicht die Schuld jener Bühnen sei. Einer der anwesenden Jugendlichen wollte etwas erwidern, aber es wurde ihm bis zum Ende der Vorstellung nicht gestattet. Die Rufe setzten sich solange fort, bis die Protestierenden von den Polizisten aus dem Saal gebracht wurden und die Vorstellung weiterging. Im Saal waren ungefähr 150 Menschen. Die meisten waren Juden. Es gab auch ein paar deutsche Christen. Die Produzenten des „Satans" auf

> Deutsch, die ihre Vorbereitung für die Aufführung zunächst im Geheimen gemacht hatten, gingen in den letzten Tagen zu lautstarker Propaganda über. Neben Anzeigen auf den Straßen und in Zeitungen verteilten sie in Häusern und an verschiedenen Orten Hefte über die Vorstellung, die von der Schneller-Druckerei gedruckt worden waren, und man darf sich darüber wundern, dass bekannte Firmen Anzeigen in diesem Heft geschaltet haben.[1]

Vier Tage später veröffentlichten die beiden Schauspieler der Vorstellung Entschuldigungsschreiben. Josef Schapira schrieb:

> Die Absicht, die Gefühle der hebräischen Öffentlichkeit zu verletzen, liegt mir fern und es tut mir herzlich Leid um das Ausmaß, das die Angelegenheit bekommen hat. Ich bin ein hebräischer Schauspieler, und das habe ich meiner Meinung nach bereits bewiesen und mein Verlangen, es in Zukunft wieder beweisen zu können und zu dürfen, ist groß. In die Jerusalemer Vorstellung war ich lediglich von anderen eingeladen worden und ich war selbst erschrocken, als ich sah, welche Ausmaße die Sache erreicht hatte, die zu Beginn nicht geplant waren und die auch nicht vorherzusehen waren. Der Veranstalter ist zugleich der Besitzer des Saals, er hat die Werbung an die breite Öffentlichkeit gebracht. Als Schauspieler und Angestellter konnte ich den Vertrag nicht so kurz vor der Vorstellung auflösen und mir bleibt nichts übrig, als mein Bedauern darüber auszudrücken, dass die Sache eine Form angenommen hat, die Schande hervorrief.[2]

Die Entschuldigung von Friedel Lobe-Harms, die selbst keine Jüdin war, fiel noch radikaler aus.

> Ich hatte nicht den Hauch einer Absicht, die nationalen Gefühle des jüdischen Yishuv in Palästina zu verletzen. Im Gegenteil, ich hielt es für richtig, nicht an einem jüdischen Theater zu spielen. Die Vorstellung war eine einmalige Vorstellung und so stand es auch ausdrücklich in allen Anzeigen geschrieben. Ich habe nicht vor, noch einmal auf Deutsch zu spielen, nicht dieses Stück und auch kein anderes Stück. Friedrich Lobe, mein Mann, der sich seiner Verantwortung als Jude in Eretz Israel und als Regisseur des „Ohel" in vollem Umfang bewusst ist, hat das oben erwähnte Stück entgegen fälschlicher Behauptungen nicht inszeniert. Er hat sich, als die Aufführung gestört wurde, lediglich zu meiner Verteidigung erhoben, eine selbstverständliche Geste, die nicht anders verstanden werden sollte.[3]

Im Widerspruch zu den Worten von Lobe-Harms veröffentlichte neben *Davar* auch *The Palestine Post* eine Nachricht, dass der Regisseur des Stücks auf die Bühne gestiegen war, um sie zu verteidigen.[4] Anscheinend hatte Friedrich Lobe bei der Regie seine Hand im Spiel, allerdings wurde dieser Umstand in keiner der Veröffentlichungen erwähnt, da er in der Öffentlichkeit mit dem Ohel-Theater identifiziert wurde.

1 ירושלים – הפריעו ל'שטן' [Jerusalem. Den ‚Teufel' gestört]. In: *Davar*, 17.11.1935, S. 6.

2 Josef Schapira: בענין ההצגה בגרמנית – א. [Zu der Vorstellung auf Deutsch – A.]. In: *Davar*, 21.11.1935, S. 3.

3 Friedel Lobe-Harms: בענין ההצגה בגרמנית – ב. [Zu der Vorstellung auf Deutsch – B.]. In: *Davar*, 21.11.1935, S. 3.

4 In Short. In: *The Palestine Post*, 17.11.1935, S. 7.

Lesungen in deutscher Sprache

Je mehr sich die Lage der Juden in Deutschland verschlechterte, umso stärker wurde in Palästina der Bann gegen die deutsche Sprache und damit auch gegen ihre Sprecher. Angesichts der Reaktionen auf die Aufführung von *Satan* wagten es die jeckischen Schauspieler nicht mehr, Stücke in deutscher Sprache aufzuführen. Infolge der Forderung des jeckischen Publikums und des Bedürfnisses der Schauspieler ohne Hebräischkenntnisse, dennoch aufzutreten, wurden in den Jahren 1935 bis 1945 „Leseabende" in deutscher Sprache veranstaltet, die von einem oder zwei Schauspielern durchgeführt wurden. Da man scharfe, durchaus auch gewalttätige Reaktionen seitens des Yishuv befürchtete, fanden diese Abende ausschließlich in geschlossenem Kreis vor einem begrenzten Publikum aus Jeckes statt. Die meisten Abendveranstaltungen wurden von verschiedenen Rechtfertigungen begleitet, deren einziges Ziel es war, zu beweisen, dass die Veranstaltung einem besonderen Ziel diente, zu dessen Umsetzung es unumgänglich war, sie in deutscher Sprache durchzuführen.

Vorbereitung auf den Besuch hebräischer Vorstellungen

Im Dezember 1936 führte das Ohel-Theater eine von Friedrich Lobe angefertigte Neubearbeitung des Dramas *Der Kreidekreis* des deutschen Dramatikers Klabund auf. Bereits im August desselben Jahres veranstaltete die Vereinigung der Einwanderer aus Deutschland einen Abend, „an dem Lobe in diesem geschlossenen Kreis das Stück, das von ihm neu bearbeitet wurde, in deutscher Sprache zur Vorlesung brachte."[5] Es ist kein Zufall, dass in der Meldung betont wird, der Abend habe in „geschlossenem Kreis" stattgefunden. Die Zeitung *Haaretz* veröffentlichte einen ausführlichen Bericht von dem Ereignis, dessen Ziel es gewesen sei, „einen lebhaften Kontakt zwischen den Einwanderern aus Deutschland, deren Hebräischkenntnisse auf wackeligen Beinen stehen, und dem Theater in Palästina herzustellen." Im Mittelpunkt der Begegnung „las der Ohel-Regisseur Hr. F. Lobe in kunstvoller Lesung das Drama ‚Der Kreidekreis'. [...] Das Publikum lauschte mit Interesse und Vergnügen dieser Lesung, die sich durch hohe schauspielerische Kunst auszeichnete."[6] Die Haltung der hebräischen Öffentlichkeit zur deutschen Sprache spiegelt sich indirekt in dem Umstand, dass der für ein Ereignis dieser Art relativ lange Artikel nicht mit einem Wort erwähnt, dass die Veranstaltung auf Deutsch stattfand, und das, obwohl der Chefredakteur der Zeitung, Gershom Schocken, ein Jecke

5 Manfred Geis: Theater-Premieren. In: *Jüdische Rundschau*, 06.11.1936, S. 13.

6 התאחדות עולי גרמניה והתיאטרון העברי [Die Vereinigung der Einwanderer aus Deutschland und das hebräische Theater]. In: *Haaretz*, 09.08.1936, S. 8.

war. Auch erscheint die Rechtfertigung zur Durchführung eines solchen Leseabends in deutscher Sprache als Beförderung einer hebräischen Vorstellung bei Ohel wie eine Ausrede, denn der Abend fand nicht im unmittelbaren Vorfeld der hebräischen Premiere statt, sondern ganze vier Monate vorher. Es lässt sich heute nicht mehr bestimmen, wie viele der Teilnehmer an jenem Abend in deutscher Sprache später die Vorstellung auf Hebräisch besuchten. Man darf annehmen, dass die meisten sich mit dem Erlebnis zufriedengaben, das Drama im Original aus dem Munde eines Schauspielers zu hören, den viele noch aus seinen Rollen auf Berliner Bühnen kannten.

Unterstützung jeckischer Schriftsteller

Die finanzielle Lage vieler Dramatiker, die in Palästina auf Deutsch schrieben, war schwierig. Die Durchführung von Lesungen aus den eigenen Texten, verbunden mit den Beschwerlichkeiten der Fortbewegung in den Autobussen der Zeit, war manchmal die einzige Einkommensquelle. Max Zweig war kurz vor dem Verhungern, als die Tantiemen seines bei Habima aufgeführten Stücks *Die Marranen* (Saison 1938/39) zu Ende gingen. In seinen Memoiren beschreibt er diese Zeit mit einer gewissen Scham.

> Wenn ich gefragt würde, wovon ich denn nun in Wirklichkeit all diese Jahre lebte, müßte ich, der Wahrheit gemäß, antworten: „Ich weiß es selbst nicht recht." Ich könnte auch sagen: „Ich lebte durch Wunder." […] Meine Freunde […] veranstalteten für mich Vorlesungen, die nicht unergiebig waren und durch die ich neue Freunde gewann. Ich las in Logen und Clubs, in der Reformgemeinde und anderen Vereinigungen, welche mich an solche in Haifa und Jerusalem weiter empfahlen; ich wurde in jede Siedlung geschickt, wo es genügend viele deutschsprachige Intellektuelle gab, auch in Kibbuzim. Ich las Szenen aus jenen meiner Dramen vor, welche jüdische Themen gestalteten: aus den „Marranen", aus „Davidia", später auch aus „Saul", und hielt mehr als fünfzig Vorlesungen. Aber schließlich versiegte diese Quelle.[7]

Aus offensichtlichen Gründen wurden diese Vorlesungen nur per Mundpropaganda beworben. Nur einzelne, vor allem in den großen Städten wurden in der deutsch- und englischsprachigen Presse angekündigt – und auch dort mit äußerster Diskretion. Zum Beispiel erschien in *The Palestine Post* am 6. Dezember 1939 eine kurze Notiz in der Rubrik „Social and Personal": „Herr S. Gronemann wird heute Abend bei der ersten Chanukka-Feier im Café Raviv in Bet Hakerem aus seinem eigenen Werk lesen. […] Interessierte rufen für Einladungen bitte Jerusalem 3665 an."[8] Die Organisatoren vermieden es, eine genaue Zeit für den Beginn der Veranstaltung anzuzeigen, und baten die potentiellen

7 Zweig: *Lebenserinnerungen*, S. 158–159.

8 Social and Personal. In: *The Palestine Post*, 06.12.1939, S. 2.

Zuhörer, sich persönlich zu melden, um eine Einladung zu erhalten – offensichtlich, um das Erscheinen von Störern von vornherein zu verhindern.
Im Sommer 1941 trat die Dichterin Else Lasker-Schüler einige Male mit Lesungen aus ihrem neuen Drama *IchundIch* auf: zu Beginn in Haifa (am 11. Juli in der Buchhandlung von Sina und Friedrich Sally Grosshut und am 12. im Haus des Textilfabrikanten Hans Moller), eine Woche später, am 20. Juli, dann in Jerusalem, im Alfred Berger Club. Über die Veranstaltung berichtete Franz Goldstein sowohl in *The Palestine Post* als auch in der New Yorker deutsch-jüdischen Zeitung *Aufbau*:

> In tollem Wirbel werden die Gestalten aus dem ‚Faust' sowie Goethe persönlich durcheinandergeweht mit den Nazi-Führern Hitler, Göring, Goebbels und Hess, während von einer Loge aus Max Reinhardt, die Ritz-Brothers, die Dichterin und ein Jerusalemer Kritiker commedia dell'arte-haft teilnehmen. Es ist dies ein Teufelsspuk, zuweilen von groteskem Humor, jedoch mit Passagen von visionärer Kraft und dichterischer Magie, eine Art surrealistischer Offenbach.[9]

Lesungen von Stücken, die nicht ins Hebräische übersetzt wurden

Eine weitere Rechtfertigung oder Ausrede für die Durchführung von Lesungen in deutscher Sprache bestand darin, diese auf Texte zu konzentrieren, von denen keine hebräische Übersetzung vorlag, sodass die Künstler ‚gezwungen' waren, sie auf Deutsch zu Gehör zu bringen. In diesem Rahmen traten vor allem Schauspieler auf, denen es nicht gelungen war, Hebräisch zu lernen. Der bekannteste unter ihnen war Hermann Vallentin, der im Alter von 23 Jahren mit dem Schauspielen begonnen hatte und nicht nur auf den wichtigsten Berliner Bühnen gestanden, sondern auch in Dutzenden Filmen in Hauptrollen mitgewirkt hatte. Nebenher schrieb er Texte für politische Kabaretts und trat dort gemeinsam mit seiner Schwester, der Schauspielerin Rosa Valetti, auf. Im Jahr 1933 musste er fliehen, zunächst nach Prag, später nach Zürich und im Jahr 1939 nach Palästina. Hier trat er im Alter von 67 Jahren mit deutschsprachigen Lesungen auf, die als Ergänzung zu Vorträgen seitens der Vereinigung der Einwanderer aus Mitteleuropa stattfanden. Außerdem hielt er in unterschiedlichen Rahmen Lesungen aus Goethes *Faust* ab. Für seinen Lebensunterhalt arbeitete er bis zu seinem Tod im September 1945 als Ansager und Kommentator bei den deutschsprachigen Sendungen des Palestine Broadcasting Service.
Im Februar 1944 trat Vallentin im bis auf den letzten Platz gefüllten Jerusalemer Studio der jeckischen Sängerin und Gesangslehrerin Edith Boroschek auf, wo gelegentlich Lesungen in deutscher Sprache stattfanden. Das Programm

9 Franz Goldstein: An der literarischen Front im neuen Palästina. In: *Aufbau*, 13.08.1943, S. 9.

begann mit einigen Klassikern (Goethe, Heine, Fontane), wurde mit Feuilletons vom Propheten des jüdischen Staates, Theodor Herzl, fortgesetzt und endete mit einer Reihe leichter Parodien von Vallentin selbst.[10]
Ein weiterer Schauspieler, der bei deutschsprachigen Lesungen auftrat, war der in Wien geborene und in Jerusalem wohnhafte Mario Kranz. Er spielte zwar auch auf Hebräisch, aber das Gros seiner künstlerischen Arbeit in Palästina geschah in deutscher Sprache. Auch seine Auftritte fanden in halbgeschlossenem Kreis im Jerusalem Book Club statt. Im Mai 1944 wurde hier ein literarischer Abend auf Deutsch abgehalten. „Den Höhepunkt des Abends bildeten Heines ‚Doppelgänger' und ‚Belsazar', ungemein stimmungsvoll durch Schuhmannsche Musik am Flügel von Frau Ruth Cohn-Schlesinger untermalt."[11] Der Abend endete mit einem aktuellen humoristischen Stück über Jerusalem, das Kranz selbst geschrieben hatte. Einen weiteren literarischen Abend mit einem anderen Programm veranstaltete Kranz im September desselben Jahres. Im Februar und März 1945 trat er mit einem Programm auf, das Heines *Deutschland, ein Wintermärchen* gewidmet war.[12] Schalom Ben-Chorin schrieb:

> Heines Wintermärchen, geschrieben im Winter 1844/45 in Paris, wurde in seiner unheimlichen Aktualität spürbar durch eine Rezitation, die der Book-Club am 19. Februar veranstaltete. Dr. Ehrlich führte in geistreicher Weise in die Dichtung ein und zeigte die Uebereinstimmung von Heine und Marx in der Beurteilung Deutschlands an Hand prägnanter Zitate auf.[13]

Auch der Schauspieler und Regisseur Friedrich Lobe trat am 27. April 1946 in Jerusalem mit einem Solo-Programm auf, das aus Auszügen aus der Geschichte des deutschen Theaters bestand. Der Veranstaltungsort, der Alfred Berger Club im Haus der Vereinigung der Einwanderer aus Deutschland und Österreich, definierte bereits die Zielgruppe des Abends. Das Programm mit dem Titel *Lustiger Abend* war eine Art nostalgischer Rückblick vom Schweren zum Leichten und umfasste Auszüge aus den Werken bekannter jüdischer Autoren, Passagen aus den Dramen Goethes (*Faust*), Schnitzlers (*Professor Bernhardi*), Franz Molnárs und Alfred Polgars. Es endete mit Anekdoten aus dem Leben der Juden in Frankfurt, wo Lobe aufgewachsen war. Über den Auftritt schrieb der jeckische Kritiker Franz Goldstein: „Lobe führte seine ganze dramatische Verve ins Treffen, meisterte virtuos sein modulationsreiches Organ und

10 Vgl. Frango: Recitation by Herman Vallentin. In: *The Palestine Post*, 21.02.1944, S. 4.
11 S. B. C.: Mario Kranz. In: *Jedioth Chadaschoth*, 12.05.1944, [Seitenzahl unbekannt].
12 Vgl. Anzeige für den Jerusalem Book Club in *The Palestine Post*, 18.02.1945, S. 4.
13 S. B. C.: Heines Wintermärchen. In: *Jedioth Chadaschoth*, 02.03.1945, S. 7.

fand mit seinem glänzend redigierten Programm großen Beifall. Eine restlos geglückte Veranstaltung."[14]
Bereits im Februar 1941 fand im Saal des Sanatoriums Carmel in Haifa eine deutschsprachige Lesung mit Auszügen aus Arnold Zweigs Drama *Bonaparte in Jaffa* statt, die von Hermann Heuser vorgetragen wurden. Der Dramatiker, der in Haifa wohnte und seit seiner Ankunft in Palästina hauptsächlich von deutschsprachigen Vorträgen über Kunst und Kultur lebte, trat nie als Darsteller seiner eigenen Texte in Erscheinung. Er war bei der Lesung anwesend und sprach einige einführende Worte auf Deutsch.[15] Die Initiative für die Veranstaltung wie auch für weitere deutschsprachige Theaterprojekte in Haifa lag in den Händen von zwei Schauspielern, die aus Deutschland eingewandert waren, in Haifa wohnten und bereits zur Zeit des Te'atron Ivri Haifa zusammengearbeitet hatten – Hermann Heuser und Hertha Wolff.

Inszenierte Dramenlesungen
Anfang des Jahres 1945, als sich das Ende des Zweiten Weltkriegs abzeichnete, formierten sich in den drei großen Städten Palästinas Gruppen von jeckischen Schauspielern mit dem Ziel, komplette deutschsprachige Dramen in szenischer Lesung aufzuführen. Keine dieser Gruppen wagte es, sich als Theater zu bezeichnen, obwohl alle aus professionellen Theaterkünstlern bestanden, die genötigt waren, ihren Lebensunterhalt jenseits ihres Berufsfeldes zu verdienen. Der Name, den sich jede dieser Gruppen gab, charakterisierte sowohl ihr Publikum als auch ihr Kunstverständnis. Die erste dieser Gruppen war der Verein der Freunde der Weltliteratur, der bereits 1941 verschiedene kulturelle Aktivitäten für Jeckes in Haifa initiiert hatte. Die Initiative ging von in Haifa wohnhaften, jeckischen Schauspielern aus – Hermann Vallentin, Hermann Heuser und Hertha Wolff.
Auf Anregung der Schauspielerin Stella Kadmon, die in Wien das Kabarett Der liebe Augustin betrieben hatte, wurde Anfang 1945 in Tel Aviv der Kreis der Kunstfreunde begründet. Die Vorstellungen fanden auf dem Dachgarten von Kadmons Privathaus und gelegentlich in kleineren Veranstaltungsräumen statt. Da die Aufführungen nahezu nicht beworben wurden, erhielten die Zuschauer, die zur Vorstellung erschienen, ein Formular, auf dem sie um die Angabe von Namen und Adresse gebeten wurden, sodass man sie über die Tätigkeiten des Kreises unterrichten konnte. Oben auf dem maschinenschriftlichen Blatt wurde dieses Verfahren links in Deutsch und rechts in (leicht fehlerhaftem) Hebräisch erläutert.

14 Frango: Friedrich Lobes ‚Lustiger Abend'. In: *Mitteilungsblatt*, 10.05.1946, S. 10.
15 Social and Personal. In: *The Palestine Post*, 14.02.1941, S. 2.

Der "Kreis der Kunstfreunde" veranstaltet jeden Mozae Schabbath auf Stella Kadmon's Dachgarten, Tel-Aviv, 23, Bialik Str. inscenierte Vorlesungen der neuesten Theaterstücke deutschsprachiger Autoren. Wir wollen Sie und Ihre Freunde immer direkt auf unsere Veranstaltungen aufmerksam machen und bitten Sie um Angabe Ihrer Adresse und wenn möglich auch die Ihrer Freunde, die sich für solche Vorlesungen interessieren.

ה„חוג ידידי האמנות" מסדר כל
מוצאי-שבת על גינת-גג של
סטלה קדמון, תל-אביב, רח' ביאליק
מס' 23 קריאות עם במוי של משחקים
חדשים מסופרי-גרמנית. אנו מזמי-
נים את כב' וידידיכם לכל הצגה
שלנו ומבקשים למסור לנו את כתו -
בתך ואם אפשר גם של החבריכם,
שמעונינים בקריאות האלו.

Kreis der Kunstfreunde — חוג ידיד האמנות.

Bitte ausfüllen ! — בבקשה לרשום!

Name : . . . . : שם
Adresse : . . . . : כתבת

Name : . . . . : שם
Adresse : . . . . : כתבת

Name : . . . . : שם
Adresse : . . . . : כתבת

Name : . . . . : שם
Adresse : . . . . : כתבת

Name : . . . . : שם
Adresse : . . . . : כתבת

Abb. 36: Interessentenformular des „Kreis der Kunstfreunde" von Stella Kadmon, 1946.

In Jerusalem nahm Ende 1945 auf Initiative des Schauspielers und Regisseurs Mario Kranz der Dramatische Lesekreis Jerusalem seine Arbeit auf. Trotz seines bescheidenen Namens handelte es sich tatsächlich um ein deutschsprachiges Theater nach allen Regeln der Kunst.

Franz Werfel: *Jacobowsky und der Oberst*

Es gab ein Drama, das in den drei großen Städten in drei verschiedenen Produktionen gespielt wurde. Das Interessante daran ist, dass es sich, im Gegensatz zu den meisten Dramen, die gespielt wurden, nicht um ein Stück aus dem vergangenen Repertoire der Berliner Theater handelte, sondern um ein zeitgenössisches Stück des deutsch-jüdischen Schriftstellers Franz Werfel, der in die USA geflohen war: *Jacobowsky und der Oberst* (entstanden 1941/42). Aus offensichtlichen Gründen kamen aus Europa keine aktuellen Dramen, die sich mit dem Schicksal der europäischen Bevölkerung oder dem der europäischen Juden befassten. Das Echo des Krieges fand seinen Ausdruck in Dramen, die von denjenigen geschrieben wurden, denen es gelungen war, dem Inferno Europas zu entfliehen. Werfels Stück basiert auf seinen eigenen Erlebnissen und Erfahrungen und auf dem Weg, auf dem es ihm schließlich gelang, das besetzte Europa zu verlassen und in die USA zu emigrieren. Der Held des Dramas, der jüdische Flüchtling Jacobowsky, versucht, mithilfe von Lebensklugheit und Selbstironie aus dem nazibesetzten Europa zu fliehen. Gezwungenermaßen tut er dies in der Gesellschaft eines polnischen Offiziers, der das genaue Gegenteil von ihm ist – ein arroganter, humorloser Mensch, notorisch auf der Suche nach Ruhm und Frauen. Die Uraufführung des Dramas fand im März 1944 in New York in einer englischen, für den amerikanischen Geschmack bearbeiteten Fassung statt. Die deutschsprachige Originalfassung wurde im Januar 1945 als szenische Lesung in Haifa aufgeführt. Zum Erfolg der Vorstellung trugen zwei altgediente Schauspieler aus Deutschland bei, die die beiden Rollen des ungleichen Paares spielten: Hermann Heuser als Jacobowsky und Hermann Vallentin als polnischer Oberst.

Im Juli desselben Jahres wurde das Stück vom Kreis der Kunstfreunde auf Stella Kadmons Dachgarten in Tel Aviv aufgeführt. Inszeniert wurde die Vorstellung von Arnold Czempin, der auch in einer Nebenrolle mitwirkte. Czempin war Doktor der Kunstgeschichte und hatte in der Vergangenheit als Kunsthändler sowie als Schauspieler und Regisseur an Wiener und Berliner Bühnen gearbeitet. In Tel Aviv gründete er eine Lampenfabrik für seinen Lebensunterhalt. Besagte Vorstellung wurde von acht Schauspielern bestritten, die alle eine deutsche Bühnenvergangenheit hatten, darunter natürlich die Besitzerin des Dachgartens Stella Kadmon. Die beiden Hauptrollen übernahmen zwei Einwanderer aus Wien: Jacobowsky wurde von Milo Schreiber gespielt und der Oberst von Karl Guttmann, der später in derselben Rolle auf Hebräisch am Kameri-Theater auftrat. *The Palestine Post* berichtete in einer kurzen Notiz von der Veranstaltung und meinte: „Es sind mindestens vier weitere Vorstellungen nötig, um die Nachfrage nach Karten zu befriedigen." Der Bericht schloss mit dem Urteil, das Ensemble habe „ein klares Bild von Werfels satirischen Tendenzen geboten."[16]

16 P. R.: Jakobowsky and the Colonel. In: *The Palestine Post*, 29.07.1945, S. 4.

Die dritte deutschsprachige Inszenierung des Dramas kam im Dezember 1945 in Jerusalem als erste Produktion des Dramatischen Lesekreises zur Aufführung. Der Jerusalemer Kreis war dafür gedacht, dem Schauspieler Hermann Vallentin ein künstlerisches Zuhause zu bieten, daher wählte Kranz für die erste Aufführung das Stück von Werfel und gab so Vallentin die Möglichkeit, an seinen Haifaer Erfolg in der Rolle des polnischen Oberst anzuknüpfen. Bedauerlicherweise verstarb Vallentin bereits im September desselben Jahres, als die Vorbereitungen für den Beginn der Tätigkeit des Lesekreises bereits auf dem Höhepunkt waren. Auch in Jerusalem wirkten einige Schauspieler mit, deren florierende Karrieren in ihrem Heimatland jäh unterbrochen worden waren. Die Hauptrollen von Jacobowsky und dem Oberst übernahmen zwei Schauspieler aus Wien, Heinrich Gassner und Mario Kranz. Die Rolle des Offiziersburschen spielte Walter Levy, ein deutsch-jüdischer Schriftsteller aus Hamburg. Die tragische Gestalt wurde von Walter Rosenbaum dargestellt, der als Schauspieler und Regisseur in Köln gearbeitet hatte. Die weibliche Hauptrolle der Marianne schließlich wurde von Ulla Schoenlank gespielt. Sie war die jüngste der Mitwirkenden und die letzte Schauspielschülerin von Herman Vallentin in Palästina.

Der Erfolg von drei unterschiedlichen Inszenierungen desselben Dramas innerhalb eines Jahres in den drei Großstädten des Landes ist Beweis einer ausgezeichneten Entscheidung für ein Stück, dem es gelingt, ein aufgeladenes Thema mit Galgenhumor zu behandeln. Werfel selbst beschrieb seinen Text als „Komödie einer Tragödie“. Das *Mitteilungsblatt* der Jeckes sah aber ausgerechnet in dieser Perspektive auf die Ereignisse in Europa Anlass zu Kritik.

> Wahrhaftig: eine dekadente Idee, gerade diesen Stoff für eine Komödie zu missbrauchen. Statt des Propheten beglückt uns hier der Causeur und statt des Gestalters der geistreiche Conferencier. Das Ganze wirkt beinahe wie eine Blasphemie, und umso schlimmer, dass es eine von einem Juden geschriebene Blasphemie ist, der viel Scheu und viele innere Hemmungen gehabt hätte, etwa die „Vierzig Tage des Musa Dagh“ in ähnlich tändelnder Form darzustellen. Werfel war für das tragische Thema nicht berufen und Werfel ist tot. Die jüdische Katastrophe unserer Generation wartete auf ihren echten Verkünder, auf ihren Dichter und auf ihren Dramatiker.[17]

Arnold Zweig: *Bonaparte in Jaffa*

Ein weiteres Drama, das in zwei verschiedenen Inszenierungen in Haifa und in Tel Aviv aufgeführt wurde, war *Bonaparte in Jaffa* von Arnold Zweig, das das moralische Dilemma der Ereignisse des Zweiten Weltkriegs durch die historische Perspektive der Zeit Napoleons reflektiert. Der zentrale Konflikt des Dramas, das im Jahr 1798 in Jaffa spielt, ereignet sich zwischen dem 29-jährigen,

17 m. j.: Jacobowsky und der Oberst. In: *Mitteilungsblatt*, 14.12.1945, S. 7.

fanatischen und arroganten Offizier Bonaparte, dem jedes moralische Prinzip fremd ist, und seinem Arzt, der nach humanistischen Prinzipien handelt.
Zweig war im Dezember 1933 oder Anfang 1934 (je nach der zu Rate gezogenen Quelle) nach Palästina gekommen, wo seine Frau und seine beiden Söhne schon auf ihn warteten, und hatte sich in Haifa niedergelassen. Angesichts seiner Überzeugungen als Zionist, Pazifist und Sozialist und seiner internationalen Bekanntheit als Schriftsteller hätte man vermuten können, dass das Hebräische Theater sich umgehend um eine Adaption seiner Werke bemühen würde – so war es jedoch nicht. Auf den ersten Blick liegt der Grund hierfür darin, dass er auf Deutsch schrieb. Allerdings schrieb bekanntermaßen keiner der jeckischen Schriftsteller und Dramatiker der 1930er Jahre, deren Werke am hebräischen Theater aufgeführt wurden, auf Hebräisch, sondern ausschließlich auf Deutsch. Darüber hinaus war ausgerechnet Zweig noch in Deutschland für seine pro-zionistische Haltung im Allgemeinen und sein positives Verhältnis zum jüdischen und hebräischen Theater im Besonderen bekannt gewesen. Letzteres ist etwa in seinen Artikeln in der *Jüdischen Rundschau* und in seinem Buch *Juden auf der deutschen Bühne* (1928) dokumentiert. Der Grund für den Boykott von Zweigs Texten in Palästina ist darin zu suchen, dass er es trotz seiner erklärten zionistischen Einstellung wagte, sich von der Art und Weise, in der sich der hebräische Yishuv entwickelte, zu distanzieren.
Bereits im Jahr 1934 wurde Zweig von *Davar*, der Tageszeitung, die den seinerzeit dominierenden Konsens repräsentierte, angegriffen.

> Wir wussten genau, dass der Prozess der Integration nicht leicht ist und die Leiden der Sesshaftwerdung und der Akklimatisierung sehr schwer sind. Aber Arnold Zweig kommt, um die Gründe für diese Schwierigkeiten zu analysieren. Und indem er in die komplizierten Fragen eindringt, urteilt er, dass das ostjüdische Element, das den Großteil der jüdischen Bevölkerung im Lande ausmacht, an diesen Leiden mitschuldig sei – und warum? Weil dieses Element jene Grundprinzipien vermissen lässt, die den Charakter des deutschen Juden ausmachen: Ehrlichkeit und Glaubwürdigkeit… diese Worte wurden mit überraschender Entschiedenheit geäußert. Und überraschend ist besonders, dass sie aus der Feder des Schriftstellers Zweig stammen.[18]

Angesichts dessen ist es nicht verwunderlich, dass kein einziges von Zweigs Werken, weder ein Drama noch ein adaptierter Roman, auf der hebräischen Bühne aufgeführt wurde.
Die erste Lesung der vollständigen Fassung von *Bonaparte in Jaffa* fand im März 1945 in Haifa statt. Regie führte der Jerusalemer Mario Kranz. Neben ihm wirkten sieben weitere Schauspieler mit, vermutlich Laiendarsteller aus Haifa.

18 Eliezer Lubrani: אצלנו – יושר ואמונה [Bei uns – Ehrlichkeit und Glaubwürdigkeit]. In: *Davar*, 19.04.1934, S. 4.

Vor der Lesung sagte Zweig, der in Haifa wohnte, einige Worte und verwies auf „die authentischen historischen Quellen, derer er sich für den Stoff bedient hatte, und den Grund, warum er es im gegenwärtigen Moment für besonders aktuell hielt."[19]

Im August desselben Jahres wurde das Drama in einer neuen Produktion, mit im Vergleich zur Haifaer Aufführung anderer Regie und anderer Besetzung (zehn Schauspielerinnen und Schauspieler unter der Regie von Arnold Czempin), auf dem Dachgarten von Stella Kadmon in Tel Aviv aufgeführt. Beinahe alle Mitwirkenden waren professionelle Schauspieler, größtenteils aus Wien, die bereits an anderen Produktionen am selben Ort mitgewirkt hatten. Der Theaterkritiker von *The Palestine Post* beschrieb das Ereignis:

> Ein kleines, gut beleuchtetes Podest diente als Bühne. Vor Beginn der Lesung trat Arnold Zweig auf das Podest und erklärte, dass dies die Art von Bühne sei, die zu Shakespeares Zeiten genutzt wurde, und dass das Publikum gebeten werde, wie das von Shakespeare auf die Angabe des Handlungsorts zu reagieren: „Dünen in der Nähe von Jaffa".[20]

Bertolt Brecht: *Furcht und Elend des Dritten Reiches*

Stella Kadmon und Arnold Czempin waren auch dafür verantwortlich, dass *Furcht und Elend des Dritten Reiches* aufgeführt wurde, eine Szenenfolge von Bertolt Brecht, die den Einfluss der nationalsozialistischen Herrschaft auf alle Bevölkerungsschichten in Deutschland zwischen 1933 und 1938 beschreibt. Ein Teil der Szenen wurde zum ersten Mal im Mai 1938 in Paris unter dem Titel *99 %* aufgeführt.[21] Die englische Uraufführung des Stücks fand im Juni 1945 in New York unter dem Titel *The Private Life of the Master Race* statt. Im April 1946 wurde es dann unter seinem ursprünglichen Titel in einem kleinen Saal in Tel Aviv gezeigt, wobei alle Rollen von Stella Kadmon und Arnold Czempin gelesen wurden. Am 9. Juni wiederholten Kadmon und Czempin die Lesung in Jerusalem. Es scheint, dass angesichts des Erfolgs beschlossen wurde, das Drama als szenische Lesung mit voller Besetzung aufzuführen. Diese Aufführungen fanden dann bis zum Ende des Jahres auf dem Dachgarten von Stella Kadmon statt.

Im August wurde das Stück in neuer Besetzung in einem literarischen Zirkel in Haifa unter der Regie von Walter Eberhard aufgeführt. Nachdem seine Tätigkeit als Schauspieler und Regisseur in Hamburg beendet worden war, leitete

19 M.V.: A Bonaparte Play. In: *The Palestine Post*, 16.03.1945, S. 7.

20 MANDO: Play on the Roof. In: *The Palestine Post*, 23.08.1945, S. 2.

21 Der Titel *99 %* entspricht dem Wahlergebnis der NSDAP bei den Wahlen im November 1933, nachdem die Aktivitäten der übrigen Parteien bereits im Juli desselben Jahres verboten worden waren.

Kreis der Kunstfreunde **חוג ידידי האמנות**

Stella Kadmon
Arnold Czempin
lesen aus
BERT BRECHT'S
FURCHT UND ELEND DES 3. REICHES
Eine Scenenfolge

47, Jarkonstr. an der Allenby Rd.
Schabbath, 6. IV. 1946 — Beginn 8.30

Reihe: ....

Abb. 37: Eintrittskarte zum Leseabend mit Stella Kadmon, B. Brecht: *Furcht und Elend des Dritten Reiches*, 1946.

Eberhard eine Gruppe von Exilschauspielern, die durch Europa zog. Nach Palästina kam er im Jahr 1938 und gründete in Tel Aviv die Bima Musikalit (Musikalische Bühne), wo er Verdis *Il trovatore* sowie „Walzernächte und Operetten" inszenierte.[22] Er ließ sich in Haifa nieder und lebte von der Organisation von Musikveranstaltungen.

Dramen, die im Dramatischen Lesekreis Jerusalem aufgeführt wurden

Zwischen Dezember 1945 und März 1947 führte der Dramatische Lesekreis Jerusalem neun Produktionen auf. Nur bei der ersten, *Jacobowsky und der Oberst*, handelte es sich um ein zeitgenössisches Drama, alle übrigen stammten nahezu ausschließlich aus dem Repertoire der Theater in Prag, Wien und Berlin während der 1920er und Anfang der 1930er Jahre. Ein Teil wurde in szenischer Lesung aufgeführt und ein Teil als vollständige Inszenierung mit Bühnenbild, Beleuchtung und Kostümen. Alle Aufführungen fanden im Saal des Jerusalemer Musikkonservatoriums statt, ein intimer Raum mit ca. 100 Sitzplätzen. Da der Raum als Konzertsaal geplant worden war, befand sich darin keine

22 Vgl. תל-אביב – תיאטרון ומוסיקה [Tel Aviv – Theater und Musik]. In: *Davar*, 25.10.1939, S. 5; Manfred Geis: Opera Adapted to Tel Aviv. In: *The Palestine Post*, 03.11.1939, S. 5.

Theaterbühne, sondern ein Podium für die Musiker. Die Kulissen, die auf dem Podium aufgebaut wurden, erstellte Mario Kranz, der sich seinen Lebensunterhalt als Schaufensterdekorateur verdiente. Einen Teil der Möbel und Requisiten, die benötigt wurden und sich nicht in den Wohnungen der Schauspieler fanden, lieh sich Kranz aus den Jerusalemer Geschäften, für die er arbeitete.
Im Dezember 1945 veranstaltete der Kreis einen Gedenkabend zu Ehren des deutsch-jüdischen Dramatikers Bruno Frank, der im Juli des Jahres im amerikanischen Exil verstorben war. In der Inszenierung von Kranz wurde mit *Zwölftausend* eines seiner bekannteren Stücke aufgeführt. Den Ausgangspunkt der Handlung, die im Jahr 1776 in Preußen spielt, bildet die Geschäftsabsicht eines preußischen Fürsten, 12.000 seiner Untertanen an die Engländer zu verkaufen, damit sie als Soldaten im Krieg in Amerika dienen. Im letzten Moment greift der preußische König Friedrich der Große ein und verhindert das Geschäft. Trotz des glücklichen Endes und trotz der guten Absicht, das Andenken eines deutsch-jüdischen Dramatikers zu ehren, sahen viele – gerade unter den Einwanderern aus Deutschland – die Wahl des Stücks kritisch angesichts der von Friedrich II. erlassenen Gesetze und Verordnungen gegen die Juden, seiner Eroberungen in Polen und der Tatsache, dass die Nationalsozialisten ihn zu einem Symbol und Vorbild stilisiert hatten. Ben-Chorin schrieb:

> Der Regisseur Mario Kranz empfand selbst das Unmögliche dieser Tendenz und sandte der Aufführung einen hebräisch-deutschen Prolog voraus, gesprochen von Mirjam Ben-Gavriel, der darum bat, die Politik von heute nicht mit der von damals zu vergleichen.[23]

Als dritte Produktion führte der Kreis die Thriller-Komödie *Hokus Pokus* des deutsch-schweizerischen Schauspielers, Regisseurs und Dramatikers Curt Goetz auf, die 1926 in Deutschland ein Schlager gewesen war. Auch im Jerusalemer Exil war die Produktion eine Erfolgsgeschichte, die die deutschsprachige Presse der Zeit nicht ignorieren konnte: „Der Dramatische Lesekreis ist schon eine kleine Bühne geworden, die mit Vorhang und Andeutungsdekorationen, mit freiem Sprechen und Agieren arbeitet, also das rezitatorische Gebiet überschreitend sich dem lebendigen Theater nähert."[24] „Unter der Regie von Mario Kranz kam eine ausgezeichnete Ensembleleistung zustande, mit flott geführten Dialogen – beinahe wie ein richtiges Theater."[25] „Umso bemerkenswerter war der Erfolg dieser kleinen Gruppe in Jerusalem. Man lachte Tränen und minutenlang konnte das Stück nicht seinen Fortgang nehmen."[26]

23 Schalom Ben-Chorin: Schabath der schönen Künste. In: *Jedioth Chadaschoth*, 28.12.1945, S. 15.

24 S. B. C.: Hokus Pokus. In: *Jedioth Chadaschoth*, 08.03.1946.

25 m. j.: Hokus Pokus. In: *Mitteilungsblatt*, 15.03.1946, S. 10.

26 Mi. Sa.: Hokuspokus. In: *Yedioth Ha-Yom*, 07.06.1946, S. 10.

Nach einer Pause von drei Monaten brachte der Dramatische Lesekreis die russische Komödie *Quadratur des Kreises* (Orig.: *Квадратура круга*) von Valentin Katayev heraus. Man darf davon ausgehen, dass das Stück den Einwanderern aus Deutschland bekannt war, denn dort war es Anfang der 1930er Jahre erfolgreich gespielt worden. Um die Aktualität des Dramas, das sich mit Fragen der Wohnungsnot befasst, noch weiter zu betonen, änderten die Jerusalemer den Titel in *Zwei Familien in einem Raum*. Die deutschsprachige Presse lobte die Vorstellung und betonte: „Es wurde nicht vorgelesen, sondern gespielt und gut gespielt. [...] Mario Kranz, dem Regisseur und Schauspieler gelang es mit den bescheidenen Mitteln, welche die Bühne des Konservatoriumssaales bietet, richtiges Theater zu machen."[27]

Die folgende Produktion *Rembrandt* (Premiere am 22. Juni 1946) war in der Tat die Uraufführung eines Werks aus der Feder eines ortsansässigen Dramatikers. Roman Brandstätter war mit Ausbruch des Zweiten Weltkriegs aus Polen nach Jerusalem eingewandert. Es lässt sich heute schwer feststellen, was der Grund für die Wahl des Stücks war, abgesehen vielleicht von dem Versuch, einem jüdischen Dramatiker zu helfen, der (wie sich später herausstellte, nur temporär) nach Jerusalem eingewandert war. Das *Mitteilungsblatt* kritisierte die Wahl des Dramas.

> Dem „Rembrandt" von Roman Brandstätter ist kaum zu helfen, bestimmt nicht mit den technischen Mitteln des Lesekreises, aber wahrscheinlich auch nicht auf einem richtigen Theater mit der vollendetsten Drehbühne. Es ist schade, dass soviel ehrliche Mühe an etwas gewendet wurde, was durch Fleiss und Arbeit nicht besser werden kann.[28]

Die Ausgangssperren, die regelmäßig über Jerusalem verhängt wurden, führten zu einer Einschränkung in den Aktivitäten des Lesekreises. Deshalb kehrte man bei der folgenden Veranstaltung im August 1946 wieder zur Form der szenischen Lesung zurück. Aus demselben Grund fand die Vorstellung nicht wie üblich abends, sondern am Samstagvormittag statt. Es wurde ein neues Stück aufgeführt: *Simon Bolivar* (1945 erschienen) von dem deutschen Dramatiker Ferdinand Bruckner, der zu dieser Zeit im Exil in den USA lebte. Vermutlich wurde das Stück vor allem gewählt, weil das Jeckes-Publikum mit den früheren Werken Bruckners vertraut war. In den Rezensionen fand sich kein Beleg dafür, ob die Wahl auch von der Aktualität der Handlung beeinflusst war. Parallelen zwischen dem bitteren Kampf des Yishuv gegen die britische Fremdherrschaft und dem Erfolg Bolivars bei der Beseitigung der spanischen Fremdherrschaft in Venezuela ließen sich durchaus herstellen.

27 s. r.: 2 Familien in einem Zimmer. In: *Yedioth Ha-Yom*, 07.06.1946, S. 10.

28 m. j.: Zwei Aufführungen des „Dramatischen Lesekreises". In: *Mitteilungsblatt*, 28.06.1946, S. 8.

Seine zweite Spielzeit eröffnete der Lesekreis am 28. September 1946 mit einer außergewöhnlichen Vorstellung, einer szenischen Lesung des ersten Teils von Goethes *Faust*, einer der Grundfesten der deutschen Literatur und Kultur. Drei Schauspielerinnen und acht Schauspieler wirkten mit, und aufgrund der Länge des Textes wurde die Vorstellung in vier Teile mit drei Pausen geteilt. Das *Mitteilungsblatt* lobte:

> Ein mutiger Versuch, der gelungen ist. Wer kam, um milde zu urteilen und strenge Masstäbe zu vergessen, durfte feststellen, dass guter Wille, Begeisterung und echtes Können fast alle Klippen überwanden. Von Dilletantismus konnte keine Rede sein, im Gegenteil: hier hat die Regie (Mario Kranz) mit wenig oder mit gar keinen Mitteln eine Vorstellung herausgebracht, die sich hören lassen kann. Das Ergebnis der ehrlichen Mühe: Sehr gutes Theater ohne Kulissen und ohne Kostüme. Durch vernünftige Striche (vernünftiger als jene im „Hamlet" der Habimah) wurde die Vorlesung auf dreieinhalb Stunden komprimiert.[29]

Die folgende Veranstaltung des Lesekreises war dem deutschen Boulevardtheater gewidmet, eine ‚volle' Inszenierung zweier Einakter von Curt Goetz (dem einzigen, dessen Werken der Lesekreis zwei Produktionen widmete): *Die Taube in der Hand* und *Der Hund im Hirn*. Regie führte der Schauspieler Heinrich Gassner. Ein einzigartiger und origineller Bestandteil dieses Abends war der Auftritt der Sängerin Lotti Kristall, die zu Klavierbegleitung leichte Arien im Stil der Zeit aus Operetten von Johann Strauß und Franz Lehár sang. Die deutschsprachige Kritik liebte die Vorstellung, die einige Male aufgeführt wurde. Franz Goldstein, der Kritiker des *Mitteilungsblatts* schrieb: „Die Firma ‚Lesekreis' bedeutet im Grunde eine Tiefstapelei (etwas hierzulande äusserst Seltenes): es wird richtig Theater gespielt, mit Requisiten und Vorhang ziehen, ja sogar Souffleur!"[30]

Die letzte Produktion des Lesekreises fand im Februar 1947 statt und es scheint, als habe man angesichts der Situation wiederum eine Komödie gewählt. Dieses Mal war es *Spiel im Schloss* von dem ungarischen Dramatiker Franz Molnár in der Inszenierung von Mario Kranz. Auch dieses Mal erntete die wiederum mit allen Mitteln durchgeführte Darbietung das Lob der gesamten deutschsprachigen Presse und wurde mehrfach aufgeführt. Darüber und über die Atmosphäre im Umfeld der Vorstellung berichtet die folgende Meldung:

> Ein Mann aus Tel-Aviv beschloss, über Weekend nach Jerusalem zu kommen, um die Aufführung von Molnars „Spiel im Schloss" zu sehen. Er hatte brieflich eine Karte bestellt und traf am Schabbath nachmittag in Jerusalem ein, um am Abend der Vorstellung beizuwohnen. Der Curfew verhinderte ihn zwar daran, aber der inzwischen über Tel-Aviv verhängte

29 m. j.: Faust I im Dramatischen Lesekreis. In: *Mitteilungsblatt*, 04.10.1946, S. 7.

30 Frango: Curt Goetz Einakter. In: *Mitteilungsblatt*, 13.12.1946, S. 8.

> Ausnahmezustand verschaffte dem Theaterenthusiasten ein längeres Weekend. Der Dramatische Lesekreis hat beschlossen, dem Manne ein Ehrenabonnement zu gewähren.[31]

Die einzige Gelegenheit des „Theaterenthusiasten", sein Abonnement zu nutzen, war eine der zusätzlichen Aufführungen von *Spiel im Schloss*, die im Laufe des Monats März stattfanden. Damit fiel der letzte Vorhang des Jerusalemer Theaters in deutscher Sprache. Nicht wegen Mangels an Publikum, sondern aufgrund der angespannten Sicherheitslage in Jerusalem stellte der Dramatische Lesekreis seine Aktivitäten ein.

Unterhaltungstheater in deutscher Sprache

Mit dem Ausbruch des Zweiten Weltkriegs wuchs im Yishuv der Widerstand gegen die deutsche Sprache zunehmend. Gerade in dieser Zeit jedoch wuchs innerhalb der Gemeinschaft der Jeckes auch das Bedürfnis, den täglichen Sorgen – wenn auch nur für einen Augenblick – zu entfliehen, sodass viele von ihnen wiederholt mit einem humoristischen und nostalgischen Blick auf die Welt schauten, die sie willentlich oder gezwungenermaßen verlassen hatten.

Die Initiatorin des deutschsprachigen Unterhaltungstheaters in Tel Aviv war Stella Kadmon. Nachdem ihr Versuch, mit dem Papillon eine Kleinkunstbühne in hebräischer Sprache zu gründen, hauptsächlich an Publikumsmangel gescheitert war, kam sie zu dem Schluss, dass für ihre deutschsprachigen Auftritte ein vergleichsweise großes Publikum in Palästina zu erwarten sei. Und so gründete sie eine Art Kabarett im Kleinformat, indem sie ihren neuen Bekannten Sammy Gronemann und einen der zwei jeckischen Pianisten Abraham Daus oder Bernd Bergel, einen Neffen Gronemanns, hinzunahm. Sie sang und spielte und Gronemann präsentierte in der Rolle des Conférenciers die Überleitungen. Ihr erster Auftritt fand am 7. September 1940 in einem kleinen Club in Tel Aviv statt. Angeregt durch den Erfolg fuhr die Gruppe in jede Ecke des Landes, in der es genug Jeckes sowie ein Klavier in annehmbaren Zustand gab. Stundenlang fuhren sie mit dem Autobus und schleppten stets die Kostüme und Requisiten mit sich von Ort zu Ort.

Im Normalfall begann das Programm mit einem hebräischen Lied, das extra für Kadmon von Avigdor Hameiri und Marc Lavry geschrieben wurde. Danach verkündete sie mit einem verschmitzten Lächeln, das Programm werde von jetzt an „für all jene, denen es noch nicht gelungen ist, Hebräisch zu lernen, in

31 S. B. C.: Ein Theaterenthusiast. In: *Jedioth Chadaschoth*, 07.03.1947, S. 4.

‚Schweizer' Sprache fortgesetzt."[32] In der Folge präsentierte Kadmon die besten Nummern aus den Zeiten von Der liebe Augustin. Gelegentlich wurden die alten Wiener Stoffe um einige neue Lieder ergänzt, die vom Schicksal der Jeckes hier und dort handelten, wobei Kadmon dem deutschen Text hebräische Worte wie „rabotai" (meine Herren), „le'at" (langsam), „galut" (Exil), „rak ivrit" (nur Hebräisch) beimengte. Manchmal waren es sogar ganze Sätze. Das Programm war nicht hermetisch abgeschlossen, sondern wurde dem jeweiligen Charakter des konkreten Publikums angepasst. Es wurde sogar zum überwiegenden Teil auf Englisch aufgeführt, wenn die Gruppe vor Soldaten aus verschiedenen Armeen auftrat, die in Palästina auf Fronturlaub waren.[33]

Nach drei Jahren und mehr als 100 Vorstellungen an allen Ecken und Enden des Landes kam Kadmon auf die Idee, den Dachgarten ihres Hauses in der Bialikstraße in Tel Aviv zu einem Theater zu machen. Der wegen der Luftangriffe geltende Verdunklungsbefehl verstärkte die Besonderheit des Ortes nur noch. So wurde in der deutschen Presse eine Veranstaltung am 18. September 1943 mit folgenden Worten beworben: „Stella Kadmon lädt Sie ein zu einer Wiederholung ihres Chanson-Abend[s] bei Vollmond auf ihrem Dachgarten."[34] Als Jeckete folgte sie dem Prinzip „Ordnung muss sein" und beantragte noch vor dem Beginn der Veranstaltungsreihe beim Bürgermeister von Tel Aviv, Israel Rokach, die Genehmigung für den Betrieb eines deutschsprachigen Theaters in Tel Aviv. Rokach kam zu dem Schluss, dass es lediglich um den guten Willen von Frau Kadmon gehe, einige Freunde in ihre Privatwohnung einzuladen, wogegen er nichts einzuwenden hatte.[35]

Am 18. Oktober 1943 veranstaltete Mario Kranz gemeinsam mit Stella Kadmon in Jerusalem einen Kleinkunstabend. Dieser fand beinahe im ‚Untergrund', in einem Privathaus statt, zu dem nur eingeladene Gäste Zutritt hatten. Die ‚konspirative' Vorstellung war ein Erfolg und wurde auf „Bitten des Publikums" wiederholt und sogar mit einer kurzen Notiz in der deutschsprachigen Zeitung *Jedioth Chadaschoth* bedacht: „Stella Kadmon und Mario Kranz veranstalteten zwei heitere Abende im Boroschek Studio, Jerusalem, mit Rezitationen und schalkhaften Liedern, durch die sie ihr Publikum gut unterhielten und vergnügten."[36]

32 Mandl: *Cabaret und Courage*, S. 129.

33 Vgl. ebd.

34 Deutschsprachige Zeitungsanzeige, Veröffentlichungsort unbekannt. Österreichisches Theatermuseum Wien, Nachlass Stella Kadmon, ZA, Ankündigungen 1943, o. Sign.

35 Vgl. Mandl: *Cabaret und Courage*, S. 132–133.

36 Stella Kadmon und Mario Kranz. In: *Jedioth Chadaschoth*, 25.10.1943, S. 2.

Ebenfalls in Jerusalem trat Ruth Klinger mit einem Solo-Programm in deutscher Sprache auf, nachdem sie zuvor jahrelang mit ihrem Ehemann Maxim Sakashansky vergeblich versucht hatte, bei verschiedenen selbst gegründeten Unternehmungen in hebräischer Sprache aufzutreten. Ein kurzer Beitrag im *Mitteilungsblatt* lässt erkennen, dass sich die Gemeinde der Jeckes trotz ihres Scheiterns auf Hebräisch bei den Alteingesessenen des Yishuv noch gut an Klingers Erfolge in der Vergangenheit erinnerte.

> Dieser Tage tritt in Jerusalem zum ersten Mal die Diseuse Ruth Klinger auf, die vielen unserer Freunde noch aus Berlin bekannt ist, wo sie in dem beliebten jüdischen Kabarett „Kaftan" auftrat. Ruth Klinger wird ein vielseitiges und attraktives Programm zum Vortrag bringen. Der Abend findet am 13.1.[1945] im Bet Hachaluzot statt.[37]

Die drei jeckischen Künstler des Unterhaltungstheaters Kadmon, Kranz und Klinger können als repräsentatives Beispiel für die jeckischen Theaterkünstler dienen, die nach Palästina kamen, nachdem sie erfolgreiche Karrieren in Europa abbrechen mussten, und nun hier im Land bemüht waren, ein neues Blatt in ihrem Leben im Allgemeinen und in ihrem Beruf im Besonderen aufzuschlagen. Sie begannen zunächst, auf Hebräisch zu arbeiten, kehrten aber schließlich zur deutschen Sprache zurück. Selbst dann noch hofften sie, dass Palästina ihre neue Heimat sei, in der sie die kulturellen Werte ihrer alten Heimat bewahren könnten. Letztendlich erkannten sie jedoch, dass die Verbindung zur alten Heimat noch immer stark war, und die privaten Lebensumstände jedes Einzelnen von ihnen beschleunigten nur die Entscheidung, aus dem Exil nach Hause zurückzukehren.

Die erste, die diesen Weg antrat, war Stella Kadmon. Am 27. Juli 1946 sollte auf ihrem Dachgarten ein Abend mit zwei Einaktern von Wiener Schriftstellern stattfinden: Arthur Schnitzler und Anton Wildgans. Am 22. Juli, knapp eine Woche vor der geplanten Premiere, hatte die jüdische Untergrundorganisation Etzel eine Bombe im Südflügel des King David Hotels in Jerusalem gelegt, in dem das britische Oberkommando untergebracht war. Einige Tage später erhielt Stella Kadmon in ihrer Wohnung in Tel Aviv einen Briefumschlag, in dem sich ein Zeitungsausschnitt befand, der den Anschlag und seine Folgen (91 Tote) beschrieb. Dabei lag ein handgeschriebener Zettel: „Wenn du auf Dein Dach in die verdammte Deutsche Sprache Vorträge gibst, fliegt Dach mit alle Besucher in die Luft!"[38] Diese Drohung bestätigte Kadmon in ihrer Entscheidung, aus dem Exil, in dem sie Zuflucht gefunden hatte, nach Wien zurückzukehren, in die Stadt und die Kultur, die für sie stets Heimat geblieben waren.

37 Kabarettabend in Jerusalem. In: *Mitteilungsblatt*, 12.01.1945, S. 7.

38 Mandl: *Cabaret und Courage*, S. 135.

DER VOGELFÄNGER

(Melodie: Papagenos Entrée).

Die Chansonette bin ich ja,
Ejn od b'Ivrith, bewakaschah.
Die Chansonette, wie bekannt,
Sang einst am blauen Donaustrand.
Dann aber kam der gelbe Fleck,
Da fuhr die Chansonette weg.
Jetzt ist die Chansonette da,
Hingegen fehlt die Parnassah.

Doch wie man hierzulande sieht,
Ist nicht so gross der Unterschied.
Die blaue Donau war nicht blau,
Nicht schaut die Welt die Weltsch-Rundschau.
Auf österreichisch warn wir stier,
Ejn kessef heisst der Zustand hier.
's Theater war am Hund - na ja,
mitkelefet kan habimah.

Ein Vogelfänger, winai,
Sang einmal diese Melodie;
Der Vogelfänger ist aktuell
Gamken ba arez Jisrael.
Ein Tropfen Papageno-Blut
Giess' ich in unseren Tarbuth;
Der Vogelfänger singt sein Lied,
Machar jaschir gam be Ivrith.

(Zusatzstrophe)
Der Vogelfänger ist noch da,
Jesch lo maspik od avodah.
Ein Adler hoch im Norden haust,
Der gerne fremde Spatzen maust.
Wer fängt den bösen Adler ein ?
Der grosse Löwe kann's allein.
Der Löwe Vogelfänger sei,
Denn dann sind alle Vögel frei.

Abb. 38: Manuskriptblatt mit dem Liedtext von *Der Vogelfänger* von Stella Kadmon, Anfang der 1940er Jahre.

Ein halbes Jahr später verließ auch Mario Kranz Palästina in Richtung Wien. Aufgrund der Sicherheitslage in Palästina und insbesondere in Jerusalem am Vorabend des Unabhängigkeitskrieges war er genötigt, seine Theateraktivitäten im Exil einzustellen, und entschied sich, in die Heimat zurückzukehren.

Der Rückweg von Ruth Klinger in ihre Geburtsstadt Prag war etwas anders. Bereits in Palästina hatte sie ihren Beruf aufgegeben und als Sekretärin für Arnold Zweig gearbeitet. Als sie Anfang 1947 von ihrer Schwester in Prag gebeten wurde, zurückzukommen, zögerte sie nicht. Doch ausgerechnet in Prag bewahrte sie den Kontakt nach Palästina, das ihr Exil oder temporäre Heimat gewesen war. Sie arbeitete dort als Korrespondentin einer deutschsprachigen Zeitung aus Tel Aviv und als Vertreterin des Bühnenverlags Moadim. Später, in den Jahren 1948 bis 1953, wurde sie Sekretärin in der Israelischen Botschaft in der Tschechoslowakei und wechselte anschließend in den Auswärtigen Dienst des Staates Israel in der Schweiz.

In Wien setzten Kadmon und Kranz ihre berufliche Entwicklung fort. Er als Schauspieler am Neuen Theater in der Scala und am Theater in der Josefstadt und sie in einem eigenen Theater, dem Theater der Courage. In der Emigration in Palästina waren beide – so wie andere jeckische Theaterkünstler – hauptsächlich mit der Bewahrung der Vergangenheit befasst, ohne nach vorn zu schauen und sich zu entwickeln. In der eretz-israelischen Kritik zu ihrem gemeinsamen Programm wurde dieser Punkt auch aus Sicht des Publikums als Nachteil empfunden: „Trotzdem muss gesagt werden, dass ihr Programm teilweise Modernisierung verlangt; denn manches, was zwischen 1923 und 1933 zu den Blüten des Humors gehörte, mutet heute doch schon recht fremdartig und überholt an.“[39]

39 Stella Kadmon und Mario Kranz, S. 2.

Abb. 39: Plakat für die Aufführung von *Aluf Batslut* (General Zwiebel) am Kameri, 1945.

8
Das Kameri-Theater – die Jeckes etablieren sich

Als das Te'atron Kameri (Kammertheater)[1] Ende 1945 seine Arbeit aufnahm, war dies nicht der erste Versuch zur Gründung eines hebräischen Theaters nach mitteleuropäischem Vorbild durch eine im Kern mehrheitlich aus Jeckes bestehende Gruppe von Schauspielern. Anders jedoch als die vorausgegangenen Versuche konnte sich das Kameri-Theater nicht nur neben den alteingesessenen, etablierten Bühnen behaupten, sondern wurde innerhalb relativ kurzer Zeit zum wichtigsten Theater im Yishuv und war federführend bei der Revolutionierung des hebräischen Theaters insgesamt.

Einer der Gründe hierfür war der veränderte Status der Jeckes in Palästina. In der ersten Hälfte der 1930er Jahre waren sie eine Minderheit, eine Ausnahmeerscheinung innerhalb des hebräischen Yishuv und die Haltung ihnen gegenüber bestand zum größten Teil aus Spott und nur zu einem geringen Teil aus Mitleid. Ein Jahrzehnt später war infolge der fünften Aliya, die bis zum Beginn des Zweiten Weltkriegs andauerte, nicht nur der Anteil der Jeckes an der Gesamtbevölkerung gestiegen, viele von ihnen hatten auch begonnen, sich langsam aber sicher in das eretz-israelische Leben einzufügen. Darüber hinaus gehörten die jungen Jeckes, die lediglich ihre Kindheit in den Ländern des deutschen Kulturkreises verbracht hatten, ein Jahrzehnt später zur Jugend des Yishuv und waren ein Teil des potentiellen Publikums des hebräischen Theaters, wobei manche von ihnen sogar selbst hofften, einen Beruf am Theater ergreifen zu können.

1 Anm. d. Übers.: Die wörtliche Übersetzung lautet ‚Kammertheater' und wird z.B. in den Kritiken von Manfred Geis verwendet. Da sich das Theater unter der Bezeichnung ‚Kameri' aber auch im Ausland und in Deutschland einen Namen gemacht hat, wird hier dem Terminus ‚Kameri-Theater' der Vorzug gegeben.

Im Gegensatz zu diesen gesellschaftlichen Veränderungen änderte sich bei den etablierten hebräischen Bühnen weder die Zusammensetzung noch die Ausrichtung, was zur Folge hatte, dass sie in ihren langjährigen Theatertraditionen vollständig versteinerten. Bei Habima waren die Inszenierungen fest in der Hand der „internen Regie", d. h., einige altgediente Schauspieler des Theaters übernahmen sämtliche Regiearbeiten und bewahrten dabei akribisch den Geist der Vergangenheit. Bei Ohel inszenierte zwar zusätzlich zum Gründer Moshe Halevi auch der aus Deutschland stammende Einwanderer Friedrich Lobe, aber da er kein Mitglied des Kollektivs oder auch nur fester Hausregisseur war, konnte er keinen langfristigen Einfluss auf die Entwicklung des Theaters nehmen, wie sie von Halevi vorgezeichnet worden war.

Die Gruppe Maʿarkhonim (Einakter)

Der Drang zur Schaffung eines neuen Rahmens für ein Theater, das anders war als das etablierte, kam vor allem aus der Generation der jungen Schauspieler, die meisten davon Absolventen des Studios von Habima, die keine berufliche Heimat fanden oder an den Brotkrumen, die sie bei ihrer Arbeit als Schüler von den drei großen Bühnen erhielten, keine große Freude hatten. Hinzu kamen die Ambitionen einiger erfahrener Schauspieler, zumeist Jeckes, die ebenfalls keinen Platz an den großen Bühnen finden konnten. In einem ersten Schritt wurde allerdings nicht die Gründung eines neuen Theaters verkündet, sondern lediglich die abendliche Aufführung von Einaktern, die von einer neuen Schauspielgruppe veranstaltet wurde – der Lahakat Maʿarkhonim (Einakter-Gruppe).

Für die Gründung einer solchen neuen Theatergruppe brauchte es einen talentierten und charismatischen Menschen, der in der Lage war, zum Anführer all jener zu werden, die auf der Suche nach Bedeutung und einem künstlerischen Zuhause waren, ein Mensch, dem es gelingen würde, ein Theater neuer Art zu gründen, das dennoch auch von den Alteingesessenen des Yishuv akzeptiert werden würde, ein Mensch, der die deutsche Theaterkultur mit der hebräischen Kultur und der Lebenswelt des Yishuv in Palästina verbinden konnte – dieser Mensch war Yosef Pasowski.

Die Anfänge des neuen Theater liegen im wahrsten Sinne des Wortes hinter den Kulissen von Ha-Matate. Als Pasowski der jeckischen Schauspielerin Rose Lichtenstein, die nach einer glänzenden Schauspielkarriere von mehr als einem Vierteljahrhundert auf deutschen Bühnen nun gezwungen war, Karikaturen in einer Sprache zu spielen, die sie nicht verstand, vorschlug, sich einem halb konspirativen Theaterexperiment nach mitteleuropäischem Vorbild anzuschließen, ging sie sofort darauf ein. Für das geheime Vorhaben konnten auch zwei junge Jeckes gewonnen werden, Meir Bikel und Albert Ben-Zvi, die beide Schüler von Zvi Friedland gewesen waren, dann bei Habima nicht aufgenommen wurden und nun als Nachwuchsschauspieler auf der Bühne von Ha-Matate auftraten.

Außerdem wandte sich Pasowski an Avraham Ben-Yosef, der weder jung noch Jecke war und dem, obwohl er eine Berühmtheit des Operetten- und Unterhaltungstheaters war, die Tore der etablierten Bühnen ebenfalls verschlossen blieben. Sein ganzes ‚Vergehen' bestand darin, dass er Anfang der 1930er Jahre im deutschen Theater und Kino gelernt und gearbeitet hatte. Eine Zusage erhielt Pasowski auch von der jungen Schauspielerin Batya Lancet, die aus Ungarn stammte, von Kindheit an in Palästina erzogen worden war und im Studio von Habima ihre reguläre Ausbildung erhalten hatte. Am Ende ihrer Ausbildung war sie am Theater als Nachwuchsschauspielerin angenommen worden, bekam dort aber zu ihrer Enttäuschung nur kleine Rollen oder war Ersatz für die alten Schauspielerinnen. Die letzte, die von Anfang an in das geheime Vorhaben eingeweiht war, war Yemima Pasowski, die in Deutschland geboren und als Kind nach Palästina gekommen war. Sie hatte Literatur an der Hebräischen Universität in Jerusalem studiert und nebenher gemeinsam mit ihrer Schwester, der Moderatorin Rita Persitz, an den Sendungen von Kol Yerushalayim mitgewirkt. Sie war die einzige in der Gruppe, die keine Theatererfahrungen vorweisen konnte, und es ist ziemlich wahrscheinlich, dass sie hauptsächlich aufgrund der Tatsache aufgenommen wurde, dass sie mit dem Gründer verheiratet war, den sie kennengelernt hatte, als er gelegentlich Lesungen bei Kol Yerushalayim durchführte. Dies ist vermutlich der Grund dafür, dass sie in den Programmheften der Gruppe auf zwei Arten genannt wird. Als Übersetzerin von zwei Einaktern erscheint sie mit ihrem vollen Namen Yemima Pasowski, aber als Schauspielerin unter dem Pseudonym Y. Mupim.

Von damals bis heute

Auf Empfehlung von Paul Löwy, der die Gruppe als Bühnenbildner und künstlerischer Berater ergänzte, wurden für die erste Vorstellung *Me-Az Ve-Ad Ha-Yom* (Von einst bis heute, Premiere am 24. Oktober 1944) vier Einakter gewählt, die in der jüngeren Vergangenheit in der Tschechoslowakei populär gewesen waren. Sie stammten von westeuropäischen Dramatikern zwischen Ende des 19. und Anfang des 20. Jahrhunderts und befassten sich mit melodramatischen Liebessituationen in verschiedenen Generationen und Epochen.

Der erste Einakter war Oscar Wildes *A Florentine Tragedy*, der ‚damals' spielt, nämlich im Florenz des 15. Jahrhunderts. Die Hauptfigur, ein wohlhabender

Kaufmann, entdeckt, dass seine Frau ihn mit einem der Prinzen betrügt. Nach einer Pause folgten drei Einakter, die ‚heute' spielen: zunächst *Mañana de sol* (Ein sonniger Morgen) von den spanischen Brüdern Serafín und Joaquín Quintero unter dem Titel *Boker Be-Gan Ha-Ir* (Ein Morgen im Stadtpark), in dem sich zwei zunächst fremde alte Menschen 1914 zufällig im Stadtpark von Madrid begegnen und dabei feststellen, dass in ferner Vergangenheit eine große Liebe zwischen ihnen bestand; unter dem hebräischen Titel *Ha-Me'ahev* (Der Liebhaber, Originaltitel nicht ermittelt) folgte dann ein Einakter des spanischen Dramatikers Martin Sierra, der die Geschichte eines namenlosen Liebhabers in einer Monarchie Ende des 19. Jahrhunderts erzählt, der seine Königin vor einem Unfall rettet; zuletzt wurde unter dem Titel *Shlom Bayit* George Courtelines einaktige Komödie *La Paix chez soi* (*Das traute Heim*) gezeigt, die in der Gegenwart spielt und in der ein Schriftsteller, der zum Schreiben Ruhe braucht, sich mit seiner Frau streitet, die Geld für den Haushalt braucht.

Es scheint, dass die Entscheidung, vier Einakter und nicht ein abendfüllendes Dramas zu zeigen, zwei Gründe hatte: Der erste war, dass sich bei den Einaktern die Hauptrollen auf alle Mitwirkenden verteilen ließen.[2] Der zweite Grund war, dass zu dieser Zeit Abende mit Einaktern ein größeres Vermarktungspotential hatten. Aus den Anzeigen und Veranstaltungskalendern der zeitgenössischen Presse kann man erfahren, dass zu dieser Zeit zahlreiche Schauspieler bei Abenden mit verschiedenen Einaktern auftraten, wo sie von den Verpflichtungen ihrer Haustheater befreit waren.

Die Aufführung weckte Interesse und wurde in einer außergewöhnlich großen Zahl von Kritiken besprochen. Anders als üblich widmeten sich die Kritiker nicht einer ausführlichen literarischen Analyse der Stücke, sondern befassten sich mit der Darstellung, die vom Gewohnten abwich. Lea Goldberg schrieb in *Mishmar*: „Auf einer kleinen Bühne eine bescheidene Andeutung einer Kulisse. Wenige Menschen, zwei oder drei sprechen Hebräisch mit klarer, flüssiger Aussprache und vermeiden unnötige große Gesten. Und sofort spürt man eine Atmosphäre des guten Geschmacks und der guten Absicht."[3] Und der Kritiker im *Mitteilungsblatt – Aliya Hadasha* bezeugte:

> Es war ohne weiteres zu sehen und zu empfinden, dass diese Schauspieler nicht nur Theater zu spielen verstehen, und zwar ein Theaterspiel im modernsten Sinne, unpathetisch, still, kultiviert, gleichsam untheatralisch – sondern es war die Atmosphäre der Zusammengehörigkeit eines diszipliniert theater-besessenen Ensembles fühlbar.[4]

2 Bikel und Ben-Zvi traten in der Aufführung nicht auf, sondern waren mit den technischen Arbeiten hinter den Kulissen beschäftigt.

3 Lea Goldberg: 'ערב מערכונים 'מאז ועד עתה [Einakter-Abend ‚Von einst bis jetzt']. In: *Mishmar*, 26.02.1945, S. 2.

4 MANDO: Theater und Filmpremiere. In: *Mitteilungsblatt – Aliya Hadasha*, 02.03.1945, S. 8.

General Zwiebel

Me-Az Ve-Ad Ha-Yom hatte zwar großes Interesse hervorgerufen und verschiedentlich Lob geerntet, aber die mit der Aufführung verbundenen Ausgaben nicht wieder eingespielt. Daher beschloss man, den Weg über die Einakter wieder zu verlassen und eine Bühne für die Jugend zu errichten, deren Fehlen in dieser Zeit sehr stark empfunden wurde. Zu diesem Zweck bestand die Notwendigkeit, das Ensemble zu vergrößern. Zu den fünf Darstellern der Einakter kamen die beiden jungen Jeckes Bikel und Ben-Zvi, die bereits hinter den Kulissen mitgeholfen hatten. Mit Tuvia (Herbert) Grünbaum gesellte sich noch ein erfahrener jeckischer Schauspieler dazu, der Anfang der 1930er Jahre bereits auf deutschen Bühnen und nach Hitlers Machtantritt beim Jüdischen Kulturbund in Berlin aufgetreten war.[5] Hinzu kamen zwei weitere junge Nicht-Jeckes, Mordechai Ben-Ze'ev, ein Absolvent des Habima-Studios, und Ja'akov Nisim.
Die zweite Aufführung der Gruppe war die gereimte Kindererzählung *Aluf Batslut* (General Zwiebel) des hebräischen Nationaldichters Chaim Nachman Bialik, die von Pasowski im Stil einer Posse inszeniert und mit Musik von Jacques Offenbach begleitet wurde.[6] Die Premiere für die breite Öffentlichkeit fand in Tel Aviv am 11. Mai 1945 statt. Bereits eine Woche zuvor, am 6. Mai war eine Premiere für Lehrer und Schuldirektoren abgehalten worden. Die Reaktionen der Kritiker waren positiv, nicht so die der Vertreter der Bildungseinrichtungen – wegen der albernen Darbietung der Verse des Nationaldichters. Sie waren abgestoßen von der Kombination aus hohem und niedrigem Humor, die das Ergebnis der Notwendigkeit war, eine bühnengeeignete Sprache für den Text zu finden, der kein Drama, sondern ein „volkstümlicher Witz in Reimen" war. Die Kritiker begrüßten gerade diese Kombination.

> Das Gedicht von Bialik ist für sich genommen nicht dramatisch. Wäre da nicht der Name des großen Dichters, wäre sicher niemand auf die Idee gekommen, es auf die Bühne zu bringen. Und tatsächlich sind es nicht die Handlungen (derer es wenige gibt), die die Vorstellung beleben, sondern das schelmische Spiel.[7]

Dementsprechend war die Mehrheit der Kritiker der Ansicht, „im Allgemeinen stellt die Vorstellung Kinder zufrieden und auch jene unter den Erwachsenen, die nicht überzeugt sind, dass ein herzhaftes Lachen ohne ‚moralische

5 In der hebräischen Transkription des Programmhefts wurde der Name „Grünbaum" aus unbekannten Gründen in seiner jiddischen Variante „Grinboym" wiedergegeben.

6 Möglicherweise war die Wahl der Musik durch die Tatsache beeinflusst, dass Avraham Ben-Yosef kurz zuvor (1943) als Menelaos in Offenbachs Operette *La Belle Helène* eine gewisse Bekanntheit erreicht hatte.

7 אמנים וקרשים [Künstler und Bretter]. In: *Ha-Boker*, 17.05.1945, S. 8.

Botschaft' die Ehre von seiner Majestät, dem ernsthaften Menschen, beschädigen kann."[8]
Die Pädagogen allerdings betrachteten allein schon die Idee, mit den Worten des Nationaldichters herumzualbern und sie noch mit Musik von Offenbach zu vermischen, als ein Verbrechen. Sie weigerten sich, die Vorstellung mit ihren Schülern zu besuchen, und ‚retteten' so die zarten Seelen vor dem Anblick einer solchen Entweihung eines Nationalheiligtums. Dadurch entstand folgende Situation:

> Obwohl den Schauspielern keine Gagen gezahlt wurden, begannen die Schulden die Gruppe zu bedrücken – denn alle Gelder, die ihr für die Vorbereitung der Vorstellungen zur Verfügung standen, stammten in Form von Darlehen aus der Hand von Freunden und die Chancen, weitere Gelder zu akquirieren, wurden zunehmend untergraben ... Alle Wege liefen auf die Entscheidung hinaus, sich an die Vorbereitung eine vollständigen Aufführung zu machen – mit anderen Worten: ein Theater zu gründen.[9]

Te'atron Kameri

Offensichtlich begann die Arbeit an der Gründung eines neuen Theaters bereits im März 1945, parallel zu den Proben von *Aluf Batslut*. Tatsächlich war das Jahr 1945 ein Jahr der Vorbereitung und der Organisation der Gruppe. In diesem Zusammenhang lassen sich zwei Prozesse erkennen, die gleichzeitig abliefen. Zum einen: die Konsolidierung der Truppe. Die Mitwirkenden der ersten Vorstellung lassen sich in drei Untergruppen teilen, die sich in ihrer Ausbildung und Bühnenerfahrung unterscheiden. Die erste bestand aus älteren Schauspielern mit Berufserfahrung aus dem Ausland und mit begrenzten bis nicht vorhandenen Hebräischkenntnissen. Die zweite bildeten jüngere, im Ausland geborene, aber in Palästina ausgebildete Schauspieler ohne Bühnenerfahrung und solche, die gerade aus den Schauspielstudios gekommen waren – alle mit umfassenden Hebräischkenntnissen. Die dritte Gruppe bestand nur aus einem einzigen Schauspieler mit Bühnenerfahrung, Hebräischkenntnissen und Popularität beim Publikum des Yishuv: Avraham Ben-Yosef. Was diese drei Gruppen einte, war zuallererst der Wunsch nach einer eigenen Bühne sowie ein den meisten gemeinsamer sprachlicher (Deutsch) und kultureller (Mitteleuropa) Hintergrund.
Der zweite Prozess bestand in der Aneignung einer von den Gepflogenheiten abweichenden Auffassung von der Schauspielkunst. Pasowskis Ansatz für *Aluf*

8 Lea Goldberg: 'אלוף בצלות' מוצג לילדים [‚General Zwiebel' wurde für Kinder gezeigt]. In: *Mishmar*, 06.06.1945, S. 2.

9 Benyamin Tamuz: ספר התיאטרון הקאמרי בחג העשור [Jubiläumsbuch zum 10. Jahrestag des Te'atron Ha-Kameri]. Tel Aviv: Ha-Te'atron Ha-Kameri 1954, S. 9.

Batslut brachte indirekt ein Herunterbrechen des Schauspielens mit sich, vom Niveau der ‚Heiligkeit' auf ein Niveau von Genuss und Unterhaltung, ein lockeres Spiel gegenüber der Schwere, der Achtbarkeit und dem Pathos, von denen das hebräische Theater in dieser Zeit bestimmt war. Zudem machte die Gruppe eine Art Fortbildung in realistischer und glaubwürdiger Darstellung durch ihre Arbeit bei Kol Yerushalayim. Bekanntermaßen unterscheidet sich das Schauspielen im Radio vollkommen von dem auf der Bühne. Die Projektion, die auf der Theaterbühne erforderlich ist und zu Vergrößerung, Verstärkung und schauspielerischen Übertreibung führt, ist im Radio nicht geboten. Die Nähe des Schauspielers zum Mikrofon und die Nähe des Hörers zum Empfänger erfordern ein intimes, nuancenreiches Spiel.
Zwischen März und November 1945 wurden in der hebräischen Sendezeit der Sendeanstalt der britischen Mandatsbehörden PBS acht verschiedene Einakter-Hörspiele von Mitgliedern der Gruppe aufgeführt, bearbeitet und inszeniert von Pasowski. Nur eines davon, *Boker Be-Gan Ha-Ir*, das am 11. März 1945 als erstes gesendet wurde, stammte aus dem Programm *Me-Az Ve-Ad Ha-Yom* und wurde in der Sendung von denselben Schauspielern gesprochen (Rose Lichtenstein, Avraham Ben-Yosef und Yemima Mupim). Die übrigen waren Adaptionen kurzer Dramen von westeuropäischen und amerikanischen Dramatikern. Nur bei einem handelte es sich um die Adaption eines in Palästina auf Deutsch geschriebenen Dramas: *Der Prozess um des Esels Schatten* von Sammy Gronemann (gesendet am 2. September 1945). Die Reaktionen auf das Hörspiel waren positiv.

> Der Schauplatz des Dramas, das uns für vierzig Minuten an den Empfänger fesselte, ist das antike Griechenland, aber es kann auch uns eine gute und hilfreiche Lektion lehren. Und das noch zusätzlich zu dem künstlerischen Vergnügen, das wir an diesem Abend durch die Komödie und ihre gelungene Darbietung empfanden. […] Die Künstler der Gruppe ‚Maʻarkhonim' unter der Leitung von Yosef Pasowski hauchten den interessanten Figuren Leben ein, die Dr. Sammy Gronemann mit großem Talent gestaltet hatte.[10]

Die Einladung der Schauspieler von Maʻarkhonim zu Kol Yerushalayim ging offensichtlich auf die Initiative von Pasowski zurück, der als Schauspieler und Sprecher bereits zuvor an den Sendungen mitgewirkt hatte. Der Ertrag für die Gruppe war ein doppelter: eine Schule des realistischen Schauspiels und eine wichtige Einnahmequelle, denn alle Theateraktivitäten fanden auf freiwilliger Basis statt, ohne Gage, sodass jeder einzelne von ihnen weiterhin seinen Lebensunterhalt mit den Tätigkeiten verdiente, die er zuvor ausgeführt hatte.

10 Yehoshua Meshulah: לרגל שדור המערכון 'החמור וצלו עומדים למשפט' לד"ר סמי גרונמן [Anlässlich der Sendung des Einakters ‚Der Prozess um des Esels Schatten' von Dr. Sammy Gronemann]. In: *Galgal*, 13.09.1945, S. 15.

Dennoch reichten die Einkünfte nur mit Mühe für die Investitionen in die Vorbereitung der ersten Produktion des neuen Theaters.

Ein Ereignis, das zwar nicht auf Pasowskis Konto ging, ohne das aber das neue Theater seine Arbeit nicht hätte aufnehmen können, war die Einweihung des Bet Habima, dessen Bau mehr als ein Jahrzehnt gedauert hatte. Seit seiner Erbauung 1930 hatte der Mugrabi-Saal als kultureller Veranstaltungsraum der kleinen Stadt Tel Aviv gedient und alle Repertoire-Theater, die Oper und Gastkünstler waren darin aufgetreten. Im Jahr 1939 war das Gebäude des Ohel-Theaters eingeweiht worden, sodass dieses den Mugrabi-Saal verließ, der daraufhin nahezu ausschließlich zur Spielstätte der Habima wurde. Mit der Einweihung des Bet Habima im Oktober 1945 wurde der Saal frei und konnte für die nächsten 16 Jahre zur Heimat des neuen Theaters werden.

Am Dienstag, dem 23. Oktober 1945 fand im Mugrabi-Saal in Tel Aviv die Premiere eines Dramas statt, das zuvor noch nicht in Palästina gespielt worden war: Carlo Goldonis *Il servitore di due padroni* (*Diener zweier Herren*), unter dem hebräischen Titel *Meshartam shel shne adonim* aufgeführt vom Te'atron Kameri. Der Name des neuen Theaters weckt sofort Assoziationen mit der deutschen Theatertradition. Als Max Reinhardt 1905 zum Direktor des Deutschen Theaters in Berlin ernannt wurde, war eine seiner ersten Handlungen die Einrichtung einer Spielstätte für die Aufführung von Kammerspielen – die Deutschen Kammerspiele. In der Folge wurden an verschiedenen Orten in Deutschland weitere Spielstätten unter diesem Namen eröffnet, zu deren Charakteristika nicht nur ein physisch begrenzter, kammerartiger Raum, sondern auch eine realistische, psychologische, implizite Art des Schauspiels gehörten. Es muss allerdings gesagt werden, dass trotz des Namens ausgerechnet der Schauspielstil in der ersten Aufführung des Kameri-Theaters keinesfalls implizit war, sondern extrovertiert im Stil der Commedia dell'arte. Es war jedoch nicht die russisch-jüdische Extrovertiertheit voller Pathos wie bei Habima oder Ohel, sondern die Ausgelassenheit eines jeckischen, absurden Humors.

Es ist nicht klar, wann der Name Te'atron Kameri beschlossen wurde. Aus den Erinnerungen der Schauspieler der ersten Stunde lässt sich ablesen, dass es vermutlich Avraham Ben-Yosef war, der ihn vorschlug. Er setzte sich ganz offensichtlich schrittweise durch. Bis zur Premiere von *Diener zweier Herren* im Oktober 1945 wurde in allen Ankündigungen für die Vorstellungen der Gruppe diese als Ma'arkhonim bezeichnet. Es ist daher durchaus merkwürdig, das im März 1945 in einer deutschsprachigen Anzeige im Organ der Vereinigung der Einwanderer aus Mitteleuropa über dem Wort Ma'arkhonim bereits der spätere Name „Kammerspiele" steht.[11]

11 *Mitteilungsblatt*, 16.03.1945, S. 4.

KAMMERSPIELE

MAARCHONIM ערב מערכונים

Sonntag, 18.3. — *„Ohel-Schem"-Saal,* TEL-AVIV

Kartenvorverkauf bei Saphir, Allenby Str. 45.

Montag, 19.3. — TIBERIAS

Dienstag, 3.4. — JERUSALEM

Beginn der Vorstellungen 8.30 Uhr.

VON EINST BIS HEUTE

4 Einakter von *Oskar Wilde, Courteline etc.*

Mitwirkende:
ROSE LICHTENSTEIN
BATIA LANZET
JEMIMA MUPIM
ABRAHAM BEN-JOSEF
JOSEF PACOWSKY

Regie:
J. PACOWSKY
Bühnenbild:
Dr. P. LAWI
Kostüme:
FINI LEITERSDORF

Abb. 40: Zeitungsankündigung des Einakter-Abends *Von einst bis heute* in den Kammerspielen, erschienen im *Mitteilungsblatt,* 16.03.1945, S. 4.

Das Repertoire

Die ideologische Revolution, die in der Gründung eines Kammertheaters zum Ausdruck kommt, bestand nicht nur im Namen und in dem Stück, das für die Eröffnung ausgewählt wurde, sondern auch in der Auffassung vom Wesen und der Aufgabe des Theaters, die von den Ansichten Max Reinhardts inspiriert war. In seinem Essay „Von der modernen Schauspielkunst und der Arbeit des Regisseurs mit dem Schauspieler" aus dem Jahr 1915 behauptet Reinhardt Folgendes:

> Gott hat die Welt erschaffen, aber der Mensch, den er nach seinem Ebenbilde schuf, hat sich eine *zweite* Welt erschaffen, die Kunst. [...] Als der Krieg ausbrach, waren wir bange um diese Welt, wir besorgten, daß die furchtbare Realität der Gegenwart die Welt des Scheins aus den Angeln heben würde. Es hat sich aber bald offenbart, daß die Kunst ein selbständiger Himmelskörper ist, der zwar von der wirklichen Welt Licht und Dunkelheit empfängt, aber diese Gaben der irdischen Welt als *göttlichen Segen* wieder zuteil werden läßt. Wir wissen nun, daß die Kunst in ihren eigenen Bahnen wandelt, unversehrbar, wie ein ewiges Gestirn.[12]

12 Max Reinhardt: Von der modernen Schauspielkunst und der Arbeit des Regisseurs mit dem Schauspieler [1915]. In: Boeser / Vatková (Hrsg.): *Max Reinhardt in Berlin*, S. 13–18, hier S. 13, 18, Herv. i. O.

Eine solche Auffassung von der Kunst um der Kunst willen und nicht als Mittel zum Erreichen eines gesellschaftlichen Ziels stand im Widerspruch zur verbreiteten Weltanschauung im Theater des hebräischen Yishuv. Zu Beginn seines Wirkens kamen im Repertoire des neuen Theaters – mit einer Ausnahme – die Ereignisse und Dilemmata, mit denen die Öffentlichkeit sich konfrontiert sah, nicht zum Tragen: die letzte Phase des Zweiten Weltkriegs in Europa, die ersten Nachrichten über die Shoah, die illegale jüdische Einwanderung nach Palästina (Aliya Bet), die Kämpfe zwischen Juden und Arabern in Palästina, die Machenschaften der britischen Mandatsregierung gegen den Yishuv und die internen Auseinandersetzungen innerhalb des Yishuv über die angemessene Reaktion auf die Entscheidungen der Mandatsmacht.

Es ist daher kein Wunder, dass die Rezensenten zwar die Gründung des Theaters begrüßten, aber die Wahl von Goldonis Komödie für die erste Aufführung eher distanziert betrachteten. Außergewöhnlich bissig war die Reaktion von Dov B. Malkin, dem Kritiker von *Mishmar*:

> Warum Goldoni? Was soll uns Goldoni sagen? – Auf diese Frage gibt es eine plakative Antwort: ‚Dies ist ein Theater, auf das man stolz sein kann‘. Ein bestehendes, stabiles Theater darf – und muss vielleicht – von Zeit zu Zeit Dramen von rein theatralischem Charakter aufführen, für sich selbst und für das Publikum. Ein neues Theater muss ganz klar wissen – weshalb und warum?[13]

Die künstlerische Linie des Theaters wird anhand des Repertoires deutlich erkennbar, das für die ersten zwei Jahre seiner Existenz geplant war und in einer Festbroschüre anlässlich der Eröffnung abgedruckt wurde. Die erste Spielzeit 1945/46 widmete sich ganz dem westeuropäischen Drama. Nach dem Verweis auf die Aufführung von *Diener zweier Herren* im Oktober folgt diese Liste: „Dezember – ‚Aus dem Leben der Insekten‘ von Karel Čapek; März – ‚Don Quixote‘ von Miguel Cervantes; Juni – ‚Pygmalion‘ von Bernhard Shaw“. Im Anschluss daran steht:

> Im Programm für die Spielzeit 1946/47 befinden sich die Dramen: 1. Bibelgeschichten – ein Originaldrama basierend auf den Erzählungen der Bibel. 2. ‚Der Widerspenstigen Zähmung‘ – von William Shakespeare. 3. ‚Der haarige Affe‘ – von Eugene O'Neill. 4. ‚Yevgeni Onegin‘ – von Alexander Puschkin.[14]

Diese Absichtserklärung wurde nie in die Tat umgesetzt. Das einzige Drama aus diesem Zweijahresplan, das auf der Bühne des Kameri-Theaters aufgeführt

13 Dov B. Malkin: 'מאי קא משמע לן גולדוני? על צעדו הראשון של 'התיאטרון הקאמרי [Was will uns Goldoni sagen? Über den ersten Schritt des ‚Kameri-Theaters‘]. In: *Mishmar*, 12.11.1945, S. 2.

14 Yosef Pasowski: 'תיאטרון קאמרי מיסודה של להקת 'מערכונים [Das Kameri-Theater, gegründet von der Gruppe ‚Ma‘arkhonim‘]. o. O. 1945, S. 7.

wurde war *Aus dem Leben der Insekten* und auch dieses hatte nicht wie geplant im Dezember 1945, sondern im Februar 1946 Premiere.[15]

Im Verlauf von zweieinhalb Jahren, von der Gründung des Theaters bis zur Gründung des Staates Israel am 14. Mai 1948, wich das tatsächliche Repertoire des Theaters von seiner erklärten Politik deutlich ab. Die Leitung, d.h. Pasowski, war mehrfach genötigt, das Theater vor einer wirtschaftlichen Krise zu bewahren, weil sich die Dramen mit ‚künstlerischem Wert' nicht als Kassenschlager erwiesen. Dennoch stammten neun der elf Dramen, die in dieser Zeit aufgeführt wurden, aus der Feder westeuropäischer Dramatiker (drei klassische und zwei zeitgenössische Komödien, zwei Tragödien und zwei weitere Stücke). Die beiden verbleibenden (ein Drama und eine Komödie) waren von Amerikanern geschrieben worden. Nicht eines der Stücke berührte direkt die aktuellen Gegebenheiten und Ereignisse in Palästina oder in der Welt. Es ist zudem verwunderlich, dass sich im Repertoire eines Theaters in jeckischer Tradition nicht ein einziger jeckischer Dramatiker oder ein Stück mit der Figur eines Jecken findet.

Das erste europäische Drama war *Ze života hmyzu* (dt. *Aus dem Leben der Insekten*) von Karel Čapek (Premiere unter dem hebräischen Titel *Ha-Olam Bo Anu Hayim* (Die Welt, in der wir leben) am 25. Februar 1946), in dem die Welt der Insekten als Gleichnis für die menschliche Welt dient. Die Rezensionen wiederholten auch hier den Verweis auf die fehlende Relevanz des Dramas, das ungefähr 25 Jahre zuvor geschrieben worden war, hinsichtlich der Gegenwart und jüngsten Vergangenheit. Asher Lerner, der Rezensent von *Ha-Mashkif*, führte aus:

> Ein großer Abgrund lauert zwischen den beiden Epochen. Der Mensch ist zu weit gegangen und übertraf in den sechs Jahren des Zweiten Weltkriegs selbst die blutrünstigsten Raubtiere mit seiner Grausamkeit, seiner Zerstörungswut und seiner Vernichtung, mit seiner Feindschaft und seinem blinden Hass. Seine Vernichtungswerkzeuge haben eine solche Perfektion erreicht, dass man nicht länger einen Vergleich zwischen ihnen und den Angriffs- und Verteidigungsorganen der Tiere ziehen kann. Wären die Gebrüder Čapek noch am Leben, so darf man bezweifeln, dass sie die Welt der Insekten auch heute noch als Gleichnis für die Welt des Menschen nutzen würden. Sie würden zurückschrecken vor einer solchen Beleidigung – für die Insekten …[16]

Eine Ausnahme unter den Kritikern bildete Manfred Geis mit seiner lobenden Besprechung, vielleicht weil er die europäische Ausrichtung des Theaters im

15 Von allen anderen Dramen, die angekündigt wurden, sind nur zwei überhaupt am hebräischen Theater aufgeführt worden. *Pygmalion* im Januar 1954 am Kameri und *Der Widerspenstigen Zähmung* im März 1952 an der Habima.

16 Asher Lerner: 'העולם בו אנו חיים' – בתיאטרון קאמרי [‚Die Welt in der wir leben' – im Kameri-Theater]. In: *Ha-Mashkif*, 15.03.1946, S. 6.

Gegensatz zu den übrigen Rezensenten positiv wertete. „Die Wahl von Capeks ‚Insektenstück' bedeutete in mehrfacher Hinsicht ein Wagnis und legt Zeugnis von dem Unternehmungsgeist dieses jungen Ensembles ab, das entschlossen scheint, in der Repertoiregestaltung eigene Wege zu wählen, statt der bereits gefährlich ausgefahrenen."[17] Trotz der Reserviertheit der meisten Kritiker war die Aufführung ein Publikumserfolg und wurde 74 Mal gespielt.

Dagegen eilte das Publikum nicht gerade zu den beiden zeitgenössischen Tragödien, mit denen das Theater versuchte, seiner Verpflichtung zur Aktualität indirekt nachzukommen. Das Stück *Bluthochzeit* (*Bodas de sangre*) des spanischen Dramatikers Federico García Lorca (Premiere unter dem Titel *Hatunat Ha-Damim* am 28. Juli 1946) ist eine lyrische Tragödie, die sich mit den zerstörerischen Kräften von Liebe, Eifersucht und Gewalt befasst, Kräften, die durch überkommene Verhaltensregeln genährt werden, die in der spanischen Gesellschaft noch immer Geltung hatten und den Bedürfnissen von Körper und Seele des Menschen widersprachen. Hier ist zumindest ein Echo des Spanischen Bürgerkriegs und der Tatsache, dass der Dramatiker 1936 von Kräften der Falange erschossen wurde, zu erkennen. Dennoch wurde das Stück nur 34 Mal gespielt.

Ein weiterer Versuch, eine Verbindung zwischen einem Klassiker und aktuellen Ereignissen herzustellen, wurde mit der Aufführung von *Antigone* in der Fassung von Jean Anouilh unternommen (Premiere am 30. Dezember 1946). Das Drama, das im besetzten Frankreich geschrieben und 1944 zum ersten Mal aufgeführt wurde, stellt anhand der antiken Geschichte die Frage nach dem Gehorsam gegenüber einem Herrscher, dessen Legitimität man nicht anerkennt. Offensichtlich stellte das Publikum die assoziative Verbindung zur Beziehung des Yishuv zu der fremden Mandatsmacht nicht her und das Stück wurde nach 18 Aufführungen vom Spielplan genommen.

Bereits nach dem finanziellen Misserfolg von Lorcas *Bluthochzeit* musste das Theater von seinen ursprünglichen Planungen abweichen und ein Stück aufführen, das einen Kassenerfolg versprach. Und tatsächlich, die englische Komödie *Charley's Aunt* von Brandon Thomas (Premiere unter dem Titel *Dodato Shel Charley* am 16. September 1946) lief 123 Mal. Das Stück war 1892 in England uraufgeführt worden und seitdem nicht wieder von den Bühnen Mitteleuropas verschwunden, insbesondere in den deutschsprachigen Ländern war es beliebt. Erst zehn Jahre zuvor war *Charley's Aunt* von der Komediya Eretz-Yisra'elit in Palästina erfolgreich aufgeführt worden und diente zweifellos ausschließlich dazu, das Loch im Spielplan und in der Kasse, das der Misserfolg

17 Manfred Geis: Kammertheater. In: *Mitteilungsblatt*, 10.05.1946, S. 8.

von *Bluthochzeit* hinterlassen hatte, wieder zu stopfen. Die Handlung gründet auf einer nicht enden wollenden Kette von Missverständnissen, in deren Mittelpunkt ein Mann steht, der sich als Frau verkleiden muss, eben in die Tante von Charley, um die Situation zu retten – aber es gelingt ihm lediglich, sie noch weiter zu verkomplizieren. In ähnlicher Weise verkomplizierte die Aufführung des Stücks den Status des Theaters in den Augen der Kritiker.

> Es ist für kein Theater eine gute Sache, wenn es gelegentlich genötigt ist, sein Niveau zu senken; aber es ist um ein Vielfaches schlimmer für ein junges Theater, das wir nach seinen ersten drei Aufführungen für ein ernsthaftes Theater halten, das nach Erneuerung und Unabhängigkeit strebt.[18]

Selbst Geis brachte seine Abneigung zum Ausdruck.

> Nach der mutigen, wenn auch problematischen Aufführung von Lorcas „Bluthochzeit" schwenkt das „Kameri-Theater" plötzlich in längst ausgetretene Bahnen ab und führt „Charleys Tante" auf. Handlung und Hintergrund dieser Komödie, die schon von unseren Eltern so stürmisch belacht wurde, sind heute nicht mehr diskutierbar. Es bleibt nur der scheinbar ewig wirksame Verwandlungsulk, die Komik, einen Mann in Frauenkleidern zu sehen, aus denen er auch dann noch nicht heraus darf, wenn ihm selbst „der Spass an der Sache" schon längst vergangen ist.[19]

Die Leitung des Kameri-Theaters hatte die Reaktion der anspruchsvollen Kritiker wohl vorausgesehen. Eigentlich war es üblich, die Theaterkritiker zum ersten Abend, an dem ein Drama gespielt wurde, einzuladen. Wie der Kritiker von *Mishmar* allerdings berichtete, „hat das Kameri-Theater anscheinend sofort begriffen, dass dies eine Vorstellung für das Publikum ist und dass die Kritik daran kein Interesse hat, und lud die Kritik erst ein, als der Erfolg beim Publikum bereits sicher war."[20]

Es folgte die Inszenierung von Anouilhs *Antigone*, deren Misserfolg an der Theaterkasse dazu führte, dass eine weitere Komödie in den Spielplan aufgenommen wurde. Erneut war es eine, die den Publikumstest bereits bestanden hatte, dieses Mal in New York. Die Einschätzung erwies sich als falsch, denn *Jacobowsky und der Oberst* (Premiere am 6. April 1947) von Franz Werfel fiel bei Publikum und Kritik gleichermaßen durch.

Die Version, die im Kameri-Theater zur Aufführung kam, war nicht die ursprüngliche deutsche Fassung, die zwei Jahre zuvor erfolgreich in drei verschiedenen Inszenierungen von jeckischen Schauspielern in Haifa, Tel Aviv und

18 Bat Levy: 'דודתו של צ׳רלי' בתיאטרון הקאמרי [‚Charlies Tante' im Kameri-Theater]. In: *Davar Ha-Shavu'a*, 01.11.1946, S. 12.

19 Manfred Geis: Theaterrundschau. In: *Mitteilungsblatt*, 01.11.1946, S. 5.

20 Dov B. Malkin: הרבה צחוק בתיאטרון הא״י [Viel Gelächter im eretz-israelischen Theater]. In: *Mishmar*, 22.11.1946, S. 2.

Jerusalem gespielt worden war. Pasowski entschied sich für die Bearbeitung, die für das amerikanische Publikum (Premiere am Broadway als *Jacobovsky and the Colonel* im März 1944) von Samuel Nathaniel Behrman angefertigt worden war. Behrman war damals ein bekannter Dramatiker und Drehbuchautor, der aus einer orthodoxen jüdischen Familie stammte, die aus Litauen in die USA ausgewandert war. In dieser Fassung – wie in vielen Bearbeitungen europäischer Dramen, die für das amerikanische Publikum ‚angepasst' wurden – wurde der komische Aspekt betont, während man auf die Komplexität der Dialoge und der Figuren des deutschen Originals verzichtete. Malkin – ähnlich wie weitere Kritiker – lehnte das Ergebnis ab.

> In der Aufführung des Kameri-Theaters war das Stück – in der schönen Übersetzung von Ja'akov Horowitz – nicht die „Komödie einer Tragödie", obwohl dies so explizit im Programmheft stand. Das Drama, das gezeigt wurde, war eine leichte, gewöhnliche und in diesem Sinne sehr gelungene Komödie, bei der die Schwere des Gegenstands inmitten der Leichtigkeit des Stücks unterging. Jacobowsky der Jude – seine Figur ist zu klein, um tragisch zu sein, und sein Schicksal zu groß, um Raum für Komik zu lassen; der Oberst Tadeusz Boleslav Stjerbinsky dagegen kann weder tragisch noch komisch sein, denn er ist eine Karikatur. Und der Rest ist nicht schicksalhaft, sondern „Hintergrund", der nach der Art und dem Geschmack gemacht ist, wie sie am Broadway bei einer solchen Komödie erforderlich und möglich sind. Doch sind sie auch hier möglich – am einzigen Strand, der blinkende Lichter zu den herumziehenden Jacobowskys aussendet und sie aufruft, einzuwandern und herzukommen?[21]

Anders als in der Vergangenheit war Geis dieses Mal nicht nur einer Meinung mit den Kritikern in der hebräischen Presse, sondern als jemand, der selbst mit dem Machtantritt Hitlers aus Deutschland geflohen war, fühlte er sich von der Art, in der Werfel den jüdischen Flüchtling darstellt, verletzt.

> Aber ist das wirklich alles, was Franz Werfel über die Juden dieser grauenhaften Epoche, über ihre Haltung und Bewährung, über ihre Prüfungen und Leiden, über ihre Stärke und ihren Heroismus, über ihre Aktivität und ihren Kampfgeist auszusagen wusste? Ist dieser Jacobowsky, der ebenso himmelweit entfernt ist von irgendeinem Gottesglauben wie von einem Nationalgefühl, wirklich ein Prototyp? Müssen wir uns abspeisen lassen (und nicht von irgendeinem nach Erfolg haschendem Lustspielschreiber, sondern von einem der berühmtesten jüdischen Schriftsteller unserer Zeit, der selber die Flucht in die Emigration antreten musste) mit einer sarkastisch-satirischen Philosophie der „Zwei Möglichkeiten", die in jeder Lebenslage bestehen, also auch dann noch wenn die Nazis einen auf ihre „humanitäre Art" zum Tode befördern?[22]

21 Dov B. Malkin: יעקובובסקי והקולונל [Jacobowsky und der Oberst]. In: *Mishmar*, 21.04.1947, S. 2.

22 Manfred Geis: Franz Werfel: Jacobowsky und der Oberst. In: *Mitteilungsblatt*, 25.04.1947, S. 7.

Jacobowsky und der Oberst war der einzige Versuch des Theaters, ein Stück von und über einen jüdischen Flüchtling aus Deutschland zu inszenieren, und selbst dieses wurde in einer bearbeiteten und verfälschten Version aufgeführt. Nach 41 Vorstellungen wurde das Stück wieder abgesetzt.
Vor dem Hintergrund des mäßigen Erfolgs brachte das Theater eine weitere Komödie heraus. *Jean* von dem ungarischen Dramatiker Ladislaus Bus-Fekete (Premiere am 12. Juni 1947) wurde 64 Mal gespielt. Die meisten Kritiker sahen darin eine leichte Komödie und nicht mehr. Y. M. Nayman jedoch rang mit der Weltanschauung, die darin repräsentiert wurde.

> Das ‚Kameri-Theater' schmückt sich mit seiner Europäischkeit wie ein Dandy. Es prahlt damit. Und verzeihen Sie uns, wenn wir es offen sagen: Ich bin gegen Prahlerei und gegen Dandytum in jeder denkbaren Form. So wie uns der jüdische Nationalismus fremd ist, so schwer fällt es uns, die Bewunderung und die Schwärmerei für das Europäische und das Kosmopolitische zu ertragen. Das ist eine Übertreibung in die andere Richtung – und sie birgt die Gefahr der Selbstaufgabe.[23]

Wiederum nötigte der Misserfolg das Theater, es mit einer weiteren Komödie zu versuchen, dieses Mal allerdings mit einem rein amerikanischen Stück: *You can't take it with you…!* von George Kaufman und Moss Hart (Premiere unter dem Titel *Hen Lo Tikahehu Imakh…* am 5. August 1947). Die Wette ging auf, Publikum und Kritik waren sich einig und das Stück erlebte 135 Vorstellungen. Malkin war der Meinung,

> die Hauptsache des Erfolgs von ‚Du kannst es nicht mitnehmen', des Erfolgs dieses antiamerikanischen Stücks in Amerika, des Erfolgs der anti-kapitalistischen Agitation im Land des Kapitalismus liegt darin, das der Freiheitsgeist, das Kämpferische des Dramas und die moralische Botschaft, die sich darin verbirgt, am Motto der Verfasser hängen: ‚Zwischen den Zeilen: Wenn ihr wollt – ist es keine Komödie.'[24]

Ab und an versuchte Pasowski einen gemeinsamen Nenner zwischen Kasse und Kunst zu finden und kehrte zum Modell von *Diener zweier Herren* zurück, indem er die französische Komödie *Le barbier de Seville* (*Der Barbier von Sevilla*) von Pierre Beaumarchais (Premiere unter dem Titel *Ha-Sapar Mi-Seviliya* am 2. Februar 1948) inszenierte. Sie wurde aber nur 78 Mal aufgeführt. Die Presse hielt die Wahl für verfehlt, weil dem Publikum die innere Ruhe fehlte, um Vergnügen am Reichtum und der Leichtigkeit der Aufführung zu empfinden und weil deren Leichtigkeit jene Menschen kränken könnte, die sich im täglichen Existenzkampf befanden.

23 Y. M. Nayman: בעד התיאטרון הקאמרי – נגד 'ז'אן' [Für das Kameri-Theater – gegen ‚Jean']. In: *Hadashoth Ha-Erev*, 18.07.1947, S. 3.

24 Dov B. Malkin: קומדיה קלה והצגה טובה [Eine leichte Komödie und eine gute Vorstellung]. In: *Al Ha-Mishmar*, 08.08.1947, S. 2.

> Unsere Aufnahmefähigkeit ist im Moment notwendigerweise auf bestimmte Pfade gerichtet und die Fähigkeit zur einfachen Freude ist in großem Maße eingeschränkt. Aus dieser Sicht kam die Wahl dieses Dramas nicht zur richtigen Zeit für eine genussvoll-befreite Aufnahme, und es wäre besser gewesen, mit der Aufführung bis nach der Gründung des jüdischen Staates zu warten.[25]

Zwei weitere Stücke, die in derselben Saison aufgeführt wurden, zeichneten sich als Kassenschlager aus. Das erste, das amerikanische Drama *Pick-up Girl* von Elsa Shelley (Premiere unter dem Titel *Na'arat Hefker* (Verlassenes Mädchen) am 28. Oktober 1947), das 176 Mal aufgeführt wurde, spielt vor Gericht, wo ein Prozess gegen ein 15-jähriges Mädchen verhandelt wird, dass sich zur Prostitution verleiten ließ. Das Drama erschafft die Illusion eines realistischen Abbilds der Wirklichkeit, eine Art Mischung aus Komödie und Thriller mit gesellschaftlichem Anspruch, und kam direkt aus New York, wo es 1944 uraufgeführt worden war, nach Palästina. Die professionelle Kritik und das breite Publikum waren sich in ihrer positiven Haltung zu der Inszenierung einig. Geis lehnte das Drama mit der Behauptung ab, es gehöre „nicht ins Gebiet Dramatischer [sic!] Kunstform", sondern sei lediglich das Protokoll eines Gerichtsverfahrens. „Dagegen wäre an sich noch nichts einzuwenden, wenn es dem Autor mit der Kraft seiner Persönlichkeit, mit Weisheit und Scharfblick gelingt, neue Wege aufzuzeigen, um die Zeitprobleme zu lösen oder wenigstens ihre Härten zu mildern. Das geschieht hier keineswegs."[26] Dennoch lobte Geis die Inszenierung selbst.

Das zweite Drama war *An Inspector Calls* von dem englischen Dramatiker John Boyton Priestley (Premiere unter dem Titel *Ha-Mefakeah Ba* (Der Inspektor kommt) am 5. März 1948), das von der fehlenden Moral einer britischen Industriellenfamilie handelt und mit 92 Vorstellungen relativ erfolgreich lief. Die meisten Kritiker waren voll des Lobes, nur Malkin brachte Sorge um die Gegenwart und zugleich Hoffnung für die Zukunft zum Ausdruck.

> In der letzten Zeit jagt beim Kameri-Theater ein Erfolg den nächsten und es ist gar nicht so schlecht, wenn es dieses Mal misslingt. Und es wäre gut, wenn es daraus eine Lehre in Bezug auf die Auswahl zieht und nicht immer den großen Namen folgt. In der Ankündigung, dass es sich in den Vorbereitungen für das hebräische Drama ‚Er ging durch die Felder' von Moshe Shamir befindet, liegt eine Art Versprechen in diese Richtung.[27]

25 Sh. Yezre'el: 'הספר מסביליה' ב'תיאטרון קאמרי' [‚Der Barbier von Sevilla' am ‚Kameri-Theater']. In: *Itim*, 13.02.1948, S. 3.

26 Manfred Geis: Elsa Shelley: „Pick-up Girl". In: *Mitteilungsblatt*, 12.12.1947, S. 8.

27 Dov B. Malkin: המפקח בא! – מאין ומה רצונו? [Der Inspektor kommt! – Woher und was will er?]. In: *Al Ha-Mishmar*, 22.03.1948, S. 2.

Die Premiere des besagten Dramas *Hu Halakh Ba-Sadot* (*Er ging durch die Felder*), eine Adaption des gleichnamigen Romans von Moshe Shamir, fand am 31. Mai 1948 statt, etwa ein halbes Jahr nach Beginn des Unabhängigkeitskriegs und ungefähr zwei Wochen nach der Unabhängigkeitserklärung, der offiziellen Gründung des Staates Israel. Die Handlung des Stücks beginnt kurz nach dem Ende des Zweiten Weltkriegs und endet kurz vor der Gründung des Staates Israel. Die Hauptfigur Uri, ein junger Kibbuznik, der sich aus nationalem Pflichtgefühl und um seiner auseinanderfallenden Familie zu entkommen, für den Palmach meldet, trifft auf Mika, eine junge Shoah-Überlebende. Sie verliebt sich in ihn, aber er schwankt zwischen seiner nationalen und seiner persönlichen Verpflichtung. Sie wird schwanger und er stirbt bei einem Kampfeinsatz gegen die Briten. Die Bedeutung des Dramas liegt nicht in seiner Handlung, deren Zusammenfassung wie die eines melodramatischen Films klingt, sondern in der Tatsache, dass auf der Bühne des hebräischen Theaters zum ersten Mal die unmittelbare Wirklichkeit abgebildet wurde.
Die Aufführung war ein einschneidendes Ereignis in der Geschichte des Kameri-Theaters, das über Nacht in der öffentlichen Wahrnehmung mit der mythologischen Figur des Sabres, des Kibbuznik und Palmachniks Uri identifiziert wurde, während die Identität seiner jeckischen Gründer in Vergessenheit geriet. Es war auch die finale Phase in der Konsolidierung der künstlerischen Ausrichtung des Theaters, dem Ergebnis von zweieinhalb Jahren enger Anlehnung an die mitteleuropäische Theatertradition. Das Kameri-Theater verwandelte die hebräische Bühne von einem Altar, dessen Bestimmung die Bewahrung und Erhöhung der Ideale des Volkes Israel in der Vergangenheit war, in ein säkulares Podium, dessen Aufgabe es ist, den Menschen an sich und insbesondere die Menschen des hebräischen Yishuv in der Gegenwart widerzuspiegeln.

Regisseure und Regie am Kameri-Theater

Elf der zwölf ersten Produktionen des Kameri-Theaters wurden von seinem Gründer und künstlerischen Leiter Yosef Pasowski inszeniert. Als junger Mann und Theaterliebhaber, der den Beruf nie erlernt hatte, wagte er es – und mit Erfolg –, sich nicht auf ein bestimmtes Gebiet der Dramatik zu konzentrieren. Sein Zugang zum Theater ergab sich aus den Erfahrungen als Zuschauer in den Theatern von Prag und Wien Ende der 1920er und Anfang der 1930er Jahre sowie seinen praktischen Versuchen als Sprecher und Regisseur bei der Lahakat Ha-Ets unter der Leitung von Paul Löwy. Infolgedessen zeichnete er sich in zwei Bereichen aus: der Anleitung der Schauspieler zu einem natürlichen und glaubwürdigen Sprechen und der Schaffung einer komplexen und beeindruckenden

Mise-en-scène. Sein persönlicher Regiestil, der die eretz-israelische Energie und Direktheit mit der Sachlichkeit und der Genauigkeit des westeuropäischen Theaters verband, entwickelte sich nach dem Prinzip von Versuch und Irrtum in den ersten Jahren seiner Arbeit mit dem Kameri-Theater.
Seine anfangs noch fehlende Erfahrung spiegelt sich auch in den Worten der Theaterkritiker wider. Über die Aufführung von *Diener zweier Herren* hieß es:

> Das Fehlen der Hand des Regisseurs war sehr stark zu spüren und die jungen Leute standen auf der Bühne und spielten nicht – man muss aber zugeben, dass sie auf der Bühne sehr schön aussahen; hier war der gute Einfluss von Lahakat Ha-Ets zu erkennen – die richtige und rhythmische Anordnung der Figuren auf der Bühne.[28]

Und über *Aus dem Leben der Insekten*:

> Yosef Pasowski zeigt ohne Zweifel szenisch-technische Talente, die geeignet sind, sich noch weiter zu entwickeln, wenn er ernsthaft daran arbeitet, und Glückwünsche einbringen werden, wenn er sich von dem Eifer befreit, alles sofort zu zeigen und das Publikum mit ‚erprobten' Mitteln für sich zu gewinnen. Aber manchmal ist im Bereich der Anleitung der Schauspieler überhaupt nichts von ihm zu erkennen.[29]

Über *Bluthochzeit* schrieb man: „Im Allgemeinen zeigt Pasowski der Regisseur Geschmack und ein gutes Verständnis bei der Schaffung von Stil und Einheitlichkeit. Aber in einigen Szenen hat er den tiefsinnigen Ton, der verlangt ist, nicht erreicht."[30]
Den Erfolg von *Pick-up Girl* muss man zuallererst der Inszenierung von Pasowski anrechnen, der versuchte, den Mugrabi-Saal in einen New Yorker Gerichtssaal zu verwandeln. Es kann sein, dass diese Verwandlung des Aufführungsraums in den Handlungsraum von Max Reinhardts Inszenierung von Karl Gustav Vollmoellers *Das Mirakel* in London und New York inspiriert war.[31] Von der Neuerung und ihrem Einfluss auf das Publikum berichtete der Kritiker von *Ha-Mashkif*.

> Das Publikum blickt nur in einen Gerichtssaal und die dort Anwesenden scheinen seine Existenz nicht zu bemerken. Deshalb stehen vor dem Richter nur die Angeklagten und die Zeugen. Und als der Richter eine Pause von zehn Minuten verkündet und sich in sein

28 Malkin: 'מאי קא משמע לן גולדוני? על צעדו הראשון של 'התיאטרון הקאמרי [Was will uns Goldoni sagen? Über den ersten Schritt des ‚Kameri-Theaters'].

29 Dov B. Malkin: העולם בו אנו חיים [Die Welt, in der wir leben]. In: *Mishmar*, 19.03.1946, S. 6.

30 A. Susman: 'חתונת הדמים' ב'תיאטרון קאמרי' [‚Bluthochzeit' im ‚Kameri-Theater']. In: *Davar*, 16.08.1946, S. 8.

31 In beiden Inszenierungen des Stücks, das ohne Text auskommt (im Olympia 1911 in London und im Century 1924 in New York) verwandelte Reinhardt den Zuschauerraum physisch in das Innere einer Kirche und behandelte die Zuschauer wie Gläubige, die zum Gebet erschienen sind.

Zimmer zurückzieht, so ist dies nach dem Dramentext auch die Pause zwischen den Akten. Nicht so in der Vorstellung: Die Stenotypistin, eine verbrauchte Jungfer, deren Wangen erröten, als sie die romantischen Unternehmungen der 15-jährigen Angeklagten vernimmt, bleibt im Saal zurück und holt ihr Essen aus ihrer Tasche; sie isst mit dem Appetit einer alternden Beamtin. Zum Ende der Mahlzeit gießt sie sich noch ein Glas Wasser ein aus dem Krug, der auf dem Tisch des Richters steht, und erst dann steht sie auf und verlässt den Saal. Der Vorhang fällt nicht und das Licht auf der Bühne geht nicht aus – dieses Ende des Akts ist eine der großen Leistungen des Regisseurs. Diese Illusion des Gerichtssaals hält sich über die üblichen Pausen im Verlauf eines Prozesses und wird akribisch bis zum Schluss bewahrt, denn auch in den folgenden Akten fällt der Vorhang nicht und dies verstärkt den Eindruck, dass der Zuschauer nicht einer Vorstellung, sondern einem wirklichen Gerichtsverfahren folgt.[32]

Es war Pasowski in *Pick-up Girl* gelungen, das Erlebnis des Publikums von der Reaktion auf ein künstlerisches Erlebnis in die Reaktion auf eine gesellschaftliche Fragestellung, die sich bei einem Blick in einen Gerichtssaal auftut, umzuwandeln. Damit erteilte das Theater einer Aura der Heiligkeit in der Theaterkunst eine Absage und stellte die gesellschaftliche Aussage in den Mittelpunkt. Dies wurde ebenso durch einen harten Übergang von einer ‚heiligen' zu einer ‚profanen' Sprache bewerkstelligt. Die Sprache aller Figuren in allen Vorstellungen, die bis zu diesem Tag im hebräischen Theater aufgeführt worden waren, war eine hohe Literatursprache gewesen. So sprachen Sklaven und Herrscher in den Dramen Shakespeares dieselbe hohe Sprache, und so sprach die Prostituierte in František Langers *Peripherie* (Habima 1932) in einer Sprache, die ihre Kunden sicher nicht verstanden hätten. Pasowski hatte Dan Ben-Amotz mit der Übersetzung des Dramas beauftragt, dem es gelang, den Figuren Ausdrücke in den Mund zu legen, die sie in den Ohren der Sprachbewussten als verwahrlost erscheinen ließen und die für das junge Publikum eine erfrischende Neuerung darstellten.

Dan Ben-Amotz, ein junger Erzähler, der auf der Straße Hebräisch sprechen gelernt hat, bevor ihm seine Lehrer in der Schule Grammatik beibrachten, zögert nicht, in den Mund des verlassenen Mädchens und des Straßenjungens die Ausdrücke zu legen, die unser Kind (verlassen oder nicht) täglich benutzt. […] All diese, die im Herz des Sprachliebhabers Entsetzen hervorrufen, bekommen hier, auf der Bühne des Kameri-Theaters, ihre volle schreckliche Bedeutung.[33]

Allerdings kommt der Kritiker, nachdem er die sprachliche Neuerung beschrieben hat, nicht zu dem Schluss, dass es die ‚niedrige' Sprache war, die die

32 Asher Lerner: 'נערת הפקר' ב'תיאטרון הקמרי' [‚Pick-up Girl' im ‚Kameri-Theater']. In: *Ha-Boker*, 07.11.1947, S. 4.

33 Sh. Bar-Mordechai: משפטה של נערת הפקר [Der Prozess des verlassenen Mädchens]. In: *Ha-Boker*, 07.11.1947, S. 4.

Aufführung beim jungen Publikum beliebt machte, sondern dass „diese ‚verlassene Sprache' der Kronzeuge der Anklage ist, die gegen die geistige Degeneration einer Ansicht vorgeht, die glaubt, Prostitution sei die einzige Bedrohung im Leben."[34] Die Sprache in *Pick-up Girl* war das Ergebnis der Verwendung der verschiedenen Schichten des gesprochenen Hebräischs als Mittel zur Realisierung der Persönlichkeit und Herkunft der verschiedenen Figuren, angefangen von der korrekten Sprache, über die semi-korrekte Sprache zur fehlerhaften und zum Slang.

Der Einsatz der Sprache zur Charakterisierung ihrer Sprecher trug später einen großen Teil zum Erfolg von *Hu Halakh Ba-Sadot* bei. In der Inszenierung gab es drei verschiedene Arten des Hebräischen in Wortschatz und Satzbau: bei den Kibbuz-Mitgliedern, bei der Neueinwanderin und bei den Palmachniks. Zudem nutzte der Bearbeiter und Regisseur Pasowski bei dieser Aufführung, die thematisch und sprachlich so eretz-israelisch war, eine Reihe von Theatertechniken aus dem deutschen Theater der 1920er Jahre, hauptsächlich aus den Arbeiten von Erwin Piscator. Zunächst die Adaption einer Romanvorlage durch das Hinzufügen einer Erzählerfigur, einem der Kibbuzniks, der zwischen der Bühne und dem Publikum vermittelt und den Lauf der Ereignisse erklärt. So war es möglich, nur die dramatischen Schlüsselszenen zu zeigen, ohne dass die Notwendigkeit für eine ausführliche Exposition oder Überblicksdialoge zwischen den Figuren bestand, um das Publikum mit den notwendigen Informationen zu versorgen. Anstelle eines illusionistischen, dreidimensionalen Bühnenbilds wurden die verschiedenen Schauplätze durch die Projektion von Zeichnungen im Hintergrund dargestellt, die von Ort zu Ort wechselten. Das Ziel dieser Mittel, die im epischen Theater von Piscator und Brecht entwickelt worden waren, bestand darin, beim Zuschauer einen „Verfremdungseffekt" auszulösen, der ihn emotional von der Bühnenhandlung entfernt und zu einem rationalen Urteil ermutigt. Trotz der Bemühungen war das Ergebnis in Israel genau entgegengesetzt.

> Das Drama wurde uns in geradezu trockener Weise präsentiert, ohne Erregungen, aber das Publikum war sehr erregt. [...] Es gab keine Wand zwischen der Bühne und dem Publikum. Im Publikum waren viele Palmachniks und Soldaten und es schien, als seien Uri und Willy und Gingi und Mika und Rutka von der Bühne ins Publikum gestiegen und einige Zuschauer auf die Bühne gegangen. Vollkommene Identifikation.[35]

34 Bar-Mordechai: משפטה של נערת הפקר [Der Prozess des verlassenen Mädchens].

35 Y.M. Nayman: הוא הלך בשדות בתיאטרון הקאמרי [Er ging durch die Felder im Kameri-Theater]. In: *Davar Ha-Shavu'a*, 11.06.1948, S. 13.

Soweit der Kritiker von *Davar*, dem Organ der Arbeiterbewegung. Der Kritiker von *Ha-Tsofe*, der Zeitung des religiösen Judentums, nutzte beinahe dieselben Worte. „Man sitzt in der Vorstellung und beinahe unterscheidet man nicht mehr zwischen der Bühne und dem Saal. Kibbuzniks und Palmachniks laufen herum – und man vermag nicht zu unterscheiden, ob sich das auf der Bühne oder im Leben abspielt."[36]

Nur eine Produktion, die Komödie *Jean*, wurde nicht von Pasowski inszeniert, sondern von dem jeckischen Schauspieler Tuvia Grünbaum. Man kann davon ausgehen, dass er das Drama kannte, denn es war vom Jüdischen Kulturbund in Berlin aufgeführt worden (Premiere am 2. Juni 1937), wo Herbert Grünbaum als Schauspieler und Regisseur gearbeitet hatte. Die Aufführung in Palästina wurde mit 64 Vorstellungen ein mittlerer Erfolg. Anhand der Kritiken lässt sich eine realistische Inszenierung erahnen, ohne Verzierungen oder Regie-Einfälle, die die Absichten des Dramatikers hätten verschleiern können. Der Kritiker von *Ha-Po'el Ha-Tsa'ir* lobte:

> Ich weiß nicht, ob dies das erste Mal ist, dass Tuvia Grünbaum vor uns als Regisseur auftritt. Aber wenn es so ist, so kann er sich ausdrücklich sagen: Ich habe es geschafft. Vom Moment, in dem der Vorhang aufgeht, bis zum Ende der Vorstellung verlässt ihn der Erfolg der Inszenierung nicht. Es ist etwas darin, das dem Publikum den Atem verschlägt.[37]

Ebenfalls lobend äußerte sich der Kritiker von *Mishmar*, in dessen Worten sich auch eine versteckte Kritik an manchen von Pasowskis Arbeiten finden lässt.

> Der Regisseur Tuvia Grünbaum – und die Vorstellung ‚Jean' beweist, dass wir tatsächlich einen Regisseur vor uns haben, einen Regisseur, der es versteht, mit den Schauspielern zu arbeiten und sie nicht nur zu bearbeiten – hat den Rahmen des Dramas nicht erweitert und ihm nichts aus seiner Fantasie hinzugefügt, und er hat gut daran getan, denn bei Dramen dieser Art ist jedes Zuviel eine Belastung.[38]

Schauspieler und Schauspiel am Kameri-Theater

Bei Gründung des Theaters waren neun der vierzehn Gruppenmitglieder Jeckes, d. h., es war ein hebräisches Theater, bei dem ungefähr 70 Prozent des Ensembles deutsche Einwanderer bzw. Träger der deutschen Kultur waren. Dies war ein völliger Gegensatz zur Situation an den etablierten hebräischen Theatern der

36 Ben-Zion Zangen: משוט בתיאטרונים [Ausflug durch die Theater]. In: *Ha-Tsofe*, 04.07.1948, S. 3.

37 A. Sh. Yuris: ז'אן [Jean]. In: *Ha-Po'el Ha-Tsa'ir*, 02.07.1947, S. 13.

38 Dov B. Malkin: ומלאה הארץ בצחוק... 'ז'אן' בתיאטרון הקאמרי [Und das Land ist voller Lachen ... ‚Jean' im Kameri-Theater]. In: *Mishmar*, 10.07.1947, S. 2.

Zeit. Die Dominanz der Einwanderer aus dem deutschen Kulturkreis änderte sich nicht wesentlich in den ersten Jahren seines Bestehens. Zusammen mit Schauspielern, die in Osteuropa oder in Palästina geboren waren und damit der deutschen Kultur fernstanden, kamen auch Schauspieler, die bereits in Deutschland auf der Bühne gestanden hatten, hinzu.

Auf der Bühne des Kameri-Theaters trafen sich jene, denen es nicht gelungen war, auf die Bühnen von Habima und Ohel zu kommen, oder die dort ihren Weg als Nachwuchsdarsteller begonnen hatten, aber keine Fortschritte machten. Aus diesem Grund fanden sich Schauspieler mit zwei verschiedenen Akzenten zusammen: dem leichten bis schwerwiegenden Akzent der Einwanderer aus den deutschsprachigen Ländern und dem lokalen eretz-israelischen Akzent derjenigen, die im Land geboren worden oder seit ihrer Kindheit dort aufgewachsen waren. Sie sprachen und benahmen sich auf der Bühne wie in der Realität. Auf dieses Verständnis von der Arbeit des Schauspielers hatte ohne Zweifel die Zusammensetzung der Theaterleitung einen Einfluss: Der Gründer, Übersetzer und Regisseur Yosef Pasowski, der Bühnenbildner und literarische Berater Paul Löwy und der Komponist Frank Pollak stammten alle drei aus Prag und waren mit der deutschen Theaterkultur groß geworden.

Die Veränderung im Schauspielstil und im Klang der Bühnensprache war der wichtigste Beitrag des Kameri-Theaters zur Entwicklung des hebräischen Theaters insgesamt. Die Schauspieler von Habima und Ohel waren alle in Osteuropa geboren worden und ihre Muttersprache war Russisch. Der russische Akzent, die Melodie der Sprache und die Emotionalität, die sie transportierte, wurden zum Markenzeichen ihrer Arbeit. Dieser Ansatz wuchs gemeinsam mit den nationalen und mythologischen Stoffen der ersten Dramen, die die beiden Theater aufführten, und wurde zu ihrer zweiten Natur – auch bei den säkularen Stücken, die später inszeniert wurden. Rückblickend lässt sich sagen, dass die Schauspieler des Kameri-Theaters zu den Anführern einer Revolution des Stils am hebräischen Theater wurden. Yosef Yadin, ein Sabre und Mitglied der ersten Stunde, erinnert sich:

> Die Tatsache, dass auf der Bühne des Kameri fließendes, alltägliches eretz-israelisches Hebräisch gesprochen wurde, erregte den Widerstand und sogar den Zorn der altgedienten Schauspieler. Aber man muss betonen, dass nicht viele Jahre vergangen sind, bis sich alle Theater diesen Stil der Rede und des Schauspielens angewöhnt hatten.[39]

Die Einzigartigkeit des Theaters bestand vom Tag seiner Gründung an in der Zusammensetzung des Ensembles, das nicht nur eine Generation umfasste,

39 Yosef Yadin: על במת התיאטרון הקאמרי [Auf der Bühne des Kameri-Theaters]. In: גזית 50 שנה [50 Jahre Gazit]. Tel Aviv: Gazit 1984, S. 267.

Abb. 41
Rose Lichtenstein als die Mutter in *Hatunat Ha-Damim* (*Bluthochzeit*) am Kameri, 1946.

sondern Junge, Erwachsene und sogar Alte, von denen die Mehrheit aus Mitteleuropa stammte und Deutsch als Muttersprache hatte. Fast alle Jeckes, die in den ersten Jahren des Theaters dort arbeiteten, hatten ihre berufliche Ausbildung und Erfahrung noch auf der Bühne in Deutschland erhalten. Die Älteste unter ihnen, Rose Lichtenstein, war 57 Jahre alt, als sie sich den vier jungen Schauspielern anschloss, die sich am 24. Dezember 1944 auf das Abenteuer namens Maʿarkhonim einließen. Die vier beinahe ohne Erfahrung – und Lichtenstein mit einer reichen Karriere an den wichtigsten deutschen Theatern. In seinen Worten zu ihrem Andenken erwähnt der Gründer des Theaters die Problematik ihrer eingeschränkten Sprachkenntnisse:

> Sie war mit keinem besonderen Talent für Sprachen gesegnet und das Maß, in dem sie die hebräische Sprache meisterte, war nur ihrem Eifer und ihrem Fleiß zu verdanken. Im alltäglichen Leben tat sie sich schwer, sich auf Hebräisch auszudrücken. Sie glich einem hervorragenden Künstler, der hervorragend auf der Geige spielt, aber dessen Finger zur Hälfte gelähmt sind. Die volle Virtuosität ihres Könnens konnte Rose in der neuen Sprache nicht entfalten.[40]

40 Yosef Milo: כזאת הייתה רוזה ליכטנשטיין [So war Rose Lichtenstein]. In: *Omanut Ha-Bama* 2 (1956), S. 4–7, hier S. 5.

In den elf Jahren ihrer Arbeit am Kameri-Theater bis zu ihrem Tod im Jahr 1955 spielte sie die Rollen von 25 Figuren mit großem Umfang und psychologischer Tiefe, darunter die spanische Mutter in *Bluthochzeit*, die träumende, geschwätzige Mutter in Tennesee Williams *The Glass Menagerie*, die angestellte Mutter in *Pick-up Girl*, Frau Higgins in G. B. Shaws *Pygmalion* und zuletzt Frau Shin in Bertolt Brechts *Der gute Mensch von Sezuan*. Selbst für eine episodische Rolle wie der Heiratsvermittlerin in Molières *Der Geizige* erhielt sie Anerkennung. „Rose Lichtenstein hat als Heiratsvermittlerin mit allen Fähigkeiten einer großen Schauspielerin geglänzt, nach den besten klassischen Maßstäben. Wir empfehlen den Jüngeren im Kameri, von dieser altgedienten Darstellerin zu lernen, mit welcher Erschütterung und welcher Kunstfertigkeit man sich einer Rolle nähert.“[41]

Der 1903 geborene Tuvia (Herbert) Grünbaum begann seinen Weg im Alter von 18 Jahren als Schauspielschüler an einem Theater in München. Nach zwei Jahren wechselte er nach Hamburg, wo er zwei Jahre spielte, und von dort nach Berlin, wo er spielte, inszenierte und sogar in Filmen mitwirkte, etwa in der Rolle des Filch in der Verfilmung der *Dreigroschenoper* durch Georg Wilhelm Pabst (1931). Nach der Machtübernahme durch die Nationalsozialisten spielte er einige Zeit am Zürcher Schauspielhaus, musste aber nach Berlin zurückkehren, wo er auf der Bühne des Jüdischen Kulturbunds auftrat. Im Jahr 1939 verließ er das Theater und schloss sich einer Gruppe an, die sich in Holland in der Landwirtschaft ausbilden ließ. Anschließend wanderte er nach Palästina ein und wurde Mitglied im Kibbuz Yagur. Als er erkrankte, arbeitete er als Theaterspielleiter für Jugendgruppen in den umliegenden Siedlungen. 1945 siegte der Theater-Bazillus, er verließ die Landwirtschaft und stieß zum zweiten Programm der Gruppe Ma'arkhonim, *Aluf Batslut*, hinzu. Aufgrund seines Alters und seiner Erfahrung und trotz seines schweren jeckischen Akzents wurde er eine der führenden Figuren des Theaters. Seine Vielfältigkeit als Schauspieler wurde in anerkennenden Worten über seine Rolle in *Der Barbier von Sevilla* geäußert.

> Tuvia Grünbaum, der gestern noch ein gutmütiger und scharfsinniger Richter in *Pick-up Girl* gewesen ist, wurde dieses Mal zu Dr. Bartolo und auch dies war seine Rolle. Eine akribisch-künstlerische Umsetzung jedes Details dieser schwierigen Rolle machte das Steife leicht und das Lächerliche humorvoll. Die innere und äußerliche Wandelbarkeit betonte die großen Möglichkeiten dieses Schauspielers, den wir – hätten wir ihn nicht gestern in einem modernen, realistischen Drama gesehen – für einen besonderen Molière-Darsteller par excellence, einen Molière-Darsteller von Rang gehalten hätten.[42]

41 Y. M. Nayman: הרפגון ב'קאמרי' [Der Geizige im ‚Kameri'‘]. In: *Al Ha-Mishmar*, 11.02.1955, S. 4.

42 Dov B. Malkin: ינוקא ורץ כצבי. 'הספר מסביליה' בתיאטורן קאמרי [Noch ein Baby und springt wie ein Reh. ‚Der Barbier von Sevilla‘ im Kameri-Theater]. In: *Al Ha-Mishmar*, 06.02.1948, S. 2.

Grünbaum spielte in seiner Zeit am Kameri-Theater Hauptrollen in 16 Produktionen und inszenierte selbst vier Dramen.

Gershon (Gerhard) Klein trat erstmals im Jahr 1930 im Alter von neun Jahren in der Rolle des Emil in Erich Kästners *Emil und die Detektive* in Berlin auf. Nach dem Machtwechsel spielte er weiter Kinderrollen im Theater des Jüdischen Kulturbunds in Berlin. 1938 gelang es ihm, aus Deutschland nach Polen zu flüchten, und ein Jahr später kam er nach Palästina. Am Kameri-Theater spielte er ab der ersten Aufführung, *Diener zweier Herren*. Er spezialisierte sich auf die Darstellung dramatischer und komischer Nebenfiguren und erhielt zumeist wohlmeinende Kritiken. Zwei seiner Rollen wurden von Uri Keysari, dem Kritiker von *Maariv* hervorgehoben. Über Leonid Leonovs *Ba-Ganim* (In den Gärten, Originaltitel nicht ermittelt, Premiere im April 1949) schrieb er: „Besonders erwähnt werden muss Gershon Klein, dem durch die Eintauschung seines Genres nichts verloren gegangen ist, im Gegenteil: er war herzergreifend."[43] Und über Garson Kanins *Born Yesterday* (im August 1949 unter dem Titel *Rak Etmol Nolda* gespielt): „Mit wenigen Linien zeichnete er eine Gestalt, die den ersten Preis verdient. An dieser Rolle war zu erkennen, dass sich ein geborener, intuitiver Schauspieler um sie gekümmert hat!"[44] In seinen Jahren beim Kameri-Theater (1945–1951) spielte Klein in 20 Produktionen.

Karl Guttmann (Karni Bartov) wurde 1913 in Österreich geboren und machte in seiner Jugend eine Ausbildung in der internationalen Handelsschule in Wien. Nach dem Abschluss als Kaufmann begann er mit Schauspielstudien am Seminar von Max Reinhardt. Ab 1936 war er als Schauspieler tätig. Nach seiner Entlassung im Jahr 1938 lebte er von Vorträgen und als Arbeiter in einer Papierfabrik. In den Jahren 1939 bis 1941 wanderte er auf der Flucht vor der vorrückenden deutschen Armee ostwärts und lebte gleichzeitig von Lesungen auf Jiddisch und vom Tabakhandel. Er trat in die polnische Anders-Armee ein und gelangte mit dieser über Persien, den Irak und Jordanien nach Palästina. Hier schloss er sich der Gruppe von Stella Kadmon an und spielte den polnischen Oberst in der deutschsprachigen Aufführung von *Jacobowsky und der Oberst*. Aufgrund dieser Rolle wurde er vom Kameri-Theater engagiert. Seine erste Rolle auf Hebräisch war die des Landstreichers in *Aus dem Leben der Insekten*.

> Es ist sein erster Auftritt auf der hebräischen Bühne (mir wurde erzählt, er habe schon auf polnischen und russischen Bühnen gespielt), und die übergroße Vorsicht beim Sprechen ist verständlich; in weiteren Vorstellungen wird das sicher aufhören und das Spiel die

43 U. K.: לילות השבוע [Die Nächte der Woche]. In: *Maariv*, 15.04.1949, S. 5.

44 Uri Keysari: לאחר מסך ראשון [Nach dem ersten Vorhang]. In: *Maariv*, 02.08.1949, S. 3.

> notwendige Freiheit erwerben, aber schon beim ersten Auftritt stachen die guten Züge und die Intelligenz im Schauspielen hervor. […] Im Epilog hatte das Spiel große Momente, die uns darin bestärken zu glauben, dass wir ihn in dramatischen Rollen von größerem Umfang sehen werden.[45]

In der Tat, in den Jahren 1946 bis 1950 spielte Guttmann Hauptrollen in 13 Produktionen des Kameri-Theaters.

Horst Ladendorf (Hanan Avdori) wurde 1902 in Königsberg geboren, wo er sowohl Musik als auch Theater studierte. Bis zu Hitlers Machtantritt hatte er sich erfolgreich nicht nur als Schauspieler, sondern auch als Komponist und Geiger betätigt. In Palästina versuchte er, auf dem Gebiet des Theaters weiterzukommen, und wirkte in Nebenrollen bei den jeckischen Theaterprojekten in hebräischer Sprache mit, wie etwa Ha-Mesahakim (1935) und Te'atron Ivri Haifa (1936), für deren Aufführungen er zudem die Musik komponierte. Einige Jahre lang lebte er vom Musizieren bei verschiedenen Gelegenheiten und arbeitete als Beamter und als Kellner. Nachdem er zehn Jahre lang nicht gespielt hatte, wurde er im Sommer 1947 vom Kameri-Theater für eine kleine Rolle in *You can't take it with you…!* engagiert. Nach einem Jahr verließ er das Theater aus finanziellen Gründen wieder. Die vierte und letzte Produktion, bei der er mitwirkte, war *Hu Halakh Ba-Sadot*.

Die Geschichte von Heinrich Gassner (Hanan Simta'i), 1894 in Wien geboren, ist ein klassisches Beispiel für einen Jecken, der sich erfolgreich im hebräischen Theater integriert hat, obwohl er überzeugt war, dass er dazu keinerlei Chance habe. Er hatte bereits im Alter von 17 Jahren in seiner Geburtsstadt mit dem Theaterspielen begonnen, aber der Erste Weltkrieg unterbrach seine Tätigkeit. Nach dem Krieg spielte er auf verschiedenen Bühnen in Österreich, Deutschland und der Schweiz. Infolge des ‚Anschlusses' musste er Wien verlassen und kam 1938 nach Jerusalem. Da er überzeugt war, den Kampf mit der hebräischen Sprache niemals erfolgreich zu bestehen, übernahm er die Leitung eines Kaffeehauses in der Princess Mary Street (heute: Rehov Shlomtsiyon Ha-Malka). Er wirkte als Schauspieler und Regisseur im Dramatischen Lesekreis Jerusalem mit, wo szenische Lesungen von deutschen Dramen lediglich zum Vergnügen aufgeführt wurden. Die unerwartete Wendung in seinem Leben ereignete sich im Jahr 1947. Aufgrund der Sicherheitslage wurde der Eingang zu seinem Kaffeehaus mit Schutzwänden verstellt und es musste schließen. Aus demselben Grund wurden auch die Aktivitäten des Lesekreises eingestellt. Genau in diesem Moment erhielt der arbeitslose Gassner die Einladung, nach Tel Aviv

45 A. Susman: 'העולם בו אנו חיים' ב'תיאטרון הקאמרי' [‚Die Welt, in der wir leben' im ‚Kameri-Theater']. In: *Davar*, 15.03.1946, S. 4.

zu ziehen und sich einem neuen hebräischen Theater von Jeckes anzuschließen. Nach etwa zehnjähriger Abwesenheit kehrte er auf die Bühne zurück, zum ersten Mal auf Hebräisch. Am 2. Februar 1948 fand seine Premierenvorstellung am Kameri-Theater statt – als Straßensänger in Beaumarchais' *Der Barbier von Sevilla*. Heinrich Gassner wanderte endgültig ein und hebraisierte seinen Namen zu Hanan Simta'i. Seine Freunde jedoch nannten ihn weiterhin Gassner, und er selbst hielt ebenso an den Werten des deutschen Theaters von einst fest. „Gassner, der immer glattrasiert war, mit einer Fliege um den Hals und einem Hut auf dem Kopf, diente in den Augen einiger junger Darsteller als Beispiel und manche sagten über ihn, er sei das ‚Gewissen' des Theaters."[46] Bis zu seinem Tod 1959 wirkte Gassner am Kameri-Theater in 30 Produktionen mit und verantwortete zwei Inszenierungen.

Eine weitere Einwanderin aus Deutschland, die sich 1948 dem Kameri-Theater anschloss, war Irene Proter (später Orna Porat), die 1924 in Köln geboren wurde. Als Kind zog sie mit ihrer christlichen Familie in die Kleinstadt Porz bei Köln, wo sie, wie viele in ihrem Alter, Mitglied in der Jugendbewegung der NSDAP wurde. Noch bevor sie 20 Jahre alt war, kehrte sie nach Köln zurück und arbeitete als Schauspielerin, bis das Theater wegen des Kriegs geschlossen werden musste. Die Erlebnisse des Zweiten Weltkriegs und die persönliche Begegnung mit einem jüdischen Soldaten aus Palästina brachten sie dazu, zum Judentum zu konvertieren und gemeinsam mit ihm 1947 nach Palästina einzuwandern. Anfangs versuchte sie, bei Habima aufgenommen zu werden, aber ihr schwerer deutscher Akzent und ihr deutscher, sachlicher Schauspielstil erwiesen sich als hinderlich. Sie wurde auch von Moshe Halevi, dem Leiter des Ohel-Theaters, geprüft. In einem kurzen Brief schrieb er ihr, ihr Stil sei nicht ausreichend eretz-israelisch und auch nicht proletarisch und deshalb passe sie nicht zum Charakter des Theaters.[47] Am Kameri-Theater wurde sie dagegen mit offenen Armen empfangen. Ihre erste Rolle hatte sie in John van Drutens *I remember Mama* (Premiere unter dem Titel *Ka-Zot Hayta Ima* (So war Mama) am 1. November 1948) und trat auf, ohne ein einziges Wort Hebräisch zu verstehen – ihren Text hatte sie dem Klang nach auswendig gelernt. Bis zu ihrer Pensionierung schuf Porat mehr als 60 Figuren aus dem gesamten dramatischen Spektrum, von der wilden Komödie bis zur klassischen Tragödie, inklusive zeitgenössischer, israelischer und internationaler Dramatik.

46 M. G. Tsofeh [Manfred Geis]: חנן סמטאי-גסנר ז"ל [Hanan Simta'i-Gassner s. A.]. In: *Bama* (1959), Heft 2, S. 54–55, hier S. 54–55.

47 Irit Ne'eman: שלוש חתונות – מפגשים עם אורנה פורת [Drei Hochzeiten – Begegnungen mit Orna Porat]. Tel Aviv: Ha-Kibbutz Ha-Me'uhad 2000, S. 186.

Der letzte Jecke, der am Kameri-Theater aufgenommen wurde, war der 1932 in Deutschland geborene Michael Degen. Er hatte den Krieg gemeinsam mit seinem Bruder und seiner Mutter an verschiedenen Orten versteckt im nationalsozialistischen Berlin überlebt. Seine Theaterausbildung begann er 1946 in Ostberlin. 1949 beschloss er, nach Israel einzuwandern und seinem Bruder zu folgen, der bereits Mitglied im Kibbuz Mizra geworden war. Hier wurde er vom Kameri-Theater aufgenommen und trat eineinhalb Jahre lang unter seinem hebräischen Namen Dagan in vier Produktionen auf. Über seinen Auftritt in der Adaption von Sholem Aleichems jiddischem Roman *Blandzhende Shtern* (*Wandernde Sterne / Kokhavim Nodedim*) schrieb Chaim Gamzu:

> Michael Dagan ist eine der letzten Erwerbungen des Kameri; er hat eine schöne Form, aber er muss ununterbrochen an der Aussprache arbeiten, sonst wird ihm diese Sache bei seiner Entwicklung ein Hindernis sein. Dieser Defekt, zusätzlich zu dem schweren Gestikulieren, beeinträchtigt die Freiheit seines Auftretens auf der Bühne.[48]

Die einzige Jeckete unter den Theatermitgliedern der ersten Stunde, bei der sich Bühnenerfahrung aus Deutschland mit einer Theaterausbildung in Palästina vermischte, war Hanna Maron, 1923 in Berlin geboren. Dort begann sie ihre Theaterkarriere im Alter von vier Jahren als Wunderkind Hanna'le Meierzak auf der Bühne, im Radio und beim Film. In den Jahren 1933 bis 1934 trat sie in Paris auf und kam 1935 nach Palästina. Im selben Jahr trat sie als Junge, der Pfannkuchen verkauft, in der Inszenierung von Goldfadens *Ha-Mekhashefa* in der Komediya Eretz-Yisra'elit auf und sang in einem Film der Carmel-Studios das Lied von einem Jungen, der Schnürsenkel verkauft – beides mit deutlichem jeckischem Akzent. 1940 wurde sie in das Studio von Habima aufgenommen, wo sie bei den besten Lehrern der russischen Schule lernte. Es gelang ihr noch, in einer kleinen Rolle in der Habima-Inszenierung von *Bagrut* (Premiere am 12. Juli 1941) aufzutreten, bevor sie sich zur britischen Armee meldete. Nach zwei Jahren wurde sie – ohne jeden fremden Akzent – in die Theatergruppe der Jüdischen Brigade aufgenommen und schloss sich 1945 dem Kameri-Theater an. Hier spielte sie etwa 100 verschiedene Rollen aus dem gesamten dramatischen Spektrum: Tragödie, Drama, Komödie und Farce.

Nur zwei Jeckes, die jüngsten aus der Gründergeneration, die als Kinder ins Land gekommen waren, erhielten ihre Schauspielausbildung ausschließlich in Palästina im Studio von Habima. Albert Ben-Zvi (Hirschhorn) und Meir (Theodor) Bikel spielten zu Beginn ihrer Karriere als Nachwuchsdarsteller in der Vorstellung *Melekh Lampedusa* bei Ha-Matate, wo sie auf Pasowski und

48 Chaim Gamzu: 'כוכבים נודדים' ב'קאמרי' [‚Wandernde Sterne' im ‚Kameri']. In: *Haaretz*, 05.05.1950, S. 9.

seine Idee zur Gründung eines neuen Theaters trafen. Beide halfen bereits bei den technischen Arbeiten für das erste Einakter-Programm und traten zum ersten Mal in der Kindervorstellung *Aluf Batslut* als Schauspieler auf. Ben-Zvi stach in seinen Jahren als Schauspieler am Kameri-Theater nicht hervor und leitete nebenher Dramenzirkel mit Jugendlichen. Zwischen 1945 und 1957 trat er in Nebenrollen in 26 Produktionen auf, häufig in mehreren Rollen. Bikel spielte – nach *Aluf Batslut* – Nebenrollen in den vier ersten Produktionen des neuen Kameri-Theaters.

Das Ende der mitteleuropäischen Tradition am Kameri-Theater

Die Inszenierung von *Hu Halakh Ba-Sadot* war das Ende und der Höhepunkt der schrittweisen Aufnahme des Kameri-Theaters in die Familie des hebräischen Theaters. Eine Handvoll Jeckes mit reichlich Bühnenerfahrung und einige Jugendliche aus Palästina, die am Beginn ihrer beruflichen Karriere standen, wurden zum führenden Theater des Staates, der gerade gegründet worden war, und zu einem Wegweiser für die übrigen Theater. Innerhalb von weniger als drei Jahren hatte das Theater alles umgesetzt, was es sich in der Gründungsphase vorgenommen hatte.

> Viele Entwicklungsstufen stehen vor diesem Theater und es ist nicht so arrogant zu glauben, dass seine Ziele leicht zu erreichen sind. Denn es hat viele Ziele … Und eines – ein ersehntes Ziel – ist eine hebräische Dramaturgie. Eine Dramaturgie, die es versteht darzustellen, zu analysieren und den Problemen des Individuums literarisches Niveau und dramatische Kraft zu verleihen, dem ‚einfachen' hebräischen Menschen, dem alltäglichen, ohne die Robe der ‚Heiligkeit', des ‚Pioniergeistes' oder der ‚zionistischen Propaganda'. Ein Mensch, in dem wir uns selbst erkennen, in seinen Schwächen und Stärken. Schließlich ist jener ‚einfache' Mensch, jenes Individuum das entscheidende Glied in der Kette der großen Werke.[49]

Den Jeckes war es nicht nur gelungen, selbst auf der Bühne zu stehen, sondern eine Theaterinstitution zu schaffen, die für die etablierten Theater ein nachahmenswertes Beispiel darstellte. Vermeintlich hätte die von der deutschen Theatertradition inspirierte Theatertätigkeit noch viele Jahre fortgesetzt werden können, bis eine neue Generation von im Land Geborenen die Jeckes ablösen würde, die allmählich auf natürliche Weise von der Bühne verschwänden. Tatsächlich begann ausgerechnet mit der Aufführung von *Hu Halakh Ba-Sadot* der relative Anteil der Jeckes im Kameri-Theater zu sinken, wodurch ihr Status und die von ihnen verkörperten Traditionen zu erodieren begannen.

Um die Authentizität der Figuren sicherzustellen, besetzte Pasowski eine nicht zu vernachlässigende Anzahl neuer Schauspieler für die Aufführung, von denen

49 Pasowski: תיאטרון קאמרי [Das Kameri-Theater], S. 1.

die meisten – anders als die vorhandenen Schauspieler – einen eretz-israelischen Akzent hatten. Im Programmheft der Aufführung sind die Namen der Figuren und der Schauspieler nach ihrer Zugehörigkeit zum Kibbuz bzw. zum Palmach getrennt aufgeführt. Elf der zwölf Kibbuz-Mitglieder wurden von fest angestellten Schauspielern gespielt, von denen nur vier einen jeckischen Akzent hatten. Die elf Darsteller der Palmach-Mitglieder kamen alle von außerhalb des Theaters und hatten mehrheitlich den lokalen eretz-israelischen Akzent.
Der Einfluss des Akzents auf die Rezeption der Figuren zeigt sich an folgendem Sachverhalt: Die Rolle von Uri, dem ultimativen Sabre, spielte Emanuel Ben-Amos, der im Land geboren und im Studio von Habima ausgebildet worden war und der bislang lediglich kleine Nebenrollen gespielt hatte. Über ihn schrieb Uri Keysari: „Zunächst muss man Emanuel Ben-Amos wirklich küssen. Sein ‚Uri' ist ein Standbild aus Fleisch, Blut und Herz. Die Rolle von Ben-Amos ist ein tiefes Erlebnis."[50] Die Rolle ‚Ein Kibbuznik' übernahm Tuvia Grünbaum, einer der Eckpfeiler des Theaters, der in der Vergangenheit verschiedene Hauptrollen gespielt hatte und einen starken jeckischen Akzent besaß. Er identifizierte sich sicherlich mit der Figur, war er doch in der jüngsten Vergangenheit selbst für einige Jahre Mitglied im Kibbuz Yagur gewesen. Keysari, der die Darstellung des Uri gelobt hatte, verlor über den Kibbuznik nicht mehr als fünf Worte. „Tuvia Grünbaum war nicht überzeugend." Man darf annehmen, dass der Grund für die Ablehnung der Figur durch den Kritiker im Akzent des Schauspielers lag, der sich nicht mit der vorherrschenden Vorstellung von einem ‚Kibbuznik' deckte. Vermutlich aus demselben Grund, nämlich wegen ihres Akzents, kam der Kritiker zu dem Schluss, „Die Mitglieder des Palmach sind in ihrer Darstellung natürlich und liebenswert."[51]

Die Jeckes verlassen das Theater

Mit der Vergrößerung des Ensembles, in dem die Jeckes nun zur Minderheit wurden, hatte ein erkennbarer Teil von ihnen nicht mehr den Willen und/oder die Kraft, den eigenen Status und die Theatertraditionen, die sie aus Mitteleuropa mitgebracht hatten, zu verteidigen. Zwischen 1946 und 1959 verließen insgesamt zehn Jeckes das Kameri-Theater, die meisten davon gehörten zu den Gründern und den Schauspielern der ersten Stunde.
Der erste war Theodor/Meir Bikel. Trotz seiner Verpflichtung gegenüber dem Theater in der Rolle des Charley Wickham in *Charley's Aunt* und trotz der

50 U.K.: לילות השבוע [Die Nächte der Woche]. In: *Maariv*, 18.06.1948, S. 4.
51 Ebd.

Tatsache, dass sich der Yishuv an der Schwelle zum Krieg befand, ging er Ende 1946 nach London, um an der Royal Acadamy of Dramatic Art Schauspiel zu studieren. Nach dem Ende seines Studiums begann er, dort auf der Bühne und im Film zu spielen, und erwarb sich große Anerkennung, die ihn 1954 dazu veranlasste, seinen beruflichen Weg in den USA fortzusetzen. Der zweite Jecke, der das Theater verließ, war Horst Ladendorf/Hanan Avdori. 1947 und 1948 hatte er lediglich in Nebenrollen in vier Inszenierungen mitgewirkt. Der Grund für seinen Weggang war aller Wahrscheinlichkeit nach ein wirtschaftlicher. Dagegen war der Grund für den Abgang von Karl Guttmann/Karni Bartov im August 1950 familiärer Natur. Seine Frau, die holländische Dramatikerin Luisa Treves, war plötzlich erkrankt und er musste ihr zur Seite stehen. Im Dezember desselben Jahres ging auch Michael Degen/Dagan, der zu diesem Zeitpunkt noch in der Produktion von *Tartuffe* spielte. Trotz seiner Bemühungen, die Schwierigkeiten mit der Sprache zu überwinden, beschloss er nach einem Aufenthalt von weniger als zwei Jahren, nach Deutschland zurückzukehren.

> Ehrlich gesagt, ich hatte das Gefühl, dass ich mich nur in meiner Muttersprache ausdrücken kann, auf Deutsch. Alle meine Versuche, auf Hebräisch zu spielen, waren aus meiner Sicht gescheitert. Ich befand mich in einer schizophrenen Situation. Ich liebte Israel sehr, aber ich konnte dort als Künstler nicht existieren. Ich hasste Deutschland, aber ich verstand, dass es das einzige Land ist, in dem ich mich als Schauspieler entwickeln kann.[52]

Der zweite Jecke, der nach Deutschland zurückkehrte, war Gerhard/Gershon Klein, der Ende 1951 nach Berlin ging. Der Grund hierfür war offensichtlich, dass es ihm nicht gelang, am Kameri-Theater eine bedeutungsvolle Position zu erlangen. Letztendlich ließ er die Schauspielerei aber sein und wurde Direktor eines Kinos. Derjenige, der nach Berlin zurückging und erfolgreich an der Stelle weitermachte, an der seine Arbeit unterbrochen worden war, war Herbert/Tuvia Grünbaum, der zu den Grundfesten des Kameri-Theaters gehörte. Anfang 1953 erhielt er eine Einladung des deutsch-jüdischen Regisseurs Fritz Wisten, mit dem er bereits im Rahmen des Jüdischen Kulturbunds gearbeitet hatte, sich dessen Theater in Ostberlin anzuschließen. Auch bei Grünbaum lag der Grund dafür, dass er diese Einladung annahm, wohl darin, dass er sich nach all den Jahren auf der hebräischen Bühne in dieser Sprache nicht ‚zu Hause' fühlte und viele Fehler machte. Der letzte Jecke, der abwanderte, war im Dezember 1957 Albert Hirschhorn/Ben-Zvi. Es scheint, als sei er mit den kleinen Rollen, die er bekam, nicht zufrieden gewesen. Er ging nicht nach Deutschland, sondern wanderte mit seiner Familie in die USA aus, wo er als Fernsehregisseur

52 Adar Avishar: היהודי ששיחק את היטלר [Der Jude, der Hitler gespielt hat]. In: *Maariv*, 30.06.1989, S. 15.

Wir stehen in tiefer Trauer an der Bahre der grossen Schauspielerin

ROSE LICHTENSTEIN ז"ל

Ihr Andenken wird stets in uns fortleben.

Das Kammertheater

Die Beerdigung findet heute, Freitag, d. 30. Dezember 1955 um 10 Uhr vorm. vom Neuen Theater, Nachmani strasse 4 aus, statt.

Ihre Freunde und Verehrer haben Gelegenheit ab 9 Uhr an ihrer Bahre vorbeizudefilieren.

Abb. 42: Traueranzeige des Kameri-Theaters für Rose Lichtenstein, gest. am 30.12.1955.

arbeitete. Zwei der ‚alten' Jeckes verstarben noch während der Zeit, in der sie auf der Bühne des Kameri-Theaters aktiv waren: Rose Lichtenstein im Jahr 1955 und Heinrich Gassner/Hanan Simta'i im Jahr 1959. Mehr als symbolträchtig war Anfang 1958 die Entlassung von Yosef Pasowski/Milo aus dem Theater, das er selbst gegründet hatte. Er war zwar tatsächlich nur ein ‚Halbjecke', aber bekanntermaßen war er es, der das hebräische Theater für die Jeckes und damit auch für die westeuropäische Theatertradition geöffnet hatte.

Die amerikanische Theatertradition übernimmt die Kontrolle

Es war der Jecke Manfred Geis, der die Leitung des Theaters bereits im November 1948 in seiner Besprechung von *I remember Mama* vor einer ‚Amerikanisierung' warnte.

> Schon an anderer Stelle wurde auf die Gefahr hingewiesen, in die sich das Kammertheater durch die in letzter Zeit deutlich werdende Methode begibt, überseeische Erfolgsstücke einfach zu übernehmen. Was für eines von vierzig Broadway-Theatern recht ist, darf einer

jungen Bühne, auf die wir so viele Hoffnungen setzen, noch lange nicht billig sein. Man kann nur dringendst anraten, die jetzt erneut angekündigten amerikanischen Stücke nochmals genauestens auf ihren Gehalt, ihre Problematik und ihre Parallelen zur speziellen Situation unseres Landes und unserer Zeit hin zu überprüfen, bevor man durch eine verfehlte Repertoireauswahl den Kredit gefährdet, den man sich erworben hat.[53]

Das schrittweise Eindringen des amerikanischen Theaters war das Ergebnis der politischen, gesellschaftlichen und wirtschaftlichen Stimmung im jungen Staat Israel, der immer amerikanischer wurde und sich von den europäischen und insbesondere den tabuisierten deutschen Einflüssen entfernte. Die Vereinigten Staaten von Amerika waren in den Augen des hebräischen Yishuv die Helden des Zweiten Weltkriegs, sie waren die ersten, die den Staat Israel anerkannten, und ohne ihre wirtschaftliche Unterstützung hätte der junge Staat nicht überleben können. Der Dank und die Abhängigkeit schlugen sich in einer gesellschaftlichen und kulturellen Amerikanisierung Israels nieder. Die glücklichen Bürger, die einen ‚Onkel in Amerika' hatten, bekamen ‚Pakete aus Amerika', und der Gipfel der damaligen Technologie war der elektrische Kühlschrank amerikanischer Produktion; an den Kiosken war ‚amerikanisches Eis' der letzte Schrei, und in den Kinos wurden nur noch Filme aus der Traumfabrik Hollywood gezeigt.

Anfang 1949 wurde der US-amerikanische Regisseur Peter Frye vom Kameri-Theater eingeladen und inszenierte in den folgenden fünf Jahren ein französisches und fünf amerikanische Dramen. Er war auch der wichtigste Lehrer in der Schauspielschule, die in der ersten Hälfte der 1950er Jahre neben dem Theater existierte. Die Veränderung, die ihm nachfolgte, fand nicht nur im Repertoire, sondern auch in der Auffassung von der Arbeit des Schauspielers ihren Ausdruck.

Während der Ausgangspunkt für die Arbeit des Regisseurs mit dem Schauspieler in Deutschland der Dramentext mit seinen verschiedenen Bedeutungen war, von denen die für die Aufführung passende herausgearbeitet werden musste, lag in den USA der Ausgangspunkt nicht beim Text, sondern beim Schauspieler. Während der Proben war es am Schauspieler, mit Unterstützung des Regisseurs im Vorrat seiner persönlichen Erlebnisse diejenigen Erfahrungen zu finden, die ihm dazu dienen könnten, die fiktive Figur zum Leben zu erwecken. Dieser Ansatz unterschied sich völlig von dem der Regisseure, die – wie Pasowski, Grünbaum und Gassner – aus der deutschen Theatertradition kamen und bereits vor Beginn der Proben wussten, wie die Aufführung aussehen und klingen würde. Die Reaktionen auf die ungewohnte Methode von Frye waren

53 Manfred Geis: Premiere im Kammertheater. I remember Mama. In: *Mitteilungsblatt*, 12.11.1948, S. 5.

gemischt. Mordechai Ben-Ze'ev, ein Zögling des Habima-Studios, der bei der ersten Inszenierung von Frye mitwirkte, war begeistert.

> Fryes Ansatz in der Arbeit mit den Schauspielern war einzigartig. Er hat ihnen nicht seinen Willen aufgezwungen, sondern ließ sie nahezu alles machen, was ihnen in den Sinn kam – und dann hat er sie auf fast unsichtbare Weise, ohne Zwang und Druck, gesteuert und auf den Weg und in die Richtung geführt, die er gewählt hatte. So kam jeder Schauspieler zu ungewöhnlichen Leistungen.[54]

Manchmal entschied sich der Regisseur, beim Schauspieler verborgene Eindrücke wachzurufen, indem er auf manipulative Weise in dessen Vergangenheit oder sogar im Unterbewusstsein herumschnüffelte, wobei sich weder der Schauspieler noch der Regisseur in jedem Fall bewusst waren, was die Folgen dieses Prozesses sein würden und welche schlafenden Geister plötzlich geweckt werden könnten. Hanna Maron, die noch als Kind auf Berliner Bühnen gespielt hatte, tat sich schwer damit, diese Arbeitsweise zu übernehmen.

> Es ist kein Geheimnis, dass sich jeder Schauspieler seiner selbst bedient. Wir sind unser eigenes Werkzeug. Woher nehme ich es? Meine Mutter, mein Vater, meine Kinder, meine Liebhaber, alles. Das ist der Stoff. Was ich nehme, um etwas Bestimmtes zu erreichen, das ist meine persönliche Angelegenheit. Als Regisseur musst du mir die Anregung geben, aber du musst nicht bei mir nachgraben.[55]

Im Jahr 1953 wurde auf Initiative von Frye der junge Regisseur Hy Kalus eingeladen. Seine erste Arbeit war – selbstverständlich – ein realistisches amerikanisches Drama: *The Troublemakers* von George Bellak (Premiere unter dem Titel *Anshe Riv* am 10. Februar 1954). Die Fähigkeiten des Regisseurs sorgten gemeinsam mit der Begeisterung des Publikums für alles Amerikanische dafür, dass die Inszenierung 81 Mal gespielt wurde. Auch die Theaterkritiker wurden von dem neuen Wind mitgerissen.

> Das Stück ‚The Troublemakers' wurde von Hy Kalus, einem jungen amerikanischen Regisseur, inszeniert, dem wir zum ersten Mal begegnen. Seine Arbeit ist sehr gut, dynamisch, lässt die Spannung nicht einen Augenblick sinken, ist konsequent in der Gestaltung der Figuren. Er hat sich für den naturalistischen Weg entschieden, und es kann sein, dass nur ein junger amerikanischer Regisseur in der Lage war, uns die Bilder des Streits und der Auseinandersetzung zu präsentieren, Bilder, die mit Aggressivität und einer unvergesslichen Kraft gestaltet wurden.[56]

54 Mordechai Ben-Ze'ev: זאב במה [Bühnenwolf]. Tel Aviv: Notsa Ve-Keset 1988, S. 99.

55 Hanna Maron zit. n. Tom Lewy: היבטים בעבודת שחקנית-במאי ביצירתה התיאטרונית של חנה מרון [Aspekte in der Arbeit zwischen Schauspielerin und Regisseur im Theaterschaffen von Hanna Maron]. In: Tom Lewy / Mordechai Omer / Lydia Pinkus (Hrsg.): תפקידה של שחקנית חנה מרון [Die Rolle der Schauspielerin Hanna Maron]. Tel Aviv: Ha-Galeriya Ha-Universita'it Al Shem Genia Schreiber 1994, S. 57–64, hier S. 62.

56 M. Z. Tal: רשימות תיאטרוניות – הריב הגדול [Theateraufzeichnungen – Der große Streit]. In: *Al Ha-Mishmar*, 06.02.1954, S. 6.

Der Kritiker von *Davar* hielt zwar das Drama selbst für ungeeignet, lobte aber die „amerikanische" Inszenierung.

> Ich setze meine Hoffnungen nicht auf ein Theater von Gewalt und Grausamkeiten, das die Nerven aufreibt und verwirrt wie ein Kartenspieler den Kartenstapel. Aber ich gebe zu, dass es eine Kraft besitzt – die sicher keine rein künstlerische Kraft ist: Es ist in der Lage, mich Angesicht zu Angesicht vor eine blutgetränkte Wahrheit zu stellen, die wir vergessen oder uns bewusst von ihr abgewendet haben. Ich will zunächst sagen, dass sich das Theater diese grausame, brutale Kraft hauptsächlich jenseits des Gegenstandes erworben hat – dank des Regisseurs, einem sehr jungen Mann, der es verstand, die Handlung aufzubauen und bis zum letzten Moment spannend zu machen. Sein Name – Hy Kalus – ist neu am Theater, aber wir können uns auf ihn verlassen. Solch eine Spannung, solch eine Beschränkung, solch eine Aggressivität – haben wir am Theater nur selten gesehen.[57]

Mitte der 1950er Jahre fand der Prozess der schrittweisen Ablösung von der westeuropäischen Theatertradition und der Aneignung des Geistes des amerikanischen Theaters seinen Abschluss. Der Prozess, der beim Kameri-Theater begonnen hatte, erreichte auch die übrigen Bühnen, zunächst mittels der Arbeiten von Frye und Kalus und über die Jahre auch durch die Arbeiten weiterer Regisseure, die denselben Prinzipien folgten.

Welche Ironie, dass ausgerechnet das Kameri-Theater, das gegen die russisch-jüdische Theatertradition zu Felde gezogen war und dem hebräischen Publikum die westeuropäische Theatertradition nahebringen wollte, letztere nach kurzer Zeit wieder von seiner Bühne verdrängte und durch die amerikanische Theatertradition ersetzte. Deren wichtigster Bestandteil, das „method acting", war nichts anderes als eine Extremform von Stanislawskis aus Moskau nach New York importierter Schauspielmethode und wurde im Actors' Studio von Lee Strasberg entwickelt.

57 A. Susman: 'אנשי ריב' בתיארטון הקאמרי [‚The Troublemakers' im Kameri-Theater]. In: *Davar*, 19.02.1954, S. 3.

Abb. 43: Bühnenbildskizze von Paul Löwy für die Aufführung von *Ha-Olam Eyno Yakhol Lehakot* (Die Welt kann nicht warten) am Ohel, 1950.

Nachwort

Die Begegnung zwischen jeckischen Theaterschaffenden und dem hebräischen Theater in Palästina entwickelte sich nahezu umgehend zu einer Auseinandersetzung zwischen der Tradition des deutschen, westeuropäischen Theaters und derjenigen des jüdisch-russischen, osteuropäischen Theaters. Die Auseinandersetzung endete auf der Bühne des Kameri-Theaters mit einem Sieg der westlichen über die östliche Tradition. Hier nahm die Revolutionierung des hebräischen Theaters ihren Ausgang: Heiligkeit und Pathos wurden ersetzt durch Weltlichkeit und Realismus, das literarische Hebräisch wurde in Abhängigkeit von Charakter und gesellschaftlichem Stand der jeweiligen Figur durch die gesprochene Sprache in all ihren Registern ersetzt. In zwei Bereichen allerdings, beim Repertoire und bei der schauspielerischen Technik, konnte sich die westeuropäische Tradition nur kurze Zeit behaupten, bevor die amerikanische Tradition ihren Platz einnahm. Nach und nach verließen auch die Jeckes die Bühne des hebräischen Theaters. Es gab hierfür eine Reihe von Gründen, von Krankheit und Tod über die Enttäuschung angesichts der fehlenden Akzeptanz im breiten Publikum des Yishuv und daraus folgender wirtschaftlicher Nöte bis hin zum Wunsch, in die deutsche oder österreichische Heimat zurückzukehren und dort die unterbrochene Karriere fortzusetzen. Es muss erwähnt werden, dass die Gründe für den jeweiligen Rückzug zwischen jeckischen Dramatikern, Regisseuren und Schauspielern unterschiedlich waren.

Im hier besprochenen Zeitraum arbeiteten neun jeckische Dramatiker in Palästina, deren Texte zur Aufführung kamen.[1] Die Dramen von sieben davon (Klara Boschwitz, Max Brod, Sammy Gronemann, Friedrich Lobe, Martin Rost, Nomi Rubel und Max Zweig) wurden auf den Bühnen der etablierten

1 Nicht dazugezählt wird hier Else Lasker-Schüler, die in Palästina nur ein dramatisches Werk schrieb, das surrealistisch-fantastische Drama *IchundIch* (1940/41), das jedoch nicht am Theater aufgeführt, sondern lediglich an zwei Abenden von der Verfasserin selbst gelesen wurde.

Theater in Palästina aufgeführt. Die Dramen von Norbert Garai wurden nur von Amateurgruppen gespielt und die Stücke von Arnold Zweig wurden aus politischen Gründen boykottiert. Alle schrieben auf Deutsch und ihre Stücke, die zur Aufführung ausgewählt wurden, mussten auf Initiative der jeweiligen Theater ins Hebräische übersetzt werden. Drei der hier Genannten verließen das Land: Arnold Zweig kehrte nach Deutschland zurück und schrieb weiter auf Deutsch, Nomi Rubel emigrierte in die USA und schrieb dort auf Englisch. Friedrich Lobe dagegen kehrte als Schauspieler und Regisseur auf deutsche und österreichische Bühnen zurück, verfasste dort aber keine weiteren Dramen.

Die Situation der Schauspieler war wesentlich komplizierter. Über 44 jeckische Schauspielerinnen und Schauspieler, die in den 1930er und 1940er Jahren nach Palästina kamen und dort aktiv waren, existieren Informationen. Sie befanden sich in dem unaufhörlichen Konflikt zwischen der Schwierigkeit, sich von der realistischen Tradition des deutschen Theaters zu lösen, und der Schwierigkeit, sich gut und umfassend auf Hebräisch auszudrücken. Diese jeckischen Bühnenkünstler lassen sich in sechs Gruppen unterteilen:[2] fünf Schauspielerinnen und Schauspieler, die nur kurze Zeit in Palästina auf der Bühne standen, sich zwar an die neue kulturelle Heimat nicht anpassen konnten, aber im Land blieben;[3] 19 Schauspielerinnen und Schauspieler, die teils für kürzere Zeit, zumeist aber erfolgreich über einen längeren Zeitraum auf der Bühne standen, sich aber geografisch und kulturell im Exil empfanden und schließlich in ihr Herkunftsland oder ein anderes europäisches Land zurückkehrten, um dort ihre für die Dauer des ‚Dritten Reichs' unterbrochene Karriere fortzusetzen;[4] acht Schauspielerinnen und Schauspieler, die Israel zu ihrer neuen geografischen und kulturellen Heimat machten und bis zu ihrer Pensionierung oder ihrem Tod im hebräischen Theater auftraten;[5] vier Schauspielerinnen und Schauspieler, die in Palästina ausschließlich auf Deutsch auftraten und im kulturellen Exil verblieben;[6] fünf Schauspielerinnen und Schauspieler, die an hebräischen Inszenierungen mitgewirkt haben, von denen aber nicht bekannt ist, ob sie in Israel geblieben

2 Nicht eingeschlossen in die Liste der Schauspieler sind jeckische Künstler aus den Bereichen Musik, Gesang und Tanz, die an Theateraufführungen mitwirkten, deren Hauptbeschäftigung aber nicht im Schauspiel lag.

3 Hans und Hedda Behal, Miriam Ben-Gavriêl, Antigone Bing und Hertha Wolff.

4 Walter Bach, Albert Ben-Zvi, Theodor Bikel, Ernst Ceiss, Arnold Czempin, Michael Degen, Mario Gang, Herbert Grünbaum, Karl Guttmann, Stella Kadmon, Gerhard Klein, Ruth Klinger, Mario Kranz, Friedel Lobe-Harms, Heinz Sarnow, Josef Schapira, Milo Schreiber, Esther Taube, Michael S. Wolff.

5 Hanan Avdori, Aharon Freitag, Hermann Heuser, Rose Lichtenstein, Hanna Maron, Orna Porat, Maxim Sakashansky, Hanan Simta'i.

6 Clara Pick-Gernod, Felix Rossert, Ernst Stössl, Hermann Vallentin.

sind;[7] und zuletzt drei Schauspielerinnen und Schauspieler, die in Palästina ihren Bühnenberuf aufgaben und von denen nur eine nach Europa zurückgekehrt ist.[8]

Anders stellt sich die Situation bei den jeckischen Regisseuren dar. Von den sieben, die zu unterschiedlichen Zeiten in Palästina tätig gewesen sind, empfanden sich sechs als kulturell exiliert. In der Folge entschieden sie sich zur Rückkehr in ihr Herkunftsland. Fünf hatten in Palästina keine Arbeit in ihrem Berufsfeld gefunden: Walter Eberhard, Hans Norden, Benno Fränkel, Walter Rosenbaum und Richard Rosenheim. Mit Friedrich Lobe verließ ein weiterer Regisseur das Land, obwohl er keinesfalls arbeitslos war. Nur ein Regisseur, nämlich Alfred Wolf, entschied sich für Israel als sowohl geografische als auch kulturelle neue Heimat. Er änderte sogar auf symbolische Weise seinen deutschen Vornamen von „Alfred" zu „Alaf Ari".

Das Schicksal und die Entscheidungen von Friedrich Lobe sind in großem Maße geeignet, um die Erwägungen weiterer jeckischer Theaterkünstler zu erhellen, die sich im Zwiespalt zwischen den beiden Heimaten in ihrem Leben befanden. Auf den ersten Blick war Lobe in seiner Arbeit als Regisseur in Palästina erfolgreich gewesen. Sein Weggang rührte vor allem von dem Wunsch her, wieder als Schauspieler auf der Bühne zu stehen, wozu er in hebräischer Sprache nicht in der Lage war. Am 13. August 1950 hatte seine letzte Regiearbeit, Maurits Dekkers *De wereld heft geen wachtkamer*, unter dem hebräischen Titel *Ha-Olam Eyno Yakhol Lehakot* (Die Welt kann nicht warten) Premiere am Ohel. In einem Interview in der Zeitschrift *Ashmoret* anlässlich der Aufführung wird in einem Nebensatz erwähnt, dass „jetzt ein Stück von ihm (er nennt den Namen des Stückes nicht) in Wien gezeigt wird und dass er in diese Stadt eingeladen wurde, um ein Drama von Romain Rolland zu inszenieren."[9] Wenige Tage nach der Premiere und der Veröffentlichung des Interviews verließ Lobe gemeinsam mit seiner Familie Israel für immer. Einen Monat später stand er bereits als Schauspieler auf der Bühne des Neuen Theaters in der Scala in Wien, und zwar in Romain Rollands *Die Zeit wird kommen* (Orig.: *Le temps viendra*).[10] Im Jahr

7 Sonja Altbach, Esther Großbard, Helena Hariel, Zvi Hermann, Nathan Neumann.

8 Mathilde Einzig führte eine Hühnerzucht und ein Restaurant in Ramot Ha-Shavim und kehrte nach dem Krieg nach Europa ans Theater zurück; die beiden, die im Land blieben, waren Franziska Okmiansky-Jakob, die mit ihrem Mann im Bildungsbereich im Jugenddorf Me'ir Shfeya arbeitete, und Helga Rosenkranz, die mit ihrem Mann, dem Dramatiker Martin Rost, ein Geschäft für die Herstellung von Holzpuppen eröffnete.

9 שיחה עם פ. לובה [Gespräch mit F. Lobe]. In: *Ashmoret*, 17.08.1950, S.6.

10 Es ist schwer festzustellen, ob es in dem vermutlich auf Deutsch geführten Interview mit *Ashmoret* zu einem Missverständnis kam und Lobe dort bereits angekündigt hatte, dass er in einem Stück von Rolland spielen und nicht es inszenieren werde.

Abb. 44 a & b: Szenenskizzen der Aufführung von *Ha-Mishpat* (*Das Gericht*) von Shulamit Bat-Dori bei der Weltausstellung in New York 1939, erschienen im *Aufbau*, 29.11.1939, S. 10.

1955 siedelte er nach Ostberlin über und spielte am Deutschen Theater, dem ehemaligen Theater von Max Reinhardt, an dem er bereits in der Vergangenheit gespielt hatte. Er lebte dort in einfachen Verhältnissen, aber als er von einem israelischen Journalisten gefragt wurde, ob es ihm in Israel nicht besser gegangen sei, antwortete er: „Nein! Nein! Und abermals nein!!! Hier können wir arbeiten. Hier kommen wir zur Geltung. Hier werden wir geachtet."[11] Dieses Gefühl Lobes, sei es objektiv oder subjektiv, teilten nicht wenige andere Jeckes, die sich letztlich entschlossen, ein zweites Mal auszuwandern – und nach Hause zurückzukehren.

Zu Recht oder zu Unrecht empfanden viele Mitglieder des hebräischen Theaters Groll gegen jene Jeckes, die das Land wieder verließen, selbst in den Fällen, in denen sie es schweren Herzens taten und einzig aus dem Grund, dass ihnen das hebräische Theater verschlossen geblieben war. Ein solcher Fall war Benno Fränkel, der 1938 ohne jede Arbeit in Palästina dastand und daraufhin beschloss, sein Glück in den USA zu versuchen.

Im April 1939 wurde in New York die Weltausstellung eröffnet, bei der auch der hebräische Yishuv durch den Jewish Palestine Pavilion repräsentiert war. Zu den kulturellen Aktivitäten, die für den Pavillon geplant waren, gehörte auch die Aufführung eines zeitgenössischen eretz-israelischen Dramas auf

11 Uri Benjamin: Letzter Besuch bei einem Schauspieler. In: *Jedioth Chadashoth*, 01.12.1958, S. 3.

Englisch. So merkwürdig es ist, die Wahl fiel auf Shulamit Bat-Doris Stück *Ha-Mishpat* (*Das Gericht*), das in Palästina nicht nur aus Zensurgründen, sondern auch wegen der darin zum Ausdruck gebrachten politischen Ansichten nie von einem professionellen Theater aufgeführt worden war. Gespielt wurde es in New York von den Balfour Players, die kein Berufstheater waren, sondern eine „junge Pioniertruppe der jüdischen Bühne".[12] Die Regie lag in den Händen des Regisseurs Benno Frank (so lautete Benno Fränkels an die amerikanischen Verhältnisse angepasster Name), der als Emissär aus Palästina wahrgenommen wurde. Die Aufführung war ein Erfolg. Im *Aufbau*, der deutschsprachigen Zeitung der jüdischen Einwanderer in den USA, wurde im November 1939 ein Artikel veröffentlicht, der detailliert über den Inhalt des Dramas berichtete, seine große Aktualität betonte und das Ergebnis lobte:

> [M]an kann dem, was [...] geschah, nur gerecht werden, wenn man es als eine Einheit betrachtet und dem Mann, hinter dieser Einheit, Benno Frank, dazu gratuliert, dass seine Mannschaft eine solche Probe bestanden hat, ohne in die Pathetik zu geraten, die dem Thema immerhin rasch anfliegen kann.[13]

Angesichts des Erfolgs wurde die Aufführung am 21. Mai 1940 von derselben Truppe im hebräischen Jugendzentrum in New York auf Initiative und mit Unterstützung der Zionist Organisation of America und dem German-Jewish Club New York wiederaufgenommen.

Im Verlauf seiner Karriere in den USA gelang es Fränkel, Elemente des deutschen und des hebräischen Theaters miteinander zu verbinden – was ihm in Palästina nicht möglich gewesen war. Im März 1939 erschien in *Davar* in der Rubrik „Im Judentum Amerikas" eine Meldung: „Die dramatische Gruppe ‚Pargod' hat über die Zeit einige Wandlungen durchgemacht. Sie hat über die Zeit unter der Anleitung von R. Ben-Ari und Nahum Zemach gearbeitet und jetzt wurde die Führung in die Hände von Benno Fränkel gelegt, dem Regisseur des hebräischen Theaters in Palästina."[14] Nahum Zemach war der Gründer von Habima und Reikin Ben-Ari einer der wichtigsten Schauspieler. Nach der Spaltung der Gruppe im Jahr 1927 waren sie und einige weitere Schauspieler des Theaters in den USA geblieben, wo sie versuchten, die Theaterarbeit im Geiste von Habima auf Hebräisch, Jiddisch und Englisch fortzusetzen. Ironischerweise war es ausgerechnet Benno Fränkel, der Jecke, der vom Theaterestablishment in Palästina unter der Hegemonie von Habima abgelehnt worden

12 m.g. (Manfred George): The Balfour Players. In: *Aufbau*, 29.11.1939, S. 10.

13 Ebd.

14 ביהדות אמריקה – פרגוד [Im Judentum Amerikas – Pargod]. In: *Davar*, 02.03.1939, S. 2.

war, der nun in New York das Erbe des Habima-Gründers an der Spitze einer hebräischen Theatergruppe antrat.

Im Jahr 1943 meldete sich Fränkel freiwillig zur amerikanischen Armee und wurde an der Westfront in Europa eingesetzt. Er war dort verantwortlich für die Durchführung der Radiosendungen, die als Teil der psychologischen Kriegsführung deutsche Soldaten von der Nutzlosigkeit weiterer Kämpfe überzeugen sollten. In den Jahren 1945 bis 1948 war er in Berlin stationiert, wo er als Leiter der Theater- und Musikabteilung der amerikanischen Militärregierung und als Sprecher der USA in Kulturfragen im Alliierten Kontrollrat diente. Im Rahmen seiner Tätigkeit bemühte er sich, Schauspieler und Regisseure ausfindig zu machen, die in den Untergrund gegangen waren, und half bei der Gründung neuer Theater. Er zeigte ein großes Maß an Unabhängigkeit und genehmigte u. a. die Aufführung von Dramen, die in den USA durch die Zensur des Senators Joseph McCarthy verboten worden waren. Den Preis für diese Unabhängigkeit zahlte Fränkel bereits im Mai 1948, als er gezwungen war, seinen Posten in Deutschland aufzugeben.

Den Kontakt zu Palästina, wo seine Frau und sein Sohn lebten, hat Fränkel nie abgebrochen. Im März 1945 besuchte er das Land und wurde von *Davar* zum Thema „Bühnenkunst im besetzten Deutschland" interviewt.[15] Einen Monat nach Veröffentlichung des Interviews erschien in *Mishmar*, dem Organ der Kibbuz-Bewegung, ein scharfer Angriff des Theaterkritikers Dov Ber Malkin gegen Fränkel.

> Ein jüdischer Mensch, einer, der von Deutschland über Palästina in die USA gegangen ist, ist von den amerikanischen Besatzungsbehörden nun zum Verantwortlichen für die Wiederbelebung und Erneuerung des deutschen Theaters ernannt worden. [...] Ein Jude, der ein künstlerisches Vergnügen für Deutschland bereitet, in dem sich seine Brüder noch in Konzentrationslagern befinden – mit Unterstützung der Mächte, in deren Namen er seine Arbeit tut – einem solchen Juden und seinesgleichen ist es geboten, immer wieder zuzurufen: ‚bewahre und gedenke' – sei bewahrt und sei gedacht ...[16]

In den ersten Jahren des Staates Israel wandelten sich die meisten Jeckes von Neueinwanderern zu alteingesessenen Staatsbürgern. Aber trotz der Anpassung an ihre neue geografische und gesellschaftliche Heimat bewahrten viele von ihnen die kulturellen Werte der Heimat, die sie einst verlassen mussten, vor allem die deutsche Sprache. Dies führte mehr als einmal zu Auseinandersetzungen, da diese Sprache aus verständlichen Gründen im jungen Staat unter einem

15 Vgl. אמנות הבמה בגרמניה הכבושה (שיחה עם בנו פרנקל) [Bühnenkunst im besetzten Deutschland (Gespräch mit Benno Fränkel)]. In: *Davar*, 12.08.1945, S. 2.

16 Dov B. Malkin: מן הצד – ואיש אחד מישראל נתחייב להחזות [Von der Seite – Ein Mann aus Israel verpflichtet sich]. In: *Mishmar*, 11.09.1945, S. 2.

offiziellen Bann stand. Ausgerechnet mit dem Ende des Zweiten Weltkriegs und der Zerstörung Deutschlands verschärfte sich dieser Bann der deutschen Sprache im Staat Israel noch weiter. Der Grund hierfür lag in der zunehmenden Kenntnis vom Umfang der Vernichtung der europäischen Juden und in der Begegnung mit Shoah-Überlebenden, die ins Land kamen und für die die deutsche Sprache ein großes Trauma repräsentierte. Die Sprache des Feindes wurde zur Sprache der Mörder. Demzufolge wurde das Verbot von Aufführungen in deutscher Sprache besonders scharf überwacht.

Nicht nur die deutsche Sprache, sondern alles, was mit Deutschland in Verbindung stand, war Tabu. Im April 1953 führte das Kameri-Theater eine Bearbeitung des populären Kinderbuchs *Emil und die Detektive* von Erich Kästner auf. Die Erwachsenenrollen spielten die beiden jeckischen Schauspielerinnen des Theaters, Rose Lichtenstein und Orna Porat, und die Kinderollen waren mit Jugendlichen aus dem dramatischen Zirkel unter Leitung des Schauspielers und Regisseurs Albert Ben-Zvi besetzt, der sowohl die Bearbeitung des Buchs vornahm als auch Regie führte.[17] Angesichts der öffentlichen Empfindlichkeit gegenüber allem Deutschen verlagerte der jeckische Bearbeiter den Ort der Handlung von Berlin nach London. Berlin war zu nah an den Schrecken des Krieges und war daher nicht geeignet für eine spannende Geschichte mit erzieherischem Ende, während London als Hauptstadt der britischen Mandatsregierung, die noch fünf Jahre zuvor in Palästina geherrscht hatte, als bedrohlicher Ort voller Verbrecher dienen konnte.

In den ersten Jahren des Staates waren die Jeckes, die beabsichtigten, szenische Lesungen in deutscher Sprache durchzuführen, dazu gezwungen, dies im Verborgenen zu tun, in Privathäusern oder in Einrichtungen, die ausschließlich von der jeckischen Gemeinde genutzt wurden. In Haifa setzte so der Kreis der Freunde der Weltliteratur seine Tätigkeit unter einem Namen fort, der die verbotene Sprache seiner Aktivitäten nicht offenbarte. Die Leiterin und Regisseurin des Kreises war Hertha Wolff, die in Haifa wohnte und noch in den 1930er Jahren an den Aufführungen des Te'atron Ivri Haifa mitgewirkt und später als Regisseurin am hebräischen Kindertheater Kolenu gearbeitet hatte. Das Repertoire bestand hauptsächlich aus populären westeuropäischen Dramen. Beteiligt waren neben altgedienten Berufsschauspielern aus Europa auch einige Amateurschauspieler. Manches Mal stachen auch junge Berufsschauspieler hervor. Eine davon wird von Manfred Geis in seiner Besprechung eines Leseabends mit einer französischen Komödie, der 1956 in Haifa stattfand, lobend erwähnt.

17 Vgl. Y. M. Nayman: 'אמיל והבלשים' ב'תיאטרון הקאמרי' [‚Emil und die Detektive' im ‚Kameri-Theater']. In: *Davar Ha-Shavu'a*, 19.05.1953, S. 14.

> Wenn man sich fragt, warum wir z. B. dieses dialektisch so witzige und heitere Salonstück nicht auch auf der Hebräischen Bühne sehen können, so ist der Grund dafür wohl darin zu suchen, dass unsere Theater nur wenige so elegante und damenhafte, gut aussehende Darstellerinnen besitzen, die gleichzeitig intelligent und intellektuell genug wirken, um die tragende Rolle darin so ausgezeichnet zu interpretieren, wie es hier Ruth Schalk tat. Wenn Frau Schalk des Hebräischen mächtig ist, oder es gleich Orna Porath und der unvergessenen Rose Lichtenstein erlernen wird, so sollte dieses Debut ihr den Weg zum professionellen hebräischen Theater bahnen.[18]

In der Tat wurde Schalk ein Jahr später in die Habima aufgenommen und spielte dort Nebenrollen, bevor sie nach einigen Jahren von der Bühne verschwand.

Während sich die Jeckes in Haifa einen Namen wählten, der die verbotene Sprache der Veranstaltungen nicht offenbarte, beschloss man in Tel Aviv, gerade die Verwendung der deutschen Sprache hervorzuheben. Die Rechtfertigung (manche behaupten, der Vorwand) hierfür bestand darin, dass die deutsche Sprache nicht die hebräische ersetzen sollte, sondern dass ihre Aufgabe darin bestand, als Brücke zwischen den Jeckes und dem hebräischen Theater zu dienen. Die Annahme bestand darin, dass die Zuschauer, die ein bestimmtes Stück bereits auf Deutsch gesehen hatten, es sich ein zweites Mal auf Hebräisch ansehen würden, auch wenn die Sprache ihnen noch nicht so verständlich war. Daher rührte auch der Name des Theaters: Ha-Gesher (Die Brücke) – eine Brücke zwischen Deutsch und Hebräisch. Trotz der expliziten Absichtserklärung musste Ha-Gesher wegen des Boykotts seine Vorstellungen ebenfalls unter Bedingungen des Untergrunds aufführen, zunächst in Privathäusern und später in einem Nebensaal des Bet Ha-Halutsot in Tel Aviv.

Selbstverständlich lag der Grund für die Gründung eines Theaters, ob in Tel Aviv oder in Haifa, im gemeinsamen Interesse jener Jeckes, denen es nicht gelungen war, die hebräische Sprache zu beherrschen. Auf diese Weise wurden zwei Bedürfnisse zugleich gestillt: die Sehnsucht der Theaterkünstler unter ihnen, wieder auf der Bühne zu stehen, und der Wunsch der potentiellen Zuschauer unter ihnen, wieder eine Vorstellung in einer ihnen in allen Nuancen verständlichen Sprache zu sehen.

Das Theater Ha-Gesher wurde 1953 von dem Schauspieler und Regisseur Ernst Stössl gegründet. Stössl stammte aus Klagenfurt, hatte 1928 bis 1929 an der Schauspielschule von Max Reinhardt in Wien studiert und später dort an verschiedenen Theatern gespielt. Er war 1933 nach Palästina gekommen, konnte sich aber aufgrund fehlender Hebräischkenntnisse nicht im hebräischen Theater einfügen. Bei Ha-Gesher konnte er wieder auf Deutsch spielen und inszenieren und tat das fast 20 Jahre lang, bis das Theater 1972 geschlossen wurde.

18 Manfred Geis: Freunde der Weltliteratur. In: *Mitteilungsblatt*, 14.05.1956, S. 19.

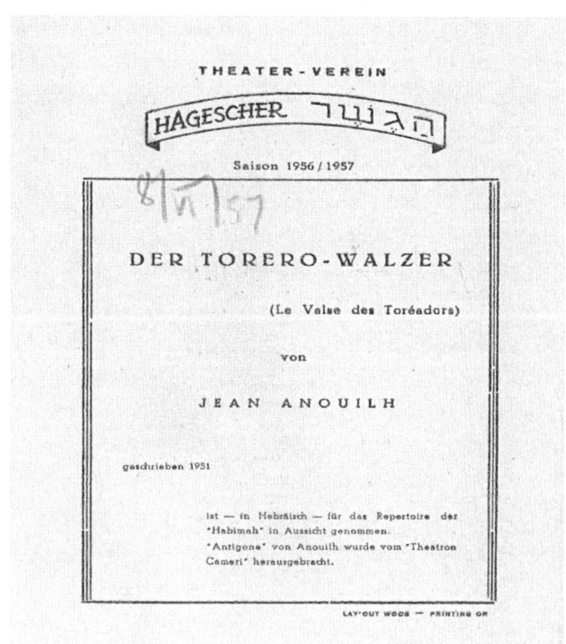

THEATER - VEREIN

HAGESCHER הגשר

Saison 1956/1957

DER TORERO-WALZER

(Le Valse des Toréadors)

von

JEAN ANOUILH

geschrieben 1951

ist — in Hebräisch — für das Repertoire der "Habimah" in Aussicht genommen.
"Antigone" von Anouilh wurde vom "Theatron Cameri" herausgebracht.

LAY'OUT WOOG — PRINTING OR

Abb. 45
Programmheft von Ha-Gesher für die Aufführung von *Der Torero-Walzer*, 1957.

Unter den Regisseuren gab es einige, für die Ha-Gesher der einzige Ort war, an dem sie Regie führten (Ernst Stössl, Josef Roll, Paul Löwy), und andere, die auch am hebräischen Theater arbeiteten (Alfred Wolf, Heinrich Gassner). Es beteiligten sich auch professionelle Schauspieler aus Europa, die wegen mangelnder Hebräischkenntnisse nur hier spielten (Rosie Nathan, Clara Pick-Gernod, Felix Rossert). Während die Weltliteratur-Gruppe in Haifa gelegentlich für Schauspieler zum Sprungbrett ins hebräische Theater geriet, war die Situation in Tel Aviv umgekehrt. Jeckes, die bereits auf Hebräisch gespielt hatten, spielten nun wieder auf Deutsch, der Sprache, in der sie sich auf der Bühne wohler fühlten (Stella Braunstein-Avni, Ruth Geller, Lya Dulitzkaya, Lee Moos, Heinrich Gassner, Ruth Klinger, Josef Schapira).

Die Besonderheit der Gruppe von Ha-Gesher bestand im Gegensatz zu den vorangegangenen deutschsprachigen Lesegruppen in der Absicht, keine vergangenen Dramen aus Europa zu zeigen, sondern zeitgenössische Stücke, die noch nicht auf der hebräischen Bühne gezeigt worden waren.[19] Die erste Lesung wurde im Oktober 1953 im Rahmen der literarisch-künstlerischen

19 Vgl. Manfred Geis: Dramatische Vorlesung. In: *Mitteilungsblatt*, 16.10.1953, S. 7.

Veranstaltungen abgehalten, die regelmäßig im Haus von Nadia Taussig in Tel Aviv stattfanden. Für diesen Abend hatte man das Stück *Mira Ben-Ari* ausgewählt, das auf Deutsch von Theodor Glasscheib geschrieben worden war, einem Schriftsteller, Journalisten und Übersetzer, der 1892 in Wien geboren worden und 1933 mit Beginn der fünften Aliya nach Palästina gekommen war. Das Drama ist in großem Maße autobiografisch. Miriam, die Tochter des Verfassers, wurde 1926 in Berlin geboren, lernte am Gymnasium in Tel Aviv, diente im Palmach und heiratete Eliakim Ben-Ari, ein Kibbuz-Mitglied aus Nitsanim im Negev. Am 7. Juni 1948 fiel Mira Ben-Ari bei der Verteidigung von Nitsanim. Es ist unklar, warum das Stück niemals am hebräischen Theater aufgeführt wurde. Vielleicht liegt die Erklärung dafür in Geis' Einschätzung des Dramas. „Die Diskussion um die Terrorgruppen und um deren Aktionen überzeugt nicht restlos und die Zeichnung der Repräsentanten der Mandatsmacht blieb – im Positiven wie Negativen – etwas schablonenhaft."[20]

Auch die folgende Vorstellung der Gruppe unterschied sich vom Repertoire jeckischer Theatergruppen in der Vergangenheit. Es handelte sich um ein zeitgenössisches Stück, eine bissige Satire über die Machthaber, in diesem Fall die Behörden des Yishuv und des Staates in den Anfangsjahren – Ephraim Kishons *Shmo Holekh Lefanav* (Sein Name geht ihm voraus)[21]. Das Drama passte zum Ziel der Gruppe, die deutsche Aufführung eines Stücks als Brücke zum Verständnis der hebräischen Inszenierung anzubieten, die in diesem Fall zur gleichen Zeit bei Habima gezeigt werden sollte. Es ist schwer zu bestimmen, aber man kann erahnen, wie die Jeckes auf der Bühne und im Publikum angesichts der Geschichte eines Neueinwanderers reagierten, der – noch neuer als sie selbst – mit der Staatsgründung ins Land kommt und entdeckt, wie schwer es ihm fällt, dort seinen Platz zu finden. Der einzige weitere Versuch, eine Brücke zwischen dem jeckischen Publikum und dem hebräischen Theater zu schlagen, wurde mit Edward Woolls *Libel!* unternommen, das zur gleichen Zeit mit Erfolg am Ohel-Theater aufgeführt wurde (Premiere unter dem Titel *Adam Mispar 15* (Mensch Nummer 15) am 23. Dezember 1953). Die Aufführung in deutscher Sprache, ein Gerichtsdrama über einen Offizier und einen echten oder imaginären Lord, sollte natürlich im gleichen Maße dem unmittelbaren Vergnügen des jeckischen Publikums dienen.

Hier ist nicht der Ort, um die Dutzende von Inszenierungen und Hunderte von Vorstellungen von Ha-Gesher über die Jahre zu diskutieren, ebenso wenig wie die gesamten Aufführungen der Haifaer Gruppe. Es ist aber wichtig, darauf

20 Geis: Dramatische Vorlesung.

21 Eine deutsche Bearbeitung des Stücks durch Max Brod trägt den Titel *Die große Protektion*.

Abb. 46
Programmheft von Ha-Gesher für *La Voyante* (*Die Hellseherin*), 1971. Das Titelbild zeigt Margot Klausner in der Rolle der Hellseherin.

hinzuweisen, dass *Shmo Holekh Lefanav* das einzige hebräische Drama war, das in den fast 20 Jahren des Bestehens von Ha-Gesher auf Deutsch aufgeführt wurde. Dies lag vor allem an der fehlenden Abstimmung mit den hebräischen Theatern und an den Schwierigkeiten, die Aufführungsrechte zu erhalten. Entsprechend der anfänglichen Absichtserklärung wurde eine Reihe von europäischen und amerikanischen Dramen, die am hebräischen Theater aufgeführt wurden, in deutscher Sprache gezeigt. Zusätzlich spielte das Theater auch eine Auswahl bekannter Stücke aus dem mitteleuropäischen Repertoire, darunter *The Sacred Flame* von Somerset Maugham, und Komödien aus dem Repertoire des deutschen Theaters vom Anfang der 1930er Jahre, wie etwa Wilhelm Lichtenbergs *Wem Gott ein Amt gibt…* oder *Nina* von Bruno Frank.

Die letzte Produktion des Theaters war im Mai 1971 André Roussins Drama *La Voyante* (*Die Hellseherin*). Die Hauptrolle der Wahrsagerin spielte die Parapsychologin, die Theater-, Film- und Literaturunternehmerin, die Jeckete Margot Klausner. Die Aufführung wurde ein Erfolg und Klausner, für die es der erste Versuch als Schauspielerin war, übersetzte das Drama ins Hebräische. Der Regisseur Alaf Ari (ehemals Alfred) Wolf tauschte einige der Mitwirkenden, die nur Deutsch sprachen, durch Darsteller mit Hebräischkenntnissen aus und so wurde die letzte Produktion von Ha-Gescher in der Tat zu einer Brücke zu einer Aufführung in hebräischer Sprache. Möglicherweise lässt sich eine symbolische Bedeutung in der Tatsache finden, dass Klausner, die diesen Übergang angeregt hatte, diejenige gewesen war, der das erste hebräische Theater Habima Ende der 1920er Jahre und Anfang der 1930er Jahre sein Fortbestehen verdankte und deren Bühnenverlag Moadim eine Brücke zwischen den jüdischen Gemeinden in der Diaspora und dem hebräischen Theater in Palästina bildete.

Mit der Aufführung von *La Voyante* endeten die Aktivitäten der letzten jeckischen Theaterkünstler in deutscher Sprache. Die Natur tat ihr Übriges, sodass zu dieser Zeit (Anfang der 1970er Jahre) nahezu keine jeckischen Darsteller oder Zuschauer mehr übrig waren, die kein Hebräisch konnten. Die Phase, in der jeckische Theaterkünstler, die am hebräischen Theater wirkten, Anerkennung erfuhren und teilweise sogar wegweisend für das hebräische Theater waren, erwies sich als überaus kurz.

Margot Klausner verstarb am 1. November 1975. Mit ihrem Tod endete auch die Tätigkeit des Bühnenverlags Moadim, den sie gemeinsam mit ihrem Mann gegründet hatte, nachdem sie aufgrund ihrer jeckischen Herangehensweise die administrative Leitung von Habima abgeben mussten. Manfred Geis, der die Leitung des Verlags innehatte, führte die Geschäfte bis zum 31. März 1976 fort, ungefähr ein halbes Jahr vor seinem eigenen Tod. Nach vierzig Jahren Tätigkeit gab es niemanden, der das künstlerisch-kulturelle Pionierwerk der beiden Jeckes, das durchdrungen war vom Glauben an das hebräische Theater, fortsetzen würde. Die Dokumente und Manuskripte, die in den Verlagsräumen in der Yarkon-Straße in Tel Aviv verblieben waren, wurden entsorgt und sind unwiederbringlich verloren.

Bereits ein Jahrzehnt zuvor waren die unermüdlichen Bemühungen von Habima, das Wahrzeichen ihrer vergangenen Tradition, die Originalinszenierung von *Ha-Dibuk* (Premiere in Moskau am 31. Januar 1922) zu bewahren, an ihr Ende gekommen. Trotz des schrittweisen Verlusts seiner ursprünglichen Wertvorstellungen hatte das Theater alles in seiner Macht Stehende getan, um die Produktion in seinem Repertoire zu behalten. Über die Jahre war die Aufführung erbärmlich geworden, da viele Schauspieler gegangen oder gestorben waren und durch neue ersetzt werden mussten, deren berufliche Ausbildung völlig anders verlaufen war als die des ursprünglichen Ensembles. Zwar konnte man die Gesten und die Intonation von Generation zu Generation weitergeben, aber die Umstände und die Atmosphäre, das Erlebnis der Heiligkeit und der Hingabe der Habima-Gründer in dem langen Prozess der Erschaffung der Inszenierung gingen verloren. Noch Ende der 1940er, über die gesamten 1950er und bis Mitte der 1960er Jahre fuhr das Theater fort, die Inszenierung von *Ha-Dibuk* zu spielen, obwohl die meisten Schauspieler des ursprünglichen Ensembles aufgrund ihres Alters und ihrer physischen Konstitution für ihre Rollen nicht mehr geeignet waren. So spielte Hanna Rovina noch im Alter von über 70 Jahren die Hauptrolle der 18-jährigen Lea.

Man mag einen Hauch ‚dramatischer Ironie' in der Tatsache finden, dass die Figur, die so sehr mit Rovina und der russisch-jüdischen Theatertradition verknüpft war, bei den letzten Tourneen der Inszenierung (London 1964 und New York 1965) ausgerechnet von Eva Leon gespielt wurde. Leon (eigentlich Eva Krabler) war eine österreichische Schauspielerin vom Wiener Burgtheater, die zum Judentum konvertiert war und einige Zeit in Israel lebte. Der Schauspieler Shimon Finkel, eine der Grundfesten des Theaters, bemerkte hierzu: „Es ist verständlich, dass das Schauspiel von Eva Leon im Vergleich zu Rovina in dieser Rolle wirklich im Bereich der Parodie lag, und das wurde natürlich auch von der Presse in den USA bemerkt."[22] Aus dem Munde von Leon erklang zum ersten Mal ein deutscher Akzent auf der Bühne von Habima,[23] ausgerechnet aus dem Munde von Lea in *Ha-Dibuk*, der jüdisch-russischen Inszenierung par excellence, die jahrzehntelang der Inbegriff des Wesens jenes Theaters gewesen war, dessen Weltanschauung das hauptsächliche Hindernis darstellte, das im hier untersuchten Zeitraum zwischen den Jeckes und dem hebräischen Theater in Palästina bestand.

22 Shimon Finkel: חנה רובינא [Hanna Rovina]. Tel Aviv: Eked 1978, S. 195.

23 Wenn man vom Akzent von Helena Hariel absieht, die nur in episodischen Rollen auftrat.

Abb. 47 a–c: Figurenskizzen für *Ha-Dibuk* von Natan Altman, Moskau 1920.

Anhang

Bibliografie

Archive

Archiv Darstellende Kunst der Akademie der Künste, Berlin
Beit Ariela, Eysik Remba Department of Newspapers, Tel Aviv
Beit Ariela, Yehuda Gabbay Theatre Archive, Tel Aviv
Institut für Theater-, Film- und Medienwissenschaft, Universität Wien
Israeli Documentation Center for the Performing Arts (IDCPA), University of Tel Aviv
Municipal Archives, Municipality of Tel Aviv-Jaffo
National Library of Israel, Reference Department, Jerusalem
Österreichisches Kabarettarchiv, Graz
Österreichisches Theatermuseum, Wien
Staatsbibliothek zu Berlin, Preußischer Kulturbesitz
Wiener Library for the Study of the Nazi Era and the Holocaust, University of Tel Aviv

Zeitgenössische Zeitungen

8 Uhr-Abendblatt der National-Zeitung
9 Ba-Erev
Aufbau
Ba-Ma'ale
Berliner Tageblatt
Davar
Davar Ha-Shavu'a
Deutsche Zeitung Berlin
Do'ar Ha-Yom
Haaretz
Ha-Boker
Ha-Mashkif
Ha-Po'el Ha-Tsa'ir
Hege
Jedioth Chadaschoth
Jüdische Rundschau
Mishmar / Al Ha-Mishmar
Mitteilungsblatt (MB)
Neue preußische Kreuzzeitung
Tempo
The Palestine Post
Yedioth Ahronoth
Yedioth Ha-Yom

Literatur

Akademie der Künste (Hrsg): *Geschlossene Vorstellung. Der Jüdische Kulturbund in Deutschland 1933–1945.* Berlin: Hentrich 1992.

Amit, Irit: שלוש חתונות – מפגשים עם אורנה פורת [Drei Hochzeiten – Begegnungen mit Orna Porat]. Tel Aviv: Ha-Kibbutz Ha-Me'uhad 2000.

Aschheim, Steven E.: *Brothers and Strangers.* Wisconsin: University of Wisconsin Press 1982.

Barkai, Avraham: Jüdisches Leben unter der Verfolgung. In: Ders. / Paul Mendes-Flohr: *Deutsch-jüdische Geschichte in der Neuzeit*, Bd. 4: Aufbruch und Zerstörung: 1918–1945. München: Beck 1997, S. 225–249.

Bat-Dori, Shulamit: בדרך לתיאטרון [Auf dem Weg ins Theater]. In: *Iton 77* 62 (März 1985), S. 37–41

Benyamin Tamuz: ספר התיאטרון הקאמרי בחג העשור [Gedenkbuch zum 10. Jahrestag des Te'atron Ha-Kameri]. Tel Aviv: Ha-Te'atron Ha-Kameri 1954.

Ben-Ze'ev, Mordechai: זאב במה [Bühnenwolf]. Tel Aviv: Notsa Ve-Keset 1988.

Bernstein-Cohen, Miriam: כטיפה בים [Wie ein Tropfen im Meer]. Ramat Gan: Masada 1971.

Boeser, Knut / Renata Vatková (Hrsg.): *Max Reinhardt in Berlin.* Berlin: Frölich & Kaufmann 1984.

Brenner, Michael: *The Renaissance of Jewish Culture in Weimar Germany.* New Haven: Yale UP 1996.

Brod, Max: *Streitbares Leben 1884–1968.* 2. Aufl. München: Herbig 1969.

Broder, Henryk M. / Eike Geisel (Hrsg.): *Premiere und Pogrom. Der Jüdische Kulturbund 1933–1941.* Berlin: Siedler 1992.

Dalinger, Brigitte: *Verloschene Sterne. Geschichte des jüdischen Theaters in Wien.* Wien: Picus 1998.

—: *Quellenedition zur Geschichte des jüdischen Theaters in Wien.* Tübingen: Niemeyer 2003.

Degen, Michael: *Mein heiliges Land.* Berlin: Rowohlt 2007.

Dorman, Menahem: נתן אלתרמן. פרקי ביוגרפיה [Nathan Alterman. Biografische Kapitel]. Tel Aviv: Ha-Kibbutz Ha-Me'uhad 1991.

Emanuel Levy: *The Habima – Israel's National Theater 1917–1977. A Study of Cultural Nationalism.* New York: Columbia UP 1979.

Feingold, Ben-Ami: התיאטרון הקאמרי – ההתחלה [Das Kameri-Theater – der Beginn]. In: Gad Kaynar / Freddie Rokem / Eli Rozik (Hrsg.): הקאמרי – תיאטרון של זמן ומקום [Das Kameri – Theater aus Zeit und Raum]. Tel Aviv: Tel Aviv UP 1999, S. 9–24.

Finkel, Shimon: במה וקלעים. חיי שחקן ומאבקו לעצמותו [Bühne und Kulissen. Leben eines Schauspielers und sein Kampf um Unabhängigkeit]. Tel Aviv: Am Oved 1968.

—: חנה רובינא [Hanna Rovina]. Tel Aviv: Eked 1978.

—: בצל מאבקים [Im Schatten der Kämpfe]. Tel Aviv: Eked 1990.

Fritsch-Vivié, Gabriele: *Gegen alle Widerstände. Der Jüdische Kulturbund 1933–1941.* Berlin: Hentrich & Hentrich 2013.

Gabbay, Yehuda (Hrsg.): תאטרון אהל. סיפור המעשה [Ohel-Theater. Die Geschichte]. Tel Aviv: Mif'ale Tarbut Ve-Hinukh 1983.

Gelber, Yoav: מולדת חדשה: עליית יהודי מרכז אירופה וקליטתם 1933–1948 [New Homeland. Immigration and Absorption of Central European Jews 1933–1948]. Jerusalem: Yad Yitzhak Ben-Zvi 1990.

Gilula, Lea: התיאטרון הקאמרי (1945–1961): השגשוג, המשבר ותיקונו [Das Kameri-Theater (1945–1961): Wachstum, Krise und Reform. Jerusalem: Yad Yitzhak Ben-Zvi 2014.

Gnessin, Menahem: דרכי עם התיאטרון העברי [Mein Weg mit dem hebräischen Theater]. Tel Aviv: Ha-Kibbutz Ha-Me'uhad 1946.

Gronemann, Sammy: *Der Weise und der Narr*. Tel Aviv: Moadim 1942.

—: *Der Prozess um des Esels Schatten*. Tel Aviv: Moadim 1945.

Halevi, Moshe: דרכי עלי במות [Mein Weg auf den Bühnen]. Tel Aviv: Masada 1955.

Hanoch, Gershon: הבימה בת כ"ה. אלבום [Habima wird 25. Album]. Tel Aviv: o.V. 1946.

Herzl, Theodor: *Altneuland*, 10. Aufl. Wien: Löwit 1902.

Hofmann, Stefan: Bürgerlicher Habitus und jüdische Zugehörigkeit. Das Herrnfeld-Theater um 1900. In: *Jahrbuch des Simon-Dubnow-Instituts* 11 (2012), S. 445–480.

Huder, Walter (Hrsg.): *Theater im Exil 1933–1945*. Berlin: Akademie der Künste 1973.

Klausner, Margot: יומן הבימה [Habima-Tagebuch]. Tel Aviv: Moadim 1971.

Kleymann, Ilana: "המטאטא" – התאטרון הסאטירי הא"י [„Ha-Matate" – Das satirische eretz-israelische Theater]. Masterarbeit, Hebräische Universität Jerusalem, 1991.

Klinger, Ruth: *Die Frau im Kaftan*. Gerlingen: Bleicher 1992.

Klinger, Ruth / Maxim Sakashansky: אמנות ואמנים בארץ ישראל [Kunst und Künstler in Eretz Israel]. Tel Aviv: Yavne 1946.

Kohansky, Mendel: *The Hebrew Theatre*. Jerusalem: Israel Universities Press 1969.

—: התיאטרון העברי [Das hebräische Theater]. Jerusalem: Weidenfeld & Nicolson 1974.

Levin, Dov: שיחות עם אברהם בן-יוסף [Gespräche mit Avraham Ben-Yosef]. In: *Bama* 172 (2005), S. 5–32.

Lewy, Tom: Exilanten, Flüchtlinge, Migranten und Einwanderer: Jeckes im palästinensischen Theater. In: Moshe Zimmermann / Yotam Hotam (Hrsg.): *Zweimal Heimat. Die Jeckes zwischen Mitteleuropa und Nahost*. Frankfurt am Main: Beerenverlag 2005, S. 153–163.

—: קונפליקטים על מהותו ותפקידו של התיאטרון בין עולי מרכז אירופה ו'הישוב' בארץ-ישראל של שנות השלושים [Konflikte über Wesen und Aufgabe des Theaters zwischen mitteleuropäischen Einwanderern und ‚Yishuv' in Eretz Israel der 1930er Jahre]. In: *Motar* 16/17 (2010), S. 75–80.

—: Integrationsversuche. Jeckisches Theater auf Hebräisch in Haifa. In: Anja Siegemund (Hrsg.): *Deutsche und zentraleuropäische Juden in Palästina und Israel. Kulturtransfers, Lebenswelten, Identitäten. Beispiele aus Haifa*. Berlin: Neofelis 2016, S. 242–254.

—: Exil-Theater in Palästina. In: Doerte Bischoff (Hrsg.): *Exil – Literatur – Judentum*. München: Text + Kritik 2016, S. 240–260.

Lewy, Tom / Mordechai Omer / Lydia Pinkus (Hrsg.): תפקידה של שחקנית חנה מרון [Die Rolle der Schauspielerin Hanna Maron]. Tel Aviv: Ha-Galeriya Ha-Universita'it Al Shem Genia Schreiber 1994.

Mandl, Henriette: *Cabaret und Courage: Stella Kadmon – Eine Biographie*. Wien: WUV 1993.

Mendes-Flohr, Paul: Juden innerhalb der deutschen Kultur. In: Ders. / Avraham Barkai: *Deutsch-jüdische Geschichte in der Neuzeit*, Bd. 4: Aufbruch und Zerstörung: 1918–1945. München: Beck 1997, S. 167–190.

Milo, Yosef: כזאת הייתה רוזה ליכטנשטיין [So war Rose Lichtenstein]. In: *Omanut Ha-Bama* 2 (1956), S. 4–7.

Ne'eman, Ilana: ים בחלון – העזבון הדרמתי של לאה גולדברג [Meer im Fenster – Der dramatische Nachlass von Lea Goldberg]. Tel Aviv: Ha-Kibbutz Ha-Me'uhad 1997.

The New Standard Jewish Encyclopedia, hrsg. v. Cecil Roth / Geoffrey Wigoder. Jerusalem: Massada 1975.

Norman, Yitzhak (Hrsg.): בראשית הבימה [Am Anfang von Habima]. Jerusalem: Ha-Sifriya Ha-Tsiyonit 1966.

Pasowski, Yosef: תיאטרון קאמרי מיסודה של להקת 'מערכונים' [Das Kameri-Theater, gegründet von der Gruppe ‚Ma'arkhonim']. Tel Aviv: o.V. 1945.

Reisner, Ingeborg: *Kabarett als Werkstatt des Theaters*. Wien: Theodor Kramer Gesellschaft 2004.

Rokem, Freddie: מכס ברוד כיועץ האמנותי של 'הבימה' [Max Brod als künstlerischer Berater von ‚Habima']. In: *Bama* 100 (1985), S. 7–18.

—: Max Brod as „Dramaturg" of Habima. In: Margarita Pazi (Hrsg.): *Max Brod 1884–1984. Untersuchungen zu Max Brods literarischen und philosophischen Schriften*. New York / Bern / Frankfurt am Main: Lang 1987, S. 177–192.

Rubel, Nomi: *Jardena. Die Geschichte eines neuen Lebens in einem alten Land*. Magdeburg: Block 1996.

Schirmer, Lothar (Hrsg.): *Theater im Exil 1933–1945. Ein Symposium*. Berlin: Akademie der Künste 1979.

Schirrmeister, Sebastian: *Das Gastspiel. Friedrich Lobe und das hebräische Theater 1933–1950*. Berlin: Neofelis 2012.

—: Der erste Mamlock. Eine Spurensuche. Das hebräische Bühnenmanuskript von *Professor Mamlock* im Kontext der verschiedenen Fassungen des Dramas. In: Hermann Haarmann / Christoph Hesse (Hrsg.): *Friedrich Wolf. „Was bleibt und was lohnt!"* (*Einspruch. Schriftenreihe der Friedrich Wolf Gesellschaft* 3). Marburg: Tectum 2014, S. 117–153.

Sciacca, Maria Teresa: *Theater ohne Publikum. Literatur im Exil am Beispiel Friedrich Wolfs*. Berlin: Neofelis 2015.

Sne, Shlomo: אהבת הקהל מובטחת [Publikumsliebe versprochen]. In: *Bama* 103 (1986), S. 59–64.

Stanislawski, Konstantin: *Die Arbeit des Schauspielers an der Rolle*. Berlin: Henschel 1955.

—: *Die Arbeit des Schauspielers an sich selbst*, Bd. 1: Die Arbeit des Schauspielers an sich selbst im schöpferischen Prozess des Erlebens / Bd. 2: Die Arbeit des Schauspielers an sich selbst im schöpferischen Prozess des Verkörperns. Berlin: Henschel 1961/1963.

Trapp, Frithjof (Hrsg.): *Handbuch des deutschsprachigen Exiltheaters 1933–1945*. München: Saur 1999.

Valin, Moshe: ימים של חול וכוכבים [Tage aus Sand und Sternen]. Tel Aviv: Yaron Golan 1998.

Von Leers, Johann: *Juden sehen Dich an*. Berlin: NS-Druck & Verlag, o.J.

Wassermann, Jakob: *Mein Weg als Deutscher und Jude*. Berlin: Fischer 1921.

Yadin, Yosef: על במת התיאטרון הקאמרי [Auf der Bühne des Kameri-Theaters]. In: גזית 50 שנה [50 Jahre Gazit]. Tel Aviv: Gazit 1984.

Ze'ira, Moti: איש אהבות – סיפור חייו של יהושע ברנדשטטר [Ein Mann der Zuneigungen – Die Lebensgeschichte des Jehoshua Brandstatter]. Jerusalem: Yad Yitzhak Ben-Zvi 2006.

Zimmermann, Moshe / Yotam Hotam (Hrsg.): *Zweimal Heimat. Die Jeckes zwischen Mitteleuropa und Nahost*. Frankfurt am Main: Beerenverlag 2005.

Zweig, Arnold: *Juden auf der deutschen Bühne*. Berlin: Heine-Bund 1927.

—: *Davidia*. München: Schmähling 1972.

—: *Lebenserinnerungen*. Gerlingen: Bleicher 1987.

Abbildungsverzeichnis

Abb. 23: Josef Ochsenberg als „Deutscher Jude" im 46. Programm von Ha-Matate *Hozrim Be-Tshuva* (Umkehrer), 1938. Zigarettenbild aus dem Sammelalbum *Bama Ivrit* (Hebräische Bühne) der Firma Maspero Bro. Ltd., Tel Aviv 1939. Privatbesitz Thomas Lewy.

Abb. 24: *Me-Hodu ve-ad Kush* (Von Indien bis Afrika) am Ha-Matate, August 1939. IDCPA, Katalognr. 229620, Sign. 37.1.3.

Abb. 25 a & b: Rose Lichtenstein auf der Bühne von Ha-Matate, Ende der 1930er Jahre. IDCPA, Katalognr. 249209, Sign. 78.4.3.

Abb. 26: Plakat für die Aufführung von *Ha-Mekhashefa* (*Die Hexe*) an der Komediya Eretz-Yisra'elit, November 1935. IDCPA, Katalognr. 249488, Sign. 66.3.5.

Abb. 27: Plakat für die Aufführung von *Hana Gitl Mehapeset Avoda* (Hana Gitl sucht Arbeit) an der Komediya Eretz-Yisra'elit, 1936. IDCPA, Katalognr. 249491, Sign. 66.3.5.

Abb. 28: Plakat für die Aufführung von *Ha-Shiga'on Ha-Gadol* (Der große Wahnsinn) am Sadan, 1936. IDCPA, Katalognr. 222147, Sign. 33.1.1.

Abb. 29: Michael Gor als Jecke in *Re'ayon Be-Li-La-Lo* (Interview am Li-La-Lo) am Li-La-Lo, 1945. Foto: Kurt Triest. Yehuda Gabbay Theaterarchiv, Tel Aviv, Sign. 077-13.

Abb. 30: Einladung der Kleinkunstbühne Papillon, 1940. Institut für Theater-, Film- und Medienwissenschaft, Universität Wien, Archiv und Sammlungen, Teilnachlass Stella Kadmon.

Abb. 31: Plakat für die Aufführung von *Othello* am Te'atron Ivri Haifa, April 1936. IDCPA, Katalognr. 248904, Sign. 39.3.3.

Abb. 32: Plakat für *The Emperor Jones* am Te'atron Ivri, 1937. IDCPA, Katalognr. 248913, Sign. 14.2.8.

Abb. 33: Rachel Markus als Stenotypistin in *Ha-Ramai Ha-Hagun* (Der anständige Hochstapler) am Te'atron Komediya, 1942. IDCPA, Katalognr. 249569, Sign. 14.1.1.

Abb. 34: Programmzettel für das erste Programm von Tevat Noah, Juli 1936. IDCPA, Sign. 84.2.3.

Abb. 35: Einladung zu einem Kabarettabend von Stella Kadmon und Mario Kranz im Studio Boroschek, Oktober 1943. IDCPA, Katalognr. 351258, Sign. 20.1.1.

Abb. 36: Interessentenformular des „Kreis der Kunstfreunde" von Stella Kadmon, 1946. Österreichisches Theatermuseum, Wien, Nachlass Stella Kadmon, Sign. ÖTM HS_AM82000Kad.

Abb. 37: Eintrittskarte zum Leseabend mit Stella Kadmon, B. Brecht: *Furcht und Elend des Dritten Reiches*, 1946. Institut für Theater-, Film- und Medienwissenschaft, Universität Wien, Archiv und Sammlungen, Teilnachlass Stella Kadmon.

Abb. 38: Manuskriptblatt mit dem Liedtext von *Der Vogelfänger* von Stella Kadmon, Anfang der 1940er Jahre. Österreichisches Theatermuseum, Wien, Nachlass Stella Kadmon, Sign. ÖTM HS_VM2514Kad.

Abb. 39: Plakat für die Aufführung von *Aluf Batslut* (General Zwiebel) am Kameri, 1945. IDCPA, Katalognr. 223350, Sign. 16.1.10.

Abb. 40: Zeitungsankündigung des Einakter-Abends *Von einst bis heute* in den Kammerspielen, erschienen im *Mitteilungsblatt*, 16.03.1945, S. 4.

Abb. 41: Rose Lichtenstein als die Mutter in *Hatunat Ha-Damim* (*Bluthochzeit*) am Kameri, 1946. IDCPA, Sign. 21.5.2.

Abb. 42: Traueranzeige des Kameri-Theaters für Rose Lichtenstein, gest. am 30.12.1955. IDCPA, Sign. 21.5.2.

Personenregister